ཆུ་ཤུར་རྫོང་གི་ལོ་རྒྱུས་ཅམ་བཀོད།

曲水年鉴

2018

（总第7卷）

曲 水 县 人 民 政 府　主办
曲水县人民政府办公室　编

图书在版编目（CIP）数据

尼木年鉴. 2018 / 尼木县人民政府办公室编. -- 北京：方志出版社，2018.6
ISBN 978-7-5144-3122-3

Ⅰ. ①曲… Ⅱ. ①曲… Ⅲ. ①曲水县－2018－年鉴
Ⅳ. ①Z527.54

中国版本图书馆CIP数据核字(2018)第160731号

曲水年鉴（2018）

编　　者：曲水县人民政府办公室
责任编辑：刘方圆

出 版 人：冀祥德
出 版 者：方志出版社
　　地址　北京市朝阳区潘家园东里9号（国家方志馆 4 层）
　　邮编　100021
　　网址　http://www.fzph.org
发　　行：方志出版社图书经销中心
　　电话（010）67110500
经　　销：各地新华书店
印　　刷：河南金雅昌文化传媒有限公司

开　　本：889×1194　　1/16
印　　张：19
字　　数：463千字
版　　次：2018年6月第1版　　2018年6月第1次印刷
印　　数：001～500册

ISBN 978-7-5144-3122-3　　定价：350.00元

数字曲水 2017

辖区面积：1624平方千米

年末常住人口：36521人

地区生产总值：14.30亿元

第一产业：1.80亿元

第二产业：10.55亿元

第三产业：1.95亿元

全社会固定资产投资完成额：46.17亿元

社会消费品零售总额：3.09亿元

全口径财政收入：4.29亿元

规上工业增加值：0.99亿元

招商引资到位资金：18.09亿元

农牧民人均可支配收入：12612元

曲水县行政区划图

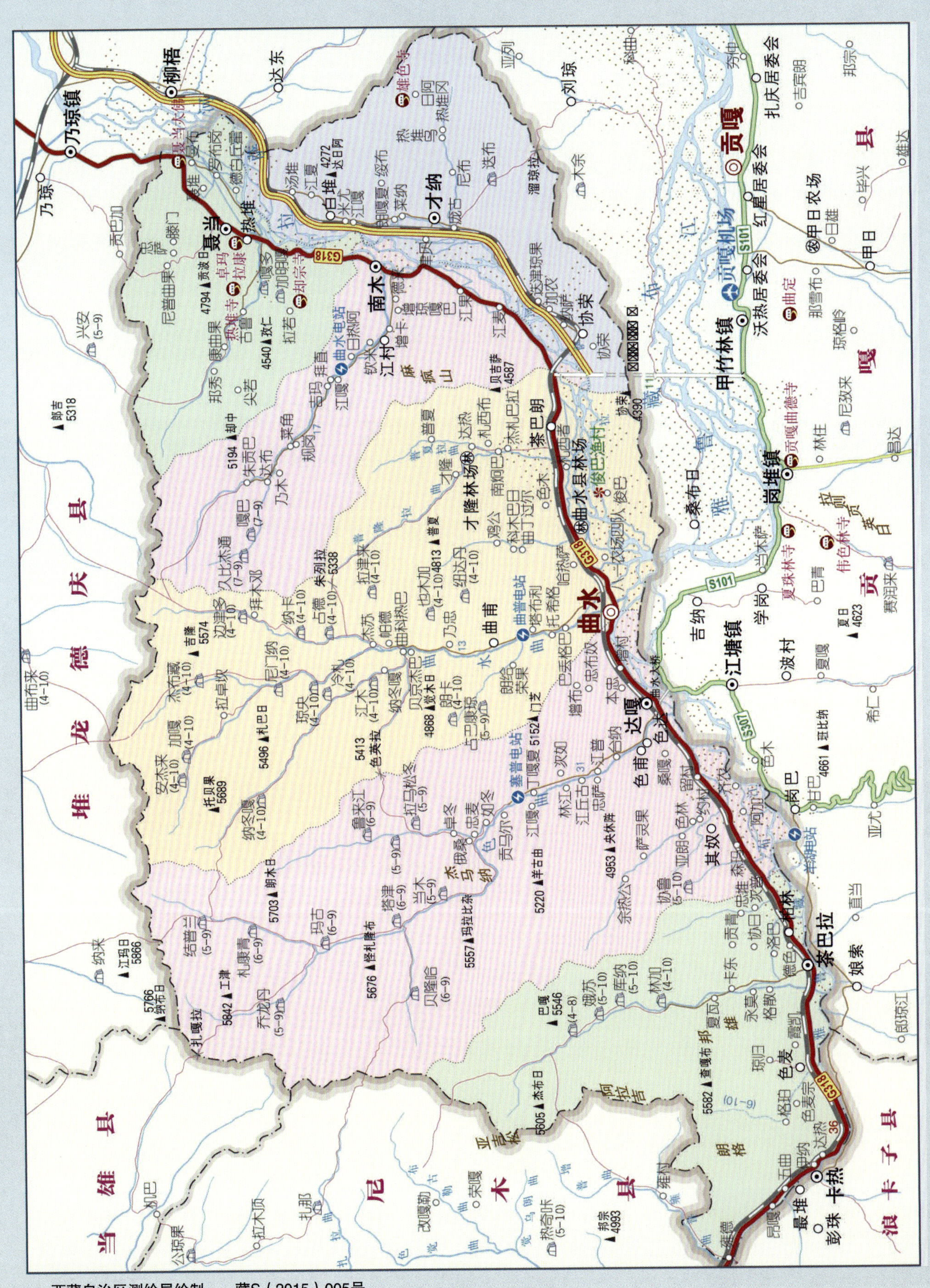

西藏自治区测绘局绘制　　藏S（2015）005号

2017年8月7日，国务院扶贫办主任刘永富（前排左一）在曲水县才纳乡四季吉祥村调研。西藏自治区党委副书记、自治区主席齐扎拉（前排中）陪同

2017年8月17日，中央信访工作联席会议办公室副主任、国家信访局党组成员、副局长李皋（前排右三）一行在曲水县调研基层信访工作

2017年9月3日，西藏自治区党委书记吴英杰（左二）一行在曲水县调研。拉萨市委副书记、市长，城关区委书记果果（左三）陪同

2017年7月17日，西藏自治区党委副书记、人大常委会主任洛桑江村（前排中），自治区党委常委、拉萨市委书记白玛旺堆（左三）在曲水县调研净土健康产业

2017年2月20日，西藏自治区党委副书记、自治区主席齐扎拉（前左二），拉萨市委副书记、市长，城关区委书记果果（前右二）在曲水县调研

2017年10月22日，西藏自治区党委副书记、自治区主席齐扎拉（前右二），拉萨市委副书记、市长，城关区委书记果果（前左一）在才纳乡四季吉祥村搬迁点调研

2017年8月19日，江苏省委副书记、省长吴政隆（前排右一）率江苏党政代表团在曲水县才纳净土健康产业园区调研

2017年10月6日，西藏自治区党委常委、政法委书记何文浩（前左一）在曲水县调研维稳工作

2017年9月11日，西藏自治区党委常委、拉萨市委书记白玛旺堆（前中）一行在曲水县才纳国家现代农业示范区调研

2017年10月5日，西藏自治区人大常委会副主任赵正修（右七）一行在曲水县热堆寺检查指导工作

2017年5月23日，西藏自治区副主席多吉次珠（二排右二）在曲水县养老院调研期间同老人亲切握手

2017年4月15日，西藏自治区副主席汪海洲（前排左二）带队在曲水县考察特色产业发展情况

2017年11月16日，西藏自治区人民检察院党组书记、检察长张培中（右排右二）在曲水县调研指导工作

2017年12月19日，西藏自治区环境保护厅厅长罗杰带队（前排右五）在曲水县西藏盛运垃圾焚烧发电厂调研

2017年7月9日，拉萨市委副书记、常务副市长胡洪（前排左三）在曲水才纳乡防洪堤进行防洪安全指导，曲水县委书记彭飞跃（前排左四）陪同

2017年5月24日，拉萨市委常委、常务副市长王念东（二排左四）一行在曲水县盛运环保电公司调研

2017年8月7日，原曲水县委书记周正权（横排中）回曲水县指导工作

2017年9月19日，曲水县委书记彭飞跃（右二）在色麦村调研党建工作

2017年6月12日，曲水县委书记彭飞跃（左三）一行在学校检查指导内地西藏班考场工作

2017年2月20日，曲水县委书记彭飞跃（前左二），县委副书记、县长格桑邓珠（前左一）下乡调研

2017年7月5日，曲水县委副书记、县长、县安委会主任格桑邓珠（右二）带队检查国务院安委会第八巡查组对西藏保城气瓶检验有限责任公司存在问题的整改进展情况

2017年7月7日，曲水县委副书记、县长格桑邓珠（左三）在才纳乡防洪堤检查指导工作

2017年7月31日，泰州市高港区区长孙宏建（中）在曲水县才纳乡调研

2017年1月7日，曲水县召开理论中心组专题学习会暨创建“有机农业示范县”工作推进、精准脱贫验收工作推进会

2017年1月7日，曲水县召开第十三届人民代表大会第二次会议预备会议

2017年4月11日，在县会务中心三楼召开政协第二届曲水县委员会第二次会议

2017年2月22日，曲水县召开迎接中央环保督察动员部署会

2017年12月20日，曲水县召开“四讲四爱”主题教育实践活动总结暨表彰大会

2017年7月19日，曲水县举办第一届“最美人物”及“文明家庭”表彰大会

2017年12月18日，曲水县“先进双联户”代表上台领奖

2017年9月8日，曲水县举行以“喜迎党的十九大，做好学生引路人”为主题的第33个教师节暨表彰大会

2017年6月14日，曲水县召开第二届县级劳动模范表彰大会

2017年7月14日，泰州市人民政府与曲水县人民政府举行深化两地合作共建战略协议签约仪式

2017年4月27日，曲水县举办“治国必治边 治边先稳藏”专题讲座

2017年9月30日，曲水县举行升国旗仪式，喜迎党的十九大胜利召开

2017年10月3日，曲水县开展党的十九大维稳安保誓师动员大会暨实战演练

2017年8月1日，拉萨市深入开展“四讲四爱”主题教育实践活动第四节点“讲文明爱生活”启动仪式在曲水县达嘎乡举行

2017年6月2日，中央民族大学教学科研实践基地揭牌仪式在曲水县隆重举行

2017年7月1日，曲水县才纳乡四季吉祥村举行党总支、村委会揭牌仪式

2017年7月13日，泰州市考察团在曲水县参观考察

2017年3月12日，曲水县光伏产业园奠基暨项目开工仪式

2017年7月11日，拉萨华宝食品有限公司青稞保健食品建设项目奠基仪式在曲水县举行

2017年4月1日，曲水县举行百亩连栋温室建设项目开工仪式

2017年8月8日，尼泊尔考察团在曲水县才纳国家现代农业示范区参观考察后合影留念

2017年3月16日，曲水县达嘎乡举行春耕仪式

2017年10月10日，曲水县曲水镇茶巴朗村青饲玉米机械化收割现场

曲水县机耕现场

曲水县达嘎乡其奴村标准化奶牛场

曲水县达嘎乡拉萨河畔三有村奶牛养殖基地

曲水县雅松民间艺术团彩排

2017年10月6日，曲水县民族团结表彰大会文艺会演

协荣仲孜表演

《曲水年鉴》编纂委员会

《曲水年鉴》编辑部

编辑说明

一、《曲水年鉴》2012年开始编纂，每年出版1卷，2018年卷为第7卷。

二、《曲水年鉴》以马克思列宁主义、毛泽东思想、邓小平理论、“三个代表”重要思想、科学发展观、习近平新时代中国特色社会主义思想为指导，坚持辩证唯物主义和历史唯物主义的立场、观点、方法，始终坚持“实事求是、质量第一、存史资政、服务大众”的办鉴宗旨，全面、系统、翔实地记述曲水县上一年度政治、经济、文化、社会等各项事业的基本情况，为社会各界与国内外人士了解和研究当今曲水县提供翔实资料。

三、《曲水年鉴》分为正文与彩页两部分。正文采取分类编辑法，以类目、分目、条目为主要框架结构，个别包含多方面资料的条目，则在段落间加插楷体标题提示，方便读者查阅全书。

四、《曲水年鉴（2018）》载录曲水县2017年经济社会发展的基本资料，设有特载、综述、大事记、政治、军事、法治、经济管理、社会事业、城市建设・环保、邮政・通信、金融、乡（镇）概况、附录等内容。

五、《曲水年鉴》的编辑宗旨，在于求真务实，力求真实生动地反映曲水县在改革开放和现代化建设中取得的崭新成就。

六、《曲水年鉴》所提供的内容和数据，分别来自于曲水县各有关部门和乡（镇）人民政府，经各级领导审核，但由于口径与统计方法不同，恐有不一致之处，使用时应以县统计局提供的数据为准。本书中农田土地面积的计量单位使用“亩”。

《曲水年鉴》编辑部

2018年4月1日

目　录

特　载

综　述

大事记

政治

中共曲水县委员会

中共曲水县委办公室

曲水县人民代表大会常务委员会

曲水县人民代表大会常务委员会办公室

曲水县人民政府

曲水县人民政府办公室

中国人民政治协商会议曲水县委员会

中国人民政治协商会议曲水县委员会办公室

中共曲水县纪律检查委员会(监察局)

中共曲水县委组织部

中共曲水县委宣传部

中共曲水县委统战部

曲水县总工会

曲水县公安局

曲水县人民检察院

曲水县人民法院

曲水县司法局

经济管理

曲水县发展和改革委员会

曲水县财政局

曲水县国土资源规划局

曲水县统计局

曲水县工业和信息化局

曲水县安全生产监督管理局

曲水县国家税务局

曲水县工商行政管理局

社会事业

曲水县民政局

曲水县人力资源和社会保障局

曲水县民族宗教事务局

曲水县卫生和计划生育委员会

曲水县食品药品监督管理局

曲水县人民医院

曲水县文化旅游新闻出版广电(文物)局

曲水县农牧(科技)局

曲水县农业扶贫开发办公室

曲水县林业绿化局

曲水县水利局

曲水县教育(体育)局

城市建设・环保

曲水县住房和城乡建设局

曲水县环境保护局

邮政・通信

中国邮政集团公司西藏自治区曲水县分公司

中国电信集团公司曲水县电信局

中国移动通信集团西藏有限公司曲水县移动分公司

金 融

中国农业银行曲水县支行

乡(镇)概况

曲水镇

才纳乡

茶巴拉乡

达嘎乡

南木乡

聂当乡

曲水县才纳国家现代农业示范区管理委员会

曲水县工业园区管委会

附 录

关于不忘初心 牢记使命 高举习近平新时代中国特色社会主义思想伟大旗帜 决胜全面建成小康社会的意见

中共曲水县委书记 彭飞跃

（2017 年 11 月 30 日）

为深入贯彻落实党的十九大精神，区市党委九届三次全会精神，高举习近平新时代中国特色社会主义思想伟大旗帜，落实市委对我县“打造现代农业示范县、打造拉萨西部之翼、打造拉萨生态屏障”的三个定位，决胜全面建成小康社会，结合我县实际，制定本意见。

一、全面深入学习宣传贯彻党的十九大精神、区市党委九届三次全会精神，进一步统一思想，提高认识

党的十九大是在全面建成小康社会决胜阶段、中国特色社会主义发展进入新时代召开的一次十分重要的盛会，举旗定向、开新图强，发出了新时代

中国共产党人的“执政宣言”，与时俱进、引领复兴，点亮了新时代中国人民团结奋进的“指路明灯”，擘画蓝图、兴党强国，吹响了新时代中华民族建设社会主义现代化强国的“进军号角”，承前启后、继往开来，选举产生了新时代引领新征程的坚强中央领导集体，具有重大的政治意义、理论意义和实践意义，是做好我县各项工作必须长期坚持的纲领性文件。

区市党委九届三次全会深入贯彻党的十九大精神，坚持以习近平新时代中国特色社会主义思想为指引，全面总结了一年来取得的巨大成就，科学提出了新时代的总体要求和目标任务，安排部署了新时代改革发展稳定各项工作，开启了决胜全面建成小康社会、加快社会主义现代化建设的新征程，为做好我县工作把准了方向、提供了遵循。

全县上下要把学习宣传贯彻党的十九大精神和区市党委九届三次全会精神作为当前和今后一段时期的首要政治任务，高度重视，统筹安排，贯穿一条主线，实现“三个结合”，迅速掀起学习贯彻党的十九大精神、区市党委九届三次全会精神的热潮，用以武装头脑、指导实践、推动工作。

1. 贯穿习近平新时代中国特色社会主义思想这条主线。习近平新时代中国特色社会主义思想，用“八个明确”系统回答了我们应该坚持和发展什么样的中国特色社会主义，用“十四个坚持”科学阐明了我们应该怎样坚持和发展中国特色社会主义这一重大时代课题，是对马克思列宁主义、毛泽东思想、邓小平理论、“三个代表”重要思想、科学发展观的继承和发展，是马克思主义中国化的最新成果，是党和人民实践经验和集体智慧的结晶，是中国特色社会主义理论体系的重要组成部分，是全党全国人民为实现中华民族伟大复兴而奋斗的行动指南，必须长期坚持并不断发展。我们要始终把学习领会习近平新时代中国特色社会主义思想作为管长远、管根本的强大政治理论和思想武器，作为汲取营养、提高本领、驾驭复杂局面的根本方法，切实做到学深悟透、入脑入心，以学促做、真学真做。

2. 把学习宣传贯彻党的十九大精神同学习习近平总书记治边稳藏重要战略思想、中央第六次西藏工作座谈会精神结合起来。党的十八大以来，以习近平同志为核心的党中央高度重视西藏工作、关心西藏各族人民，组织召开中央第六次西藏工作座谈会，深入研究西藏长足发展和长治久安大计，提出了“治国必治边、治边先稳藏”的重要战略思想，做出了“加强民族团结、建设美丽西藏”的重要指示，明确了“依法治藏、富民兴藏、长期建藏、凝聚人心、夯实基础”的重要原则，指出了把维护祖国统一、加强民族团结作为工作的着眼点和着力点，把改善民生、凝聚人心作为经济社会发展的出发点和落脚点，创造性地继承和发展了党的治藏方略。全县上下要充分认识习近平总书记治边稳藏重要战略思想、中央第六次西藏工作座谈会精神是习近平新时代中国特色社会主义思想有机组成部分，始终以习近平新时代中国特色社会主义思想为指引，贯穿曲水工作的方方面面，转化为干事创业的力量源泉。

3. 把学习宣传贯彻党的十九大精神同学习贯彻区市党委九届三次全会精神结合起来。区市党委九届三次全会深入贯彻党的十九大精神，坚持以习近平新时代中国特色社会主义思想为指引，以深入实施创新驱动发展战略、实施乡村振兴战略、深化改革开放构建现代化经济体系，以发展社会主义民主政治、深入开展反分裂斗争、加强民族团结维护国家安全，以坚决打赢脱贫攻坚战、优先发展教育、完善社会保障、建设健康西藏（拉萨）提高保障和改善民生水平，以加强生态文明建设推进美丽中国建设，以牢牢掌握意识形态工作领导权、培育和践行社会主义核心价值观推进推动社会主义文化繁荣发展，以加强党的政治建设、用习近平新时代社会主义思想武装头脑、建设高素质干部人才队伍、加强基层组织建设、持之以恒正风肃纪、坚定不移惩治腐败践行全面从严治党，是党的十九大精神的西藏化、拉萨化，具有很强的针对性、指导性和操作性。全县上下要始终坚持区市党委的领导，把思想和行动统一到区市党委九届三次全会的决策部署上来，紧紧围绕改革、发展、稳定、生态四件大事，正确处理“十三对关系”，加快全面建成小康社会步伐，推进社会主义现代化建设。

4. 把学习贯彻党的十九大精神、区市党委九届三次全会精神同我县实际工作结合起来。市委九届三次全会提出:“曲水打造全区现代农业示范县和循环经济产业园”,为我们发展产业把准了方向。全县上下要结合各自工作实际,坚持读原著、学原文、悟原理,把准政治方向,抓住重点、盯住关键、补齐短板,持续发力、扎实工作,切实落实好县委各项决策部署,推动全县经济社会长足发展和长治久安。

二、明确新时代曲水工作的指导思想、目标任务和基本工作理念,进一步明晰乡镇发展定位

1. 指导思想。深入贯彻落实党的十九大精神,高举中国特色社会主义伟大旗帜,坚持以马克思列宁主义、毛泽东思想、邓小平理论、“三个代表”重要思想、科学发展观、习近平新时代中国特色社会主义思想为指导,深入贯彻落实党的十九大和中央第六次西藏工作座谈会精神,贯彻落实习近平总书记治边稳藏重要战略思想,坚持“五位一体”总体布局和“四个全面”战略布局,紧紧围绕人民日益增长的美好生活需要和不平衡不充分的发展之间的主要矛盾、西藏各族人民同以达赖集团为代表的分裂势力之间的特殊矛盾,按照区市县第九次党代会的决策部署,加强党的全面领导,抓好发展、稳定、生态和党的建设四件大事,正确处理“十三对关系”,坚决打赢脱贫攻坚战、决胜全面建成小康社会,为夺取新时代中国特色社会主义伟大胜利、实现中华民族伟大复兴中国梦做出曲水贡献。

2. 目标任务。从现在到2020年,党的全面领导更加有力,政治定力坚如磐石,现代化经济体系加快建设,发展速度保持两位数以上增长,社会主义核心价值观深入人心,中华民族共同体意识不断增强,确保国家安全和曲水长治久安,生态文明建设取得明显成效,人民美好生活水平显著提升,城乡公共服务主要指标达到全国平均水平,坚决打赢脱贫攻坚战,全面建成安居乐业、保障有力、家园秀美、民族团结、文明和谐的小康社会。

3. 基本工作理念。基本工作理念是管全局、管根本、管方向、管长远的,是决胜全面建成小康社会、加快全面建设社会主义现代化曲水的基本遵循和行动指南,必须要长期坚持。一是坚定不移坚持贯穿新时代中国特色社会主义基本方略。特别是要重点坚持党对一切工作的领导,全面从严治党。坚持以人民为中心的发展思想,坚持人民主体地位,依靠人民,为了人民。坚持创新、协调、绿色、开放、共享的新发展理念。坚持人与自然和谐共生,建设美丽曲水。坚持国家利益至上,牢固树立总体国家安全观。二是坚定不移坚持贯穿县委在具体工作实践中积累的理念。要坚持层层压实责任,一级抓一级,层层抓落实。坚持共建共享,充分调动,发挥全社会各方面力量,实现发展成果人民共享。坚持发挥群众主人翁精神和主体作用,凸显群众主体地位。坚持创新开放思维,通过目标引领和问题导向开展工作,不求所有、但求所用。坚持用钉钉子精神做实做细做好工作,坚持雷厉风行和久久为功有机结合。坚持建成全面小康,不仅仅是物质的,还有文化的、精神的理念。

4. 乡镇定位。聂当乡打造拉萨西部之翼,积极承接拉萨市主城区功能。才纳乡做全县发展现代农业的排头兵,着力实现一二三产融合发展。南木乡打造有机特色设施农业和乡村文化旅游产业。曲水镇大力开展环境综合整治,建设美丽县城,拱卫县城建设。达嘎乡打造现代有机农牧业和乡村集贸市场。茶巴拉乡打造绿色生态产业示范区,推进天然饮用水、光伏产业和有机绿色食品加工业。

三、用勤劳的双手,昂扬的斗志,建设更加美好的曲水

要坚持党对一切工作的领导,全面从严治党,把加强党的政治建设放在首位,确保始终坚持正确的政治方向。坚持新时期好干部标准,建设一支始终坚持党的领导,忠诚干净担当的高素质干部队伍;持之以恒正风肃纪,坚定不移惩治腐败,不断将党风廉政建设引向深入。要坚持推进供给侧结构性改革,解决不平衡、不充分的矛盾。着力发展实体经济,加大招商引资力度,理直气壮做强做优做大国有企业,打造循环经济产业园。狠抓项目建设,突出项目效益。坚决打赢脱贫攻坚,持续开展“志智制”三扶,着力抓好产业扶贫,不断巩固脱贫成效。坚持优先发展教育,促进就业创业,建设健康曲水,不断完善公共服务体系。在做好以上工作的同时,紧紧把握时代脉搏,与中央、区市党委同频共

振，结合曲水实际，突出抓好以下工作。

1. 坚定不移坚持党对一切工作的领导。党政军民学，东西南北中，党是领导一切的。突出政治建设，坚决维护党中央权威和集中统一领导，坚定执行党的政治路线，严格遵守党的政治纪律和政治规矩，在政治立场、政治方向、政治原则、政治道路上同党中央保持高度一致，自觉在以习近平同志为核心的党中央集中统一领导下履行职责、开展工作。一是坚持县委对一切工作的领导。完善坚持和加强党的全面领导的体制机制，从讲政治、讲大局、讲规矩的高度强化县委对人大、政府、政协等的全面领导，强化对各乡镇、村各级组织的全面领导，发挥社会主义能集中力量办大事的优势，强化各项工作的请示报告制度，集中研究，保证全县各项工作发展方向的集中统一。二是持续强化县委自身建设。着力提高县委把方向、谋大局、定政策、促改革的能力和定力，确保县委总揽全局、协调各方。三是严肃党内政治生活。尊崇党章，严格执行新形势下党内政治生活若干准则，完善组织生活制度，用好批评和自我批评武器，增强党内政治生活的政治性、时代性、原则性、战斗性。四是完善和落实民主集中制。坚持民主基础上的集中和集中指导下的民主相结合，严格执行“三重一大”事项集中研究制度。五是发展积极健康的党内政治文化。大力弘扬忠诚老实、公道正派、实事求是、清正廉洁等价值观，坚决防止和反对个人主义、分散主义、自由主义、本位主义、好人主义，坚决防止和反对宗派主义、圈子文化、码头文化，坚决反对搞两面派、做两面人。

2. 打造全区现代农业示范县。一是实现生产方式的现代化。生产方式的现代化是发展现代农业的基础内容。由县农牧局统筹全县农机合作社，提高机耕、机播、机收的水平，不断提升全县机械化水平，解放更多的群众，参与农业产业化发展。加强指导，培养造就一支懂农业、爱农民、爱农村的“三农”工作队伍，提升科技贡献率。二是实现人的现代化。人是发展现代农业的主体，人的现代化是发展现代农业的前提。各级领导干部要强化学习，主动适应新常态，用新发展理念武装头脑、指导实践，全面提升引领新常态、驾驭市场经济的能力和水平。围绕现代农业产业发展需要，有针对性开展农牧民技能技术培训，将农牧民培养成职业化农民和产业工人，就近就便在家门口就业，为农业产业化发展提供劳务服务。强化交流学习，通过“请进来”“走出去”，进一步掌握农业新技术，根植农民新思想，传播农业新思潮。三是实现管理模式的现代化。管理模式的现代化是发展现代农业的根本保障。发挥政府在改革发展中的指导、引导作用，发挥市场在资源配置中的基础性作用，实现“两只手”相得益彰。深化土地流转，实现农业规模化发展。大力培育龙头企业和农牧民专业合作社，提升组织化水平。四是发展现代化产业。现代化产业是发展现代农业的关键。研究制定完善净土健康产业五年发展规划，以汉藏药材产业和拉萨茅台玛咖酒产业为重点，逐步完善集生产、加工、销售、研发、品牌创建于一体的净土健康产业发展体系。大力发展有机农业。持续推进“零化肥、零农药”工作，以科技提升产量，以质量塑造品牌，到2020年，全县有机产品达到12个以上，成功创建有机农业示范县。大力开展现代有机农业产业化发展，为持续深入推开有机农业，提供强大支撑，解决有机产品优价问题，保障群众利益，解除群众产量和质量的两难选择。政府主导，教育引导群众严格遵守有机标准，保护有机企业利益。做大做强有机青稞产业，鼓励推广“企业+”的模式，由净土公司按企业需要统一规划、收购，农牧局指导种植。加大招商引资力度，加快拉萨华宝有限公司和西藏高度流通商贸有限公司项目落地建设，延伸有机青稞深加工产业链条。加紧深化与金哈达制药厂等合作，为推进万亩中藏药材种植基地建设提供支撑；继续深化与茅台集团合作，整合销售资源，不断扩大规模。研究制定文化旅游产业发展三年规划，实施全域旅游规划，以才纳AAA级景区为中心开发辐射以特色民俗、乡村自然景色、都市休闲后花园为主题的旅游产业，将净土健康产业与文化旅游产业深度融合，打造曲水净土文化旅游。

3. 深入实施乡村振兴战略。按照产业兴旺、生态宜居、乡风文明、治理有效、生活富裕的总要求落实乡村振兴战略。实施乡村振兴战略是解决好中国特色社会主义新时代“三农”问题的重大战略。实施乡村振兴战略，必须要坚持农业农村优先发展战略，始终把解决好“三农”问题作为全县工作的重中之重，补齐乡村发展短板。必须要统筹推进农村经济、政治、文化、社会和生态“五位一体”建设。必须要深化农村改革，建立适合乡村发展的体制机制。必须要致力于发展农村集体经济，实现不离土不离乡、就近就便就业。必须要加强乡村文化建设，推动精神文明和物质文明协调发展。必须要加强基层工作，培养造就一支懂农业、爱农民、爱农村的“三农”工作队伍。制定乡村振兴战略规划，大力实施“六大工程”。一是大力实施乡村产业振兴工程，依托国家现代农业示范区，做大做强现代农业。二是大力实施美丽乡村建设工程，以乡村环境综合整治、消除无树村、无树户工作为抓手，清污、治乱、增绿，建设生态化的宜居家园。三是大力推进乡村文化建设工程，培养和发挥乡土文化人才作用，发挥县文化活动队作用，编演接地气、传得开、留得下的文化节目，打造曲水的“乌兰牧骑”。结合国家县级文明城市创建，推动乡风文明。四是大力推进乡村社会和谐工程，结合“四讲四爱”主题教育实践活动，建立自治、法治和德治相结合的现代化乡村治理体系。五是大力推进人才培养工程，围绕现代农业和村集体经济发展需要，大力培养“土专家”和产业工人，不离土不离乡、就近就便就业，实现增收致富、生活富裕。六是大力推进群众主体地位工程，破除一切不合时宜的思想观念和体制机制弊端，增强群众主人翁意识，凸显主体地位，充分发挥群众在发展、稳定、生态等方面的积极性、主动性、能动性，使他们成为乡村振兴主要力量，增强乡村振兴新动能。

4. 坚定不移维护社会稳定。一是深入开展反分裂斗争。紧紧盯住西藏的特殊矛盾，深刻认识“后达赖”向“达赖后”转变的重大变化，积极应对“后达赖”向“达赖后”转变的重大挑战，从思想上、组织上、力量上做好充分准备，增强对维稳形势预判，制定应急处突方案，严密防范政治安全风险。强化斗争意识，主动进攻、露头就打，依法严厉打击分裂国家、破坏民族团结的反动宣传活动、聚集闹事活动、暴力恐怖活动、煽动自焚活动，深入开展反渗透、反间谍、反分裂、反邪教斗争，坚决维护国家政治安全特别是政权安全、制度安全。二是巩固和发展最广泛的爱国统一战线。对长期始终与我们党肝胆相照、同心同德的爱国统战人士及其后代，在西藏和平解放、民主改革等重大历史事件中给予我们无私支援、鼎力相助的群众以及牺牲生命群众的后代，尽量做出适当安排。广泛建立联谊交友机制，发挥好党外知识分子和新的社会阶层人士的重要作用，最大限度地团结一切可以团结的力量，最大限度地孤立和打击“分裂势力”顽固分子。三是全面贯彻党的宗教工作基本方针。做好“导”的工作。坚持以团结教育为主，引导宗教教职人员做爱国爱教、遵规守法的表率，引导寺庙僧尼做爱国爱教的合格公民，引导信教群众追求今生、过好当下幸福生活，淡化宗教消极影响。做好“管”的工作。坚持运用法治思维和法治方式管理宗教事务，管好宗教领域干部、管好宗教活动、管好僧尼，特别是对不爱国不爱教、不服从政府管理甚至与达赖集团勾联的僧尼，依法予以处理。做好“服”的工作。坚持抓好凝聚人心的工作，让僧尼充分享受社会主义大家庭的温暖和改革开放成果，积极引导广大宗教职业者树立服务社会、造福信众的意识。做好“建”的工作。坚持以机制建设为主，努力构建主体在县、延伸到乡、落实到村、规范到点的工作格局。四是加强民族团结。要加强民族团结，首先要加强县委的团结和各级党委的团结。县委和各级党委是民族团结的关键，只要有了党的团结，就能保证全面的民族团结。民族团结如同逆水行舟，不进则退，进的是一点一滴，要花很大心血，退的时候会很快，一泻千里。深入推进民族团结进步示范县创建，成立工作专班，制定创建方案，明确分工，压实责任。持续开展“民族团结进步之花在曲水盛开”主题活动和共产党员民族团结先锋活动，以活动丰富创建形式，提升创建效果。持续推进民族团结宣传教育“七进”活动，特别是加强县委班子民族团结宣传教育，以班子团结带动干部团结、干部与群众团结，铸牢中华民族共同体意识，夯实维稳基础。

5. 推进生态文明建设。一是坚守生态安全底线。牢固树立绿水青山是金山银山,冰天雪地也是金山银山的理念,划定并严守生态保护红线、永久基本农田、城镇开发边界三条控制线。落实最严格的生态环境保护制度,严格落实产业准入负面清单、水资源管理和基本草场保护,严禁“三高”项目进入。二是加大生态系统保护力度。大力实施重要生态系统保护和修复重大工程,提升生态系统的质量和稳定性,全力打造拉萨生态屏障。大力开展国土绿化行动,以“农村增绿”为抓手,运用好500万元林业绿化专项资金,着力消除“无树村、无树户”,到2020年,新增人工造林面积2万亩以上,森林覆盖率达到31%以上,全县50%以上的行政村基本达到《美丽乡村建设指南》国家标准。三是着力解决突出环境问题。积极回应群众对生态环境的诉求,认真解决好人民群众密切关注的给水、绿化、交通、垃圾处理、污水治理等问题,加快二级供水管网建设,加快县城污水处理厂及排水管网建设进度,改善人民群众的生产生活环境。

6. 推进乡村文化大繁荣大发展。一是牢牢掌握意识形态工作领导权,出台党委(党组)意识形态工作责任制实施细则,落实各级党组织意识形态工作主体责任和党组织书记第一责任人责任,把党组织意识形态工作责任制纳入巡察工作安排,强化意识形态工作责任制考核。二是持续开展全国文明城市创建工作,打造廉洁高效的政务环境、公平正义的法制环境、诚实守信的市场环境、健康向上的人文环境、可持续发展的生态环境,充分发挥人民群众主体作用,在共建中共享、在共享中共建,全面提高干部群众文明素质,提升群众幸福感,增强曲水凝聚力。三是加强文化阵地建设,坚持党管舆论、党管新闻、党管媒体,牢牢掌控文化阵地的领导权,理直气壮地在群众中广泛宣传西藏农奴解放58年来取得的翻天覆地变化,增强群众感党恩、听党话、跟党走的信念和定力。四是加强乡村文化建设,县雅松民间艺术团要多编排弘扬主旋律、传播正能量的节目,在全县特别是重要节日巡回演出,村级以上活动场所至少每月开展1次活动,用丰富多彩的文化生活淡化宗教消极影响。

7. 加强基层组织建设。一是以提升组织力为重点,突出政治功能,着眼于“战斗堡垒”作用的发挥,切实把基层党组织建设成为宣传党的主张、贯彻党的决定、领导基层治理、团结动员群众、推动改革发展、反对分裂、脱贫攻坚的坚强战斗堡垒。二是制定出台进一步加强基层党组织建设的意见,推进学习型、服务型、创新型、引领型、战斗型基层党组织建设。重点加强村级组织支部建设。三是以基层党组织标准化建设为抓手,推进组织设置、领导班子建设、党员队伍建设、组织生活、活动方式创新、运行机制、经费保障、场所建设更加科学规范。四是进一步理顺村“两委”、第一书记、下沉干部、驻村工作队的关系,突出村组党组织的主体地位,着力解决基层党组织弱化、虚化、边缘化问题。五是研究制定村级组织推行“一定三有”工作机制的实施意见,激发村组干部干事创业热情,切实增强基层组织的创造力、凝聚力、战斗力。

在中国共产党曲水县第九届纪律检查委员会第三次全体会议上的讲话

中共曲水县委书记　彭飞跃

（2018 年 4 月 4 日）

县纪委九届三次全会，是在全县上下深入贯彻落实党的十九大、十九届二中、三中全会和十九届中央纪委二次全会精神，全面贯彻落实区市党委、区市纪委九届三次全会精神之际，县委决定召开的一次重要会议。一会儿，巴珠同志将代表县纪委常委会作工作报告，这个报告是经过县委常委会审议通过的，我完全赞同，请大家认真抓好贯彻落实。

下面，我讲三点意见。

一、领会精神、把握实质，坚定全面从严治党的信心和决心

党的十八大以来，以习近平同志为核心的党中央全面加强党的领导和党的建设，坚决改变管党治党宽松软状况，以顽强意志品质正风肃纪、反腐惩恶，党内政治生活气象更新，党内政治生态明显好转，党在革命性锻造中更加坚强，焕发出新的强大生机活力。

1 月 11 日至 13 日，中国共产党第十九届中央纪律检查委员会第二次全体会议在北京举行，习近平总书记发表了重要讲话，赵乐际书记作了工作报告。习近平总书记站在新时代党和国家事业发展全局的高度，深刻阐述了党的十九大全面从严治党战略部署，系统总结了党的十八大以来全面从严治党的重要经验，深入分析了党面临的风险和挑战，明确提出了当前和今后一个时期全面从严治党的总体要求和主要任务，要求全党同志重整行装再出发，以永远在路上的执着把全面从严治党引向深入，开创全面从严治党新局面。总书记的重要讲话，旗帜高扬、内涵丰富、立意深远、思想深邃，既指引方向又教授方法，既直面问题又充满自信，既意志坚定又思路清晰，处处彰显了居安思危的忧患意识、永不停歇的坚定执着、质朴真诚的为民情怀、许党许国的担当精神，为做好当前和今后一个时期全面从严治党、党风廉政建设和反腐败工作指明了方向、提供了动力。

2 月 5 日，中国共产党西藏自治区第九届纪律检查委员会第三次全体会议在拉萨召开，吴英杰书记作了重要讲话，王拥军书记作了工作报告。吴英杰书记的重要讲话通篇贯穿了党的十九大和十九届二中全会精神，贯穿了十九届中央纪委二次全会特别是习近平总书记的重要讲话精神，充分肯定了 2017 年我区全面从严治党取得的显著成效，安排部署了今年工作的主要任务，贯彻落实中央精神坚决，总结成绩实事求是，部署工作具体有力，对深入贯彻落实党的十九大全面从严治党战略部署，推进西藏党的建设新的伟大工程、深入开展党风廉政建设和反腐败斗争具有重要的指导作用。

2 月 27 日，中国共产党拉萨市第九届纪律检查委员会第三次全体会议在拉萨召开，白玛旺堆书记作了重要讲话，王家民书记作了工作报告。白玛旺堆书记讲道理苦口婆心、谈问题一针见血、作部署具体实在，非常贴近拉萨实际，具有很强的针对性、指导性、实践性。我们一定要贯彻落实好白玛旺堆书记的讲话精神，切实做到“七个深刻领会”。一是深刻领会“把党的政治建设摆在首位”的要求，坚决维护习近平总书记在党中央和全党的核心地位，坚决维护党中央权威和集中统一领导，严格遵守党的

政治纪律和政治规矩，旗帜鲜明地维护祖国统一、加强民族团结、反对分裂。二是深刻领会“持续加强理想信念教育，补足共产党人精神之钙”的要求，始终不渝用习近平新时代中国特色社会主义思想武装头脑，自觉做共产主义远大理想和中国特色社会主义共同理想的忠诚实践者。严肃党内政治生活，营造风清气正的党内政治生活环境。三是深刻领会“坚持不懈改进作风，推动中央八项规定精神化风成俗”的要求，从当前群众反映强烈的作风问题入手，深入、扎实、精细、真实的转作风。强化制度建设，用严格的制度执行来约束和倒逼作风的好转，用严肃问责形成震慑。四是深刻领会“全面加强纪律建设，用严明的纪律管党治党”的要求，始终把纪律规矩挺在前面，坚持用纪律管党治党，大力营造风清气正的政治生态。五是深刻领会“把握改革目标任务，推进纪检监察体制改革”的要求，做好制度衔接、纪法衔接、人员融合、体制机制职能转化等工作，确保监察体制改革顺利完成，实现有效运转。六是深刻领会“持续保持惩治腐败的高压态势，夺取反腐败斗争压倒性胜利”的要求，坚持无禁区、全覆盖、零容忍，坚持重遏制、强高压、长震慑，有效遏制增量，有力消减存量，推动反腐败斗争压倒性态势向压倒性胜利转化。七是深刻领会“强化责任担当，推动新时代全面从严治党新要求落实见效”的要求，坚持和加强党的全面领导，压紧压实全面从严治党政治责任，全面加强纪检监察干部队伍建设，以更大的决心推动全面从严治党取得新的更大成效。我们要切实把思想和行动统一到十九届中央纪委二次全会和区市纪委九届三次全会的部署要求上来，深刻领会当前和今后一个时期深入推进全面从严治党的任务要求，以永远在路上的执着坚定不移推进全面从严治党，锲而不舍把党风廉政建设和反腐败斗争引向深入。

过去的一年，在区市党委的坚强领导下，在区市纪委的有力指导下，县委团结带领全县各级党组织和纪检监察机关，始终以习近平新时代中国特色社会主义思想为指导，全面落实全面从严治党责任，坚持管党治党不放松、正风肃纪不停步、反腐惩恶不手软，推动全面从严治党、党风廉政建设和反腐败斗争取得了明显成效。一是党的领导全面加强。各级党组织和广大党员干部坚决维护习近平总书记在党中央和全党的核心地位，坚决维护党中央权威和集中统一领导，严格落实全面从严治党责任，推动管党治党从宽松软走向严紧硬。始终把政治纪律和政治规矩挺在前面，领导干部带头讲政治、讲原则、讲规矩，以上率下、上行下效，全县党员干部思想统一、行动统一。查处违反工作纪律案件4件8人，查处违反维稳纪律案件1件2家单位，营造了旗帜鲜明讲政治、从严从紧抓纪律的氛围。二是党风政风持续好转。从落实中央八项规定精神、区党委“约法十章”“九项要求”和市委“八项要求”破题，从农牧民群众最关心的问题、反映最强烈的问题、要求最迫切的问题抓起，持之以恒正风肃纪，使广大干部群众切身感受到了作风在抓、廉政在查、风气在变，党风清、政风廉、作风实的良好氛围进一步形成。查处违反中央八项规定精神案件3件4人，用实际行动推动了全县党风、政风、社风的整体好转。三是反腐败斗争压倒性态势全面巩固。积极实践监督执纪“四种形态”，用好巡视巡察利剑，以零容忍的态度惩治腐败，反腐败斗争压倒性态势已经形成。查处基层微腐败案件1件7人，肃清了啃食群众利益的社会蛀虫，提升了人民群众正风反腐获得感。

这些成绩的取得，得益于以习近平同志为核心的党中央领导坚强有力，特别是习近平新时代中国特色社会主义思想的科学指引；得益于区市党委、纪委坚定地“四个意识”，牢记使命的担当劲、敢为人先的精气神、披荆斩棘的攻坚力和善做善成的真本领；得益于全县各级党组织、广大党员干部的共同努力和人民群众的支持参与；得益于各级纪检监察机关和纪检监察干部的辛劳和付出。在此，我代表县委，向为全县全面从严治党、党风廉政建设和反腐败斗争作出贡献的干部群众，特别是奋斗在反腐败斗争一线的全体纪检监察干部表示衷心的感谢并致以崇高的敬意！

在看到成绩的同时，我们要清醒地认识到全面从严治党只有进行时，没有完成时，我们要清醒地看到自身存在的问题，一是落实全面从严治党主体责任还存在认识不高、措施不力，抓得不实、向基层延伸不够等问题，特别是通过九届县委第一轮巡察，折射出我县个别单位仍然存在“一把手”不抓党建、不会抓党建，责任虚化空转的问题。二是一些党员干部思想政治觉悟不高，“四个意识”和“四个自信”树得不够牢，该请示的没有及时请示，该汇报的没有及时汇报，举个简单的例子，区市领导到曲水调研，相关单位要及时向县委、县政府报备，县委、政府作统筹安排，该主要领导陪同主要领导陪同，该常委陪同的常委陪同；如果没有及时报备，该陪同的没去陪同，体现出我们县不讲政治、不讲大局，就算工作做得好，评价也不高。三是党内政治生活开展得不够经常、质量不高，个别联合党支部一整年都没有开过组织生活会。四是高压态势下，一些“四风”问题出现了隐形变异，防止反弹的压力较大。站在新时代新的历史方位上，全县各级党组织和广大党员干部要进一步深化对全面从严治党的认识，与中央对标看齐，紧跟区市党委步伐，坚决把思想和行动统一到中央和区、市纪委全会精神上来，特别是统一到习近平总书记的重要讲话精神上来，进一步增强责任感、紧迫感和使命感，以永远在路上的恒心和韧劲，一刻不停歇地推动全面从严治党向纵深发展。

二、以习近平新时代中国特色社会主义思想为指导，坚定不移推进全面从严治党

2018年，是全面贯彻落实党的十九大精神的开局之年，是改革开放40周年，是监察委员会成立后的开局之年，是决胜全面建成小康社会、实施“十三五”规划承上启下的关键一年，做好纪检监察工作责任重大。我们的指导思想是，高举习近平新时代中国特色社会主义思想伟大旗帜，全面贯彻落实党的十九大、十九届二中、三中全会、十九届中央纪委二次全会精神，全面贯彻落实习近平总书记治边稳藏重要战略思想和“加强民族团结、建设美丽西藏”的重要指示精神，按照区市党委九届三次全会、区市纪委九届三次全会决策部署，紧紧围绕坚持和加强党的全面领导，紧紧围绕维护习近平总书记在党中央和全党的核心地位，紧紧围绕维护党中央权威和集中统一领导，全面推进党的政治建设、思想建设、组织建设、作风建设、纪律建设，把制度建设贯穿其中，深入开展反腐败斗争，在坚持中深化、在深化中发展，不断增强党的创造力、凝聚力、战斗力，进一步夯实党在曲水的执政基础，为打赢脱贫攻坚战、决胜全面建成小康社会提供坚强保证。

今年要重点抓好以下工作：

（一）始终把党的政治建设摆在首位

政治建设是党的根本性建设，决定党的建设方向和效果，必须摆在全面从严治党的首要位置。一是坚决维护习近平总书记在党中央和全党的核心地位，坚决维护党中央权威和集中统一领导。始终以党的旗帜为旗帜、以党的方向为方向、以党的意志为意志、一切工作都要按党中央的号召办，一切事情都要按党中央部署要求去落实，自觉做到党中央提倡的坚决响应、党中央决定的坚决执行、党中央禁止的坚决不做，决不能各行其是、各自为政，更不能标新立异、另搞一套。具体到县一级层面，我们要以只争朝夕、时不我待的精神，把智慧和力量凝聚到抓落实上，确保中央和区市县党委各项决策部署都能在曲水落地生根、开花结果。特别是要大力实施乡村振兴战略，这是全县当前和今后一个时期的重要任务。前一段时间，我们专门组织召开会议，深入学习了中央和区市相关文件精神，相关分管领导、乡镇书记、村书记结合自身工作实际，进行了交流发言。下一步，我们要按照“产业兴旺、生态宜居、乡风文明、治理有效、生活富裕”的总要求，结合净土健康产业、生态乡村创建、乡村环境综合整治、“双联户”工作、全国文明城市创建等全县重点工作，扎实推进乡村振兴战略；要尽快制定出台全县的实施意见，选取1—2个点，打造示范样板。二是加强理想信念教育。要始终不渝用习近平新时代中国特色社会主义思想武装头脑，引导各族干部群众确立高度的政治认同、思想认同、理论认同、情感认同，让总书记党中央的核心、全党的核心地位深深扎根在曲水人民心中，让习近平新时代中国特色社会主义思想融入各族干部群众血脉，使拥戴信赖忠诚捍卫核心成为各族干部群众的政治自觉、思想自觉、行动自觉。要盯紧“关键少数”，督促各级领导干部自觉加强党性锻炼，把对党忠诚、为党分

忧、为党尽职、为民造福作为根本政治担当，不断提高政治觉悟和政治能力。自觉践行“红船精神”和“老西藏精神”“两路精神”，“红船精神”就是改革创新精神，“老西藏精神”“两路精神”就是艰苦奋斗精神，以老一辈革命家的优良传统和作风来警示自己、激励自己，自觉做共产主义远大理想和中国特色社会主义共同理想的坚定信仰者和忠诚实践者。三是严肃党内政治生活。严格执行新形势下党内政治生活若干准则，积极开展批评与自我批评，增强党内政治生活的政治性、时代性、原则性、战斗性。加强对党内政治生活的监督检查，推动各级党组织和全体党员遵守党章党规，坚决落实党的基本理论、基本路线、基本方略。严格执行请示报告制度，各级党组织重大事项及时主动向上级党委、纪委请示报告，各级纪委重要工作要向同级党委和上级纪委请示报告。

（二）坚持把纪律挺在前面

纪律建设是全面从严治党的治本之策，必须要用严明的纪律管党治党。一是严明党的政治纪律和政治规矩。政治纪律是最重要、最根本、最关键的纪律，是遵守党的全部纪律的重要基础。习近平总书记指出的无视党的政治纪律和政治规矩的“七个有之”有的放矢，有着很强的现实针对性和指导性。我们必须要高度重视、高度警觉，做到“五个必须、五个决不允许”，坚决清除对党不忠诚老实、阳奉阴违的两面人、两面派，坚决同危害党中央权威和集中统一领导的行为作斗争。在西藏，衡量党员干部是否遵守党的政治纪律，关键就是看在维护祖国统一、加强民族团结、反对分裂这一重大原则问题上，是否始终做到旗帜鲜明、立场坚定、认识统一、表里如一、态度坚决、步调一致。各级党委和纪检监察机关要深入掌握广大党员干部在反分裂斗争中的现实表现，对已信教或对十四世达赖存在模糊认识的，对宗教明里不信暗里信的，加强思想教育，帮助他们摆脱唯心主义宗教观念的束缚，要让他们认清十四世达赖和达赖集团的反动本质；对经党组织帮助教育后仍没有转变的，在大是大非面前含糊动摇，甚至同情支持的，特别是参加非法组织、公开发表违背党中央决定言论以及追随达赖集团、参与支持破坏活动、非法出境、向达赖集团暗里资助、传播反动思想的，要按照党纪国法坚决予以处置，绝不姑息。二是加强制度建设。各级党组织要认真总结日常监督、审查调查、巡察监督、审计监督中发现的体制机制问题和制度漏洞，有针对性地建章立制，把制度的篱笆扎得更紧，以完善的制度推动党的各项纪律严起来。广大党员干部要无条件地遵守党的纪律，绝不能让党的纪律成为束之高阁的一纸空文，对踩红线、越底线、闯雷区的，要坚决严肃查处，真正让铁规发力、让禁令生威，确保各项法规制度落地生根。三是用好巡察利剑。要磨光擦亮巡察利剑，坚定不移深化政治巡察，盯紧被巡察党组织的政治立场和政治生态，重点检查党章、党纪、党规执行情况，党的十九大精神、中央和区市党委决策部署贯彻落实情况，惠民政策落实情况等，统筹安排常规巡察，深化推进专项巡察，有重点地开展“点穴式”“机动式”巡察，不断提升巡察监督的精准度、震慑力。

（三）持之以恒纠正“四风”

习近平总书记指出：“纠正‘四风’不能止步，作风建设永远在路上”。党风政风的好坏直接关乎全面从严治党的成败，群众有最直观的感受，因此，我们必须花大力气、下大功夫改进作风，让群众感受到党风政风在改，党员干部作风在变，最终赢得群众的支持，推动全面从严治党向纵深发展。一是深入贯彻落实中央“八项规定”精神。研究制定贯彻落实中央八项规定实施细则精神的具体办法，用严格的制度执行来约束和倒逼作风的好转。要把监督检查的重点放在中央“八项规定”及其实施细则精神执行情况上来，一个节点一个节点坚守、一个问题一个问题突破，扭住不放、寸步不让，管住习惯、化风成俗。各级领导干部要带头转变作风，经常摆摆表现、找找差距，坚持身体力行、以上率下，形成“头雁效应”。同时，要严格家教家风，严格教育管理亲属和身边的工作人员，杜绝一切特权思想、以权谋私的行为发生。二是树立积极的干事创业导向。各级党组织要以“工作看得透、想得深、做得精细实，胸有成竹、群众公认、经得起历史检验，说实话、讲真话、对党忠诚老实”作为标准来看待一个干部，对一些怕出事、不干事，不作为、慢作为、冷硬横推的，该敲打的敲打、该处理的处理。对一些表态多调门高、行动少落实差，阻碍党中央大政方针和区市党委决策部署贯彻落实、人民群众反映强烈、造成严重后果的，抓住典型、坚决问责、形成威慑；对想干事、能干事、干成事的领导干部，要正确处理好鼓励干部担当干事和容错纠错的关系，坚持严管和厚爱结合、激励和约束并重，旗帜鲜明为敢担当、踏实做事、不谋私利的党员干部撑腰鼓劲。三是实实在在的调查研究。在实际工作中，我县仍然存在个别单位负责人一遇到问题就束手无策、碰上困难就上交的情况，存在这一问题的根本原因就是调研不充分、对工作不熟悉。各级领导干部要放下架子、扑下身子，坚持不踩点、不准备，直奔主题、深入一线，既要到工作局面好的地方去总结经验，又要到群众意见多、工作做得差的地方去，到困难较多、情况复杂、矛盾尖锐的地方去调查研究，倾听基层干部群众实实在在、方方面面的真话实话，在调研中掌握最真实的情况，向基层干部群众请教解决办法，真正把功夫下到察实情、出实招、办实事、求实效上；基层对存在的问题要不怕丑、不遮掩，虚心接受批评和指导。

（四）全面夺取反腐败斗争压倒性胜利

反腐败是一场输不起的斗争，决不能半途而废、功亏一篑，必须坚定不移、精准有序，更有效地遏制增量、更有力地削减存量，推动反腐败斗争压倒性态势向压倒性胜利转变。一是持续保持惩治腐败的高压态势。坚持无禁区、全覆盖、零容忍，坚持重遏制、强高压、长震慑，做到受贿行贿一起查，对发生在各个领域的腐败案件，不论涉及什么人、不论权力大小、不论职位高地，发现一起查处一起，绝不姑息、绝不手软。二是着力解决基层“微腐败”问题。习近平总书记指出：“相对于远在天边的大老虎，群众对近在眼前的嗡嗡乱飞的蝇贪更为深切”。基层“微腐败”损害的是群众的切身利益，啃食的是群众的获得感，挥霍的是群众对党和政府的信任。要坚决查处发生在惠民资金、“三资管理”、征地拆迁、教育医疗、生态环保等领域严重违纪违法行为，基层干部吃拿卡要、盘剥克扣、优亲厚友等问题，坚决纠正发生在群众身边的不正之风和腐败问题；结合“扫黑除恶打非治乱”专项整治活动，严厉打击“村霸”、宗族恶势力以及背后的腐败行为，坚持露头就打、落地就查、快查快办，以维护群众切身利益的扎实成效取信于民。要围绕打赢脱贫攻坚战，开展扶贫领域腐败和作风问题专项治理，重点查处和纠正贯彻中央和区市党委、政府脱贫攻坚决策部署不坚决不到位问题，对搞数字脱贫、虚假脱贫的，对扶贫工作不务实不扎实、脱贫结果不真实、发现问题不整改的严肃问责。三是加大集中整治和督查督办力度。凡是群众反映强烈的问题都要严肃认真对待，凡是损害群众利益的行为都要坚决纠正。紧盯群众通过巡视、巡察、信访等渠道反应的突出问题，对民愤集中、性质恶劣的重点督办、限时办结，对典型案例一律通报曝光，对侵害群众利益问题绝不放过，做到有什么问题就解决什么问题、什么问题突出就集中整治什么问题。

（五）扎实推进纪检监察体制改革

成立监察委员会是党中央作出的一个重大政治决策，目的是加强党对反腐败工作的集中统一领导，推进国家治理体系和治理能力现代化。当前，我县监察委员会已经成立。下一步，我们要强化党对监察委员会的领导，做好制度衔接、纪法衔接、工作衔接、人员融合、体制机制职能转化等工作，确保监察体制改革顺利完成，做到平稳有序过渡，实现有效运转。加强监察委员会与纪委、巡察、审计等部门之间的统筹协调，构建立体化监督网，确保权力在监督之下运行。

三、坚持和加强党的全面领导，为全面从严治党提供坚强保障

习近平总书记指出：“从严治党，必须增强管党治党意识、落实管党治党责任。”全县上下要全面贯彻落实习近平新时代党的建设总要求，牢牢把握坚持和加强党的全面领导这个根本，继续在常和长、严和实、深和细上下功夫，以更大的决心推动全面从严治党取得新的更大成效。

（一）压实管党治党主体责任

牢固树立不管党治党就是严重失职的观念，在工作的方方面面体现党的领导，压实全面从严治党

责任。各级党组织要切实把落实全面从严治党责任作为最根本的政治担当，真正把担子担起来，坚持同改革发展稳定各项工作同部署、同推进、同落实、同考核，定期开展主体责任报告、“双述”、约谈等，层层压实责任，逐级传导压力，做到真管真严、敢管敢严、长管长严。各级党组织书记要做管党治党的书记，责无旁贷地担当起第一责任人的职责，做到重要工作要亲自部署、重大问题要亲自过问、重点环节要亲自协调、重点案件要亲自督办，为全面从严治党提供坚强后盾和有力支持。班子成员要严格履行“一岗双责”，把分管领域全面从严治党工作抓细致、抓深入、抓具体，坚决防止责任虚化空转问题。

（二）强化纪委监督执纪

各级纪检监察机关要提高政治站位，牢牢把握坚持和加强党的全面领导这个根本，切实把协助党委推进全面从严治党作为主要任务，重点查处主体责任缺失、党内监督不力、作风和腐败问题，要当好党章党规的“守护者”，政治生态的“护林员”。深化运用监督执纪“四种形态”，坚持惩前毖后、治病救人方针，坚持严管和厚爱结合，强化监督、铁面执纪、严肃问责。

（三）加强纪检监察干部队伍建设

打铁还需自身硬。新时代要有新气象新作为，必须培育新素质、塑造新形象。加强对纪检监察机关的领导和支持，为纪检监察机关以纪依法履行职责创造良好的条件。加强对纪检监察干部的培养、交流、选拔、任用，切实提升纪检监察干部监督执纪的能力和水平。以更高的标准、更严的纪律要求，加强纪检监察机关内部监督、强化日常监管，防止“灯下黑”，确保党和人民赋予的权利不被滥用、惩恶扬善的利剑永不蒙尘。

同志们，功成不必在我，而功力必不唐捐。让我们紧密团结在以习近平同志为核心的党中央周围，不忘初心、牢记使命，无私无畏、奋发有为，不断开创全面从严治党新局面，为落实党的十九大战略部署，决胜全面建成小康社会做出新的更大贡献。

（因工作需要，县委书记彭飞跃委托县委副书记、县委党校校长王占辉在会上作发言）

曲水县人民代表大会常务委员会工作报告

——在曲水县第十三届人民代表大会第二次会议上

曲水县人大常委会主任 平 措

（2017 年 4 月 13 日）

2016 年的主要工作

2016 年，在县委的正确领导下，在区、市人大常委会的有力指导和县人民政府的大力支持下，县人大常委会团结带领各乡（镇）人大主席团和广大人民代表，全面贯彻落实党的十八大和十八届三中、四中、五中、六中全会以及中央第六次西藏工作座谈会精神，始终坚持以习近平总书记系列重要讲话精神和治国理政新理念新思想新战略，特别是以治边稳藏重要战略思想为指引，把深入贯彻落实区、市、县第九次党代会精神作为履职主线，把扎实推进长足发展和长治久安作为履职目标，用依法行使职权、积极开展工作的实际行动践行对以习近平同志为核心的党中央的坚决拥护和绝对忠诚，紧紧围绕和贯彻落实区市党委和县委的一系列重要决策部署，始终把坚持党的领导作为根本方向，较好地完成了县十二届人大五次会议及十三届人大一次会议确定的各项任务，常委会各方面工作都取得了新进展、新成效。

一、坚持党的领导，服从和服务于县委中心工作

县人大党组始终把坚持党的领导作为人大工作的灵魂，切实把人大履职尽责置于党的领导之下。常委会充分发挥党组领导核心作用，牢牢把握正确的政治方向，围绕县委工作大局，确定工作思路和工作重点，扎实推动人大工作与时俱进、顺势而为。一是紧紧围绕县委中心工作，认真履职尽责。一年来，常委会先后组织开展了议案、建议、批评和意见办理情况督办、节日市场执法大检查、精准扶贫精准脱贫工作调研等活动，积极地建言献策，为推进全县民主政治建设、助推改革发展稳定做出了应有的贡献。二是建立健全请示报告制度。对人大工作中的重大事项、重点议题、重要活动，人大党

组都及时向县委请示报告，依法按程序做好工作，主动争取县委的重视和支持。三是充分发挥人大常委会党组作用。把保证县委重大决策部署的贯彻落实作为党组的重要职责，把对党负责和对人民负责相统一，确保重大决策部署在人大工作中得到全面落实。四是坚持党管干部原则，依法任免国家机关工作人员。一年来，常委会共任免国家机关工作人员86人。依照宪法规定，全年共举行6次宪法宣誓活动，有效增强了国家机关工作人员的宪法意识和公仆意识。

二、围绕全县工作大局，认真开展监督检查

做好监督工作，增强监督实效，是人大代表和人民群众对人大常委会提出的要求和希望。对此，常委会把听取和审议专项工作报告、工作评议、视察及执法检查、调研等工作作为监督工作的重要形式，不断丰富监督手段，切实增强监督实效。

一是加强对经济工作的监督，切实推动上级党委的重大决策部署得以贯彻落实。常委会通过听取审议国民经济和社会发展计划执行情况报告、财政预算执行情况报告等，认真审查财政预算调整，督促有关单位认真落实区、市、县委关于经济工作的部署，促进经济发展提质增效，提高财政资金使用绩效。对“十二五”规划重点项目实施情况及有关工作落实情况进行跟踪检查，持之以恒提高重点项目建设水平。

二是加强对依法行政的监督，为经济社会发展营造良好法制环境。一年来，县人大常委会组织对《中华人民共和国执业医师法》《中华人民共和国环境保护法》《中华人民共和国劳动法》等法律法规执行情况进行了专项检查，对工作中的薄弱环节提出改进的意见建议。同时，对自治区第十届人大常委会主任白玛赤林、区人大常委会副主任张晓华等领导到我县就环境执法和人大代表履职情况进行的调研等工作予以积极的配合。县人大常委会按照工作计划，于2016年9月开始分阶段对县人社局和环保局2013年以来的履职情况进行了工作评议，县人社局和环保局结合自身工作实际认真总结了经验教训，制定了切实可行的整改计划并加以整改完善，提高了依法履职的水平。

三是加强对民生工作的监督，切实维护群众根本利益。一年来，常委会深入开展了新型城镇化建设、文明创建、精准扶贫和有机农业示范县建设工作等方面的视察调研，推动相关工作有序有效开展。特别是通过认真督办代表意见、批评、建议，努力解决基层和群众急切盼望解决的热点难点民生问题，真正做到权为民所用、情为民所系、利为民所谋。

四是加强对司法工作的监督，维护和促进司法公正。常委会每半年听取和审议一次法院和检察院工作报告，不定期组织人大代表参加法院庭审活动，以及通过简报、汇报等形式经常性地了解检法工作，时刻关注和监督司法活动，促进司法规范化建设，推动阳光执法、廉洁司法，为我县经济社会发展和长治久安提供强有力的司法保障。

五是加强对环境保护工作的监督，推动美丽曲水建设。结合创建全国文明城市（县级）工作和迎环保“国检”工作，常委会主要领导亲自挂帅，通过工作评议，实时实地视察检查，切实督促环保部门认真落实生态文明建设责任制及绿色文明理念，坚定不移地推动生态曲水美丽曲水建设。

三、以发挥人大代表作用为重点，不断加强代表工作

县人大常委会始终坚持把做好代表工作作为开展人大工作的一项基础性工程，不断拓宽代表活动方式，增强代表议政督政积极性，全方位、多渠道搭建代表履职平台。一是加强与代表的联系，发挥代表的参政议政作用。坚持常委会负责人联系、走访人大代表制度，组织代表参加常委会视察、检查、调查活动，并坚持在每次常委会会议上邀请相关行业人大代表列席会议。二是不断建立健全区、市、县三级人大代表列席常委会和代表联系选民及闭会期间代表活动制度，代表工作逐步趋于规范化、制度化。在闭会期间，围绕农业科技、重点项目、精准扶贫和城镇化建设等内容，组织代表视察、调研和执法检查，密切与代表的沟通交流，了解代表履职情况。三是坚持以“走出去，请进来”的形式组织区、市、县、乡四级人大代表开展相关法律法规和人大业务知识的培训。2016年，共举办代表培训班2期，组织代表到县内、外考察学习4次，特别是在

我县第八批援藏干部的关心支持下，常委会组织20名代表到江苏省和上海市考察学习。通过学习，开拓了代表的视野，进一步提高了代表的履职能力和理论素养。四是通过创建和完善县乡“人大代表之家”，进一步巩固、拓展了代表活动阵地。完善了代表小组活动、代表联系选民、代表视察等制度，为代表活动的有序、顺利开展提供了制度保证。以“人大代表之家”为平台，广泛征求群众的意见建议，经过认真梳理，归纳出人民群众普遍关心的热点、难点问题，并组织人大代表与政府职能部门的负责人面对面，现场解决问题，收到了良好的效果。

四、以开展县乡人大换届选举为契机，进一步加强人大工作

县、乡人大换届选举是全县人民政治生活中的一件大事，为确保2016年换届选举工作有序、合法、顺利开展，县人大常委会根据新修改的地方组织法、选举法和上级文件的要求，及时制定了《中共曲水县人大党组关于做好全县县、乡(镇)人民代表大会换届选举工作的实施意见》，对换届选举的时间、方法、步骤、选民登记、选区划分与代表名额分配、候选人的提名、投票选举等工作进行了周密部署。成立了县、乡人大换届选举领导小组7个，换届选举委员会7个，换届选举工作指导小组10个，负责指导各乡(镇)和机关各选区的选举工作。县人大常委会高度重视换届选举工作的宣传引导工作，统筹安排，精心组织，为换届选举创造了良好的舆论氛围。同时，购买新修改的选举法、组织法、代表法，并编印了“九严禁”“十不准”等换届纪律宣传资料发放给广大选民，切实增强了群众的主人翁意识，严肃了换届纪律。

在县委的坚强领导下，在县人大常委会和县换届办的有力指导下，乡(镇)第十三届人民代表大会第一次会议于2016年6月8—9日顺利召开，县第十三届人民代表大会第一次会议于2016年9月18–20日胜利召开。

在2016年县乡人大换届工作中，选举产生了县人大常委会主任1名，副主任4名，常委会委员25名，各乡(镇)人大主席6名。在此次换届工作中，常委会紧紧抓住工作机遇，加强对人大工作人员的培训力度，组织学习中央、区、市党委有关换届选举的文件和会议精神、自治区人大常委会有关工作要求、《中共拉萨市委员会关于加强人大工作若干事项的意见》，不断提高人大常委会班子成员及机关工作人员依法履职的能力和水平。

五、以开展“两学一做”学习教育为动力，不断加强自身建设

常委会始终把思想政治建设放在自身建设的首位，坚定正确的政治方向，严守政治纪律和政治规矩，始终在思想上、政治上、行动上同以习近平同志为核心的党中央保持高度一致。以深入开展“两学一做”学习教育为契机，教育全体干部职工牢固树立“四个意识”特别是核心意识和看齐意识，坚定拥戴、信赖、忠诚、捍卫核心，确保把人大履职尽责自觉置于党的领导之下，使人大各项工作都有利于巩固党在西藏的执政地位。一是深入开展反腐倡廉教育，强化作风建设。持之以恒反“四风”，持续抓好中央八项规定、区党委“约法十章”“九项要求”和市委“八项要求”精神的贯彻落实。组织党员干部深入学习习近平总书记系列重要讲话中关于党风廉政建设和反腐斗争方面的重要论述、《中国共产党章程》《中国共产党廉洁自律准则》《中国共产党纪律处分条例》《中国共产党问责条例》。推行“三重一大”集体决策和“一把手不直接分管人财物”制度，严格落实领导干部个人事项报告和党风廉政建设年度考核工作制度。二是落实党风廉政建设工作责任。人大党组与机关支部、机关支部与全体党员层层签订党风廉政建设目标责任书，并将其作为绩效考核重要依据，提高全体党员干部自我管理、自我约束意识，实现机关党风廉政建设工作有力有序推进。三是认真开展精准扶贫工作。人大常委会党组成员按照县委关于精准扶贫工作的安排和部署，认真开展结对帮扶工作，投入物资折合人民币共计8万余元，为全县精准扶贫精准脱贫工作做出应有的贡献。

各位代表，回顾和总结一年来的工作，尽管我们取得了一定的成绩，但与新形势、新常态对人大工作提出的新要求相比，与宪法法律的要求、党和人民的期望相比，县人大常委会的工作还存在一定

差距,具体表现在:监督力度需进一步加大,监督实效需进一步增强,代表工作需进一步改进,自身建设需进一步加强。这些都需要在今后的工作中认真加以解决。

2017 年工作要点

2017 年,是全力实施“十三五”规划的重要一年,是全面贯彻区市县第九次党代会精神的开局之年,县人大常委会要不辱使命、积极作为,进一步把人民代表大会制度优势和人大工作作用转化为实际成果和成效,切实担当和履行地方国家权力机关的神圣职责。2017 年,曲水县人大常委会工作的总体要求是:高举中国特色社会主义伟大旗帜,全面贯彻党的十八大、十八届三中、四中、五中、六中全会和中央第六次西藏工作座谈会精神,以邓小平理论、“三个代表”重要思想、科学发展观为指导,深入贯彻落实习近平总书记系列重要讲话精神和治国理政新理念新思想新战略,特别是治边稳藏重要战略思想,按照区市县第九次党代会的部署,坚持党的领导、人民当家做主、依法治国有机统一,认真履行宪法和法律赋予的各项职权,积极发挥代表作用,不断加强自身建设,圆满完成本届人大及其常委会的各项工作任务,为推进曲水长足发展和长治久安作出新贡献。

一、始终坚持党的领导,牢固树立核心意识和看齐意识

人大工作是党的工作的重要组成部分,坚持和依靠党的领导,是人大行使职权、开展工作的根本保证。一是要始终把坚持党的领导作为根本方向,牢固树立“四个意识”特别是核心意识和看齐意识,把贯彻落实中央和区、市党委关于人大工作的一系列重大决策部署作为今后工作的主线抓实、抓好。二是坚持党总揽全局、协调各方的领导作用,自觉把党的领导贯穿于县乡人大工作的全过程、落实到依法履职的各方面。三是持续系统学习贯彻习近平总书记系列重要讲话精神,特别是以“治国必治边、治边先稳藏”重要战略思想和“加强民族团结、建设美丽西藏”的重要指示武装头脑、指导实践、推动工作。四是严格贯彻执行《中国共产党党组工作条例(试行)》。认真落实党组主体责任,严格履行“一岗双责”,狠抓党风廉政建设责任追究。

二、立足工作实际,全面提升履职能力

常委会要紧紧围绕上级党委和县委的重大决策部署,把宪法赋予的各项职权行使好,全面推进依法治县进程。

(一)明确工作重点,着力增强监督实效

认真贯彻落实监督法,突出监督重点,改进监督方式,拓宽监督渠道,紧紧抓住改革、发展、稳定三件大事,做到谋划工作围绕大局、部署工作突出大局、落实工作紧扣大局。一是要在今年 6—9 月份听取和审议计划、预算和“两院”专项工作报告,监督“一府两院”依法行政。二是要紧紧围绕全县工作大局和县委的中心工作,选择关系改革发展稳定大局和涉及群众切身利益、社会普遍关注的重大问题,对有关法律法规实施情况进行视察和执法检查,积极回应人民群众和社会关切。三是积极配合区、市人大常委会做好有关法律法规的执法检查、立法调研和视察等工作。四是要加大对全县重点项目的视察和调研工作,特别是对重点工程项目的审批、招标和施工等方面进行监督和视察。五是在下半年选择 1 至 2 个政府职能部门进行专题工作评议,认真了解被评议单位的工作开展情况。六是不断健全执法检查、听取审议工作报告、预算审查、专题询问、述职评议和工作评议、规范性文件备案审查等方面的工作机制,加大督促落实和跟踪问效力度。

(二)依法讨论决定重大事项,认真做好人事任免工作

县人大常委会要把听取审议“一府两院”工作报告、审查批准计划和预算作为行使重大事项决定权的重点,依法认真负责地为我县民主法治建设重大措施、区域发展总体规划、城镇建设、重大民生工程等作出决议、决定。同时,抓住经济发展、维护国家安全和社会稳定、涉及人民群众切身利益方面的重大问题行使决定权,确保重大事项决策依法有序、有效实施。坚持党管干部原则与人大依法行使人事任免权有机统一,进一步完善选举任免工作程

序和表决方式。加强对人大选举和任命人员的监督，不断健全任前法律知识考试、任职发言、颁发任命书、宪法宣誓等制度，增强被选举和被任命人员的政治意识、法制意识、责任意识和公仆意识。

三、发挥“人大代表之家”平台作用，扎实推进代表各项工作

认真发挥“人大代表之家”平台作用，不断加强代表工作，切实增强代表履职能力，使代表工作更富生机与活力。一是提升代表履职水平。按照代表法规定，采取各种培训方式，逐步开展新一届人大代表调研、交流、培训活动。探索开展代表述职、约见、视察等活动，健全代表履职档案，推动代表调研成果转化，激励和保障代表依法履职积极性和主动性。二是丰富代表履职平台。密切代表与群众的联系，丰富代表闭会期间履职活动，常态化开展代表工作。三是强化代表建议工作。推行以常委会领导领衔重点督办代表建议机制和代表建议办理奖励机制，推动代表建议办理工作由“重答复”向“重落实”转变，切实提升代表建议办理质量和效率。

四、加强自身建设，全面提升县乡人大工作质量和水平

为切实履行好宪法和法律赋予的职责，县人大常委会要以适应新形势的需要为出发点，把自身建设摆上重要工作议程。一要加强思想政治建设。坚持正确的政治方向，坚持党对人大工作的领导，深入学习贯彻党的路线方针政策，坚决贯彻落实区市党委和县委的重大决策部署，始终坚定中国特色社会主义道路自信、理论自信、制度自信和文化自信。二是加强纪律作风建设，坚定不移落实全面从严治党新部署、新要求。巩固和扩大党的群众路线教育实践活动、“三严三实”专题教育、“两学一做”学习教育成果，深入开展“讲党恩爱核心、讲团结爱祖国、讲贡献爱家园、讲文明爱生活”喜迎党的十九大主题教育实践活动，进一步严肃党内政治生活，营造良好的党内政治生态和风清气正的机关氛围。三是加强人大内设机构建设。按照自治区人大常委会工作要求，县人大常委会将请示县委，协调相关部门，计划于今年年内设立“三委”（法制司法民族宗教委员会、财经农牧城建环保委员会和教育科学文化卫生委员会）。四是加强县乡人大干部队伍建设。充实人大机关干部，确保县乡人大工作正常开展。着力加强干部能力素质培养，着力打造学习型人大机关，运用法治精神、法治思维和法治方式推动人大各项工作有序开展，持续提升依法履职能力。

政府工作报告

——在曲水县第十三届人民代表大会第三次会议上

曲水县人民政府县长　格桑邓珠

（2018年1月8日）

2017年工作回顾

过去的一年，在我们党和国家历史上具有重要的里程碑意义。这一年党的十九大胜利召开，我国进入社会主义新时代。伟大的习近平新时代中国特色社会主义思想成为我们夺取新胜利、再创新辉煌的根本遵循。在十九大精神的感召下，在区市党委、政府和县委的坚强领导下，在江苏泰州市的无私援助下，全县上下深入学习贯彻落实党的十九大精神、习近平新时代中国特色社会主义思想，全面贯彻落实区市县第九次党代会精神、区市县党委九届三次全委会精神，正确处理好“十三对关系”，深入实施拉萨市“六大战略”。各级各部门不忘初心，牢记使命，不断增强政治意识、大局意识、核心意识、看齐意识。在实践中认识新矛盾、践行新理念、适应新常态、把握新机遇、促进新发展，实现了政治风清气正、经济稳中求进、社会和谐稳定、文化繁荣向上、生态日益美好的新局面。

2017年，全县实现地区生产总值14.3亿元，同比增长10.90%；全社会固定资产完成投资46.17亿元，同比增长22.9%；财政本级收入4.29亿元，同比增长108.2%；社会消费品零售总额3.09亿元，同比增长12.2%；农牧民人均可支配收入12612元，同比增长13.5%；城镇登记失业率控制在2.2%以内。圆满完成了年初确定的各项目标任务，保持了全县经济社会持续健康发展。

一年来，我们主要做了以下工作：

着力提质增效，经济运行健康稳定。坚定不移贯彻落实创新、协调、绿色、开放、共享的新发展理念，转变发展方式，坚持质量第一、效率优先，坚持以供给侧结构性改革为主线，大力发展实体经济，全县经济发展稳中求进。农牧业稳步增长。农业机械化程度不断提高，机耕、机播、机收面积分别为6.5万亩、6万亩、6万亩。种植结构不断优化，总播种面积11.52万亩，粮经饲比例为43.3:26.4:30.3。全县粮食总产达3090.9万斤，出栏牲畜32426头，出栏率36.1%，牛羊猪肉类产量780万斤，禽蛋产量28.18万斤，奶类产量2700万斤，山羊绒产量0.22万斤，绵羊毛产量4.8万斤。调剂良种109.53万斤，良种统供率达90%，农牧科技含量不断提高。罗亚农机合作社被评为2017年全国农机合作示范社。全面推进有机农业发展，成功创建为全区首个国家有机认证示范创建区。工业稳步调整。突出抓好结构优化、培育实体、园区发展、品牌创建等重点工作，全面实施环保“一票否决”制，有效整顿了一批污染型企业。2017年规上企业工业增加值完成0.99亿元，招商引资实际到位资金15.09亿元，规上企业销售产值完成7.63亿元，全县工业企业上缴税收1.1亿元。净土健康产业快速提升。坚定不移创新思路，做优做强。主抓藏中药材、高原球根花卉、经济作物、温室育种育苗等特色产业发展，先后申请15个有机农产品认证、9个国家地理标志商标。生产出了茅台拉萨玛咖酒、玫瑰系列化妆品、鲜花饼、葡萄酒等产品，总产值同比增长一倍多，超额完成实现产值15个亿的预定目标。坚持科技支撑，强化技术指导，加强园区产学研一体化建设，推进一二三产融合发展。旅游服务业稳中向好。大力推进“秀色才纳”、拉萨净土健康野生动物保护园等景点的建设，“秀色才纳”国家AAA级旅游景区，接待游客突破20万人次。项目建设持续推进。全县开复工项目80个，总投资57.2亿元。小康安居工程、农业产业化示范基地、万亩林木良种繁育中心、拉萨市第一中等职业技术学校等重点项目有序推进。援藏工作积极开展。深化与泰州市合作共建，投资2.16亿元实施援藏项目19个，加大力度实施医疗、教育人才“组团式”援藏，传帮带培提升我县人才水平。

*着力压实扎稳，改革成效日益显著。*改革全面发力、多点突破、压茬拓展改革广度和深度，主要领域和关键环节进展突出。深化供给侧结构性改革。以保障主要农牧产品供给、促进农牧民增收、实现农牧业可持续发展为重点。大力发展高原河谷种植业和高原特色养殖业，培育新型农业经营主体，推广“龙头企业+基地+农户”产业化经营模式，建立了基地带动、农户参与的联动机制。农村综合改革全面深化。全面完成全县农村土地承包经营权、农村宅基地及地上房屋确权登记颁证整改提升工作，探索建立了宅基地有偿使用制度和宅基地自愿有偿退出机制。稳妥开展农村集体资产确权赋能、农村承包土地经营权有偿退出、征地制度改革和集体经营性建设用地入市等试点工作，积极推进农村土地承包经营权和农民住房财产权抵押贷款工作，先行开展农村土地三项制度、集体林权制度改革试点工作，探索出了一批可复制、可推广的“曲水农村改革经验”。深入推进“放管服”改革。紧紧抓住“放管服”改革牛鼻子，推进“两集中两到位”，推动政府职能转变。积极推动责任清单梳理工作，组建两家新政府部门，并对部分机构进行调整更名。深化行政审批制度改革，调整、取消行政许可等事项21项，下放行政审批权限5项。实现了“双随机、一公开”工作全覆盖，提高工作执行力。推进县乡政务服务体系建设，县政务服务中心入驻窗口单位16家，服务窗口20个，乡镇政务服务中心实现全覆盖，县乡两级办理便民事项23550件，各类事项办结率100%。

*着力激发活力，创新驱动发展提升。*创新是引领发展的第一动力，科技是第一生产力。目前全县市场主体1988户，新增755户，同比增长63%。注册商标40件，申请商标93件，申报第十一批著名商标3件。构建创新体系。坚持以园区为平台、以净土健康产业为主体、以市场为导向、以产学研一体化为目标，引进拉萨市第一中等职业技术学校，助推专项培养园区技术型人才。先后与中央民族大学、市科技局、北京大学和清华大学对接，建立教学科研实践基地，助推园区科技创新，加大技术转型，构建现代农业体系。注重招商引资和引智结合，引进先进技术和优秀人才，加强在创新领域的合作，助力园区产业升级。“大众创业、万众创新”持续推进。大力发展、培育、选树青年创新创业人才，举办创新创业大赛，给予优秀项目专项资金扶持，

激发创业激情，提高创业能力；建立大学生、青年农牧民创新创业基地，促进高校毕业生等青年群体、农民工多渠道创新创业，开展创业培训 80 人次，合格率达 100%。大学生创业登记 4 户，创建企业集群注册模式 1 户。成立电子商务公司，打造曲水净土电子商务平台，推进“互联网 + 特色产业”，打开藏鸡蛋、雪菊等特色产品销路。

着力惠民利民，人民生活持续改善。深入贯彻以人民为中心的发展理念，坚持把改善民生凝聚人心作为经济社会发展的落脚点。实施了一大批惠民利民举措，民生资金投入达 54020 万元，占财政总支出的 76%，人民获得感、幸福感显著增强。脱贫攻坚有力推进。实践丰富了“654321” 扶贫脱贫思路，探索形成了“党建扶贫四季吉祥村模式”“易地搬迁扶贫曲水模式”并被收录于《中国少数民族地区扶贫进展报告（2017）》及《中国少数民族地区精准扶贫案例集》。坚持“迁、业并举”，投融资 30 多亿用于净土健康产业，解决了配套产业，提供了就业岗位 2000 余个。目前全县 1177 户 4118 人建档立卡贫困户仅有 35 户 115 人未达到脱贫标准，贫困发生率为 0.35%，群众认可度达 95% 以上。社会保障体系不断健全。巩固深化“四业工程”，农牧民转移就业培训 1089 人，就业率达 90% 以上。农牧区劳动力转移就业 2.74 万人次。全县城乡居民基本养老保险参保 16066 人，征缴基金 176 万元；完善农牧民基本医疗保障体系，全年参保达 3 万余人，征缴基金 95 万元。全年发放城乡最低生活保障资金 528.24 万元，低保评定实现动态管理。不断健全临时救助、医疗救助体制机制。社会福利事业全面开展，全县“五保户”和孤儿意愿集中供养率 100%。教体事业不断发展。深入贯彻落实教育“五个 100%”发展目标适龄儿童入学率达 99.96%，巩固率达 100%，适龄少年入学率达 99.63%，巩固率达 101.75%。持续加大本级财政对教育的投入，年投资 1017 万元，加强各类教育基本建设，将率先在全区实现学前教育三年全覆盖。全民运动体育基础设施实现乡村全覆盖，居民身体素质进一步提高。2017 年被国家体育总局评为 2013—2016 年度群众体育先进单位。医疗卫生服务进一步提升。在保持农牧区基本医疗制度 100% 覆盖的基础上，年人均补助标准提高到 475 元，并开通 20 种特殊慢性病报销补偿政策。全面推行曲水县人口健康综合管理信息系统和曲水县人口健康电子档案系统，创建了“互联网 + 健康服务”的管理模式。率先建立起了由村医、乡医、村妇女主任组成的“村民健康月例会制度”。全面推行分级诊疗工作，创新开展村医派工单制度和家庭医生绩效考核制度。县人民医院成功创建二级乙等医院，顺利实施全民体检和包虫病筛查工作。积极开展全民健身活动，深入开展爱国卫生运动。文化事业取得新进展。完善文化基础设施，对各乡镇行政村进行网络改造并配齐相关设施，充分利用文化活动中心开展多样活动；县广播电视台成立并开播。县级文明城市创建有序推进。建立健全创建工作机制，加大宣传力度，举办了“道德讲堂”“我们的节日”“四抓四带四促”等系列活动，开展了环境卫生、交通秩序、校园安全等专项整治。2017 年南木乡江村被评为第五届全国文明村。基础设施进一步完善。实施水利项目建设完成投资 1.57 亿元，实施交通项目建设完成投资 2.7 亿元，投资近 1 亿元用于村容村貌整治、公厕改革、县乡供暖等公共服务设施及道路硬化、绿化、给排水附属配套设施建设。

着力团结稳定，社会治理不断创新。社会稳定是发展进步的根本保障和基本前提。大力推进“四讲四爱”主题教育实践活动，加强民族团结宣传教育，发展壮大爱国统一战线，持续维护好人心稳定、社会稳定。促进民族团结进步。指导开展民族项目建设工作；创新民族团结宣传形式，加强典型引导，增强民族团结创建活动感召力；开展民族团结进步活动。始终坚持反分裂斗争。坚决落实中央对达赖集团的斗争方针，坚持依法治理、主动治理、综合治理。圆满完成三大节日、三月份敏感期、“两会”、党的十九大等重大活动、重要节点的维稳安保任务。全面落实信访工作责任制。形成了信访联治、矛盾联调、工作联动的体制机制；推进网上信访平台建设，定期开展矛盾纠纷排查；实现了“三无”“三不出”“五防”的工作目标。坚持党的宗教工作方针。加大对爱国守法先进僧尼培养力度，持续开展驻寺干部培训，健全完善寺庙管理规章制度，确保了全县宗教领域持续和谐稳定。强化安全生产监管。细化责任，推进执法，集中开展道路交通、食品药品、危险化学品、工矿商贸等领域的专项排查整治，依法打击违法犯罪。

着力绿色协调，生态文明水平大大提高。突出生态红线意识，采取有效措施，推进绿色发展。打好“大气污染防治”“水污染防治”“土壤污染管控和防治”三大战役。深入推进“大气十条”“水十条”“土十条”整治工作。治理建筑施工场所扬尘，加快淘汰黄标车、老旧车辆、燃煤锅炉、落后产能，推进油气回收装置安装工作。整治露天焚烧，全面回收，统一处理废旧农用地膜，严格检测并控制土壤重金属含量。全面贯彻落实河长制。深入开展拉萨河曲水段整治，按照“取缔一批、规范一批、提升一批”的思路，关停23家采石采砂场，强制进行规范整顿。加大环境监督执法力度。依法开展环境安全专项大整治、大排查，环境违法行为一律按照相关法律法规从严、从重处理，让污染企业承担足够的环境成本，倒逼污染企业主动履行环境保护主体责任。构建曲水县生态安全屏障。投入500万元，设立林业绿化专项资金，加强防护林体系建设，完成植树造林1.2万余亩，种植庭院经济林180余亩，森林覆盖率达29.59%，消除了“无树村、无树户”。进一步提高“两江四河”、318国道沿线绿化水平，大力创建自治区级生态乡村。林业局被评为全国防沙治沙先进集体。

着力公平法治，政府管理能力不断提升。加快法治政府建设，推进依法行政，严格规范公正执法，促进作风和职能转变。积极开展法制教育培训工作。全县组织各行政部门赴内地学习2次共200人次，上级单位安排学习达300余人次，基本实现了执法单位、执法人员培训学习全覆盖。积极开展普法宣传。大力推进“法律七进”和“七五”普法规划等工作，形成了全社会自觉学法守法用法的浓厚氛围，推动全县的法制进程。成立婚姻家庭纠纷人民调解委员会，婚姻家庭纠纷调解工作步入法治化、正规化轨道。完善重大决策合法性审查机制。聘请2名法律顾问，提高了法制化水平。县政府党组共进行理论学习、研讨、座谈会等40余次，整治了“庸懒散”问题，提升了行政效能。截至目前，“三公”经费同比下降2%。深化“两学一做”常态化制度化，持续推进党风廉政建设，保持了惩治腐败的高压态势。严格执纪，全面落实党风廉政建设责任，严肃查处违反中央八项规定等各类腐败问题。此外，编译、档案、地震、保密、工青妇、气象、人防、人民武装等其他事业取得新突破。

各位代表，过去一年，全县各项工作达到了预期目标，我县综合实力得到全面提升。这是区市党委、政府正确领导的结果，是县委科学决策、坚强领导的结果，是县人大、县政协有力监督和大力支持的结果，是江苏省泰州市无私援助的结果，是全县党政军警民共同奋斗的结果。在此，我代表县人民政府，向全县各族干部群众，向对口援助省市人民表示衷心的感谢！向人大代表、政协委员和离退休干部职工，向驻县部队、武警官兵，政法干警，和支持我县各项事业发展的社会各界，致以崇高的敬意！

同时，我们的工作还存在许多不足，仍然面临不少困难和挑战。主要表现：一是发展起步晚、基础弱、速度慢，不平衡不充分的一些突出问题亟待解决。推进农业供给侧结构性改革任务繁重，完善基础设施和产业发展等需求量大。二是发展的质量和效益仍待提高。现代农业产业体系、多种经营体系和农村综合服务体系有待完善，工业基础设施落后，企业创新不够，服务业发展水平低。三是脱贫攻坚任务艰巨，人均公共服务水平还比较低。群众上好学、就好业、看好病等问题还没有彻底解决好。四是社会大局稳定与不稳定并立，安全与隐患共存，反分裂斗争形势依然严峻复杂。五是少数部门和人员责任担当不够，执行能力不足，工作状态不佳，作风建设仍需进一步加强。对这些问题，我们要高度重视，坚持问题导向，强化工作措施，积极妥善加以解决。

2018年主要工作

2018年，是贯彻落实党的十九大精神的开局之年。全县政府系统要把学习贯彻党的十九大精神作为今年工作的首要任务，要牢牢把握党的十九大确立的新理念、新论断、新任务、新举措，深刻领会习近平新时代中国特色社会主义思想的历史地位和丰富内涵。要学懂弄通做实，不断提高政治站位和政治觉悟，在认识上不断深化、行动上真正落实，兑现对党和人民的承诺。要严守纪律，坚持党对一切工作的领导，自觉肩负起维护核心和党中央权威的政治责任。在思想上政治上行动上情感上与以习近平同志为核心的党中央保持高度一致。要学出一份忠诚，学出一份担当，不忘初心，牢记使命，坚定信心，抢抓机遇，全力推进曲水各项事业实现新跨越。

今年政府工作的总体要求：高举中国特色社会主义伟大旗帜。全面学习宣传贯彻落实党的十九大精神，以习近平新时代中国特色社会主义思想为指导，统筹推进“五位一体”总体布局和“四个全面”战略布局，不断增强“四个意识”，牢固树立“四个自信”，全面贯彻中央经济工作会议、中央第六次西藏工作座谈会精神，治边稳藏重要战略思想，按照区市县党委九届三次全委会和区市经济工作会议部署，坚持稳中求进的工作总基调，始终把发展作为解决我县一切问题的基础和关键，深入践行新发展理念，以加强党的建设为保障，以深化改革为动力，以创新驱动为引领，以满足人民日益增长的美好生活需要为出发点和落脚点，正确处理好“十三对关系”，全面完成“十三五”规划任务，坚决打好防范化解重大风险、脱贫攻坚、污染防治的攻坚战，坚决守住发展、生态和民生三条底线，深入实施拉萨市“六大战略”，创新社会治理，全面实现团结美丽健康幸福曲水建设新突破。

2018年全县经济社会发展主要预期目标：预计实现全县地区生产总值增长11%以上；全县一般公共财政收入增长15%以上；全县社会固定资产投资增长16%以上；全县社会消费品零售总额增长14%以上；全县规上企业工业增加值增长13%以上；农牧民人均可支配收入增长15%以上，产业发展质量更高，经济发展水平逐步提升，生态保护更加有力，人民群众幸福指数不断提高。

围绕上述要求和目标任务，要重点抓好以下工作。

优化产业结构，大力培育产业发展新动能。大力推进农牧业现代化。优化生产结构，全力推进规模经营，丰富农牧业发展内涵。继续以绿色有机为重点，实施“双禁”行动，加大对有机农产品企业的招商引资力度。大力发展现代农牧业，加快科技兴农步伐。规范管理，提升能力，完善乡镇农技推广综合站建设。加强新型经营主体培育，不断提高合作社发展水平，提高农牧民组织化程度，有序推动家庭农场、涉农企业发展，建立企业、基地、农户、市场之间的利益连接机制。适度发展奶牛、生猪、藏鸡养殖等，加快推进农牧产业结构的优化升级。全面推动工业发展。完善公共服务和基础设施，推进“一区四园六基地”建设，加强产业园区整体规划。发挥集聚效应，全面提升才纳净土健康产业园、雅江工业园区，发展壮大藏医药、农副产品加工、循环经济、新型建材等主导产业，培育龙头企业，拉长产业链，加快工业经济结构调整步伐。重点是承接拉萨市建筑建材类行业转移，将聂当工业园区打造城集装配式建筑、静脉产业、物流等为一体的循环经济产业园，稳步提升新型工业产业的比重。加快净土健康产业发展。按照“一二三四一”的发展思路，大力发展以藏中药材、高原球根花卉、奶牛养殖等为主的净土健康产业，大力推进有机高原新兴产业，加大科技支撑，推进科技园建设，加快才纳净土健康产业园产、学、研一体化建设进度，打造国家农村产业融合发展示范园，探索多种产业融合模式，构建现代农业产业体系，培育多元化产业融合主题，激发产业融合发展活力，健全利益联结机制，让农民更多分享产业增值收益，创新体制机制，破解产业融合发展瓶颈约束。大力发展旅游服务业。完善全域旅游规划，推进村镇旅游建设，打造特色旅游乡镇、精品旅游村，做到特色旅游乡镇有品牌、精品村有特色。大力建设南木乡窗口型旅游乡镇，开发建设特色旅游项目产品，主动承接拉萨都市旅游与新型城镇化旅游乡镇的联动协调功能。大力建设才纳乡基地型旅游乡镇，推进旅游业与农牧业相融合，推进乡镇建设与景区发展一体化。全力推进拉萨净土健康野生动物保护园建设，确保2018

年5月1日正式对外开放。积极建设俊巴渔村、江村、色麦桃花村等精品旅游村，突出各村庄旅游特色，做到旅游富民惠民。

全面深化改革，持续推进供给侧结构性改革。深化农业供给侧结构性改革。保障粮食生产安全，补齐短板。提升粮食储备规模，切实提高粮食安全保障能力。构建现代农业体系，引导土地规模化经营与服务规模经营并改善农业的分工经济。巩固和完善农村基本经营制度，推进农村集体资产股份权能改革、农村土地三项制度改革和集体林权制度改革完善承包地“三权分置”，保障农民财产权益，壮大集体经济，增加农牧民劳动收入和财产性收入。深化机构和行政体制改革。按照中央和区市统一要求，推进职能相近行政机关，合并设立或合署办公；深化“放管服”改革，健全完善三级政务服务体系，巩固提高县行政审批事项履职能力。推进“互联网+政务服务”，建好政务服务综合应用平台，以信息化手段提高公共服务能力和水平。深化公共服务改革。加快医疗体制、农村客运市场运营体制及水、电、通信等方面的改革步伐，促进国有资本更多地投向民生、公共、社会领域，进一步提升公共服务水平。深化企业改革。优化资源配置，强化资产监管，发展天然饮用水产业、壮大净土健康生物产业，推进优势产业集团化、传统产业品牌化、新型产业规模化。深化投融资体制改革。充分发挥投资政策、财政政策、金融政策和产业政策的协同作用，强化银政企合作，形成多元化投融资格局。深化财税体制改革。完善政府预算体系和转移支付制度，推进预决算公开和政府购买服务。整顿规范市场秩序，开展专项整治，严惩扰乱市场经营的不法行为。

树立底线思维，全面打响“三大攻坚战”。坚决打好脱贫攻坚战。坚持精准扶贫精准脱贫基本方略，坚持“专项扶贫、行业扶贫、社会扶贫、金融扶贫、援藏扶贫、法制扶贫”大扶贫格局。集中力量脱贫攻坚，不断巩固脱贫成果，实施贫困信息动态管理，加快推进各项脱贫政策的落地生根。继续推进“志智制”三扶工作，坚持以“扶志”为重、“扶智”为引、“扶制”为本，针对性解决思想消极、能力不足的困局。继续推进产业扶贫项目建设，进一步激发内生动力。在确保如期完成所有村脱贫退出和全县脱贫摘帽的基础上，做好脱贫后的巩固工作。坚决打好防范化解重大风险攻坚战。坚决坚持问题导向和底线思维，要增强忧患意识、风险意识，做到居安思危、知危图安，做好应对金融、地方债务、信息安全、社会稳定等领域存在的风险隐患，积极采取有力措施，有效遏制增量风险，有序化解存量风险，坚决守住不发生系统性风险的底线。坚决打好污染防治攻坚战。整合资源、集中力量，坚持“绿水青山就是金山银山”“冰山雪山也是金山银山”的理念，持续推进绿色发展，强化节能减排。扎实推进“大气、水、土壤”污染防治重要举措和项目实施，建立大气、水、土壤污染防治联席会议制度，把污染防治实施情况纳入环保监督内容，严格落实环境保护“一票否决”制。建立完善污染防治联动机制，深入落实区域水污染防治“河长制”，建立土壤污染防治管控机制。加快划定并严守生态红线，进一步加强自然保护区建设和管理，使生态环境日益美好。

强化宗旨意识，全力补齐民生短板。坚持全心全意为人民服务的宗旨，突出抓重点、补短板、强弱项，不断满足人民群众对美好生活的向往，不断提升人民群众的获得感和幸福感。实施乡村振兴战略。按照产业兴旺、生态宜居、乡风文明、治理有效、生活富裕的总要求，推进全国新型城镇化综合试点工作，于今年5月，完成乡村振兴战略规划。着力推进全国新型城镇化综合试点工作，加快对城区提升改造，选取2个村作试点，实施综合治理工程，建立健全城乡融合发展体制机制和政策体系。推进农村、农业现代化。加强农田水利建设，开展土地问题整治，深入推进农村综合改革，完善水利体系，保障现代农牧业发展。盘活资产，大力发展村集体经济。积极推进电子商务进农村工作，推行“互联网+”，开展特色产品网上推广销售工作。积极培育龙头企业、新型农业经营主体，培育一批懂农业、爱农村、爱农民的“三农”工作人员，健全农业社会化服务体系，促进农村一二三产业融合发展。优先发展教育事业。全面贯彻党的教育方针，推进习近平新时代中国特色社会主义思想进课堂。不断提高教育教学质量,注重师资队伍建设,大力推进义务教育均衡发展,深化教育人才“组团式”援藏。加强双语教育,强化理科和实践教学,巩固“五个 100%”工作成效。完成拉萨第一职业学校项目建设,提升县域内办学水平,大力发展职业教育。积极推进就业创业。深入实施“四业工程”,根据建立的贫困人口基础台账,动态掌握培训需求和就业创业意愿,组织开展各类培训并做好失业调控和就业促进工作。积极推动“大众创业、万众创新”工作,加大力度推进大学生青年农牧民创新创业基地建设,完善优惠政策,积极引导学生、家长和社会转变就业观念,支持和鼓励高校和中职毕业生面向市场、面向内地就业和自主创业。实施农牧民职业技能提升计划,充分发挥净土健康产业的带动作用,带动农牧民转移就业。实施健康曲水战略。全面启动全国健康促进试点县创建工作,加快推进乡村基层卫生公共服务体系建设,深化医药卫生体制改革,完善村医绩效改革。推进乡镇卫生院信息化建设,基本实现乡、村卫生服务均等化。加强和推进传染病、重大疾病和地方病防控工作,实现免疫规划接种率达 99%。继续推行“先诊疗、后结算”模式,实现家庭医生签约服务全覆盖。完善全民健康档案,建设县乡村三级医疗卫生服务网络,实现全县基本公共卫生服务全覆盖。深化医疗人才“组团式”援藏,提升县人民医院服务水平。健全完善社会保障体系。按照兜底线、织密网、建机制的要求,健全完善多层次的社会保障体系。确保妇女、儿童权益得到切实保障,确保全县干部职工、城乡居民养老保险、医疗保险、生育保险、工伤保险等各类保险参保率达到100%。健全社会救助制度,完善“双集中”标准化体系,实施精神障碍患者康复项目建设。实施“幸福老人”工程,扩大全县农牧民群众幸福老人覆盖面,出台 65 岁以上老人补贴政策。加强对农村留守儿童和空巢老人的关爱保护,不断提高群众生活保障水平,进一步提升全县各族群众的幸福感。

创新社会治理,共创安定和谐新家园。加快构建立体化社会治安防控体系。依法打击各类违法犯罪和社会丑恶现象。坚决落实各项维稳措施,深入开展反分裂斗争,依法严厉打击各类分裂渗透破坏活动。持续创新社会治理。推进社会治理信息化,完善“双联户”机制。不断健全和完善寺庙管理长效机制。提高寺庙管理规范化、法制化水平。全面落实利寺惠僧政策,完善宗教公共服务,淡化宗教消极影响。不断促进民族团结。深化民族团结“七进”活动,使“三个离不开”“五个认同”思想更加深入人心,确保社会局势持续稳定、长期稳定、全面稳定。加强矛盾纠纷化解。严格落实信访“七化”机制,创新接访模式,依法及时解决群众合理诉求,努力实现信访案件“零搁置”。健全公共安全体系。落实安全生产责任制,坚决遏制重特大安全事故,努力实现安全生产事故“零发生”。加强重大决策、重大项目社会稳定风险评估,抓好应急救援体系建设,提升应急处置能力做好公共事件应急管理和突发事件的处置。

加强政府自身建设

所谓“政者,正也。其身正,不令则行;其身不正,虽令不从。”打铁必须自身硬。我们要进一步加强政府自身建设,在市委、市政府和县委的坚强领导下,始终坚持党的领导,对党忠诚紧密团结在以习近平总书记为核心的党中央周围。努力建设依法行政、以人为本、清正自律的责任政府、法治政府、服务政府、高效政府、廉洁政府。

对党忠诚,建设责任政府。全县上下要进一步树牢政治意识、大局意识、核心意识、看齐意识,绝对忠诚以习近平总书记为核心的党中央。坚决贯彻执行党的路线方针政策,坚决维护党中央权威和党的集中统一领导,用实际行动不折不扣落实好改革发展稳定各项工作,全面落实政府责任。

依法行政,建设法治政府。严格依照法律规定的职责权限,规范使用行政权力,坚持运用法治思维、法治方式开展工作,把政府活动全面纳入法治轨道。依法接受各级人大及其常委会监督,自觉接受政协民主监督、监察监督和司法监督,主动接受社会监督和舆论监督,切实加强行政执法监督和审计监督。严格执行重大行政决策程序规定,完善重大事项公众参与、专家论证、合法性审查等制度,充分发挥政府法律顾问、决策咨询等制度作用，不断推进法治政府建设。

以人为本，建设服务政府。坚持以人民为中心，全心全意为人民服务。牢固树立群众观念和宗旨意识，把为民服务的要求融入思想情感里，体现在政策措施上，落实到具体工作中。力戒形式主义、官僚主义，大力倡导“说办就办、马上就办、办就办好”的工作作风，为群众解难事、办实事、做好事，树立服务型政府的良好形象。

增强本领，建设高效政府。积极修炼能干会干的“过硬内功”，努力锻造担当尽责的“看家本领”，全面提升务实高效的“为民品质”。把所有心思用在谋划发展上，把全部精力用在破解难题上，沉到一线摸实情，扑下身子抓落实。强化政府整体功能，加强部门协调联动，着力提升政府执行力和创造力。加强政府诚信建设，不断提高公务员队伍诚信履职意识，提高政府行政水平。

清正自律，建设廉洁政府。严格落实党风廉政建设主体责任，切实履行“一岗双责”，持之以恒落实中央“八项规定”、区党委“约法十章”“九项要求”和市委“八项要求”。把纪律挺在前面，全力支持纪检监察机关执纪问责，严格监管扶贫资金、社保资金、民生保障、政府采购、工程招投标等重点领域和环节，坚决查处不正之风和腐败行为。加强廉政教育和纪律教育，增强廉洁自律意识，提高拒腐防变能力，努力建设廉洁政府。

各位代表，站在新的历史起点上，面对新的机遇和挑战。我们必须不忘初心、牢记使命，坚持以习近平新时代中国特色社会主义思想为引领。绵绵用力，久久为功，以钉钉子的精神一个节点一个节点的抓，一年接着一年干。坚决贯彻落实好党的基本理论、基本路线、基本方略和区市的重大战略部署。为巩固好全面整体脱贫成效，决胜全面建成小康社会，开启团结美丽健康幸福曲水建设新篇章而不懈奋斗！

名词解释

1. 十三对关系：国家投资和社会投资的关系，重大项目和民生项目的关系，发挥优势和补齐短板的关系，城镇就业和就近就便、不离乡不离土、能干会干的关系，扶贫搬迁向城镇聚集向生产资料富裕、基础设施相对完善地区聚集的关系，央企在藏资源开发和解决当地农牧民增加收入、解决就业的关系，保护生态和富民利民的关系，城市发展和提高农牧民基本公共服务能力的关系，高校毕业生政府就业和市场就业的关系，简政放权和地方承接的关系，企业增收提效和改善企业职工福利待遇、促进农牧民群众增收的关系，中央关心、全国各族人民支援和全区各族群众自力更生、艰苦奋斗的关系，干部担当干事和容错纠错的关系。

2. 六大战略：党建统市战略、环境立市战略、文化兴市战略、产业强市战略、民生安市战略、依法治市战略。

3. 放管服：简政放权、放管结合、优化服务。

4. 双禁：禁农药、禁化肥。

5. 一区四园六基地：一区即雅江工业园区，四园即净土健康产业园、净土健康生态园、净土健康产品加工园和聂当乡传统民族文化旅游产业园，六基地即奶牛养殖基地、中藏药材种植基地、高原土豆种植基地、黑青稞种植基地、花卉苗木基地、身心疗养基地。

6. 净土健康产业：以青藏高原纯天然环境和无污染草原、耕地、水土为条件，以提高高原生态环境服务生命的效能和价值为核心，以推进高原有机农牧业生产为基础，以开发高原有机健康食品、高原有机生命产品、高原地道保健药材、乐活旅游和清洁能源为主体，以先进技术改造和提升传统产业为重点，以聚合多种独特资源，实现产业升级和效益倍增为目标的地域型、复合型产业。

7. 三权分置：农村土地所有权、承包权、经营权分置。

8. 农村土地三项制度改革：农村土地征收、集体经营性建设用地入市和农村宅基地制度改革。

9. 四业工程：以业育人、以业管人、以业富人、以业安人工程。

10. 两集中两到位：一个行政机关的审批事项向一个处室集中、行政审批处室向行政审批服务中心集中，保障进驻行政审批服务中心的审批事项到位、审批权限到位。

11. 双随机、一公开：在监管过程中随机抽取调查对象，随机选派执法检查人员，抽查情况及查处结果及时向社会公开。

12. 教育“五个100%”发展目标：中小学双语教育普及率100%，小学数学课程开课率100%，中学数理化生课程计划完成率100%，中学理化生实验课程开出率100%，职业技术学校国家规定课程开出率100%。

13. 四抓四带四促：抓机关带干部促社会，抓窗口带职工促行业，抓学校带学生促家长，抓乡村带居民促家庭。

14. 四讲四爱：讲党恩爱核心、讲团结爱祖国、讲贡献爱家园、讲文明爱生活。

15. 大气十条：大气污染防治行动计划的简称。

16. 水十条：水污染防治行动计划的简称。

17. 土十条：土壤污染防治行动计划的简称。

18. 河长制：由地方各级党政负责人担任“河长”，负责辖区内河流的污染治理。

19. 法律七进：法律进机关、进乡村、进社区、进学校、进企业、进单位、进宗教场所。

20. “一二三四一”发展思路：“一”指“一个跨越”，即：把净土健康生物产业由民生产业向富民强县产业跨越；“二”指“两大产业”，即：净土健康高原特色养殖产业和河谷特色种植产业；“三”指“三抓”，即：努力抓好净土健康生物原料基地建设、园区建设和龙头企业建设；“四”指扎实推进净土健康产业“四品工程”建设，即：食品工程、药品工程、饮品工程和观赏品工程；“一”指“一个目标”，即：到2020年底净土健康生物产业产值实现50个亿。

21. 三大攻坚战：防范化解重大风险攻坚战、精准脱贫攻坚战、污染防治攻坚战。

22. “654321”脱贫思路：“654321”的扶贫脱贫新路子。“6”即“六个好”要求，是指搬迁安置点房屋建设要好、布局要好，产业配套要好、管理要好，人文岗位要好、心情要好；“5”即“五跟五走”，是指资金跟着项目走，项目跟着规划走，贫困户跟着企业和致富能人走，企业和致富能人跟着产业项目走，产业项目跟着市场走；“4”即“四个统一”，是指贫困户劳动力统一安排、合作社统一管理、农畜产品统一收购、经营收入统一分配；“3”即“三结合”，是指精准脱贫与基层党建相结合，确保“搬得出”，与城乡一体化建设结合，确保“稳得住”，与产业发展相结合，确保“能致富”；“2”即“两促进”，是指促进脱贫致富、促进发展稳定；“1”即“一个目标”，是指围绕“搬得出、稳得住、能致富”这一目标，确保2017年全面实现稳定摘帽脱贫。

23. 大扶贫格局：专项扶贫、行业扶贫、社会扶贫、金融扶贫、援藏扶贫“五位一体”的大扶贫格局。

24. “志智制”三扶：一是扶志，通过政策宣讲、选树典型、结对帮扶等方式，使贫困群众逐步抛弃“等靠要”的消极思想，树立起“通过自己双手创造今生美好生活”的信念。二是扶智，根据贫困群众需求开展培训，帮助其就业增收。三是扶制，结合实际制订村规民约，使贫困群众逐步改变原有落后生活方式和生活习惯，从而促进形成积极向上、比学赶超的氛围。

25. 互联网＋政务服务：国务院《关于加快推进“互联网＋政务服务”工作的指导意见》提出，到2017年底前，各省区市人民政府、国务院有关部门建成一体化网上政务服务平台，全面公开政务服务事项，政务服务标准化、网络化水平显著提升。2020年底前，建成覆盖全国的整体联动、部门协同、省级统筹、一网办理的“互联网＋政务服务”体系，大幅提升政务服务智慧化水平，让政府服务更聪明，让企业和群众办事更方便、更快捷、更有效率。

26. 互联网＋：代表一种新的经济形态，即充分发挥互联网在生产要素配置中的优化和集成作用，将互联网的创新成果深度融合于经济社会各领域之中，提升实体经济的创新力和生产力，形成更广泛的以互联网为基础设施和实现工具的经济发展新形态。

27. “双联户”：以加强基层社会治理和服务体系建设为目标，全面实施“联户平安、联户增收”。

28. 民族团结“七进”活动：民族团结进机关、进农村、进社区、进学校、进企业、进寺庙、进部队。

29. 三个离不开：汉族离不开少数民族，少数民族离不开汉族，各少数民族之间也互相离不开。

30. 五个认同：对伟大祖国的认同、对中华民族的认同、对中华文化的认同、对中国共产党的认同，对中国特色社会主义的认同。

31. 信访“七化”机制：预防源头化、排查常态化、化解实效化、处置法制化、责任倒查化。

32. 五位一体：经济建设、政治建设、文化建设、社会建设、生态文明建设五位一体。

33. 四个全面：全面建成小康社会、全面深化改革、全面推进依法治国、全面从严治党。

34. 四个意识：政治意识、大局意识、核心意识、看齐意识。

35. 四个自信：中国特色社会主义道路自信、理论自信、制度自信、文化自信。

36. 两学一做：学党章党规、学系列讲话，做合格党员。

37. 八项规定：改进调查研究，轻车简从，精简会议活动、切实改进会风，精简文件简报、切实改进文风，规范出访活动，改进警卫工作，严格文稿发表，厉行勤俭节约。

38. 约法十章：改进调查研究，精简各类会议，精简文件材料、严控事务活动，规范出区出访，改进警卫工作，改进新闻报道，严格文稿发表，厉行勤俭节约，坚持廉洁自律。

39. 九项要求：积极推进政企分开，切实规范行政权力；深化行政审批制度改革，努力提高行政效能；创新政府管理方式，提高政府行政能力；深入开展反腐倡廉，确保权力不被滥用；坚持科学民主决策，努力提高决策水平；建立问责制度，开展绩效评估；坚持依法行政，建设法治政府；强化大局意识，增强政府执行力和公信力；以勤俭节约办事为原则，积极推进节约型机关建设。

40. 八项要求：加强调研工作，切实掌握实情；严控会议规模，切实改进会风；严控发文数量，切实改进文风；严格审批程序，切实改进事风；严格宣传报道，切实提升质量；严控评比活动，切实规范表彰；严格信访制度，切实化解矛盾；严格廉洁自律，切实厉行节约。

政协第二届曲水县委员会常务委员会工作报告(草案)

——在政协第二届曲水县委员会第三次会议上

政协曲水县委员会党组书记、主席 邹玉明

(2018 年 1 月 7 日)

2017 年工作回顾

一年来,政协常委会在县委的坚强领导下,在市政协的指导下,高举中国特色社会主义的伟大旗帜,坚持以马克思列宁主义、毛泽东思想、邓小平理论、"三个代表"重要思想、科学发展观和习近平新时代中国特色社会主义思想为指导,深入贯彻落实党的十九大精神、习近平总书记治边稳藏的重要战略思想和"加强民族团结、建设美丽西藏"的重要指示精神,坚持"五位一体"总体布局和"四个全面"战略布局,团结带领全县政协委员,解放思想,开拓创新,狠抓落实,奋力推动政协工作取得新进展、新成绩。

一、夯实基础,准确把握政协履职方向

常委会始终把坚持党的领导作为人民政协履职的根本保证,注重思想政治建设,始终与县委的方向一致、目标一致、工作一致,推进政协工作沿着正确的政治方向不断前进。

推进"两学一做"常态化制度化。常委会始终把政协工作置于党的坚强领导之下,在思想上政治上行动上同以习近平同志为核心的党中央保持高度一致,主动与县委保持高度一致,把扎实推进"两学一做"学习教育常态化制度化为首要政治任务,全面贯彻落实党的十八届六中全会精神,增强"四个意识",在真学实做上深化拓展,努力把区、市、县委九届二次全委会相关决策部署转化为政协履职的共识,转化为全面建成小康社会的生动实践。一年来,共集中学习 40 余次,党员干部 180 人(次)参与集中学习,党员干部个人自学平均达 50 学时,撰

写心得体会15篇，党组书记讲党课2次，举办委员培训2期，召开全委会1次，常委会4次，主席会4次。

协商民主成果丰硕。常委会充分发挥人民政协作为协商民主重要渠道作用，创新完善协商机制，新建了《政协曲水县委员会季度协商议政座谈会议工作规则》《提案、调研视察报告及委员意见建议办理暂行办法》等制度，形成了全体会议全面协商、常委会议专题协商、季度座谈常态化协商、提案办理协商的多层次协商议政格局。聚焦县委中心工作，针对脱贫攻坚工作相关问题，在深入调研的基础上，以“立足精准、着眼长远，切实提高脱贫攻坚实效”为主题，召开了1次专题议政性协商会，广集各界智慧，推动形成全县脱贫攻坚的强大合力。

参政议政富有成效。常委会紧扣全县中心工作和重点项目，拓展参政议政领域，畅通委员参政议政渠道，完善与党政部门对接联系、调查研究、反映社情民意、协商议政等制度，参政议政成效明显提升。委员们通过分组讨论、大会发言、专题座谈等形式，围绕经济社会发展的突出问题和人民群众关心的热点难点问题进行协商讨论，积极议政建言。邀请县委、县政府主要领导参加专题座谈，与委员“面对面”协商沟通，委员议政发言30人次，提高了参政议政的成效。

民主监督务实有为。常委会坚持把民主监督作为提升履职实效的抓手，创新民主监督形式，健全民主监督机制，充分利用会议、视察、民主评议、特约监督等多种有效途径，使政协的民主监督与县委政府合力合拍，与人民群众合心合意。推荐8名政协委员担任评议员、特邀监督员，参与各种监督、评议活动。组织15名政协委员围绕党风廉政建设、提案办理情况、重点项目建设、“禁白”工作等方面进行监督，有效促进了群众关注的热点难点问题的解决。

二、不忘初心，大力彰显政协为民情怀

坚持重民生、促发展，积极搭建服务民生载体，体现情为民所系、言为民所建、利为民所谋的履职要求，全力助推全县经济社会发展。

提案办理求实效。提案是委员履行职责最直接、最有效的方式之一。提案组始终坚持以方向的正确性、问题的针对性、分析的科学性，操作的可行性、文字的准确性、数据的真实性为立案原则，坚持“三审”立案程序。二届二次会议期间，提案组共收到提案40件，经梳理审查，立案39件。会议闭幕后，提案组及时将委员提案进行翻译整理分类，于2017年4月27日召开提案交办会，将39件提案交办各承办单位，要求各承办单位严格按照提案办理落实相关程序做好提案办理工作，并于6月底，针对39份提案答复情况进行了实地督办。截至7月底，39件提案已全部办复，满意率为100%。

视察调研促发展。常委会坚持“围绕中心、服务大局”的原则，精心选择党政重视、民众关心的热点问题，深入开展专题视察，为促进全县经济社会发展建言立论、出谋划策。一年来，先后围绕净土健康产业发展、精准脱贫、农牧业供给侧结构性改革工作开展了3次视察调研，形成视察报告3篇。接待区内外政协8批共90人考察学习，组织18名政协委员赴内地考察学习乡村特色产业建设、合作经济建设和脱贫攻坚工作先进经验，开阔了眼界，拓宽了思路，为委员科学履职提供了强有力的保障。

脱贫攻坚添助力。常委会深入学习贯彻习近平总书记“6·23”讲话精神，把助推贫困户脱贫致富作为一项主要任务，把助力打赢脱贫攻坚战作为履行职能的重点，为我县脱贫攻坚工作作出积极努力。常委会成员深入对口扶贫乡、村，坚持眼睛往下看，脚步往下迈，工作往下沉，通过入户走访，集中宣讲等形式，积极宣传党的十九大精神及党和政府的惠农强基政策，让贫困群众知晓惠从何来，扎实推进了精准脱贫工作。截至目前，共走访慰问18人（次），慰问帮扶户31户，涉及资金共计1.5万元。下乡进村、入户宣传党的十九大精神及惠民政策4次。

三、团结联谊，倾情增进社会和谐稳定

常委会紧紧围绕团结和民主两大主题，充分发挥人民政协包容性强、联系面广的优势，协调各方关系、深入合作、加强联谊、促进和谐，营造良好社会氛围，凝聚发展力量。

强化责任，积极参与全县维稳工作。始终把维护稳定作为政协履职的重要任务，深入贯彻区市党委和县委关于维护稳定的重大决策部署，圆满完成

"三大节日"、三月份敏感期、"两会"、雪顿节、国庆节、党的十九大等重大活动、重要节点的维稳安保任务。做到时刻把握反分裂斗争的新特点、新动向，严格实行领导责任制，认真落实 24 小时带班值班制度，安排 2 名县级领导和 2 名科级干部在敏感期下沉到乡（镇）、村督导维稳工作，有力助推我县社会局势持续稳定、长期稳定、全面稳定，彰显了曲水政协维护稳定的责任担当。

紧扣主题，凝心聚力促进团结合作。牢固树立"三个离不开"的思想，以"四讲四爱"主题教育实践活动为主线，不断深化民族团结进步教育，发展壮大爱国统一战线。组织政协委员和政协机关干部参与庆祝"3·28"西藏百万农奴解放纪念日、"9·17"民族团结进步节等各类活动，不断筑牢共同体意识，加强了各民族交往交流交融，促进了各族各界像石榴籽一样紧紧抱在一起，为曲水发展稳定凝聚人心、汇聚力量。

四、转变作风，切实加强政协自身建设

不断强化"四个意识"，深化学习、提高素质、提升服务，着力打造创新、担当、有为、为民、活力政协，稳步推进制度化、规范化、程序化建设，履职能力和工作整体效能不断提高。

强化队伍建设，提升政协履职水平。一是强化领导班子建设。以提升政治把握能力、调查研究能力、联系群众能力、合作共事能力为目标，以推进"两学一做"学习教育常态化制度化为载体，认真履行政协党组主体责任和党组书记"一岗双责"，严格执行中央、区市县党委关于全面从严治党的有关要求，保证了政协工作规范有序、高效运转，服务大局的能力和水平明显提高。二是强化委员队伍建设。坚持说实话、干实事、求实效，注重委员学习培训和履职考核，通过表彰优秀委员、约谈提醒不履职委员，增强了委员责任意识，激发了履职热情，为助推经济发展、民生改善、社会稳定展现了委员的作为。

打造廉洁机关，强化党风廉政建设。常委会始终将党风廉政建设和反腐败工作列入重要工作，自觉加强党性锻炼，管好自己，做好表率，抓好班子，带好队伍。组织政协机关干部学习《中国共产党廉洁自律准则》《中国共产党纪律处分条例》《党员干部违纪违法典型案例》等内容，切实提高了机关干部廉洁自律意识和勤政廉政意识，筑牢拒腐防变的思想防线。

各位委员，2017 年政协工作所取得的进展和成效，是县委坚强领导、重视关怀的结果，是县政府大力支持和各相关单位密切配合的结果，也是全县广大政协委员团结一心、积极参与、开拓进取、努力奉献的结果。在此，我代表县政协向重视、关心、支持政协工作的各级领导、各位委员以及政协各参加单位表示崇高的敬意和衷心的感谢！

在肯定成绩的同时，我们也清醒地看到，县政协在履行职能和开展工作中还存在许多困难、不足和问题。一是协商实践有待进一步探索创新；二是民主监督工作力度还需加大，监督形式有待创新；三是委员服务管理机制还不够完善，如何更好地发挥委员主体作用还需要探索和创新。对于这些问题和不足，我们将高度重视，认真研究，在今后的工作中努力加以解决。

2018 年工作建议

2018 年工作总体思路：以深入学习贯彻党的十九大精神，高举中国特色社会主义伟大旗帜，锐意进取，埋头苦干，牢牢把握团结和民主两大主题，充分发挥协商民主新优势，认真履行政治协商、民主监督、参政议政职能，切实做好"维护核心、服务中心、反映民心、凝聚人心"的各项工作，为决胜全面建成小康社会、夺取新时代中国特色社会主义伟大胜利、实现全县民族伟大复兴的中国梦奉献力量。

一、加强理论武装，学习贯彻落实党的十九大精神

加强引导、增进共识，是人民政协的一项重要基础性工作。坚持党的领导，把思想政治建设摆在首要位置，把学习贯彻落实党的十九大精神作为首要政治任务，提升学习实效，团结引导政协委员，进一步在道路、方向、目标上形成统一意志和步调，始终与以习近平同志为核心的党中央保持同心同德、同心同向、同心同行。特别是要把学习贯彻落实党的十九大精神作为当前的首要政治任务，及时传

达、广泛宣传，深刻理解、准确把握，切实把思想和行动统一到县委九届三次全会的决策部署上来，把智慧和力量凝聚到实现县委九届三次全会确定的目标任务上来。坚持思想政治建设与履行政协职能相结合，与贯彻区市县党委九届三次全会精神要求相结合，立足政协性质定位，切实发挥协商民主重要渠道的作用，努力把我县人民政协事业不断推向前进。

二、发挥独特优势，确保政协工作再上台阶

搭建平台，不断丰富协商民主实践。习近平总书记在党的十九大报告中提出，人民政协是具有中国特色的制度安排，是社会主义协商民主的重要渠道和专门协商机构。人民政协工作要聚焦党和国家中心任务，围绕团结和民主两大主题，把协商民主贯穿政治协商、民主监督、参政议政全过程，完善协商议政内容和形式，着力增进共识、促进团结。按照“推进协商民主广泛多层次制度化发展”的要求，拟于2018年起在全县五乡一镇启动“政协委员之家”工作。

围绕中心，提高民主监督和参政议政水平。适应社会主义民主政治建设和政协事业发展需要，加强和改进政协民主监督。坚持问题导向，突出课题少而精，有针对性地组织专题视察、实地调研，深入实际，广泛听取各方面的意见，把更多的时间和功夫用在分析问题、研究对策建议上，努力提出务实管用的意见建议。搭建多形式、多渠道的议政平台，支持政协委员充分履行职能，通过撰写调研报告、提案和社情民意信息等形式，建睿智之言、献务实之策。常委会每年组织委员对重点项目、净土健康、脱贫攻坚领域等进行民主监督2次。

三、提升履职能力，确保政协队伍有位有为

提升服务能力。健全完善办文、办会、办事制度，认真落实履职尽责的责任主体。运用经济管理、公共管理等现代科学管理方法和手段，探索在机关工作中推行绩效考核评价。切实重视机关干部队伍建设，努力建设一支“走出去能干、坐下来能写、站起来能讲”的“三能”型政协干部队伍。

挖掘委员潜力。一是强化学习。让广大政协委员对“人民政协是什么、政协工作干什么、政协委员做什么”有准确、全面、深刻的认识，不断增强工作责任感和使命感。二是强化能力。通过学习培训，实践锻炼，让广大政协委员具备敏锐的观察力，见微知著的判断力，深刻透彻的分析力，力求议政建言切合实际、有的放矢。三是强化监督，善于商量，切实做到“善议政”。通过面对面协商，点对点对接，联络感情，沟通情况，增进共识，不断扩大“朋友圈”，努力促进有关问题的解决和落实。

各位委员：新时代要有新气象，新时代要有新作为。让我们更加紧密地团结在以习近平同志为核心的党中央周围，以习近平新时代中国特色社会主义思想为指引，深入学习贯彻党的十九大精神和区市县党委九届三次全委会精神，不忘初心，牢记使命，以高度的政治自觉、思想自觉和行动自觉，团结拼搏、扎实工作，为决胜全面建成小康社会、谱写新时代曲水经济发展新篇章而奋斗！

曲水县人民法院工作报告

——在曲水县第十三届人民代表大会第三次会议上

曲水县人民法院院长　米　玛

（2017 年 1 月 5 日）

2017 年工作回顾

2017 年，法院在县委坚强领导、县人大及其常委会有力监督、上级法院正确指导和县政府、政协、社会各界的关心支持下，深入学习贯彻党的十八大、十八届三中、四中、五中、六中全会和党的十九大全会精神，贯彻落实习近平总书记系列重要讲话精神和治国理政新理念新思想新战略，认真贯彻执行全国法院司法体制改革工作的重要指示，紧紧围绕“努力让人民群众在每一个司法案件中感受到公平正义”的目标，坚持司法为民、公正司法，忠实履行宪法法律赋予的神圣职责，各项工作取得了新进展。一年来，共受理各类案件 134 件，结案 126 件，结案率 100%，其中民事、执行案件占案件总数的 98.5%。案件的审执结率居全市基层法院首位。

一、服务中心全局，推进平安曲水建设

依法惩罚犯罪。共受理各类刑事案件 5 件，审结 4 件，判处罪犯 4 人，法定审限内结案率达 100%。坚持宽严相济刑事政策，做到宽严有据、罚当其罪。依法审结持有毒品案 1 件 1 人、盗窃案 1 件 1 人，危险驾驶罪 1 件 1 人交通肇事罪 2 件 2 人，已审结的案件中判处有期徒刑三年以下 4 人。依法适用量刑规范化程序审理刑事案件，确保审判过程更加公开透明，量刑幅度更加均衡公正，案件服判息诉率达 100%。

推进平安建设。深入开展反分裂斗争，全力参与维稳中心工作，维护社会长治久安，保障人民安居乐业。认真落实区市县党委系列维稳部署，严格属地管理、严明维稳责任，充分发挥法院在维稳工作中的职能作用，坚决确保我县局势持续稳定、长期稳定、全面稳定。妥善处理各类社会矛盾，特别

是涉及拖欠民工工资的矛盾纠纷，充分发挥“诉前调解”“联动机制”等作用，配合信访局等相关部门处理非诉案件35件。及时准确向县委、县政府做好请示、汇报工作，做到“大事化小、小事化了”，努力把矛盾纠纷消灭在萌芽状态。落实24小时值班带班和出入登记制度，在“三大节日”“三月敏感期”、十九大、“江贡曲”等一系列敏感节点，积极参与重点部位重点区域巡逻值勤、驻点防范、机关内保等维稳中心工作任务。共出动干警220人次，车辆89次，投入经费10.5万元，为“三无”“三不出”“三稳定”目标的实现贡献了力量。

加强法治宣传。开通法院微信公众号，推出诉讼服务、普法天地和联系我们三大板块，为广大群众提供诉讼指南、立案指引、法院新闻等多项贴心服务。充分发挥“车载流动法庭”职能，全年开展巡回办案83件172次，行驶里程1.3万公里，努力做到让农牧民群众少跑路、少花钱、少受累。坚持“有案办案、无案法宣”工作原则，结合“法律七进”工作要求，通过宣讲、发放法宣材料等形式开展法治宣传教育，以“综治月”“学雷锋志愿服务日”“民族团结月”“宪法宣传日”等为契机，成立法律志愿服务队，深入“五乡一镇”、主要街道、学校、企业等开展法治宣传83次，发放宣传材料4万余份，受教育群众2万余人。

二、调处矛盾纠纷，增进和谐促发展

维护市场经济秩序。突出司法服务的针对性、精准性、实效性，推动法院工作更好适应经济社会发展新常态，注重用司法裁判引导公众构建和谐有序的经济关系、劳动关系、家庭关系和债权债务关系，共受理各类民商事案件97件，结案94件，结案率100%。坚持平等对待各类市场主体，保护诚实守信，维护公平竞争，审结民间借贷、买卖、租赁等合同类案件65件，占民事案件总数的70%。妥善处理家庭、婚姻等传统民事案件12件，占民事案件总数的9%；加强农牧民群众、外来务工人员合法权益保护，受理涉及侵权、追索劳动报酬类案件20件，占民事案件总数的21%。把调解工作贯穿民事审判全过程，努力从根本上化解社会矛盾，力促案结、事了、人和，共调解65件，调撤率88.88%。

深化强基惠民工作。派出两名干警驻村，紧紧围绕“5+2”工作任务，全力协助当地党委、政府及村两委开展工作，为群众办实事解难事。深入开展精准扶贫精准脱贫活动，院领导带队深入调查研究，共走村入户8次70人次，为群众办实事9件，投入资金3.3万多元。

三、践行为民宗旨，能动司法多举措破解执行难题

以提升司法公信力、树立司法权威、维护人民群众正当合法权益为目标，深入开展执行会战、联动强制执行月、反规避执行等活动，加强与公安、工商、金融等机构沟通协调，强化执行威慑。共受理各类执行案件29件，执结25件，执结率100%，执行结案总标的1176.05万元。严厉打击规避执行、阻碍执行等违法犯罪行为，采取司法拘留2人。积极推进社会信用体系建设采取限制高消1人，实施信用惩戒措施，构建“一处失信、处处受限”的信用惩戒格局。

规范司法行为。落实自治区人大常委会关于规范司法行为工作的审议意见，从健全司法行为规范、改进司法管理、推进司法公开等方面入手，持续开展规范司法行为年活动。严格落实立案登记制，依法保障当事人诉权，做到有案必立、有诉必理，全年登记立案率100%。大力开展案件质量、庭审和裁判文书“三评查”，评查合格率100%。

创新便民举措。推进“四位一体”诉讼服务中心建设，开通“12368”诉讼服务热线，为群众提供咨询35人次。继续实施“预约立案”“上门立案”制度，上门立案45件，方便群众诉讼，切实为群众减轻诉累。积极推进矛盾纠纷多元化解机制建设，加大对人民调解组织的指导力度，诉前调处案件48件，指导人民调解组织化解矛盾纠纷24起。强化司法救助，为当事人减免缓交诉讼费7.47万元，发放执行救助资金8万元，让人民群众切身感受到司法的人文关怀。

四、深化改革、落实责任，推进四大平台公开建设

深入推进审判方式改革。构建“大民事、大刑事”审判格局，整合全院民事、刑事、执行人员力量，实行统一管理、随机分案制度，实现“让审判者裁

判，由裁判者负责”，增强法官的责任意识和担当意识。认真贯彻执行司法体制改革要求，大力推行院庭长办案制度，院长年办案量应达到本院法官平均办案量的 5%。副院长年办案量应达到本院法官平均办案量的 25%。庭长年办案量应达到所属办案类别法官平均办案量的 70%。业务庭法官院党组根据我院的案件量，对业务庭入额的法官，年办案量应当高于人均办案量。

积极实施司法公开改革。实施信息化建设，已全面实现裁判文书同步上网、案件评查同步跟进、电子卷宗同步归档。推进司法公开三大平台建设，提高审务公开透明度。落实审判流程公开，公开案件信息 134 件。落实裁判文书公开，在中国裁判文书网公开裁判文书 35 份，其中藏文裁判文书 19 份。

推进人员分类管理改革。按照区高院出台的《西藏法院司法体制改革试点工作实施方案》和《西藏中基层法院法官首批入额工作办法》，认真落实法官员额制，制定出台《曲水县人民法院司法改革方案》，成立司法改革领导小组，经过精心组织和公开打分，完成法官职务套改、员额申报及首批法官入额考核考试工作，目前已有员额法官 9 人、司法辅助人员 5 人、司法警察人员 4 人、行政人员 2 人。

五、从严管理、夯实基础，筑牢自身发展根基

加强党建工作，坚持抓党建带队建促审判。扎实开展“两学一做”学习教育，院党组带头参加学习。院领导以普通党员身份参加支部学习人均5次，召开专题民主生活会 4 次，组织全体干警集中学习 24 次，书记讲党课 3 次，组织专题演讲比赛、文体活动 2 次，撰写心得体会 45 篇。进一步强化党组党建主体责任意识，规范党内政治生活，严肃党的政治纪律和政治规矩，增强“四个意识”，坚决拥戴、信赖、忠诚、捍卫以习近平同志为核心的党中央，对县委的决策部署坚定不移地贯彻落实。深入开展基层党建七项重点任务自查 3 次，对存在的党组织关系接转手续不全、党员党费缴纳不及时等问题进行了认真整改。完成党支部换届选举工作，完善党支部工作职责分工，认真落实“三会一课”制度和党员活动日制度，先后组织开展“学雷锋志愿服务活动”“环境卫生专项治理活动”等。开展向邹碧华同志学习活动，把党建工作触角延伸到司法审判最前沿，设置服务先锋岗，极大提升了司法服务水平。

推进从严治党，加强党风廉政建设和反腐败斗争。坚决落实全面从严治党主体责任，认真贯彻《中国共产党廉洁自律准则》和《中国共产党纪律处分条例》。继续落实“五个严禁”“六条禁令”“十个不准”等铁规禁令和工作制度。落实党风廉政建设责任制情况考核工作，层层签订党风廉政建设责任书，设廉政监督员，不断加强对干警的监督、管理。党员干部设立廉政档案，实时跟踪登记廉政情况，有力维护法院队伍的纯洁性和先进性。完善配套制度，建立健全错案防范机制及责任倒查制，落实防止干预过问案件的“两个规定”，为廉洁司法提供制度保障，促进审判与监督、预防与惩治、教育引导与队伍建设的有机结合。

加强业务培训，着力提高法院队伍职业素养。把干部挂职交流锻炼作为提升队伍素养的重要方式之一，选派 2 名年轻干部赴江苏援助法院进行为期半年的挂职锻炼，增长基层工作经验、增强做群众工作能力。按照“千人计划”的要求，不断加强双语法官教育培养，提高法官素质。派出干警参加区内、区外各类培训 23 人次。

夯实基层基础，全面筑牢审判工作发展根基。在县委、县政府及相关部门的大力支持下，政府投资 219 万元实施“审判业务用房改造”和“大法庭装修”，目前，大法庭建设项目完工，目前正在办理交接手续，行政办公楼装修项目正在进行中。“十三五”期间，县法院重点项目为新建“诉讼服务中心”，国家投资 306 万元，建设规模 850 平方米，目前各项前期工作正在实施。

自觉接受监督，有效促进阳光司法工作。依法接受人大监督、认真接受政协民主监督，强化与人大代表、政协委员的联络机制，认真负责的向人大、政协报告工作，主动邀请人大代表、政协委员检查指导、旁听庭审共计 5 人次。依法接受检察机关法律监督，积极配合检察机关履行法律监督职责，并邀请 1 名检察院干警作为民事、执行监督员，不定期对民事、执行案件质量、办案程序进行监督。建立开放法院长效机制，邀请 80 余名在校师生参观

审判法庭、羁押场所等，着重开展对青少年学生的预防犯罪警示教育。加大人民陪审员的参审力度，通过实际案例提高人民陪审员参与法律实务能力和矛盾纠纷化解能力，人民陪审员共参与庭审34次，组织培训2次34人。为人民陪审员统一制作服装、配备徽章，树立庭审权威，在全市法院起到引领示范作用。

各位代表，过去一年县法院工作的发展进步，是县委坚强领导、县人大及其常委会有力监督、上级法院正确指导的结果，是县政府及相关部门大力支持、政协民主监督、社会各界关心支持的结果，是全体人大代表和政协委员真诚帮助的结果。在此，我代表法院和全体干警表示衷心的感谢，并致以崇高的敬意！

在看到成绩的同时，我们也清醒地认识到，法院的工作与新形势新任务的要求相比，工作中还存在诸多不足和困难。一是面对日益复杂的反分裂斗争形势和维稳风险挑战，法院工作从被动处置向主动应对的转变尚需加强；二是个别干警学习不够，律己不严，司法能力和司法作风有待加强；三是随着“十三五”规划的实施、“六大战略”和精准扶贫的推进，公共利益分配领域产生的纠纷，解决难度不断加大，“执行难”还未得到完全解决；四是缺编缺员问题依然存在，信息化建设联通共享有待完善。对这些不足和困难，我们将在各方面关心支持下，以更加有力的措施，努力加以解决。

2018年工作安排

2018年，对在新的历史起点上奋力推进曲水长足发展和长治久安作出全面部署。围绕县委提出的工作新目标，面对新形势、新任务、新要求，2018年法院工作的总体思路：高举中国特色社会主义伟大旗帜，全面贯彻党的十八大、十八届三中、四中、五中、六中全会和党的十九大全会精神，中央政法关于不司法体制改革工作会议精神，以科学发展观为指导，紧密团结在以习近平同志为核心的党中央周围，深入贯彻习近平总书记系列重要讲话精神，贯彻落实区市县第九次党代会精神，紧紧围绕“共建团结美丽家园、同享健康幸福曲水”目标，为谱写好中华民族伟大复兴中国梦的曲水篇章提供有力司法保障。

一、以学习党的十九大精神为主线，贯彻落实社会主义法治理论

把增强“四个意识”、绝对忠诚核心，作为队伍建设的根本和灵魂，驰而不息地抓好思想政治建设，自觉与党中央、区市县党委保持高度一致，做坚定执行者、模范实践者、忠诚捍卫者。巩固“两学一做”学习教育成果，弘扬“公正、廉洁、为民”的司法核心价值观，更加深入地学习以习近平同志为核心的党中央治国理政、治边稳藏新理念新思想新战略，更加自觉地把思想和行动统一到区市县第九次党代会精神上来，确保法院工作正确的政治方向。坚持重大事项报告制度，及时向县委、分管领导及县委政法委报告工作，确保各项决策的正确性和有效性。加强党风廉洁建设，认真落实“两个责任”，严格执行《中国共产党廉洁自律准则》和《中国共产党纪律处分条例》，净化法院队伍，让纪律和规矩成为不可逾越的红线，努力打造公正廉洁的司法审判队伍。

二、实施“两轮驱动”，提升司法能力多元化需求

坚持司法体制改革和智慧法院建设“两轮驱动”。全面推进各项改革措施落实，保障司法改革各项工作有序开展。落实“让审理者裁判，由裁判者负责”的责任制度，着力解决制约司法能力、影响司法公正的深层次问题，增强人民群众对司法改革的获得感，更好地满足多元化司法需求。推进智慧法院建设，加快“审判业务用房改造”“大法庭装修”、诉讼服务中心等项目建设，提高法律服务水平。

三、以司法体制改革为契机，提升队伍规范化管理水平

根据我院法官队伍构成、审判工作及年龄结构情况，认真贯彻落实司法体制改革的总体要求，借鉴试点地区的成功做法，探索建立适合我院实际的分类管理改革模式。坚持党对司法工作的领导，以党建统县为统领，以党建统院为核心，严格落实党风廉政建设主体责任，完善内外兼修的廉政监督机制，加强干警廉政教育。坚决做到重大事项、重要

部署、重大敏感案件及时向党委请示汇报，自觉将法院工作置于党的领导下，确保党的大政方针和区市县党委决策部署在法院不折不扣贯彻落实。

四、以创新司法为民举措为目标，推动便民诉讼工作深入开展

牢固树立稳定压倒一切的思想，坚定不移贯彻落实中央反分裂斗争方针和区市县党委的决策部署，自觉把法院工作置于曲水改革发展稳定大局中去思考和谋划。严厉打击各类刑事犯罪，保持对严重刑事犯罪的高压态势，健全对故意伤害、盗抢骗等多发性犯罪的打击机制，积极参与社会治安防控体系建设，全力巩固全县来之不易的和谐稳定大好局面。找准新形势下民商事审判工作切入点和结合点，依法审理民间借贷案件，规范融资行为。做好涉征地拆迁和环境污染的案件研判，确保重大项目顺利实施、生态环境有效保护。着力构建社会诚信体系，提高执行信息化水平，加强信用惩戒，让失信被执行人寸步难行，努力实现“用两到三年时间，基本解决执行难问题”目标。服务和保障“共建团结美丽家园、同享健康幸福曲水”战略实施，按照县委统一部署不遗余力做好精准扶贫、精准脱贫工作，为实现与全国一道全面建成小康社会伟大目标而不断努力。

五、以实施“一个目标”为抓手，彰显社会理念公平正义

积极构建开放、动态、透明、便民的阳光司法体制，建立健全与人大代表、政协委员联络机制，组织开展代表、委员专项指导和旁听庭审等活动。把实现“努力让人民群众在每一个司法案件中感受到公平正义”的目标作为司法审判工作的最高追求和最终归宿，坚决守好社会公平正义的最后一道防线。主动加强与新闻媒体的沟通，加大对案件和法院工作的报道力度，占领舆论主阵地，完善负面舆论预警机制，引领正确的舆论导向。

各位代表，面对时代的新挑战、人民的新期待、科技的新进步，我们将在县委坚强领导和县人大及其常委会有力监督，以及上级法院正确指导下，认真落实本次大会决议，“撸起袖子加油干”。以更加坚定的信念、更加饱满的热情、积极迎接新挑战，认真解决新课题，努力实现审判体系和审判能力现代化，加强智慧法院建设，推进信息化再上新台阶，为促进我县经济发展，维护社会稳定做出新的更大贡献！

曲水县人民检察院工作报告

——在曲水县第十三届人民代表大会第三次会议上

曲水县人民检察院党组书记、检察长 王 慧

（2018 年 1 月 9 日）

2017 年工作回顾

2017 年，曲水县人民检察院在县委和市检察院的正确领导下，在县人大及其常委会的有力监督下，在县政府、县政协及社会各界的关心支持下，以习近平新时代中国特色社会主义思想为引领，认真学习领会党的十八大、十八届历次全会、党的十九大精神，深入贯彻落实区市第九次党代会、九届三次全会精神，及各级政法工作会议、检察长会议精神，不断强化法律监督，深入落实检察改革各项措施，检察工作整体稳步推进。

一、以维护稳定为首要任务，全力配合县委中心工作

*严格落实各项维稳措施。*我院紧紧围绕区市县委和上级检察机关维护社会和谐稳定的一系列工作部署，坚持维稳防控工作常态化，全力做好党的十九大期间各项维稳防控工作。大力发挥乡镇派驻检察室作用，积极开展信访纠纷排查化解工作，努力把矛盾解决在基层。全年，共组织召开全院维稳工作部署会 12 次，积极参加维稳值带班、寺庙管控、街面巡逻等工作，投入检力 471 人次，下乡排查巡访 3 次。另外，今年 2 月至 3 月，根据拉萨市政府领导的安排，我院检察长亲自带领 2 名干警与县法院、司法局一道协助空港新区管委会开展机场第三期改扩建征地拆迁补偿事宜的释法说理工作，成功劝说最后不肯搬迁的 10 户签订了拆迁协议；7 月至 8 月，按照县委要求，先后派出正、副检察长及干警参加了聂当乡航鑫钢厂、垃圾场、屠宰场、砂石厂等整治工作，积极提供法律指导建议，充分发挥了检察机关法律监督职能，使该项工作合理合法开展。

*着力提高人民群众法治意识。*认真规划普法

工作，积极组织参加“三月综治宣传月”“六月综治宣传周”“9·16”平安西藏宣传日、“12·4”国家宪法日等普法宣传活动，深入达嘎乡政府、达嘎乡小学、才纳乡“四季吉祥村”等地，因地制宜开展法治宣传和法制讲课，受到群众点赞。全年，共向群众发放宣传资料1500余份、检群联络卡1200余张，提供法律咨询80人次，受益群众达3100余人。

积极参与强基惠民活动。选派1名副主任科员担任聂当乡德吉村工作队队长，密切配合村“一书”和两委班子，积极帮助所在村加强基层组织建设，落实各项工作措施和任务。期间，慰问贫困户、“三老”人员等共37人，送去慰问金2.4万余元；单位资助1万元用来修缮德吉村1组磨面房；组织“四讲四爱”专题宣讲23场次，受教人数达2862人次。2017年度，我院获得曲水县强基惠民先进单位，派出的队长荣获2017年度拉萨市强基惠民先进个人称号。

深入开展扶贫脱贫工作。认真落实精准扶贫帮扶单位职责，帮助村居开展新一轮精准识别、建档立卡工作，经县扶贫指挥部调整我院对口贫困户为23户，干警积极捐款捐物，不定期走访慰问对口户，全年派员56人次开展走村入户，并依托驻村工作队组织村民召开各类宣讲会，宣讲精准扶贫和富民惠民政策，引导贫困群众积极就业脱贫，推动各项脱贫措施落实到位。全院干警利用国庆假期帮助村委开展新一轮贫困户退出考核验收、复核考核等工作，巩固该村及对口贫困户精准脱贫成效。

二、以执法办案为中心，为全县经济发展保驾护航

依法打击各类刑事犯罪。全年，共受理公安机关提请逮捕案件4件4人，经依法审查，批准逮捕4件4人，批捕案件同比上升50%，受理审查起诉案件8件8人，依法提起公诉5件5人，起诉案件同比上升60%，向人民法院提出适用简易程序意见和量刑建议，县法院采纳并对被告人均作出了有罪判决。在严厉打击犯罪的同时，正确处理打击与保护的关系，全面贯彻修改后的刑事诉讼法，全年无逮捕必要，提起直诉案件4件4人，对轻微刑事案件不起诉3件3人，在提高司法效率的同时促进社会和谐。

不断推进职务犯罪预防工作。我院高度重视职务犯罪预防工作，检察长亲自带队，先后深入县直相关单位及五乡一镇，重点围绕挂牌督办项目、投资800万至1000万元项目、农村基础设施建设、涉农资金使用及“新农合”等领域开展专项预防。通过收集调阅材料、召开座谈会等方式深入分析调研，对容易出现问题的环节提出整改意见。在对此工作不重视、配合不到位的单位，则通过下发检察建议书的方式督促整改落实。其间，共组织召开预防宣传和警示教育会19场次，受教育干部达130余人，下发检察建议11份，制作完善相关台账2册，并撰写专题调研报告1篇报送县委和市检察院。同时，为了更好服务县域经济，我院开通行贿犯罪档案查询系统，共为2家企业提供行贿犯罪档案查询2次。

积极配合国家监察体制改革。坚决服从党委和上级检察机关部署，全力配合国家监察体制改革工作，11月11日，全国推开国家监察体制改革试点工作动员部署会议召开后，我院积极投入转隶准备工作，明确转隶工作内容、任务、分工及工作要求，结合实际制定《转隶工作方案》，做好人员思想工作，切实做到稳住队伍、稳住人心。按照国家监察体制改革要求，目前我院拟转隶4个政法专项编制、一名副科级副检察长、相关案件线索及办案设备，积极配合监察体制改革运行。

扎实开展“一院一品”创建工作。按照张培中检察长“要以品牌建设为抓手，带动检察工作突破瓶颈、全面发展”的要求，我院高度重视品牌创建工作，为了打造具有自身特色的品牌，以达嘎乡、空港新区派驻检察室为抓手，全面开展派驻检察室工作，加强乡镇普法宣传，对乡镇派出所、司法所、流动法庭等工作开展法律监督，有效发挥了派驻检察室职能。

三、以维护司法公正为目标，全面强化检察监督职能

强化民行检察监督。按照全国检察机关“破坏环境资源和危害食品药品安全犯罪专项立案监督活动”的要求，我院检察长带领业务骨干走访县环

保局、水利局、食药监局等行政执法部门，检查行政处罚案件台账、行政执法记录，加大对行政执法活动的监督检查；抽查县法院53起民事案件，从法律运用是否正确、合议庭组成是否合法、判决及裁定是否符合法律规定等情况进行了检察监督。对一起超市食品过期问题，启动公益诉讼诉前程序，对县食品药品监督管理局发出检察建议一份，建议其加大监督管理力度。

强化刑事立案、侦查活动监督。按照最高人民检察院关于对公安派出所刑事侦查活动开展立案监督工作的要求，院正、副检察长亲自带队前往县公安局刑侦大队、交警大队以及五乡一镇、空港新区派出所，对刑事案件开展立案监督。坚决纠正有案不立、有罪不究等问题，对县公安局监督立案1件，提出口头纠正意见3条。向以我县公安局名义办理案件的拉萨市禁毒支队发出《纠正违法通知书》1份，口头提出纠正意见4条。向空港新区公安分局、派出所下发检察建议书1份。引导我县公安局办理故意伤害致人死亡、盗窃、交通肇事等刑事案件取证、定性等工作。

强化刑罚监督。全年派员5次对7名辖区在册社区矫正人员进行监督检查，强化对社区矫正人员入矫、解矫工作的监督。

四、以加强队伍建设为根本，打造清正廉洁检察队伍

加强党建带动队伍建设。院党支部从抓好思想政治教育工作入手，通过深入开展“两学一做”学习教育常态化制度化，认真学习贯彻习近平总书记关于政法、检察工作的重要指示精神，切实增强“四个意识”，全年干警集中学习53次，集中讨论13次，撰写学习心得42篇，进一步增强了全院干警的党性意识、政治意识。充分发挥院党支部作用，进一步规范党内政治生活，通过召开支部委员会、党员大会、组织生活会、讲党课等形式，落实“三会一课”制度；全体党员及时足额缴纳党费。高度重视党员发展工作，将2名优秀干警培养为中共预备党员。选派4名干警参加县委党校培训班。

认真落实从严治党“两个责任”。院党组加强党风廉政建设工作，狠抓“两个责任”落实。年初，制定工作计划，层层签订责任书，将具体工作细化分解、传导压力。认真落实中央八项规定精神和廉洁过节要求，在传统节前召开动员会议，强调纪律要求。接受自治区检察院巡视组政治巡视。全年，院党组召开党风廉政专题会议5次，开展廉政谈话13人次，形成专题工作总结、汇报3篇，院党组牵头开展廉政专题教育活动2次。按照县纪委要求，定期向其报送约谈报表及文件收发登记情况，自觉接受纪委监督。

坚持人才立检提升综合能力。落实周工作例会制度，真正做到“说办就办、马上就办”。年初，经县委及组织部审批，提拔任用1名干警为正科级副检察长，1名干警为办公室主任。全年先后抽派7名干警前往国家检察官学院林芝分院参加业务学习，1名干警前往北京市东城区人民检察院进行为期半年的岗位锻炼，1名干警前往兰州市西北民族大学参加藏语培训，2名干警赴石家庄市参加公益诉讼培训，极大锻炼了干警及检察官业务能力。2017年，我院干警荣获县级以上表彰4人。

稳步推进司法体制改革工作。落实好中央、区市县委、上级检察机关各项改革工作部署，统筹推进司法体制改革，严格落实司法责任制，实行人员分类管理，5名检察官、3名检察辅助人员、3名司法行政人员全部分类定岗到位，坚持入额检察官在办案一线，检察长、副检察长人均办案4件，办案期限平均缩短10%以上，落实案件责任终身制。实施大部制改革，建立新型办案组4个，突出办案主体、明确权责权限，提升检察权运行效率。

切实强化检察技术等基础建设。以信息化推进执法规范化，在县政府及自治区检察院大力支持下，我院进行业务技术楼审讯室改造及信息化建设工程，现工程已验收。根据市院要求，全市各县开展检察指挥调度系统建设，现已完工。院内18套干警备勤房已通过验收，投入使用；进行了整体院内绿化及地面硬化工程，进一步改善干警工作、生活条件。

五、以强化内外监督为动力，确保检察权依法正确行使

依托外部监督实现公开透明。坚持把检察工

作置于人大监督之下，主动向人大及其常委会汇报工作，报送检察信息121期。认真落实人大代表、政协委员和人民监督员联络工作制度，邀请县、乡级代表委员等10人参加了“检察开放日”活动，视察检务公开工作，征求意见建议，不断改进和完善检察工作，同时，以加强检察信息公开为重点，全年对外公开案件程序性信息12条，法律文书7份，并依托“两微一端”信息平台，发布检察工作动态及案件信息110条，进一步提高检察工作透明度和执法办案公信力。

强化内部监督规范执法办案。案管部门建立完善执法办案内部监督机制，强化对执行办案纪律的监督，把廉政风险防控措施落实到检察权运行的全过程。全面运用全国检察机关统一业务应用系统，加强案件流程监控，实现对办案的全程统一、动态管理和实时监督。定期开展院内案件评查并积极配合市院案件评查工作，及时妥善处理好在执法办案过程中出现的突出问题，有效推进执法规范化建设。

各位代表，我院取得的各项成绩是县委的坚强领导、人大的有力监督、政府的大力支持、政协的民主监督和社会各界关心支持的结果。在此，我代表曲水县人民检察院表示衷心感谢！

在总结成绩的同时，我们也清醒地看到当前检察工作还存在一些困难和不足：一是检察队伍建设及专业化水平有待进一步提高，由于基层院案件少，办案经验不足，对于业务型人才的培养和使用需进一步加强完善；二是法律监督职能发挥还不够充分，监督力度还需进一步加强，效果还需进一步提升；三是案件管理信息化装备及技术装备还比较落后，干警信息化应用能力存在不足。对此，我们将从实际出发，以求真务实的态度，采取得当有效的措施加以解决。同时，也希望各位代表能够一如既往的关心、支持、监督检察工作，促进曲水检察事业不断发展。

2018年工作安排

2018年，我院将认真学习贯彻党的十九大会议精神，深入学习贯彻习近平总书记系列重要讲话精神，紧紧围绕全县改革发展全局，切实肩负起维护社会大局稳定、促进社会公平正义、保障人民群众安居乐业的责任，积极稳妥推进检察改革，努力开创检察工作新局面。为此，我们将重点抓好以下工作：

一、全力做好涉稳核心工作

发挥批捕、起诉等职能，依法打击影响人民群众安全感的各类暴力犯罪和侵财犯罪等刑事犯罪。进一步完善和落实社会风险排查研判、执法办案风险评估、检调对接等制度，加强矛盾纠纷预防和化解工作。全面落实全县维护稳定各项措施，确保单位内部及责任区域平安和谐。

二、积极服务全县社会发展

坚持服从大局、保障大局，服从县委总体部署，做好驻村、精准扶贫、法治宣传等工作。发挥达嘎乡、空港新区派驻检察室作用，全面收集涉检信息，畅通信访渠道，拓展控告申诉、宣传教育等工作的范围，切实增强与群众的联系。在食品药品安全、安全生产、环境保护、社会保障等领域，积极配合县委做好法律服务和执法监督，全力服务民生。

三、聚焦民事、行政检察工作

积极探索民事、行政诉讼监督的新途径、新方法，加强对涉及民生的生态环保、民工工资、征地拆迁、社会保障、教育医疗等领域民事、行政案件的监督，忠实履行法律赋予的职责，推动民事、行政诉讼活动合法有序开展。深入贯彻习近平总书记提出的“检察官是公共利益代表”，积极探索和推行民事、行政公益诉讼工作，加大对政府执法机构在履行环境和生态资源保护、食品药品安全、国有土地管理等方面不尽职、不履责等的监督力度。

四、着力提升队伍建设水平

加强院党组建设，完善落实党组学习制度、议事规则和决策程序，改进领导方法，切实发挥好党组领导核心作用。加强院内支部建设，推动党支部组织生活和党建活动规范化、常态化，切实发挥基层党支部战斗堡垒作用。继续狠抓党风廉政建设责任制和“一岗双责”落实，严格执行各项党的纪律和办案纪律。继续深入开展“两学一做”和社会主义核心价值观教育实践活动，引导干警坚定理想信念，牢固树立“四个意识”。

五、落实检察体制改革各项举措

继续深入落实检察改革各项部署，结合实际，深化内设机构和人员调整，在强化刑事诉讼监督工作的基础上，加强刑事执行检察、民事行政检察工作，充分发挥检察机关各项监督职能。做好落实各类检察人员分类管理衔接工作，根据“谁办案，谁决定，谁负责”的原则，落实以检察官办案责任制为核心的检察权运行机制改革和以审判为中心的刑事诉讼制度改革。

六、加强检务保障和检察受援工作

坚持从优待检，积极争取县委和县政府以及业务对口部门的支持，做好专业技术楼和干警备勤房后续软件建设工作，改善干警工作和生活环境；加大对院内信息化和科技装备的整合及系统应用，切实提升办公办案现代及科技化水平。积极加强与援藏单位的沟通交流，主动邀请支援单位业务骨干、专业人才来我院传授经验、指导办案，派员到援助单位进行跟班办案，增强实战能力。

各位代表，在新的一年里，曲水县人民检察院将在县委和上级检察院的坚强领导下，更加自觉的接受县人大及其常委会的监督，在县政协和社会各界的关心支持下，认真学习贯彻党的十九大精神和区、市、县委九届三次全委会精神，贯彻本次大会的精神和决议，以奋发有为的精神状态，求真务实的工作作风，不忘初心，锐意进取，忠实履行宪法和法律赋予的各项职责，为我县经济社会发展提供坚强有力的法治保障，为全面建成团结、和谐、幸福、健康、美丽新曲水做出新的更大的贡献！

名词解释

1. 法律监督：按照我国宪法和法律规定，法律监督是指运用国家权力，依照法定程序，检查、督促、纠正法律实施过程中的违法情形，以维护国家法制统一和法律正确实施的一项专门工作，是检察机关的专门职责。法律监督的内容，主要是国家机关及其公职人员公务活动的合法性；其范围包括，对国家机关制度及规范性法律文件的合法性监督，行政执法和司法活动的合法性监督。

2. 统一业务应用系统：2013 年 10 月，最高人民检察院根据案件管理机制改革和修改后刑诉法、民诉法的新要求，决定在全国检察机关推行统一业务应用系统。统一业务应用系统是融办案、管理、统计于一体的大型执法办案信息平台，集业务受理、办理、流转、审批、监督为依托，其运行将实现全国四级检察机关纵向贯通、信息高度共享。

3. 检察开放日：是指检察机关每年根据实际确定日期，依法集中公开与检察职权相关的不涉及保密事项的活动和内容，密切检察机关与人民群众和社会各界面对面沟通交流，虚心听取意见建议，使人民群众和社会各界更加充分地了解、理解和监督、支持检察工作。

4. 派驻检察室：根据基层法律监督工作需要设立的派出机构，主要职责（一）接受群众举报、控告、申诉、接待群众来访；（二）受理、发现执法不严、司法不公问题；（三）开展法治宣传，化解社会矛盾，参与平安创建；（四）监督并开展社区矫正工作，参与促进社会管理创新。

5. 两微一端：根据最高人民检察院新闻办、自治区检察院以及拉萨市检察院关于检察机关实现“两微一端”全覆盖的任务要求，“两微一端”是指新浪微博、腾讯微信公众号、今日头条新闻客户端。

6. 检察机关公益诉讼：指人民检察院在履职中发现在生态环境和资源保护、食品药品安全、国有财产保护、国有土地使用权出让等领域存在国家利益或社会公众利益及众多消费者权益受到侵害或有重大侵害危险的行为，在有关组织不提起诉讼的情况下，检察机关向人民法院起提起诉讼的行为。

曲水县2017年国民经济和社会发展计划执行情况与2018年国民经济和社会发展计划草案报告

——在曲水县第十三届人民代表大会第三次会议上

曲水县发展和改革委员会主任 达 琼

（2018年1月8日）

一、2017年国民经济和社会发展计划执行情况

2017年是决胜全面建成小康社会又一重要一年，是喜迎党的十九大胜利召开之年。一年来，在以习近平同志为核心的党中央集中统一领导下，我们高举中国特色社会主义的伟大旗帜，坚持以马克思列宁主义、毛泽东思想、邓小平理论、“三个代表”重要思想、科学发展观和习近平新时代中国特色社会主义思想为指导，深入贯彻落实习近平总书记治边稳藏重要战略思想和“加强民族团结、建设美丽西藏”的重要指示精神，坚持“五位一体”总体布局和“四个全面”战略布局，深入贯彻落实区市县第九次党代会和党委九届三次全会精神。一年来，在县委、县政府的坚强领导下，在江苏泰州市的无私援助下，我们主动适应经济发展新常态，加快推进供给侧结构性改革，着力提升产业、夯实基础、改善生态、造福民生、助力精准脱贫，实现了国民经济持续健康发展和社会和谐稳定。实现地区生产总值14.3亿元（按可比价计算），同比增长10.9%；全社会固定资产投资完成46.17亿元，同比增长22.92%；全口径财政收入4.29亿元，同比增长108.23%，其中公共财政预算收入3.26亿元，政府性基金收入1亿元，国有资本经营收入323万元；社会消费品零售总额3.09亿元，同比增长12.2%；农牧民人均可支配收入12612元，同比增长13.52%。

（一）产业结构更加优化，产业转型升级不断推进

现代农牧业发展硕果累累。粮食安全不断巩固，通过提高粮油作物病虫害专业化统防统治率，提高农业机械化程度，守住粮食播种面积等方式，2017年度全县粮食总产达3090.9万斤，油菜作物总产量为270万斤，蔬菜总产量为6100万斤；畜牧业生产平稳发展，通过大力推进“万户百场十中心”工程，加大动物疫病防控工作力度，加大草原生态保护工作力度等方式，着力实现畜牧业可持续、健康、高效发展，截至年底，全县存栏牲畜（含家禽）12.52万头（只、匹），其中，牛59876头，羊19458只，生猪9144头，马属1123匹，家禽35600羽；出栏牲畜32426头，出栏率36.1%；牛羊猪肉类产量为780万斤，禽蛋产量为28.18万斤，奶类产量为2700万斤，山绵羊绒产量为5.02万斤。农畜产品质量安全监管进一步加强，有效保证农牧民舌尖上的安全。在全区率先开展“零化肥、零农药”试点工作，成功获批“国家有机产品认证示范创建区”，被评为自治区级农产品质量安全创建示范县，8种产品正在申请有机认证，9种产品正在申请国家地理标志商标。坚定信心大力发展净土健康产业，围绕壮大青稞产

业，引进了华宝香精、高度商贸流通2家青稞深加工企业，曲水县农业产业化示范基地建设项目、西藏林木良种繁育中心等上亿元的净土健康产业项目马不停蹄的加快推进。以汉藏药材为代表的种植业迅速形成规模，以天然饮用水、光伏产业为代表的生态绿色产业迅速见实效。以拉萨茅台玛咖酒为代表的净土健康产品成为曲水的新名片，曲水县净土健康产业逐步在增强我县造血功能中凸显作用。

工业经济发展换血增活力。借助环保迎国检，安全生产迎国检，在县委、县政府的坚强领导下，在上级业务部门的大力支持下，成功淘汰立窑式水泥生产企业（金哈达信通水泥厂）、取缔“地条钢”生产企业1家（航鑫钢厂）、关停防水卷材生产企业2家（宏志达、珍龙）、责令13家企业进行停产整改（远征、平立、天恩等）。淘汰企业燃煤锅炉20余台，引导企业全年累计投入环保技改资金2300万元。在我县工业经济技改、关停、整改等阵痛期的大环境下，通过实施积极的工业鼓励政策，实现了规模以上工业增加值0.99亿元（按可比价计算），招商引资实际到位资金15.09亿元，工业企业上缴税金1.1亿元。同时通过加大对品牌建设、科技创新和升级改造，深入开展“双创”等措施，我县企业西藏金哈达药业有限公司被评为拉萨市农牧业产业化经营“龙头企业”，西藏白玛甘泉水业股份有限公司的“白玛甘泉”牌饮用天然泉水荣获生态原产地产品保护证书。西藏求本生物科技发展有限公司获得多项生产专利，这些都为我县工业经济注入了新活力。

旅游服务业快速发展。依托独特的地理、人文、传统文化优势，整合一二三产活跃因素，不断完善景区基础设施，促进我县全域旅游产业发展。以“秀色才纳”国家AAA级景区、拉萨净土健康野生动物保护园为代表的旅游景点名声不断美扬，吸引力不断增强。通过援藏资金的大力支持，一直名声在外，确极少游客到访的俊巴渔村旅游基础设施得以完善，景点的舒适性和承载力大大增强。以县城、才纳乡为中心的服务业不断壮大，服务质量不断增强，2017年实现旅游总人次达29.9万人次，旅游收入1677.5万元，同比增长4%和11.1%。

（二）项目建设再兴高潮，投资拉动作用持续保持

投资高位增长。通过年初早谋划，年中频督促，2017年全县开复工项目80个，总投资57.2亿元，完成社会固定资产投资46.17亿元，其中续建项目22个，完成社会固定资产投资31.22亿元，新建项目58个，完成社会固定资产投资14.95亿元。项目审批高效运转，全年完成审批项目62个，总投资约5.03亿元，涵盖农牧、住建、卫生等多个领域。项目融资破题见效，2017年，全县总计落实银行贷款15.8亿元，专项建设基金1亿元，其中曲水县农业产业化建设项目，总投资7.2亿元，落实银行贷款5.8亿元，专项建设基金1亿元。拉萨净土健康野生动物保护园新建项目，总投资1亿元，落实银行贷款0.4亿元，西藏林木良种繁育中心建设项目，总投资13.96亿元，落实银行贷款9.6亿元。建制度促发展扶持本地合作社，制定并启动实施了《曲水县政府投资项目施工、监理单位招标投标暂行办法》，明确了200万以下的施工通过摇号的方式确定由我县的农牧民专业合作社承担，确保每个合作社都有公平公正的发展环境。

对口支援工作深入开展。围绕产业发展、基础设施、民生改善等重点领域，精准实施援藏项目，2017年援藏项目19个，总投资2.16亿元，其中续建项目6个，新建项目13个，重点实施了曲水县才纳乡大桥至高速路口段街道改造工作、曲水县俊巴渔村民族特色产业建设项目、曲水县社区福利院提档升级项目，通过援藏项目实施，很大程度上完善了我县基础设施，壮大了我县产业发展，特别是加快了建设才纳乡特色小城镇的步伐。

（三）城乡统筹加快步伐，城乡一体化水平显著提升

城乡面貌焕然一新。2017年实施了曲水县三期棚户区改造项目、周转房建设项目、泰州广场绿化工程等城乡基础设施建设项目，进一步改善了我县城乡发展面貌；曲水友谊自来水公司、曲水美洁城市园林绿化有限公司、曲水县农村客运有限责任公司等国有企业运营模式不断成熟，能够更好地为农牧民提供公共服务。创建全国县级文明城市取得新成绩，通过不断加强宣传力度，开展系列专题

活动及专项整治，已在全县形成了创建全国文明城市的合力和浓厚氛围。

交通条件大幅提升。2017年交通事业处于大发展、大建设时期，新开工项目5个，建设里程70余公里，总投资2.07亿元，重点建设达嘎乡色甫村至堆龙德庆区旅游产业扶贫公路工程，增强曲水县与堆龙德庆区的交通联系，形成交通环线，便于发展乡村旅游。续建农村公路总计6条，总投资0.7亿元，建设里程40余公里，截至年底，全部完工。在市县资金的大力支持下，农村公路安保设施进一步完善。曲水县县际班线改革工作顺利完成，总计涉及14辆班车，彻底消除了个人挂靠经营，规范了班线运输市场，同时壮大了我县农村客运有限责任公司，为下一步打击黑车运营奠定了坚实的基础。

水利设施不断完善。组织保障有力，准备充分，确保了全县委托度过汛期。全年水利新开工项目9个，总投资0.46亿元，续建项目11个，总投资1.43亿元，重点建设曲水县才纳乡白堆防洪堤项目、曲水县2016年小型农田水利“重点县”项目、曲水县聂当乡防洪项目、曲水县茶巴朗防洪项目、曲水县俊巴防洪项目等水利设施项目。

生态保护不断加强。年初设立林业绿化专项基金500万元，并以每年20%增长率逐年增加，完成植树造林1.27万亩。为认真落实吴英杰书记关于消除“无树村、无树户”工作要求，今年赠送1088户农牧民当年挂果经济林苗木6528株。加大整治保护力度，全面整治拉萨河流域非法采砂场，取缔和整顿了非法采砂场23家。全县黄标车及老旧车辆131辆全部淘汰完毕，全年累计检查企业228家次，下达限期整改通知书27份，停产整改书46份，行政处罚19家，罚款金共计109.36万元，查封企业5家，拆除企业3家、小作坊14家。在做好环保迎国检工作上，针对中央环保督查组整改问题通知单，立知立改，确保了顺利圆满完成该工作。

规划引领更加明显。为建立特色鲜明的城镇体系，提高城镇化和新农村发展水平。在完成《曲水县乡镇土地利用总体规划》《曲水县乡镇总规控制性详细规划》《曲水县土地利用总体规划》编制及修编工作的基础上，并用规划指导建设，2017年共提交19个建设项目用地和选址的初审请示，审核办理38个项目，办理“三证一书”共计64本。

（四）改革开放继续深化，经济发展活力全面激发

农村供给侧结构性改革不断深入。在全面完成农村土地承包经营权、宅基地确权登记颁证，农村“两权”抵押贷款工作的基础上，我县又率先开展集体林权制度改革、农村集体资产股份权能改革、农村土地制度改革三项试点工作，建立了《曲水县集体林权制度改革实施方案》《农村土地征收补偿标准调整方案》《曲水县农村集体经营性建设用地入市细则》等制度，进一步保护农村资源、盘活农村资源，激发农村经济发展活力，削弱农村内部发展与保护的矛盾，使农村内部更加和谐稳定。

（五）民生福祉不断改善，社会事业加快发展

农牧民就业服务工作成效显著。认真落实国家和自治区的惠民政策，不断拓展农牧民增收渠道。今年，全县就业再就业培训234人，培训合格率达100%，培训后就业率达100%，完成全年目标任务的334.29%。充分利用援藏资源优势，积极邀请泰州市人社局举办高校毕业生就业创业讲座，效果反响良好。圆满完成职业指导、职业介绍、开发就业再就业岗位、建档立卡贫困户转移就业等各项指标，实现转移就业收入0.68亿元。

社会事业蓬勃发展。教育事业优先发展。紧密围绕区九次党代会提出的实现“五个100%”教育目标，持续深化教育教学改革，不断加强师资队伍建设，不断提升教学质量，实现适龄儿童入学率达99.96%，巩固率达100%。适龄少年入学率达99.63%，在校生巩固率达101.75%。不断加大教育投入，2017年实施教育基建项目6个，总投资1017万元。公共卫生服务水平稳步提高。全面推行分级诊疗工作，制定实施方案，共计227病种列入疾病谱。县财政每年投入100万元，持续开展县级公立医院改革，改善农牧民就医条件，成功创建二级乙等医院。妥善完成了包虫病筛查和防治工作。在全区率先实施“互联网+健康医疗”工程，群众足不出户通过手机APP查询自己健康状况。继续实施健康扶贫脱贫工作，受益贫困户192人次。充分发挥援藏资源优势，累计受援4250万完善医疗

基础设施，并利用组团式援藏，完善县人民医院科室制度建设，指导帮助县医院创评工作及下乡开展3次免费义诊活动。文化事业繁荣发展。认真贯彻落实文化、广电惠民工程，文化活动百花争艳，群众文化精彩纷呈，今年我县整合资源，发挥优势，成立了曲水县文旅新广局。县财政解决200万元，克服种种困难，成立曲水县广播电视台。结合重大节日，在全县举办文艺活动35次，县雅松民间艺术团厚积薄发，文化队伍增添后劲，全年参加文艺演出50余次。打扶并举，净化文化市场，严厉打击非法销售安装“小耳朵”及非法收听、收看境外节目行为。

保障体系不断健全。全县五险参保总数达25661人次，征缴基金2690万元，全部完成年度目标任务。社会救助落实有力。全县“五保”老人集中供养率达88.9%，已落实“五保”资金192.08万元，集中率位居全区前列。城乡低保、城乡医疗救助、临时救助、双拥优抚等各项工作顺利开展。

精准扶贫工作全面见成效。县委、县政府高度重视精准脱贫工作，层层压实责任，层层签订“军令状”，确保见实效。目前全县1177户4118人建档立卡贫困户仅有35户115人未达到脱贫标准，贫困发生率为0.35%，群众认可度达到95%以上。注重产业扶贫先行，先后实施了柏林村扶贫商品房、曲水村商混搅拌站等一批见效快项目，分红了曲水县茶巴拉光伏产业园区项目，正组织实施曲水县机动车检测站、曲水县扶贫采砂场等一批效益好、有保障的项目，另外，县政府出资2000万元建立扶贫基金，激励社会企业参与到我县扶贫脱贫工作中。注重智志制扶贫，广泛开展“扶贫先扶志、扶贫必扶智、扶贫应扶制”，着力在思想上、精神上、制度上实施帮扶、激发贫困群众的内生动力，发挥主动作用，取得良好成效。同时严格落实以教脱贫护未来、以助脱贫保民生、以保脱贫兜底线的各项措施，确保贫困户受益脱贫。目前曲水县已顺利完成了拉萨市、自治区各级各方的多次验收考核，考核反馈的问题已进行全面整改，预计可顺利完成全县的脱贫摘帽总体任务。

总结一年来的工作，我们在肯定成绩的同时，必须清楚地看到，目前工作中还存在一些不容忽视的问题：一是农牧业特色产业化水平仍然不高，结构单一，市场开拓力度不够，缺少品牌；二是工业经济发展速度不够，实体企业规模偏小，规上企业仅有7家，而占总数较多的规下企业，技术含量较低，产能不足、抵制风险能力弱，受市场竞争及政策影响较大，不能承担起我县GDP和财政税收主要来源的重任；三是旅游基础设施仍然不够完善，服务水平也相对较低，从把游客吸引到曲水再到留在曲水，消费在曲水仍有距离；四是固定资产投资仍以基础设施投资为主，产业发展类项目较少，近期有效需求转化不了中远期的供给；五是社会事业发展滞后，人均公共服务水平还较低，人民日益增长的美好生活需求和不平衡不充分的发展之间的矛盾更加凸显；这些问题，我们将在以后的工作中予以重视和整改。

二、2018年国民经济和社会发展的主要目标、任务和措施

2018年是全面贯彻落实党十九大会议精神的重要一年，是全面贯彻落实习近平新时代中国特色社会主义思想的重要一年，必须准确把握中国特色社会主义新时代核心任务，统筹推进“五位一体”总体布局和“四个全面”战略布局，牢固树立“四个自信”，紧紧围绕2020年全面建成小康社会这一目标，按照区市县党委九届三次全会部署要求，在县委县政府的坚强领导下，以务实的作风推进党的十九大精神在曲水大地上形成生动实践。

2018年的主要预期目标：地区生产总值增长12%以上；全社会固定资产投资完成额增长22%以上；地方财政本级一般预算收入增长15%以上；社会消费品零售总额增长14%以上；规上企业工业增加值增长16%以上；农牧民人均可支配收入增长15%以上。

围绕上述目标，我们将突出做好以下几方面的工作：

（一）做强产业实体，在深入推进供给侧结构性改革上谋求更大成效。

按照市委“曲水县打造全区现代农业示范县和

循环经济产业园”的定位布局，进一步优化产业结构，推进一二三产业融合发展，增强产业质效，提升产业核心竞争力。一是大力发展现代农业。以创建有机农业示范县为契机，持续推进“零化肥、零农药”工作，加快实现生产方式现代化、人的现代化、管理模式现代化，以科技提升质量，以质量塑造品牌，确保原材料的高质量高标准；二是坚定信心推进净土健康产业，按照“一二三四一”的净土健康产业总体发展思路，依托曲水县农业产业化示范基地建设项目，积极建设才纳乡“产学研”为一体的科技园，以汉藏药材产业和青稞产业为重点，效仿拉萨茅台玛咖酒成功经验，逐步完善集生产、加工、销售、研发、品牌创建于一体的净土健康产业发展体系；借助电子商务进农村示范县的优势，尽快实现产品网上大面积销售，逐步将净土健康产业由起步推向昌盛；三是提升园区经济。真正凸显雅江工业园区对我县GDP和财政税收的贡献率，推进企业脱虚向实，加快处理园区内僵尸企业，推进园区企业重新洗牌，建立起以新型建筑建材和发展循环经济为主的聂当工业集中区，以生产净土健康产业饮品、食品、药品、饰品为主的县城工业集中区。承接好简政放权业务，去除企业投资杠杆，降低服务性成本，激发微观活力，达到简政放权改革目的。加快推进拉萨华宝有限公司和西藏高度流通商贸有限公司建成投产。持续做大茶巴拉光伏发电产业和天然饮用水产业；四是加快发展旅游服务业。结合拉萨市旅游环线规划，围绕创建全域旅游示范区，对全县内的经济社会资源以及旅游资源进行全方位、系统化的优化升级。以“秀色才纳”国家AAA级景区、曲水野生动物保护园为主要旅游卖点，发挥吸引人流的作用，同时鼓励乡间林卡、休闲采摘、藏式农家乐、俊巴渔村、桃花村等旅游景点发展，逐步形成曲水处处是风景、处处能消费、处处有娱乐的全域旅游景象，将我县打造成为拉萨市民周末节假日主要的旅游目的地。

（二）坚持投资质量，在增强发展后劲上谋求更大成效

我国经济已由高速增长阶段转向高质量发展阶段，正处在转变发展方式、优化经济结构、转换增长动力的攻关期，建设现代化经济体系是跨越关口的迫切要求和我国发展的战略目标。分析我县经济也处在完善基础设施建设期逐步向产业发展，产业创新期转变，逐步把近期需求转变为中远期效益，不断积累自身造血能力的资本。目前我县仍处于投资拉动型经济的基本县情不变，下一步，在项目审批方面，更加注重项目质量，精打细算，审严审细项目。审批基础设施建设项目，论证项目的可行性、必要性，从基层征求意见，严禁出现基础设施建而不用，盲目维修扩建，浪费资金，浪费土地。产业发展项目，严格执行产业发展规划，论证项目后期效益和回报周期，选定项目后期经营主体和经营方式，严禁产业项目实施一阵风，重建设轻后期运营，始终坚持产业项目必须实现经济效益，把产业项目实施沉下去，见实效。积极严谨的推广政府和社会资本合作模式，以拉萨市社会信用体系建设为平台，筛选信誉好，实力强的企业合作，积极尝试BOT、BOOT、BOO等模式，实现以政府投资为杠杆撬动更多的社会资本，激发我县经济发展活力；严格落实党的十九大提出的“突出抓好重点、补短板、强弱项，特别是要坚决打好防范化解重大风险、精准脱贫、污染防治的攻坚战。”2018年重点推进曲水县周转房、曲水县棚户区改造、曲水县才纳乡自来水厂、县城污水处理及收集系统、色达灌区色甫子灌区工程、曲水县藏鸡养殖基地、曲水县葡萄种植基地、曲水县优质蔬菜生产基地、南木乡南木村5组至6组公路工程等建设项目，总投资3.93亿元。

（三）以改革注活力，在全力推进乡村振兴上谋求更大成效。

按照产业兴旺、生态宜居、乡风文明、治理有效、生活富裕的总要求，加快制定并落实乡村振兴战略规划。一是继续深化农村制度改革。结合精准扶贫异地搬迁安置工作，探索原宅基地退出与新住宅确权管理办法。全面推进农村土地征收制度改革，推进基价调整，建立社会稳定风险评估及多元化保障机制。加快推进农村集体经营性建设用地入市，规范入市程序、保障多方权益，增强群众的获得感。制定农村集体资产投资发展服务管理办法，明确投资发展政策和相应操作办法，设立农村

集体资产投资发展风险补偿基金，盘活农村集体资产。总体实现把农村资源转化成经济效益，把经济效益集中到产业发展中，实现农牧民长期增收；二是依托净土健康产业，大力扶持种养殖业和加工业发展，不断壮大农牧民专业合作社、农牧业龙头企业、种养大户、家庭旅馆等经营主体，形成牛羊成群、种植连片、厂房林立、风光秀丽、欢声笑语一片繁荣的产业景象；三是大力实施美丽乡村建设，以农村环境整治为抓手，鼓励村民植树种花美化环境，下大气力整治农村脏乱差，完善水电路气房讯广播电视等基础设施，建设生态化的宜居环境；四是加强人才建设，按照培养造就一批懂农业、爱农民、爱农村的"三农"工作队伍要求，围绕现代农业和村集体经济发展需求，大力培养"土专家""能带领全村致富的村第一书记"和产业工人，实现不离土不离乡、就近就便就业；五是要加大文明村镇、文明家庭创建力度，以创建全国文明城市为契机，健全自治、法治、德治相结合的乡村治理体系，使乡村更加和谐、安定有序。

（四）改善民本民生，在提升群众幸福指数上谋求更大成效

以构建和谐曲水、幸福曲水为目标，大力实施民生工程，坚持把保障和改善民生作为一切工作的出发点和落脚点。一是按照"两年脱贫三年巩固"整体规划，将工作重心转移到已脱贫群众的后续巩固提升上，同时加紧完成剩余贫困户的脱贫工作，妥善解决精准扶贫工作现存的各类问题，完善提高扶贫工作质量；二是抓好教育工作。全面落实国家对教育投入的各项政策，完善教育经费保障长效机制，加快相关基础设施项目建设进度，提高教学硬件设施；继续落实困难学生就读高中、中专、大学资助政策，完善扶困助学教育资助体系。加强师资队伍建设，加大师资培训力度，全面提升教师素质，实现教育的优质均衡发展；三是抓好卫生工作。加强和推进传染病、重大疾病和地方病防控工作，做好疾病防控的督导、效益评估工作。持续深入开展县级公立医院改革工作，实施分级诊疗制度。继续落实农牧区医疗报销补偿和大病补充医疗商业保险等惠民政策。进一步加强乡镇卫生院基础设施建设、开展人才队伍建设、强化医疗质量和安全，规范公共卫生服务及内部管理工作；四是抓好文广事业，依托曲水县广播电视台，做好宣传报道工作。继续加强文化市场整治，确保文化市场安全。组织开展好全县的群众性文体活动，进一步丰富农牧民群众业余文化生活，为构建和谐曲水提供强大的精神动力；五是抓好社会就业工作。切实落实积极就业政策，鼓励企业开发新就业岗位。安全合理使用就业培训资金，发挥就业资金促进就业的最大效益。进一步优化公共就业服务，重点是搭建平台、搞好对接、提供服务。加快发展人力资源市场，发挥市场功能。推进社会保险经办能力建设，完善社会保障体系；六是抓好社会保障。不断完善社会救助体系，提高社会救助水平。认真落实城乡低保和临时救助增长机制，加大对困难群众的救助力度，及时发放低保边缘户临时物价补贴，提高节日慰问金，有效保障受助者基本生活。继续做好"五保"集中供养工作，提高集中供养率。加大慈善援助力度，进一步拓展助困项目，持续开展助学、助医、助老"三大资助"项目和助残帮困活动，探索推行结对帮扶和兴办村级经济实体等多种帮扶措施，切实为弱势群体搭建爱心桥梁；七是抓好安全生产工作。认真贯彻各级下发的《关于推进安全生产领域改革发展的意见》，完善"党政同责、一岗双责"制度，落实部门监督责任和企业主体责任，继续保持安全生产良好态势；八是抓好生态环保工作。全力推进自治区生态县创建工作，认真落实大气、水、土壤污染防治行动计划，认真开展年度监测，严格开展环境执法检查，积极推进城乡生态建设。

各位代表，2018 年是全面落实党的十九大会议精神，确保其落地生根开花结果的重要一年，实现 2018 年国民经济和社会发展各项目标，任务艰巨，意义重大。我们将在县委、县政府的坚强领导下，在县人大、县政协的监督支持下，坚定信心，凝聚力量，改革创新，攻坚克难，为全面建成小康曲水做出贡献！

曲水县2017年财政预算执行情况和2018年财政收支预算（草案）的报告

——在曲水县第十三届人民代表大会第三次会议上

曲水县财政局局长　万诗亮

（2018年1月8日）

一、2017年财政预算预计执行情况及财政主要工作

2017年是全面实施"十三五"规划划的重要之年，是推进供给侧结构性改革的深化之年，是全面建成小康社会决胜阶段的关键之年。今年以来，在县委的坚强领导下，在县人大的有效监督下，财政部门坚持以"四个全面"战略布局为统领，认真贯彻落实中央第六次西藏工作座谈会议精神，紧紧围绕区市县经济工作会议确定的目标任务，始终把握好"稳中求快"的工作总基调，继续实施积极的财政政策，突出生财之本、聚财之策、理财之法、用财之道。进一步深化财政改革优化财政支出结构。在全国宏观经济下行、结构性减税等情况下，我县保持了经济稳健增长，为顺利完成全年工作任务奠定了坚实基础。

（一）2017年财政预算预计执行情况。

经测算，2017年全县公共财政总财力预计达到144125万元，比上年决算增加41354万元，增长41%。

全县公共财政预算收入预计达到133029万元，增加32991万元，增长33%。一般公共预算本级收入预计完成32622万元，增长75%；预算稳定调解基金2000万元，调入国有资本经营收入68万元，2015年增值税增量620万元；上级补助收入97719万元，增长25%，其中税收返还19004万元2015—2016年所得税2083万元，一般政府债券8000万元，转移支付收入68631万元。

全县公共财政预算支出预计完成119124万元，比上年决算数增加20220万元，增长23%。其中，一般公共服务支出、公共安全支出、社会保障和就业支出、医疗卫生支出节能环保支出、教育支出、城乡社区支出等八项支出预计完成65458万元，增长19.3%。

收支相抵后，滚存结余13935万元，其中上年净结余30万元，超收入部分11822万元及2015—2016年税收返还增量2083万元补充预算稳定调解基金，年内实现收支平衡。

全县政府性基金预算总财力预计完成10773万元，政府性基金预算支出预计完成10773万元，年内实现收支平衡，无结余。

全县国有资本经营预算收入预计完成323万元，调入一般公共预算68万元。国有资本经营预算总财力预计完成255万元，年内实现收支平衡，无结余。

（二）2017年主要财政工作

大力支持基层组织建设，党的基层基础不断夯实。2017年，用于支持党建工作的专项资金达3994万元。落实基层政权建设资金180万元；投入村级活动场所2696万元，用于新建、改扩建17

个行政村居组织活动场所，落实村干部基本报酬和业绩考核资金164万元，落实村级组织工作经费190万元，行政村年度运行经费达10万元，高出拉萨市标准5万元，投入党建工作经费170.5万元、落实“四讲四爱”活动经费100万元，落实“两学一做”活动经费50万元，落实强基础惠民生资金122万元，投入精神文明建设及创建文明城市经费214万元，投入乡镇人大经费及保障机制资金60万元，投入村两委换届选举经费47万元。实现了基层党建工作三个覆盖。

大力支持教育优先发展。2017年，全县教育支出预计完成17342万元，增长11%。落实“三包”经费1478万元，惠及3.2万农牧民子女及城镇困难家庭学生。落实资金274万元，实现义务教育农牧民子女营养改善计划全覆盖。完善教育脱贫优惠政策，投入大中专学生资助资金300万元。落实城镇学前、城镇义务教育高中生中职及师校免费教育补助188万元。落实资金225万元，用于中小学三项运动会活动投入县级配套4276万元主要用于中小学基础设施、中小学食堂改造，教育系统住房公积金缺口及各类保险等。

大力支持民生投入，社会保障能力显著增强。2017年，全县社会保障和就业支出预计完成7099万元，增长10%。落实资金550万元，确保全县公益性岗位工资、辅警等绩效考核及社保补贴支出。对农村低保户给予生活补助，农村低保户A类保障对象年人均保障金达4625元，B类、C类达到3915元，使农村低保户和扶贫线标准合一，实现了“两线合一”的目标。落实390户1203人农村最低生活保障资金292万元。落实298户321人城镇最低生活保障资金236万元。落实临时救助金28万元，救助122户因病、因生活困难城乡居民提供临时救助。落实财政各项保险配套3245万元。落实医疗救助196万元，为397名城乡困难群众提供医疗救助。落实1028名残疾人补贴及“两项补贴”等185万元。落实81名0—16岁残疾儿童慰问金19.44万元。落实自主择业退役士兵优待金及一次性补助204万元。落实老龄补贴205万元，其中落实367名80岁以上寿星老人补贴192万元，落实高龄失能老人补贴14.52万元，完成了老年人提标扩面的实施方案。落实184名“五保户”供养资金192万元。落实60岁以上44名优抚对象40万元。

加快医疗卫生体制改革进程，促进基本公共卫生服务均等化。2017年医疗卫生支出预计完成6986万元，增长26%。落实农牧民免费医疗1437万元，落实城乡医疗救助20万元，落实医疗保险基金1250万元，投入全民健康体检经费347万元，确保全民身心健康。投入农牧民大病救助基金50万元，投入医疗体制改革资金400万元，用于完善人民医院各项设施设备，投入基本公共卫生服务资金325万元。

支农惠农力度加大。2017年，全县农林水支出预计完成37950万元，增长29%。以一统筹整合涉农资金5255万元加快推进脱贫攻坚，落实产业化发展资金5000万元，投入有机农业示范县资金2500万元，大力推广绿色有机肥料使用，为全面铺开“禁化肥禁农药”行动提供了有力保障。落实种粮农民直接补贴和农资资综合补贴219万元。投入林业专项资金约约3495万元，主要用于重点区域造林、森林生态效益补偿等，城乡环境持续提升。投入水利专项资金约3832万元，主要用于防汛抗旱灌区修建、小型农田水利项目的支出。投入农业专项资金约6019万元，主要用于草原生态奖励保护补助、农村公益事业、农机具购置等，积极推进了农村综合改革，加快“美丽乡村”建设进程。

全力支持基础设施建设。2017年主要投入了基础设施建设资金约6830万元，其中本级安排基本建设资金2600万元，主要支持了2017年周转房、曲水镇棚户区改造、小康安居工程、农村道路建设、村级组织标准化建设、核心岛工程、四季吉祥村民宿工程、县城绿化等。

全力支持维稳工作，社会局势和谐稳定。2017年，公共安全支出预计完成5883万元，增长2%，进一步提升了政法机关装备配备水平和办案、处突能力。全力保障维护稳定各项创新社会治理和寺庙管理、及时落实爱国守法先进僧尼表彰奖励、“先进双联户”创建表彰、驻寺干部特殊岗位补贴、信访等资金。

大力推进改革创新，财税改革成绩显著。加强政府全口径预算管理，将政府收支活动全部纳入预算管理。2017 年将预决算公开单位范围扩大全县所有预算单位，全县预决算公开全覆盖，预算公开内容更加细化、更加完整，公开方式更加多样化。进一步硬化预算约束，完善预算执行动杰监控机制。进一步深化国库集中收付制度改革，加强政府债务管理切实防范化解财政风险。

不断加强财政监督，财经纪律执行规范。全面开展了财政资金安全检查，确保财政资金安全使用。聘请第三方公司对 2015 年至 2017 年财政收支情况、县域 8 家国有企业财务状况、民政专项资金进行了审计，确保资金安全有效金落实完成政府采购 54 批(次)，节约财政资金 57.27 万元，节约率达 4%。通过以上举措，进一步严肃了财经纪律，规范财经秩序全面提高了财财政资金使用效益。

“三公”经费支出有效控制。按照“八项规定”的要求县财政严控“三公”经费支出，尤其对会议费、车辆使用费、招待费等一般性支出，从严从紧管理，按规定指标进一步压缩。2017 年，全县“三公”经费支出 603.23 万元，同比减少 277.74 万元，下降 32%。

机关作风与效能建设全面加强。扎实开展了“两学一做”学习教育和“四四讲四爱”主题实践活动，深入推进机关作风效能建设，强化服务理念，增强服务意识，增强了财政干部的执行力。内部控制制度进一步完善，科学理财水平逐年提高。按照“一岗双责”的要求，认真落实了党风廉政建设责任制切实抓好了反腐倡廉建设工作。

2017 年，财政改革发展迈上新台阶，财政支持经济社会发展的基础和重要支柱作用得到了有效发挥。预算管理制度改革不断深化，民生保障持续增强，财政可持续得以增强，全县财政运行良好，各项财税政策有效落实。

在肯定成绩的同时，我们也清醒地认识到，我县财政预算管理仍存在一些矛盾和问题。主要是：收支平衡压力逐年加大，各项政策性配套日益增加，各预算单位预算执行效率不高，各行业主管部门缺乏与上级主管部门沟通协调，对本级财政依赖程度过高。专项资金使用效益不高。财政资金统筹使用力度需进一步加大，资金使用的安全性、有效性仍需提高。我们要进一步改进方式方法，强化责任意识，采取有力措施加以解决。

二、2018 年财政收支预算(草案)

根据《中华人民共和国预算法》要求，结合我县实际，编制完成了 2018 年曲水县财政预算草案。

(一)预算编编制指导思想

以邓小平理论、“三个代表”重要思想、科学发展观为指导，全面贯彻党的十九大精神、中央第六次西藏工作座谈会、中央经济工作会议、中央农村村工作会议、全国财政工作会议，以及区市第九次党代会、区市县经济工作会议和财政工作会议精神，深入贯彻习近平总书记系列重要讲话精神统筹推进“五位一体”总体布局和协调推进“四个全面”战略布局，坚持稳中求进、进中求好、补齐短板的工作总基调树牢新理念、适应新常态、引领新发展，坚持以人民为中心的发展思想，坚持以推进供给侧结构性改革为主线，适度扩大总需求，财政政策要更加积极有效，大力实施减税降费政策，深入推进财税体制改革，着力构建现代财政制度，加大财政支出优化整合力度，保障重点领域支出，统筹盘活财政存量资金，提高财政资金使用效益，加强地方政府性债务管理积极防范财政风险。

(二)预算编制基本原则

1. 依法理财原则。
2. 零基预算原则
3. 保障重点原则。
4. 综合预算原则。
5. 无预算不支出原则。
6. 超支不补原则。
7. 特事特办原则。
8. 勤俭节约原则
9. 绩效优先原则。

(三)2018 年预算安排总体情况

2018 年全口径财政收入 105322 万元，同比上年预算增加 36797 万元，增长 54%。

1. 一般公共预算收支安排情况

2018 年全县一般公共财政预算总财力为 94692 万元，比上年预算增加 27167 万元，增长 40%。

（1）公共财政预算本级收入。按照积极稳妥的原则，2018 年安排进入年初预算的本级财政收入为 33600 万元，同比上年预算增加 12800 万元，增长 62%。

（2）转移支付收入。2018 年转移支付收入 48013 万元，比上年增加 3288 万元，增长 7%。主要有①税收返还 8650 万元，比上年增加 2000 万元，增长 30%，其中增值税税收返还收入 8500 万元，所得税基数返还收入 150 万元。②一般性转移支付 38367 万元，比上年增加 1683 万元，增长 5%。③专项转移支付 997 万元，比上年减少 394 万元，下降 28% 主要是上级安排的公共安全、文化、教育、社会保障、医疗卫生、农林水等专项转移支付资金。

（3）调入预算稳定调节基金 13000 万元，同比上年增加 11000 万元，增长 550%。

2018 年公共财政支出预算安排 94692 万元，比上年预算增加 27167 万元，增长 29%。

2. 政府性基金预算收支安排情况

2018 年，全县政府性基金预算财力 10300 万元，政府性基金预算支出安排 10300 万元，主要安排用于征地补偿资金。

3. 国有资本经营预算收支安排情况

2018 年，国有资本经营预算财力 330 万元，国有资本经营预算支出安排 330 万元，主要安排用于中小企业发展。

（四）2018 年预算安排重点

2018 年全县安排的 94692 万元支出中，除优先保证人员工资发放和行政事业单位的正常运转外，重点支持各项民生政策全面落实。

一般公共服务支出 16303 万元，比上年预算增长 43%。安排党建经费 164 万元、安排基层党组织建设经费万元安排“四讲四爱”学习活动经费万元，专项用于开展党的组织生活、主题活动和专题活动等。安排财政稽核经费万元，用于全县财政资金内部审计，确保资金安全有效运行安排村级组织工作经费万元、安排万元主要用于支持民生和基层政权建设。安排文明城市及精神文明建设经费等万元，不断提高县城文明程度和市民文明素质。安排村干部基本报酬和绩效考核 134 万元，安排“三老人员”生活补助 183 万元，安排驻村人员生活补贴 58 万元，安排先进僧尼表彰奖励资金 320 万元，有力促进民族团结、宗教和睦、社会和谐。安排“双联户”户长补贴及表彰奖励经费 223 万元。

教育支出 18186 万元，同比上年预算增加 2290 万元，增长 15%。本级安排教育经费 7053 万元，其中：安排曲水县大学生、中职生资助基金 300 万元，用于资助对象为户籍在曲水县的农牧民、城镇居民、干部职工子女高中毕业并达到国家录取分数线且被全国各类全日制本、专科高等院校录取，以及初中毕业并被中等职业学校录取的学生；安排资金 169 万元改善中小学学生食堂；安排资金 1429 万元用于提升学校学习环境；安排养老保险、医疗保险等资金 2331 万元安排资金 300 万元用于幼儿园职工周转房。上级补助收入 11133 万元，主要安排用于教育事业发展。

文化体育与传媒支出 817 万元，同比上年预算减少 23 万元，下降 3%。其中：安排民间艺术团补助经费 85 万元，安排县乡综合文化活动中心免费开放经费 61 万元，安排村级文化建设经费 17 万元；安排《拉萨晚报》覆盖项目县级配套经费 33 万元，安排公共文化体系建设经费 125 万元，安排电影放映工作经费 20 万元。

社会保障与就业支出 6502 万元，同比上年预算增加 83 万元，增长 16%。安排财政对社会保险基金的补助 3930 万元；安排公益性岗位人员等各类保险 233 万元；安排政府性购买公益性岗位补贴及辅警和公益性岗位绩效考核经费 616 万元；安排社会福利支出 120 万元；安排资金 243 万元，主要用于寿星老人生活补贴、“五保户”供养、残疾人事业、经济困难失能高龄老人生活补贴等；安排资金 447 万元，主要用于农村低保、城镇低保及“两线合一”补贴；安排“三大节日”慰问金等 143 万元。

医疗卫生支出 6828 万元，同比上年预算增加 3007 万元，增长 78%。其中：安排全民健康体检经费 216 万元；安排村医补助及绩效考核经费 97

万元；安排资金204万元，主要用于各种传染病防治等基本公共卫生服务；安排基本医疗保险经费1804万元；安排新型农村合作医疗经费1437万元；安排农牧民大病救助基金50万元。

节能环保支出518万元，同比上年预算增加45万元，增加10%，主要安排了国家重点生态功能区、环保工作经费等；城乡社区事务支出11540万元，同比上年预算增加8772万元，增长317%；安排生态园林城市经费200万元；安排环卫工人工资100万元；安排城市维护经费800万元，安排振兴乡村经济3000万元；安排（新型城镇化建设）县城提升改造5000元；城乡社区建设经费2000万元。

农林水事务支出14282万元，同比上年预算增加254万元，增长2%。一是安排农业支出1992万元。安排生产支持补贴资金388万元，主要用于畜牧良种补贴、农作物良种补贴农业生产保险保费补贴、涉农政策性保险补贴等；安排防灾减灾、病虫害控制资金351万元；安排农业资源修复等900万元。二是林业支出1278万元。安排无树村无树户绿化提升改造386万元，安排河滩造林和318国道绿化管护57万元，安排林业生态文明村建设250万元，安排森林生态效益补偿资金322万元。三是水利支出1469万元。安排水利工程运行维护经费40万元、安排防汛抗旱经费350万元，安排小型农田水利220万元，安排农村安全饮水维护维修150万元。四是扶贫支出3805万元。安排精准脱贫攻坚产业配套2000万元，安排异地搬迁贷款利息305万元，安排偿还异地扶贫搬迁贷款1500万元。五是农业综合开发支出5736万元。

资源勘探电力信息6484.9万元。同比上年预算增加4791元，增长283%。

住房保障支出3887万元。同比上年预算增加2784万元，增长252%。安排小康安居建设2000万元，安排住房公积金1887万元。

国土海洋气象等支出304万元。

交通运输支出53万元。

合理安排预备费2563万元，占本级财力的比重为2.7%，主要用于预算执行中的自然灾害等突发事件增加的支出及其他难以预见的开支。

其他支出988万元。

涉及本报告已安排的经费，各预算单位仍需按照正常程序审批后予以适当解决

各位代表，新的一年，站在新的起点，我们将在县委的坚强领导下，深入贯彻党的十九大精神，自觉接受人大监督，虚心听取政协的建议和意见，奋发进取、开拓创新、扎实工作，努力完成2018年财政预算任务，为全面建成小康社会作出新的更大贡献。

综　述

【概况】 曲水县位于自治区首府拉萨市的西南部。居北纬29.2°~29.5°，东经90.4°~90.9°之间，地处雅鲁藏布江和拉萨河交汇处，318国道横穿全境，是内地空港至拉萨的重要窗口和门户。曲水县总面积1624平方公里，耕地面积6.5万亩。曲水县最高海拔5774米，最低海拔3500米，县城海拔3568米。曲水县辖5个乡1个镇、19个行政村、133个村民小组。2017年底，曲水县常住人口36521人。

【主要经济指标】 2017年，全县地区生产总值达到14.3亿元，同比增长10.9%；全社会固定资产完成投资46.17亿元，同比增长22.9%；社会消费品零售总额3.09亿元，同比增长12.2%；农牧民人均可支配收入12612元，同比增长13.5%；地方财政本级一般预算收入4.29亿元，同比增长108.2%。

【社会和谐稳定】 不断加强民族团结工作，对农牧民群众开展感党恩、听党话、跟党走教育，特别是"四讲四爱"主题教育实践活动，不断加强基层建设，不断地动员群众、组织群众、宣传群众、教育群众，党在曲水的执政根基更加稳固，群众思想稳定、盼和谐、谋发展的愿望更加强烈，人民安居乐业，社会持续和谐稳定。

【精准脱贫成效显著】 坚持产业先行、产业为本，突出"志智制三扶"，全县建档立卡贫困户1371户4792人全部达到现有脱贫标准。在全区率先打造拉萨河畔"三有村"和才纳四季吉祥村易地扶贫搬迁点，得到国家和区、市领导的充分认可。以吴英杰书记、齐扎拉主席、白玛旺堆书记为代表的区市领导多次亲临拉萨河畔"三有村"、四季吉祥村实地调研指导。国务院扶贫办主任刘永富先后3次来到曲水，把拉萨河畔"三有村"作为全国易地搬迁工作现场会的第一站。中共中央十九大宣讲团穆虹主任把拉萨河畔"三有村"作为全区基层干部群众学习宣传党的十九大精神唯一宣讲点。中共中央政治局第39次集体学习时把拉萨河畔"三有村"易地扶贫搬迁经验做法作为典型案例参阅。

【改革工作始终走前列】 曲水作为全区唯一一个国家级的农村改革试验区，先行先试，推进了农村土地承包经营权确权登记颁证、农村土地制度改革三项试点、林权制度、农村集体产权制度等改革工作，为全市、全区乃至全国农村改革探索路子，积累了一系列可复制、可推广、可借鉴的经验。区党委书记吴英杰在曲水调研时指出："曲水是出经验的地方"，对曲水农村改革工作给予了高度评价。

【现代农业蓬勃发展】 大力推进有机农业发展，以青稞、汉藏药材为重点，推进"四万"基地建设，建立了全区最大的万亩林木良种繁育基地、万亩汉藏药材种植基地、万亩土豆种植基地、万亩青稞种植基地，土豆、青稞等7种农产品获得国家有机认证证书，玉米等5种农产品获得国家有机认证转换证书，成功创建青藏高原首批全国绿色有机农业示范创建区。大力推进净土健康产业发展，打造了西藏自治区第一个净土健康动物保护园，成功创建“秀色才纳”国家AAA级景区。

（徐 通）

易地扶贫搬迁新村——曲水县三有村

大事记

1月

3日　拉萨市民宗局副局长次仁罗布到江古寺检查指导“姜贡曲”法会相关工作。

3—9日　自治区党委统战部常务副部长赤列多吉，市委副书记、市人大常委会主任达娃，市委常委阿努次仁，市委政法委副书记、副市长、市公安局局长赵涛，副市长贡扎曲旺，市政协副主席、民宗局党组书记拉巴顿珠，市民宗局副局长次仁罗布等先后到曲水县江古寺检查指导“姜贡曲”法会相关工作。

4日　拉萨市委副书记、人大常委会主任达娃，市政府副市长贡扎曲旺，市政协副主席、民宗局党组书记拉巴顿珠等一行到江古寺检查指导“姜贡曲”法会相关工作。

7日　曲水县召开2016年县委班子民主生活会。

同日　曲水县召开理论中心组专题学习会暨创建“有机农业示范县”工作推进、精准脱贫验收工作推进会。

9日　由县委书记彭飞跃，县委副书记、县长格桑邓珠，县委副书记次仁巴珠，县委副书记、县委党校校长王占辉，县人大常委会主任平措等在家县级领导组成的两个慰问组分别对驻县部队以及驻村工作队进行节日慰问。

10日　拉萨市农普办到曲水县检查第三次全国农业普查各项工作进展情况。

11日　拉萨市副市长廖波到曲水县检查指导司法行政工作。县委常委、政法委书记、公安局局长赵宏忠、副县长宋友禄陪同。

19日　自治区党委副书记、自治区主席齐扎拉带领自治区脱贫攻坚工作会议代表到曲水县“四季吉祥村”调研指导工作。

25日　自治区党委书记吴英杰到曲水县才纳乡四季吉祥村考察脱贫攻坚工作，并看往基层干部群众，代表自治区党委、政府向全区各族人民致以新春的祝福和新年的祝愿。

25—29日　曲水县才纳乡首届仲孜文化艺术节暨物资交流会在四季吉祥村举行，自治区党委书记吴英杰出席活动。

同日　曲水县召开老干部新春团拜会，县委副书记、县长格桑邓珠等11名在家县级干部，189名退休干部职工参加团拜会。

28日　由县委副书记、县长格桑邓珠，县委副书记次仁巴珠等县级领导组成的慰问小组对中直单位、便民警务站、乡（镇）派出所、乡卫生院、县医院、县一线维稳指挥部、县委机要局、县后勤服务中心等进行节日慰问。

2月

7日　拉萨市国家安全局、拉萨市国家安全领导小组办公室指导员邓山带队到曲水县调研指导工作。

9日 副县长杜乾余在南木乡江曲康复中心就院内建设公共食堂与设立医疗卫生所两项事宜召开研究部署会议。

10日 全区农村土地制度改革工作部署会议在曲水县召开现场会，200多位各级领导和参会代表与会。

14日 由白朗县委书记陈昊、副县长扎西次旦带队的交流考察团到曲水县调研净土健康产业、易地扶贫搬迁、农村土地改革工作。

16日 自治区司法厅基层处处长次珍到曲水县督导检查司法行政工作。

17日 自治区文化科技卫生法律和爱国爱教宣传“五下乡”集中服务活动在曲水县才纳乡四季吉祥村举行。自治区党委常委、自治区副主席、区党委宣传部部长边巴扎西，自治区政府党组副书记、政府顾问孟德利出席活动。

19日 曲水县举办宗教领域干部“对党忠诚、素质过硬、作风优良”专题学习培训班，自治区党委统战部部务会成员、自治区宗教工作领导小组办公室副主任达瓦穷达为宗教领域干部授课。

20日 自治区党委副书记、自治区主席齐扎拉，区政府副主席房灵敏，拉萨市委副书记、市长果果等到曲水县才纳乡调研百亩智能连栋温室、有机肥料厂、奶牛养殖场、优质苗木基地、林木良种繁育中心等重点项目，并查看拉萨市第一职业技术学校搬迁点项目规划和前期工作推进情况。

22日 拉萨市政协副主席孙宝祥，市政协副主席、秘书长张勤等一行8人分别到曲水县南木乡江村和茶巴拉乡色麦村慰问贫困户、村两委班子、驻村工作队、热堆寺和萨玛扎寺的驻寺干部和僧尼，县人大常委会主任平措、县政协主席邹玉明陪同。

同日 曲水县召开迎接中央环保督察动员部署会。

23日 拉萨副市长扎西白珍到曲水县调研春耕备耕、农牧合作社、水利等相关工作。

同日 拉萨副市长贡扎曲旺到曲水县南木乡疗养中心开展慰问活动。

25日 由县委书记彭飞跃，县委副书记、县长格桑邓珠，县委副书记次仁巴珠，县委副书记、县委党校校长王占辉，县人大常委主任平措、县政协主席邹玉明等县级领导组成的两个慰问组分别对各寺庙、各寺管会、爱国守法先进僧尼代表、各村“两委”班子、县维稳一线指挥部成员单位等进行藏历新年慰问。

27日 县委书记彭飞跃对县维稳一线指挥部、县公安局、供电公司、自来水厂、加油站、县后勤服务中心等进行节日慰问。

3月

1日 县委书记彭飞跃在达嘎乡三有村与搬迁户尼玛央金一家共度藏历新年。

同日 曲水县与全国同步实施企业简易注销登记改革，推动市场准入和退出全程便利化。

3日 县委书记彭飞跃到才纳村和四季吉祥村进行慰问。

10日 自治区人大常委会副主任、区党委宣传部常务副部长张晓华到曲水县调研，县委书记彭飞跃，县委副书记、县长格桑邓珠等陪同。

11日 县委副书记、县长格桑邓珠在县医院调研项目实施进展情况。

13日 曲水县举行第十批援藏医生迎接仪式。

同日 曲水县举行重大项目开复工仪式，县委副书记、县长格桑邓珠带队，部分在家县级领导、各乡乡长、县直单位负责人和相关部门负责人参加系列开复工仪式。

同日 曲水县光伏产业园奠基暨曲水茂昌茶巴拉乡25兆瓦并网发电项目，与曲水逐日光伏发电有限公司一期20兆瓦并网光伏发电项目开工仪式成功举行。

14日 自治区教育厅副厅长朱赟到曲水县聂当乡小学、南木乡小学、县小学、县中学检查教育教学工作，县委副书记、常务副县长刘文荣陪同。

17日 曲水县举行2016年曲水县净土健康产业保险赔付暨政策性农业赔款仪式，副市长扎西白珍，市农牧局党组书记其美旺姆，县委副书记、县长格桑邓珠，县政协主席邹玉明等参加仪式。

19 日　曲水县召开林业工作会议，县委书记彭飞跃，县委副书记、县长格桑邓珠，市林业局副局长旦增次仁以及在家的县级干部，县（中）直各单位负责人、各乡镇党委书记、乡（镇）长、分管副乡（镇）长，各村第一书记和受表彰的先进集体代表、先进工作者、优秀护林员参加会议。

22 日　自治区水土保持局、拉萨市水利局水土保持监测站、县水利局联合举办“世界水日”“中国水周”“水土保持”知识宣传活动。

同日　县委统战部邀请市委办公厅秘书科副科长周江源为驻寺干部和各乡（镇）统战委员讲授公文写作技巧，县委副书记次仁巴珠出席培训。

26 日　曲水县“喜迎‘3·28’民族团结进步创建进乡村活动”在曲水县四季吉祥村举行，自治区民宗委党组成员、副主任黄素云，市政协副主席、市民宗局党组书记拉巴顿珠，区民宗委办公室主任刘军，区民宗委民族二处副处长平措尼玛等出席活动。

27 日　自治区党委书记吴英杰到曲水县实地调研春季农牧业生产情况，自治区党委常委、拉萨市委书记白玛旺堆，自治区副主席、政府秘书长房灵敏，自治区科技厅、财政厅、农牧厅、水利厅和拉萨市有关负责人，县委书记彭飞跃，县委副书记、县长格桑邓珠等陪同调研。

29 日　曲水县召开全县安全生产工作会议，县委副书记次仁巴珠参加。

4月

1 日　曲水县召开全县经济工作会议暨农村环境综合整治工作会议，县委书记彭飞跃，县委副书记、县长格桑邓珠，县委常务副书记吴斌，县委副书记次仁巴珠，县人大常委会主任平措，县政协主席邹玉明等在家县级领导以及各乡（镇）党委书记、乡长、县（中）直各单位负责人，各寺庙管委会负责人，各驻村工作队队长，各村党支部第一书记参加会议。

同日　曲水县举办百亩连栋温室建设项目开工仪式。

7 日　中国共产党第九届曲水县纪律检查委员会第二次全体会议在县会务中心三楼召开。县委书记彭飞跃及在家的县级领导，第九届曲水县纪委委员，各乡（镇）党委书记、乡（镇）长，县直机关各部门主要负责人，各寺管委会主要负责人参加。

同日　曲水县召开述责述廉质询工作会议，县委书记彭飞跃，市纪委常委、监察局副局长李荣峰，在家的县级领导，县纪委委员，各乡（镇）党委书记、乡（镇）长，县直单位主要负责人、各村党支部第一书记，受邀的部分“两代表一委员”和老干部、村纪检监督员代表、县直单位纪检员代表参加会议。

8 日　曲水县召开曲水县宣传思想工作会议暨“讲党恩爱核心、讲团结爱祖国、讲奉献爱家园、讲文明爱生活”喜迎党的十九大主题教育实践活动动员部署大会。县委书记彭飞跃以及在家的县级领导，各乡（镇）党委书记、乡长、县（中）直各单位负责人，各寺庙管委会负责人，各驻村工作队队长，各村党支部第一书记，各村委会负责人，各中小学负责人参加会议。

10 日　曲水县与全区同步启动“双随机、一公开”监管工作。

11—12 日　政协第二届曲水县委员会第二次会议召开，市政协副主席孙宝祥，县委副书记、县长格桑邓珠，市政协副秘书长格桑罗布，县人大常委会主任平措，县政协主席邹玉明以及在家的县级领导和政协委员参加会议。

11—14 日　县委党校举办第一期副科级公务员任职培训班，23 名新任职副科级干部参加培训。

12 日　自治区党委政研室（农工办、财经办）副主任、区党委政研室（财经办）产业发展处副处长王建丰，区党委政研室（财经办）党的建设处副处长赖建，市委政研室副主任、市脱贫攻坚指挥部副主任郭万军，市扶贫办（农开办）党组书记普布顿珠等到曲水县调研生态保护和易地扶贫搬迁点产业发展情况。

12-13 日　曲水县第十三届人民代表大会第二次会议隆重召开，市人大党组副书记许广林，县委副书记、县长格桑邓珠，县人大常委会主任平措，县政协主席邹玉明以及在家的县级领导和人大代表参加会议。

13 日 自治区党委常委、拉萨市委书记白玛旺堆，市委常委、秘书长庄红翔，副市长王国臣，阿里地区副秘书长张春阳，市委宣传部副部长李文华，市农牧局党组书记其米旺姆，市扶贫办(农开办)党组书记普布顿珠等到曲水县才纳园区、拉萨河畔三有村、西藏拉萨净土健康动物保护园、聂当乡工业园区调研。县委书记彭飞跃、县委副书记、县长格桑邓珠，县委常务副书记吴斌，县委副书记次仁巴珠，县人大常委会主任平措，县政协主席邹玉明等陪同。

15 日 自治区副主席汪海洲带队在曲水县考察特色产业发展情况。

19 日 聂当乡德吉村举办农村环境综合整治启动仪式，县委书记彭飞跃、县委常务副书记吴斌、县人大常委会主任平措、县政协主席邹玉明等在家县级领导，相关单位负责人、农牧民群众共计 360 余人参加。

20 日 林周县副县长米玛一行到曲水县考察净土健康产业发展情况。

21 日 江苏省委组织部副部长郑跃奇到曲水县调研净土健康产业，市委副书记、常务副市长胡洪，副市长方桂林，副市长王国臣，县委书记彭飞跃，县委常务副书记吴斌陪同调研。

24 日 自治区党委农工办副主任简红一行到曲水县调研农村集体资产股份权能改革工作。

26 日 山南市扎囊县委常务副书记方靖一行到曲水县考察交流全国县级文明城市创建工作。

同日 原曲水县委书记单启宁(扬州市人大原财经委主任)一行到拉萨河畔“三有村”、县城、才纳园区、四季吉祥村考察，县委常务副书记吴斌、县委副书记次仁巴珠、县政协副主席邹玉明陪同。

同日 自治区卫计委党组成员、区藏医院党组书记康荣科带队中华思源工程扶贫基金会到曲水县考察“思源救护西藏行暨思源雪域光明行”项目。

同日 拉萨市藏语委办(编译局)党组副书记乡琼到曲水县开展藏语文编译工作调研。

27 日 自治区政协副主席、工商联主席、总商会会长阿沛·晋源一行到曲水县茶巴朗大队协荣中队看望慰问护路队员。

同日 民政部海峡两岸婚姻家庭服务中心副主任、区民政厅副厅长从飞军，民政部北京社会管理职业学院培训部副主任李旭，民政部民间组织服务中心调研员李强，市民政局局长白玛玉珍等到拉萨河畔“三有村”和才纳园区调研。

同日 曲水县举办“治国必治边 治边先稳藏”专题讲座。

5月

3 日 自治区委党校副校长、自治区行政学院副院长孙向军到曲水县举办“关于依法治理民族宗教事务促进民族团结”的主题讲座，县委常务副书记吴斌、县委副书记次仁巴珠、县政协主席邹玉明等在家县级领导，各乡(镇)、县直单位负责人、各村第一书记等 200 余人参加。

同日 曲水县开展“书记讲党课”活动，县委书记彭飞跃主持并讲课，讲座围绕对宗教的认识、宗教工作面临的新问题、宗教工作基本方针、做好宗教工作的具体做法四个方面展开阐述，强调全面贯彻党的宗教信仰自由政策的重要性，同时，也要依法做好宗教工作，巩固发展民族团结，积极引导宗教与社会主义社会相适应。在家县级干部，各乡(镇)、县直单位负责人，各村第一书记、村委会负责人，各寺管会主任，驻村工作队队长，中小学校长 100 余人参加讲座。

5 日 参加自治区产业扶贫现场观摩会的 100 余位领导到曲水县玉珠黄改专业合作社和才纳净土产业园区观摩调研。县委书记彭飞跃，县委副书记、县长格桑邓珠等陪同。

7 日 曲水县举办“曲水县迎接中央环保督察系列知识讲座”，泰州市高港区环保局宣教法制科科长季勇讲课，县人大常委会主任平措、县政协主席邹玉明等在家县级领导，县直各单位、各乡(镇)主要负责人、重点企业负责人共 110 余人参加。

8 日 国家统计局西藏调查总队副总队长武建

华和自治区统计局副局长蔡岷带队自治区统计局调研组到曲水县调研企业生产经营情况。市统计局党组书记仓琼,县委副书记、县长格桑邓珠等陪同。

9日 曲水县召开卫生与健康大会、卫生计生工作会议。县委书记彭飞跃,县委副书记、县长格桑邓珠,县委常务副书记吴斌,县委副书记次仁巴珠及在家县级领导,县直各单位、各乡(镇)主要负责人、各寺管会、县人民医院、县疾控中心负责人等共110余人参加。

同日 自治区安全生产巡察一组组长、区住建厅副厅长刘新锋带队到曲水县开展安全巡察工作。县委书记彭飞跃,县委副书记、县长格桑邓珠等陪同。

9日 市住建局党组书记宋留柱到曲水县安居工程点和周转房调研。

11日 自治区国土厅副厅长周光树带队到曲水县才纳村、白堆村调研农村三项改革试点工作。

12日 团区委副书记巴塔、团区委工农部部长泽仁扎西、团区委学校部部长张达,团市委副书记普旦到曲水县才纳净土产业园区、四季吉祥村、手工编织合作社考察调研。县委副书记、县长格桑邓珠等陪同。

14日 国家开发银行西藏分行党委书记、行长胡广华一行到曲水县才纳净土产业园区、净鑫动物园调研融资产业项目发展情况。县委书记彭飞跃,县委副书记、县长格桑邓珠等陪同。

16日 自治区党委宣传部副部长、文明办主任仁青罗布一行到曲水县检查指导文明城市创建工作。

同日 曲水县召开争创全国(县级)文明城市工作再动员再部署大会,市委宣传部副部长、市文明办主任张碧芳,县委书记彭飞跃,县委副书记、县长格桑邓珠,县委常务副书记吴斌及在家县级领导,各乡(镇)、县(中)直各单位主要负责人,各村第一书记、驻村工作队队长共110余人参加。

17日 拉萨河畔“三有村”揭牌仪式成功举行。县委书记彭飞跃,县委副书记次仁巴珠,县人大常委会主任平措参加。

18日 自治区党委机要局党政网管理处处长钟国超、市委机要局副局长马兴贵到曲水县检查指导密码工作。

19日 县委书记彭飞跃到雄色寺、热堆寺调研“四讲四爱”主题教育实践活动开展情况,并与寺管会成员和僧尼进行深入交谈,广泛听取意见建议。县委副书记次仁巴珠等陪同。

22日 自治区副主席多吉次珠到县五保集中供养服务中心看望慰问“五保”老人。自治区政府副秘书长达瓦次仁,自治区民政厅厅长嘎玛泽登,副市长贡扎曲旺,市民政局局长白玛玉珍,县委书记彭飞跃,县人大常委会主任平措等陪同。

同日 林芝市委宣传部副部长杨新富带队林芝市米林县考察组到曲水县考察交流文明城市创建工作。

同日 拉萨市科技活动周启动仪式在才纳乡四季吉祥村举行,副市长方桂林、副秘书长马思斌,县委书记彭飞跃,县委副书记、县长格桑邓珠等参加。

同日 国家统计局拉萨调查队党组书记李建树带队到才纳净土产业园区、玉珠奶牛养殖场、净鑫动物园考察调研。县委副书记、常务副县长刘文荣陪同。

23日 泰州市高港区与曲水县才纳乡“深化两地合作共建 力促全面精准脱贫”签约仪式在曲水举行。泰州市高港区委常委、政法委书记蔡秋云,高港区人大常委会副主任杨春宣,高港区副区长李新美,高港区政协副主席殷继东,曲水县委书记彭飞跃,曲水县委常务副书记吴斌,曲水县委副书记、常务副县长刘文荣,曲水县委副书记次仁巴珠,曲水县人大常委会主任平措等参加签约仪式。

24日 国家开发银行总行党委委员、副行长蔡东,国家开发银行西藏分行党委书记、行长胡广华,国家开发银行西藏分行党委委员、副行长崔晓峰,市委常委、常务副市长王念东一行到曲水县才纳净土产业园区、净鑫动物园调研。县委书记彭飞跃,县委副书记、县长格桑邓珠等陪同调研。

同日 市委常委、常务副市长王念东一行在曲水县盛运环保电公司调研。

同日 曲水县工商业联合会第二次代表大会成功举行,县委副书记次仁巴珠,市县委常委、县纪检委书记巴珠，县直有关单位及相关非公企业负责人参加会议。

同日 市委常委、常务副市长王念东到曲水县聂当工业园区调研。

25日 市委组织部部务委员、编办副主任成银生到曲水县调研村级组织活动场所标准化建设和村“两委”换届准备情况，

27日 曲水县举办“我们的节日·端午”活动，县委书记彭飞跃以及在家的县级领导，驻曲水县部队官兵、县中直各单位负责人和才纳乡干部群众等300余人参加活动。

31日 阿里地区政法委副书记、综治办主任米玛多吉到曲水县学习考察综治工作。

同日 市卫生局局长扎西德吉到曲水县检查指导包虫病防治工作。

6月

1日 曲水县召开曲水县上半年和谐模范寺庙暨爱国守法先进僧尼表彰大会，县委副书记次仁巴珠参加会议。

同日 聂当乡小学开展“童心向党、学会合作、学会交往、学会环保、分享快乐”为主题的喜迎党的十九大文艺会演庆“六一”活动，县委书记彭飞跃等参加活动。

2日 由拉萨市人大常委会党组副书记、副主任达瓦带队，市人大常委会副秘书长王刚，墨竹工卡县、达孜县、林周县、当雄县人大常委会主任和4名乡人大主席组成的检查组到曲水县检查验收“人大代表之家”创建工作的开展情况，县人大常委会主任平措陪同。

同日 中央民族大学经济学院教学科研实践基地揭牌仪式在曲水县举行。中央民族大学党委副书记、校长黄泰岩，国务院扶贫办开发指导司副司长杨刚，自治区政府副秘书长才旦南杰，拉萨市委副书记、常务副市长胡洪，中央民族大学校党办、校办主任张俊豪，中央民族大学经济学院院长张丽君，县委书记彭飞跃，县委副书记、县长格桑邓珠等参加。

4日 泰州市医疗专家与县医院医生在敬老院开展义诊活动。

5日 自治区农牧厅政策法规处处长米玛次仁，副处长宋朝俊，市农牧局副局长洛桑索朗一行到曲水县江村调研农村集体产权制度改革建立情况。

同日 聂当乡组织开展践行“四讲四爱”主题教育实践活动——环保知识竞赛，县人大常委会主任平措参加。

7日 自治区副主席其美仁增到曲水县才纳乡调研西藏自治区林木良种繁育中心建设进度。县委书记彭飞跃、县委副书记、县长格桑邓珠陪同。

13日 农发行总行副行长殷久勇到曲水县调研达嘎乡“三有村”易地扶贫搬迁点情况，拉萨市副市长雷涛等陪同。

14日 曲水县召开第二届县级劳动模范表彰大会。

15日 泰兴市卫生代表团及医院组团式援藏专家共15人在县福利院、茶巴拉乡茶巴拉村进行义诊。

19日 由国家土地督察上海局副局长张先余，自治区国土资源厅厅长梁建平，拉萨市副市长王国臣等组成的调研组到曲水县调研农村土地制度改革三项试点工作。县委副书记、县长格桑邓珠陪同。

同日 曲水县委统战部以“四讲四爱”主题教育实践活动为契机，专门邀请自治区宗教办干部、西藏社会主义学院讲师旺加授课，由县委常委、县委统战部部长巴珠主持，并对全体参会人员提出要求。

同日 县委书记彭飞跃、县委副书记次仁巴珠一行到才纳乡白堆村开展村“两委”换届、“四讲四爱”主题教育活动、农村环境综合整治、精准扶贫、弱化宗教消极影响及基层党建等工作的综合调研。

20日 西藏中考开考，县委副书记、县长格桑邓珠到曲水县考场看望慰问老师和工作人员，并要求大家严格执行考场纪律，确保考生安全，助力中考能顺利圆满完成。

23日 县公安局举办“庆七一 迎十九大”文

艺会演活动，县委副书记次仁巴珠、县人大常委会主任平措参加活动。

26日　由自治区安全监管局执法总队总队长张成邦带队，自治区安全监管局、拉萨市安全监管局、中石油西藏公司专家组成的检查组，对曲水县危险化学品领域开展安全生产大检查工作，县人大常委会主任平措陪同。

同日　拉萨市水利局局长韩云栓、拉萨市河道管理科科长米玛次仁、拉萨市水利水电规划设计院院长达杰一行到曲水县检查拉萨河曲水县才纳乡职业技术学校段防洪堤工作，县委副书记、县长格桑邓珠等陪同。

27日　县委组织部邀请自治区宣讲团成员、自治区党校讲师黄慧到曲水县举办“共产党员家风家训”专题讲座。

28日　拉萨市民政局副局长琼吉带队到曲水县检查指导农村社区建设试点及社会组织党建工作，先后到达曲水县民政局、达嘎乡“三有村”、曲水镇茶巴朗村、南木乡南木村进行相关资料查阅及社区服务中心运行情况实地调查。

同日　由自治区人社厅农保处副处长金珠梅朵带队组成的调研组一行到曲水县开展农村土地制度改革三项试点工作及被征地农牧民群众社会保障问题调研。

29日　达嘎乡开展“四讲四爱”主题教育活动之“国旗下的承诺”暨庆祝中国共产党成立96周年“七·一”表彰大会，县委副书记次仁巴珠出席活动。

同日　由自治区新闻出版广电局副局长金美多吉带队的巡查组一行到曲水县检查指导广电系统安全工作。

30日　自治区副主席其美仁增、自治区林业厅厅长云丹、副厅长索朗旺堆、拉萨市林业局局长次达等一行10余人到曲水县考察调研曲水镇“两江四河”造林点、南木乡南木村“无树村 无树户”、聂当乡青松苗圃农牧民合作社等工作。曲水县委副书记、县长格桑邓珠等陪同。

7月

1日　曲水县第二届青年创新创业大赛决赛在四季吉祥村举行，团区委副书记、青联主席巴塔，团市委副书记普旦，县委书记彭飞跃，县人大常委会主任平措等出席。

同日　曲水县才纳乡易地扶贫搬迁点四季吉祥村党总支、村委会揭牌仪式成功举行，七彩四季党建平台也正式上线。县委书记彭飞跃、县委常务副书记吴斌、县人大常委会主任平措及在家县级领导出席活动。

同日　西藏银监局监管三处党支部，国开行西藏分行风险处联合党支部到曲水县，开展庆“七一”迎十九大，金融助力脱贫攻坚考察活动。

3日　县委常务副书记吴斌出席南木乡“涓滴之水成海洋 颗颗爱心变希望”圆梦活动。

5日　县委副书记、县长、县安委会主任格桑邓珠带队检查国务院安委会第八巡查组对西藏保城气瓶检验有限责任公司提出问题的整改进展情况。

同日　自治区民政厅厅长嘎玛泽登率队调研曲水县2017年重点民政工作。首先，调研组先后到曲水县茶巴拉乡三户最低生活保障对象家中，采取“一看二查三问”的方式进行调研，并分别送去1000元慰问金。随后，调研组到达曲水县五保集中供养中心，了解中心运行情况、制度建立情况、安全保护措施等各项工作，并为全体工作人员送去1万元慰问金。

6日　曲水县召开“四讲四爱”主题教育实践活动第二阶段总结会议，县委书记、县“四讲四爱”主题教育实践活动领导小组组长彭飞跃，县委常务副书记吴斌等在家县级领导、县“四讲四爱”活动办工作人员和各乡（镇）党委书记、副书记、各行政村第一书记、县财政局、县民宗局、县教育局、县工信局、各寺管会、县“四业办”、国有企业代表以及各中小学校负责人参加。

9日　自治区卫生和计划生育委员会党组书记王亚蔺一行到曲水县调研医疗卫生工作情况。拉萨市卫计委主任扎西德吉，曲水县委副书记、县长格桑邓珠，曲水县副县长宋友禄等陪同调研。

同日 市委副书记、常务副市长胡洪在曲水才纳乡防洪堤进行防洪安全指导，县委书记彭飞跃陪同。

10日 自治区党委书记吴英杰在曲水县才纳防洪堤现场检查指导工作。

同日 国务院扶贫开发领导小组第5督查组到曲水县开展2017年脱贫攻坚督查巡查工作。督查组成员为国家民政部副部长宫蒲光、国家民政部社会救助司司长刘喜堂等5人，自治区副主席其美仁增，拉萨市委副书记、市长，城关区委书记果果等陪同。

11日 “物华天宝 冠领神州——拉萨华宝食品有限公司奠基仪式”在曲水县举行。出席仪式的领导有拉萨市商务局局长濮方正、拉萨经开区管委会副主任赵亚、西藏驻沪办经联处处长徐建荣等，以及华宝香精股份有限公司董事长夏利群、华宝香精股份有限公司总裁袁肖琴、华宝香精股份有限公司副总裁、董事会秘书、CFO陈聪。仪式由拉萨华宝食品有限公司总经理杨成主持。

12日 由拉萨市司法局党组副书记、局长赵铁岭带队，拉萨市司法局副局长边巴次仁，基层科、社区矫正科负责人和49名来自全市“六县五区”司法局业务骨干，到曲水县司法局开展观摩培训活动，曲水县副县长宋友禄全程陪同。

14日 泰州市与曲水县“深化两地合作共建 力促全面精准脱贫”签约仪式举行。出席仪式的泰州市领导有泰州市政府副秘书长戚才俊、泰州市人社局副局长金茂荣、海陵区副区长杭绘东、姜堰区副区长郑长进等。

16日 曲水县环境保护局在南木乡小学举行“绿色储蓄银行”活动启动仪式。自治区环境保护厅副厅长巢哲雄出席启动仪式。仪式由曲水县委常委、副县长侯静华主持。区农科院院长尼玛扎西，拉萨市副市长扎西白珍，曲水县委书记彭飞跃，县委副书记、县长格桑邓珠，县人大常委会主任平措，县政协主席邹玉明等参加活动仪式。

17日 自治区党委副书记、人大常委会主任洛桑江村到曲水县考察指导工作，区党委常委、拉萨市委书记白玛旺堆，区人大常委会秘书长刘光旭等陪同。

19日 曲水县举办曲水县第一届“最美人物”及“文明家庭”表彰大会。

21日 以“青春喜迎十九大，不忘初心跟党走”为主题的西藏大学践行“四讲四爱”主题教育2017年大学生暑期“五下乡”社会实践活动在曲水县四季吉祥村举行。

23日 国务院扶贫办调研组到曲水县调研精准扶贫相关情况。

同日 自治区督导组到曲水县督导理论学习中心组学习及“四讲四爱”主题教育实践活动。督导组由区督导办拉萨市督导组组长、《西藏日报》社党委书记王能生，区督导办拉萨市督导组副组长权兴言带队，拉萨市委宣传部常务副部长范跃平陪同。

25日 拉萨市人大常委会副主任计明南加率队在曲水县调研卫生健康事业发展情况。调研人员有市人大教科文卫委员会副主任委员侯凌、市人大教科文卫委员黄前敏、市政府副秘书长次旦卓嘎，曲水县人大常委会主任平措、县人大常委会副主任李宝平、副县长宋友禄等陪同调研。

同日 自治区新闻出版广电局数字网络部主任黄海生、数字网络部技术部主任陈玉宝、市广电局党组成员副调研员格桑尼玛等调研组一行到曲水县对数字电视建设进展情况进行调研。

同日 曲水县委副书记次仁巴珠在望果节之际到江村慰问五户对口扶贫户，向每户送去一袋米、一桶油、一袋面粉以及现金200元。

27日 自治区农牧厅副厅长顿吉、自治区农牧厅种植处处长林木、自治区农业推广中心副主任龙英、拉萨市农牧局副局长支建辉等到曲水县调研有机农业工作开展情况。

28日 自治区信访局副局长覃爱民，拉萨市人大常委会党组副书记央金卓嘎，拉萨市信访局党组书记达娃，山南市政府副秘书长、信访局局长桑旦罗布一行到曲水县调研指导信访工作。

31日 北京市民政局专家组在拉萨市民政局副局长宋传强、曲水县副县长杜乾余全程陪同下到曲水县五保集中供养服务中心，对拉萨市范围内的标准化养老工作进行全方位授课与培训指导。

同日 泰州市高港区区长孙宏建在曲水县才纳乡调研。

8月

1日 拉萨市深入开展“四讲四爱”主题教育实践活动第四阶段“讲文明爱生活”启动仪式在曲水县拉萨河畔“三有村”隆重举行。《西藏日报》社党委书记、自治区“四讲四爱”主题教育实践活动领导小组办公室拉萨市督导组组长王能生，拉萨市委副书记、市人大常委会党组书记、主任、拉萨市“四讲四爱”主题教育实践活动领导小组常务副组长达娃，拉萨市委常委、宣传部部长吴亚松，拉萨市人大常委会副主任、秘书长张慧，拉萨市副市长、当雄县委书记张正，拉萨市委宣传部副部长、市文明办主任张碧芳，拉萨市文明办副主任格桑卓玛等参加仪式。参加启动仪式的还有拉萨市各县（区）委书记、曲水县各级领导，以及农牧民群众、寺庙僧尼代表和青少年学生代表共计500余人。

2日 曲水县召开2017年上半年经济运行分析会议，县发改委通报全县上半年经济运行情况，县统计局、财政局、国税局、工信局主要负责针对本部门、本领域重点工作，分别作了汇报。

同日 曲水县农村改革推进会召开。会上，县委常委、副县长罗超文传达了集体林权制度改革相关文件精神，副县长杜兴杰传达农村改革工作相关文件精神，农改办、国土局、林业局汇报各项工作推进情况。县委副书记、县长格桑邓珠强调三点意见：一是统一思想，充分认识农村改革工作重大意义；二是把握重点，确保在改革关键领域和关键环节取得突破；三是调配力量，确保农村改革各项工作落实到位。

3日 曲水县“四讲四爱”主题教育实践活动第三阶段总结会暨第四阶段动员部署会召开。

6日 下午，江苏省发改委主任朱晓明一行到曲水县调研。拉萨市委副书记、常务副市长、市脱贫攻坚指挥部总指挥长（江苏援藏干部）胡洪，拉萨市副市长（江苏援藏干部）方桂林，拉萨市副市长（江苏援藏干部）王国臣，拉萨市政府副市长、市财政局局长、市脱贫攻坚指挥部副总指挥长兼办公室常务副主任扎西白珍，拉萨市政府副秘书长（江苏援藏干部）马恩兵等拉萨市领导，曲水县委书记、县扶贫开发领导小组组长彭飞跃，曲水县委副书记、县长、县脱贫攻坚指挥部总指挥长格桑邓珠，第八批援藏干部、曲水县委常务副书记吴斌等陪同调研。

7日 国家扶贫办主任刘永富在曲水县才纳乡四季吉祥村调研。自治区党委副书记、自治区主席齐扎拉陪同。

同日 国家林业局保护司副司长王维胜在自治区林业厅副厅长季新贵等陪同下，到曲水县考察林业工作

同日 江苏省扬州市国土局党组书记、局长周正权一行到曲水县考察指导工作。第八批援藏干部、曲水县委常务副书记吴斌，县人大常委会主任平措，县政协主席邹玉明等陪同。

同日 泰州兴化市考察团到曲水县考察指导工作，交流座谈会上，隆重举行兴化市——曲水县南木乡两地共建签约仪式及兴化市农村商业银行捐赠仪式。出席座谈会的兴化市领导有兴化市委书记李卫国，兴化市委常委、纪委书记刘青萍，兴化市政府副市长王进等。参加座谈会的曲水县领导有县委副书记、县长格桑邓珠，县委副书记、常务副县长刘文荣，县人大常委会主任平措，县政协主席邹玉明，县委常委、纪委书记巴珠，县政府副县长顾宝林，县政府副县长宋友禄，以及相关单位负责人。会议由县委常务副书记吴斌主持。

同日 曲水县委书记彭飞跃一行在县民政局副局长边珍的陪同下到县“五保”集中供养服务中心进行督导检查工作。彭飞跃认真查看老人们的饮食起居和生活设施。在检查过程中，不时向五保老人们询问身体状况、生活情况，还重点检查防火、防水、防走失、防盗、防漏电、防食品安全等安全管理方面的工作。

8日 拉萨市政协副主席孙宝祥，市政协提案

委副主任、办公厅调研员罗布顿珠一行4人到曲水县聂当乡热堆寺调研。

同日 尼泊尔考察团在曲水县才纳国家现代农业示范区参观考察。

10日 江苏省委省机关工作委员会书记李新平带队，到曲水县调研考察工作。第八批援藏干部、曲水县委常务副书记吴斌陪同调研。

同日 县委统战部组织全县各寺庙僧尼举办"四讲四爱"主题教育实践活动藏文书法大赛。

11日 江苏省红十字会医疗专家队在曲水县开展义诊和救护培训活动，此次义诊受益人数共计300余人，参加培训60余人。

12日 江苏省纪委驻省发改委纪检组长蒋云风带队到曲水县调研指导工作。第八批援藏干部、曲水县委常务副书记吴斌陪同调研。

16日 江苏省新闻出版广电局党组书记、局长焦建俊一行到曲水县才纳乡四季吉祥村调研指导工作。调研组走村入户详细询问村民的生产生活现状，并送去慰问金和对未来生活的祝福。同时，向该村农家书屋捐赠500册图书及1台电脑。

17日 中央信访工作联席会议办公室副主任、国家信访局党组成员、副局长李皋一行在曲水县开展调研基层信访工作。

18日 理塘县考察团到曲水县考察工作。考察团领导有理塘县委副书记丁康、理塘县副县长洛绒曲吉、理塘县副县长且军等。曲水县委副书记、县长格桑邓珠，县委副书记次仁巴珠，副县长杜兴杰等陪同考察。

同日 拉萨市政协党组成员、副主席、拉萨市市民服务中心党组书记、副主任岳国红一行调研组到曲水县政务服务中心，与服务中心工作人员和县级领导召开座谈交流会。

19日 江苏省委副书记、省长吴政隆一行在曲水县考察指导工作。自治区党委常委、拉萨市委书记白玛旺堆，拉萨市委副书记、市长，城关区委书记果果等陪同考察。

20日 泰州市考察团到曲水县考察相关工作，考察团领导有泰州市政府市长史立军、泰州市政府副秘书长、市政府办公室主任沈惠彪、泰州市发展改革委主任祝光、泰州市民政局局长李志高、泰州市财政局副调研员、国资委副主任谢成建等。考察团考察净鑫动物保护园和拉萨河畔"三有村"、泰州广场等地点。

28日 上午，拉萨市6个县广播电视台成立暨开播仪式在曲水县举行，结束拉萨市无县级广播电视台的历史。

同日 泰州市姜堰区党政代表团到曲水考察工作。代表团领导有姜堰区委书记、区长李文飙，区委常委、统战部部长、现代农业园区党工委书记盛育河，区人大常委会副主任周谅，区政协副主席黄健全，区财政局局长丁家余，区发改委主任李宝权等。曲水县委副书记、常务副县长刘文荣，县委副书记、县委党校校长王占辉，县人大常委会副主任平措，县政协主席邹玉明，副县长顾宝林，副县长宋友禄等陪同考察。

30日 江苏省泰州科协系统对口援建曲水县"科普中国乡村e站"揭牌仪式在南木乡举行，泰州市科技局党组书记杨国华，泰州市科协副主席朱红灿等泰州市领导以及曲水县相关单位负责人参加。

9月

3日 自治区党委书记吴英杰到曲水县曲水镇茶巴朗村调研青稞、青饲玉米生产全程机械化推进开展情况。自治区党委常委、秘书长房灵敏，自治区副主席坚参，区农牧厅厅长杜杰，拉萨市委副书记、市长果果，县委书记彭飞跃等陪同调研。

4日 曲水县召开创建全国文明城市攻坚工作部署会，县委副书记次仁巴珠等参加。

5日 自治区党委统战部副部长、工商联党组书记李瑞富带队区内、区外离退休干部到曲水县四季吉祥村和才纳净土产业园参观。

同日 拉萨市副市长、公安局局长、市委政法委副书记赵涛在曲水县检查指导工作。

5—6日 市委组织部调研员、市村（居）组织换届选举第四指导检查组组长沈鹏里一行到曲水县开展督导检查工作。

8 日 曲水县举行以“喜迎党的十九大，做好学生引路人”为主题的第 33 个教师节暨表彰大会，县委书记彭飞跃以及在家县级领导参加。

9 日 才纳乡四季吉祥村开展曲水县 919 精准扶贫文化旅游宣传活动和天使融资路演峰会活动，县委副书记、县长格桑邓珠等参加活动。

11 日 自治区党委常委、拉萨市委书记白玛旺堆带队拉萨市检查考评领导小组到曲水县开展重点工作检查考评工作，县委书记彭飞跃，县委副书记、县长格桑邓珠，县委常务副书记吴斌等陪同。

12 日 九届拉萨市委第四轮巡察一组进驻曲水县开展扶贫领域专项巡察工作动员会召开，市委巡察一组组长索朗、常务副组长周玉林、其他巡察组成员，县委常务副书记吴斌、县委副书记次仁巴珠、县政协主席邹玉明等参加会议。

14 日 江苏省泰州市建鑫物资有限公司爱心人士骑行队在茶巴拉乡小学开展“圆梦微心愿、筑援藏情”和“捐赠鼓号队、奏响团结乐章”活动，泰州市建鑫物资有限公司资助茶巴拉小学鼓号队现金 5 万元，资助茶巴拉乡小学和达嘎乡其奴小学共价值 5 万元的微心愿物资。

15 日 全国人大常委会原委员、全国人大民族事务委员会原副主任委员列确，全国政协民族和宗教委员会原副主任、全国妇联原副主席巴桑，区人大常委会原常务副主任土登才旺，区人大常委会原副主任子成，区人大常委会原副主任索朗达吉，区人大常委会原副主任江措，区人大常委会原副主任曲加，区人大常委会原副主任向巴嘎登，区人大常委会原副主任洛桑顿珠，区人大常委会原副主任多吉，区人大常委会原副主任群培，区人大常委会原副主任尼玛次仁，区政协原副主席桑珠，区政协原副主席德吉措母，区政协原副主席巴桑顿珠，区政协原副主席顿珠，区政协原副主席次仁卓嘎，区政协原副主席曲加，区政协原副主席加保，区政协原副主席罗松多吉等到曲水县才纳园区、四季吉祥村、净土健康动物保护园参观，区政协副主席、区党委老干部局局长参木群等陪同。

18 日 曲水县教育系统现场交流会在聂当乡小学举行，县委书记彭飞跃参加。

同日 国家林业局昆明勘察设计院办公室主任储小院一行到曲水县对近几年防沙治沙项目成果进行调研，并对曲水县积极开展生态修复、大力建设生态环境、构建美丽曲水给予高度赞扬。

19 日 县委书记彭飞跃带队对茶巴拉乡环境卫生整治、脱贫攻坚、村组织换届、基层党组织建设等重点工作调研等。

同日 阿里地区日土县政协副主席罗布旦增带队考察团到曲水县四季吉祥村和净土健康产业园区进行考察，市政协机关党组成员、副秘书长格桑罗布，县政协主席邹玉明等陪同。

20 日 曲水县召开曲水县民族团结进步模范表彰大会，县委书记彭飞跃，县委副书记次仁巴珠，县人大常委会主任平措，县政协主席邹玉明等参会。

同日 自治区林业厅造林绿化处处长董益均、拉萨市林业局副局长洛多到曲水县检查指导林业重点项目。

26 日 自治区副主席其美仁增、林业厅厅长云丹一行到曲水县才纳乡西藏自治区林木良种繁育中心调研。县委副书记、县长格桑邓珠等陪同。

同日 自治区林业厅产业中心副调研员、拉萨市林业局副调研员琼拉一行对曲水县林业安全生产大检查工作进行检查。

30 日 曲水县举行升国旗仪式，欢度国庆，喜迎党的十九大胜利召开。

10月

1 日 曲水县与全国同步实施“多证合一、一照一码”登记制度改革。

5 日 自治区人大常委会副主任赵正修一行在曲水县热堆寺检查指导工作。

6 日 自治区党委常委、政法委书记何文浩在曲水县调研维稳工作。

12 日 拉萨市广电局局长王魏、市广电局副调研员格桑尼玛一行到曲水县检查指导工作。

同日 拉萨市副市长崔晓峰到曲水县开展“结对帮扶”慰问活动。

27日 西藏高争民爆公司为南木乡江村捐赠价值50余万元的收割机。

同日 泰兴市副市长邵骅带队泰兴市政府代表团到曲水县考察并慰问援藏医务人员，第八批援藏干部、曲水县委常务副书记吴斌，第八批援藏干部、曲水县委副书记、常务副县长刘文荣陪同。

11月

1日 自治区党委书记吴英杰，自治区党委副书记、人大常委会主任洛桑江村，自治区党委副书记、自治区主席齐扎拉在全区精准扶贫成果展上观看曲水县援藏扶贫成果展。

2日 由拉萨市农牧局局长樊亚刚带队的黄改工作验收组，对曲水县2016年度黄牛改良工作开展情况进行实地验收。

同日 曲水县妇联在县人民法院成立妇女儿童维权合议庭并举行揭牌仪式。

3日 中国共产党曲水县委员会理论学习中心组学习贯彻党的十九大精神（扩大）会议举行，会议由曲水县委书记彭飞跃主持，县委、人大、政府、政协四套班子领导出席会议，各乡镇党委书记、乡（镇）长、县直各单位科级干部、寺庙管委会负责人、村第一书记、驻村工作队队长、村党委书记和支部书记近200人参加会议。

6日 拉萨市政协党组成员、副主席岳国红带领调研组到曲水县调研，市政协常委、市政协经济资源环境社会教科文卫委员会主任旺杰，市政协委员、市农牧局党组书记、副局长其米旺姆，市政协委员、曲水县政协党组书记、主席邹玉明等陪同调研。

同日 西藏金哈达集团为“三有村”捐赠太阳能热水系统仪式在拉萨河畔“三有村”举行。

9日 曲水县召开2017年度下半年和谐模范寺庙暨爱国守法先进僧尼表彰大会，县委副书记次仁巴珠以及各（乡）镇党委书记、统战委员，县直各部门主要负责人，各寺庙管委会干部，爱国守法先进僧尼代表参会。

同日 自治区人大常委会党组副书记、副主任嘎玛带队自治区人大常委会拉萨市2017年中华环保世纪行——西藏行活动执法检查组到曲水县检查指导工作，县委书记彭飞跃，县委副书记、县长格桑邓珠，县人大常委会主任平措等陪同检查。

10日 学习贯彻党的十九大精神中央宣讲团在达嘎乡“三有村”进行宣讲。中央宣讲团成员、中央改革办常务副主任、国家发展改革委副主任穆虹到“三有村”出席宣讲活动，区党委常务副书记、区政协党组书记丁业现和区党委常委、宣传部部长边巴扎西等出席活动。

7—10日 为深入学习宣传贯彻党的十九大精神，曲水县组织各包乡县科级领导下乡开展宣讲党的十九大精神活动，引导广大党员干部群众把思想统一到十九大精神上来、把智慧力量凝聚到实现大会确定的各项任务上来，为下一步整体宣讲党的十九大精神奠定基础、营造氛围。

14日 江孜县政协主席次罗带队一行30人的考察团，对雄色寺、四季吉祥村和净土健康产业园区进行考察，县政协主席邹玉明等陪同。

16日 自治区检察院党组书记、检察长张培中在曲水县调研指导工作。

21日 曲水县第六届中小学生田径运动会暨2017年国际足联——中国足协“Live your goals”活动启动仪式在曲水县中学揭开帷幕。

22日 日喀则拉孜县人大考察团到曲水县开展交流学习，县人大常委会主任平措等陪同。

同日 县委书记彭飞跃带队考评组对才纳乡和南木乡2017年重点工作开展情况进行考评。

23日 曲水县委理论中心组进行第十五次集中学习，在家县级领导及各单位各乡镇主要负责人参加学习会，会议由县委书记彭飞跃主持。

同日 曲水县村党组织换届选举试点工作现场观摩会在南木乡江村召开，拉萨市委组织部调研员、拉萨市村（居）组织换届选举第四指导检查组组长沈鹏里等领导到会指导，各乡（镇）村组织换届选举负责人、各村党组织第一书记及主持人现场观摩学习。

23-24日 由中央民族大学经济学院、少数民族事业发展协同创新中心、少数民族扶贫研究院联合主办的“第二届中国少数民族地区精准扶贫论坛（2017）—破解深度贫困的理论、政策与实践”在中央民族大学隆重举行。全国人大民族委员会副主任委员吴仕民，国家民委专职委员、中央民族大学党委书记张京泽，国务院扶贫开发领导小组专家咨询委员会主任、原国务院扶贫办主任范小建，中央民族大学党委副书记、校长黄泰岩，国务院扶贫办规划财务司副司长郭建军，中国经济出版社副社长毛增余，国家民委民族理论政策研究室副主任张俊豪等出席活动。来自中国社会科学院、北京大学、中国人民大学、中央民族大学等高等院校和科研机构的专家学者，以及云南怒江、新疆和田、甘肃临夏、湖南湘西、湖北恩施、四川凉山、西藏曲水等地的政府代表参加会议。

25日　由日喀则萨嘎县人大常委会副主任平措带队的萨嘎县基层人大代表考察团到曲水县考察学习“人大代表之家”创建、特色产业种植和销售、易地搬迁项目建设等情况。

29日　中国共产党曲水县第九届委员会第三次全体会议在曲水县会务中心三楼会议室隆重召开。出席这次全会的有县委委员19名、候补委员5名，县纪委委员列席会议，在家县级干部，各乡（镇）党政负责人，县（中）直各单位、寺庙管委会以及相关企业负责，县（中）直各单位科级干部、各乡（镇）副科实职干部、村第一书记、村党委（党支部）书记和驻村工作队队长列席参加会议。全会由县委常委会主持。

29–30日　中国共产党曲水县第九届委员会第三次全体会议进行分组学习讨论。

30日　中午，中国共产党曲水县第九届委员会第三次全体会议召开常委会。会议听取县委副书记次仁巴珠做分组讨论情况汇报。

同日　下午，中国共产党曲水县第九届委员会第三次全体会议在曲水县会务中心三楼会议室胜利闭幕。第二次会议由县委书记彭飞跃主持。会议应到委员25名，实到委员17名。县委委员、候补委员，县纪委委员和有关单位负责参加会议。会议审议通过《中国共产党曲水县第九届委员会第三次全体会议决议（草案）》。

12月

7日　曲水县与全区同步启动“全国一张网”，注册登记实现全程电子化。

14日　曲水县委理论中心组第16次学习会议在县委会务中心三楼会议室举行。此次理论中心组学习会由县委书记彭飞跃主持，县委副书记次仁巴珠，县委常委、纪检委书记巴珠，县委常委、宣传部部长达娃次仁，和各乡镇、县直机关负责人等县委理论中心组成员参加会议。

15日　以自治区妇联党组成员、副主席次仁卓嘎为组长，拉萨市政府副秘书长次旦卓嘎，日喀则市妇联党组成员、副主席刘卫华，阿里地区妇联党组成员、副主席许文娜，自治区妇联培训中心主任科员张莉，拉萨市妇联副调研员洛桑玉珍等8人为成员的考核验收组到曲水县考核指导2017年妇联工作目标责任落实情况。

18日　曲水县创先争优强基础惠民生活动第六批驻村工作总结表彰和第七批驻村工作动员部署大会举行，县委副书记、县长格桑邓珠，县委常务副书记吴斌，县委副书记次仁巴珠，县人大常委会主任平措，在家的其他“四大班子”县级领导，第六批驻村工作队队长（或副队长）、受表彰的先进集体和个人，第七批驻村工作队队长，各乡（镇）党委书记、乡（镇）长，县直各单位负责人，各村党委书记参加。

19日　自治区环保厅厅长罗杰带队在曲水县西藏盛运垃圾焚烧发电厂调研。

20日　曲水县“四讲四爱”主题教育实践活动总结暨表彰大会召开。曲水县委常务副书记吴斌等在家县级领导，各乡（镇）负责人、县直各单位负责人、县“四讲四爱”活动办工作人员、各寺管会负责人、各中小学校负责人、县属国有企业负责人代表、全体受表彰对象参加会议。

政治

中共曲水县委员会

【概况】 年内，在区市党委、政府的坚强领导下，在江苏省泰州市的无私支援下，县委团结带领全县各族干部群众，深入贯彻落实党的十八大、十八届三中、四中、五中、六中全会和十九大精神，贯彻落实中央第六次西藏工作座谈会精神，贯彻落实习近平总书记系列重要讲话精神，特别是"加强民族团结、建设美丽西藏"的重要指示，贯彻落实区、市第九次党代会精神及市委九届二次全委会议精神，坚持"依法治藏、富民兴藏、长期建藏、凝聚人心、夯实基础"的重要原则，以"四个全面"战略布局为统领，牢固树立"创新、协调、开放、绿色、共享"五大发展理念，坚守稳定和发展两条底线，把精准脱贫工作作为全县工作重中之重，以农村改革试验区建设和净土健康产业为抓手，着力推进经济社会快速发展，着力维护社会和谐稳定，着力保障和改善民生，着力抓好党的建设和反腐倡廉工作，主动认识新常态、适应新常态、引领新常态，全县呈现出改革加速推进、经济快速发展、社会和谐稳定、民生显著改善、党的执政基础更加巩固的良好局面。

【改革工作始终走在前列】 基本完成农村集体资产股份权能改革试点工作任务。2017年，曲水县基本完成才纳村、柏林村、热堆村三个试点村试点工作，正在结合实际，制定《曲水县农村集体资产投资发展服务管理办法》，为集体资产投资发展提供更加明确政策指引，提供更多明确选择，有序推进农村土地制度改革三项试点。初步制定形成农村土地承包经营权有偿退出试点方案，形成退出人员、条件、规则、价格、规模、程序等初步办法。鼓励引导群众将土地、林地、宅基地入股产业发展，通过"三变"（资源变资金、资金变股金、农民变职工）进一步优化资源配置，促进农户、企业共

2017年7月10日，自治区党委书记吴英杰（中）在曲水县才纳防洪堤现场检查指导工作

赢发展，增强农村发展内生动力。深入开展集体经营性建设用地现状核查，截至年底，曲水县有2宗集体经营性建设用地（曲水村、江村）正在走招拍挂程序，面积为23亩。加快推进林权制度改革。初步制定形成集体林权制度改革工作方案，已报市政府审批。在曲水村探索开展集体林权制度改革试点工作，已完成集体林权权属调查、外业勘界测量、数据公示等工作。加大农村电子商务工作力度。深入实施“互联网+”行动计划，全面启动电子商务平台进农村试点工作，截至年底，已建设完成县城运营中心、县城物流中心，6个乡级电商服务站、12个村级电商服务网点。正在与北京太极计算机股份有限公司合作开发线上平台。

2017年7月17日，自治区党委副书记、人大常委会主任洛桑江村（左一），自治区党委常委、拉萨市委书记白玛旺堆（右一）在曲水县调研

【社会大局保持稳定】 寺庙管理进一步强化。全面落实寺庙僧尼养老、医疗、低保等社会保障工作，开展和谐模范寺庙暨爱国守法先进僧尼创建评选活动，表彰寺庙2座，管委会2个，僧尼97名，驻寺干部8名，全县宗教领域各项工作井然有序开展。

加强和创新社会管理。建立健全曲水县维护社会稳定指挥体系，不断完善社会面管控组、情报信息搜集组、应急处突组、宗教领域管控组、教育领域管控组、矛盾纠纷排查调处组、铁路护路管控组等14个专项工作组职责。深入推进立体化社会治安防控体系，逐步建立“天网”工程。

深化推进“双联户”工作。创新“先进双联户”创建评选模式，深入推广“微·星·X”创建评选机制，创建评选标准更加符合实际，更加公平、公正、透明，进一步增强创建规范、提升创建质量。抓好“双联户”服务管理工作“十联”，开展矛盾纠纷排查356余次，调解矛盾纠纷68起；排查各类安全隐患414余次，整治安全隐患253余处；重点人员联管联教共340余人次；帮扶困难家庭969户，投入帮扶资金111.7万元；小额信贷联保联担共492笔2790余万元；创办经济实体11个，带动致富联户单位135人，实现增收132万元。

民族团结进步事业成效明显。深入推进“民族团结进步示范县”创建工作，研究成立创建工作专班，制定创建方案，明确分工，压实责任，突出成效。深入贯彻落实《拉萨市民族团结进步条例》，以民族团结进步月、民族团结进步节和百万农奴解放日为主要节点，扎实开展民族团结进步创建活动“七进”试点工作和“一宣传”“两结对”“三连心”“四恳谈”“五解难”民族团结先锋活动，深入开展民族团结进步乡村、模范家庭等创建评选活动。深入开展共产党员民族团结先锋活动、共青团员民族团结闪光行、少先队员民族团结牵手行动，定期开展民族团结进步之花在曲水盛开活动，激发全县各族人民做好“民族团结进步示范县”的热情和斗志，真正实现民族团结一家亲，实现各民族之间更深层次的交往、交流、交融。

全面加强信访工作。实行领导干部负责制，一个问题、一个领导、一套班子、一个措施、一抓到底。共接待群众来信、来访39件，接待来访群众114人次，调解率达100%。开展矛盾纠纷排查调处活动25次，排查调处各类矛盾96件，均已全部调处化解。从2016年6月开始，针对长期久拖

2017年2月20日，自治区党委副书记、自治区主席齐扎拉（前排左三）在曲水县调研

不决的河道采沙乱采乱挖问题，率先在全市开展整治规范工作，强力整顿并关闭23家采石采砂场，保护拉萨河曲水段环境，得到全县干部群众拥护和好评。

坚决打赢党的十九大维稳安保攻坚战。紧紧围绕吴英杰书记“西藏的维稳不能有任何闪失”的工作要求，把确保党的十九大胜利召开作为当前曲水县的最大政治任务、最高工作要求、最高工作标准、最高纪律要求，坚持一切服从于稳定、一切服务于稳定。以曲水的和谐稳定为维护全市、全区乃至国家大局做出积极贡献。全面加强党对维稳工作的绝对领导，主要负责同志落实好“第一责任人”责任，层层传导压力，级级压实责任。严格落实县级领导包乡（镇）、乡级领导包村制度。全面落实自治区“十项维稳”措施，按照区市党委的要求，以铁的纪律保证各项维稳责任和措施落到实处。严格遵守“三条禁令”，严格执行既定戒备等级下的值班带班工作，确保要素齐全、指挥高效、政令畅通。严格遵守24小时带班值班制度，强化安保措施，做到看好自己的门、管好自己的人、办好自己的事，严禁睡岗、漏岗、脱岗。严格遵守“零报告”制度，及时准确报送涉稳信息和动态，重大事项和重要信息及时请示报告。突出抓好道路交通安全监管，持续深化道路交通安全整治，提高见警率，防止重大交通安全事故发生。突出抓好矛盾纠纷排查，消除各类隐患，严格按照“四不”“六防”（排查不能漏、化解不能拖、责任不能推、矛盾不上交，防矛盾激化、防互相串联、防人员聚集、防越级上访、防舆论炒作、防极端事件）要求，加强教育引导和信访矛盾纠纷排查。做好信访群众的教育感化工作，瞄准重点部位、紧盯重点人群，及时发现、解决各类矛盾纠纷和安全隐患，做到小事不出村、大事不出乡，矛盾不上交。

【教育事业】 2017年拨付全县财政预算收入的20%作为教育专项经费，进一步深化教育改革，全力推进义务教育优质均衡发展，全县学前教育和义务教育入学率均达到99.99%，在校生巩固率达到100%，率先在全区实现普六、普九义务教育、第一个通过义务教育阶段均衡验收和素质教育验收、第一个实现责任督学挂牌督导工作、唯一一个学前教育全覆盖的县。

【卫生事业】 继续深化县级公立医院改革，巩固扩大“先诊疗、后结算”成果，全面推行药品零差率销售。积极贯彻实施《西藏自治区农牧区医疗管理办法》，保持农牧区基本医疗制度100%覆盖的基础上，年人均补助标准提高到475元，并开通20种特殊慢性病报销补偿政策。深入开展二级乙等医院创建工作，投入援藏资金2800万元新建医技楼、急诊楼等基础设施建设，与泰州市第四人民医院合作建立远程会诊中心，个别大病、疑难病早诊断、早发现、早治疗。扎实推进“组团式”援藏工作，充分发挥“传帮带”作用，不断加强医务人员医疗水平和服务水平，培养一支可以独立开展胆囊手术的医生团队。全力推进包虫病综合防治工作，设立442万元全民体检专项经费和195万元包虫病防治工作专项经费，同步推进包虫病筛查与全面健康体检工作，截至年底，共筛查23307人，筛查率70%。创新开展村医派工单制度和家庭医生绩效考核制度，为群众提供基本医疗和免费基本公共卫生服务，全县新型农村合作医疗参保率达100%，全民体检率达98.7%。

【社会保障体系】 及时兑现城乡低保、“五保”供养、临时救助、医疗救助等补贴资金。进一步完善《全县城乡困难群众临时生活救助制度》，制定《曲水县困难群众基本生活保障工作联席会议制度》。突出“救急难、解民困”的救助特点，大力推行“一站式”即时结算工作和在政策允许范围内提高救助标准。加快推进福利院提档升级项目及福利院配套设施项目，大幅提高“五保户”供养标准，“五保户”和孤儿意愿集中供养率100%，建立“寿星老人津贴制度”，全县80岁以上寿星老人按月享受500元津贴。

【美丽乡村建设】 全力做好环保迎国检工作，对督导组提出的问题已经全面整改完成。制定《曲水县建立农村环境综合整治长效机制工作方案》，以推进农村环境综合整治工作制度化、规范化和精细化，促进全县经济社会环境持续健康快速协调发展。制定《曲水县关于文明单位、文明村、文明户评选奖励实施办法》，突出对先进村、户的奖励，激发农牧民群众“主人翁”意识，农村环境明显改善。深入贯彻落实自治区党委书记吴英杰“消除无树村、无树户”的指示要求，县财政拿出500万元用于植树绿化奖励，并为4300米以下的无树户发放树苗，着力消除无树村、无树户，达到人均5棵树标准。2017年，全县造林总面积12716.2亩，森林覆盖率达到30%，县城绿化覆盖率达到30.58%。

【精神文明建设】 深入开展“四讲四爱”主题教育实践活动，截至年底，曲水县共开展宣讲活动2201场次，参加宣讲的群众、学生、僧尼共计32.4万余人次。创造性开展“每晚一讲”，有效解决农牧民群众工作与学习的矛盾，达到白天富口袋，晚上富脑袋的效果。群众自编自谱“四讲四爱之歌”，在群众中广泛传唱，“四讲四爱”更加深入人心。组织全县干部做工间操，不断丰富精神文化生活。积极开展文明县城（单位、村镇、户）复查评选、“我们的节日”、道德讲堂、曲水县第二届劳动模范评选、曲水县第一届道德模范评选、身边好人推荐等活动，着力巩固好、保持好全区文明县城荣誉，推进全国文明县城创建，已经完成第五届全国文明城市测评验收工作。

2017年5月7日，县委书记彭飞跃（右二）在南木乡江村检查指导工作

【加快农民增收脱贫步伐】 2017年，全县1371户4792人贫困人口全部达到现有脱贫标准。积极做好迎接考核验收工作。结合上级文件精神，紧紧围绕年度脱贫计划，按照考核标准、考核程序和考核办法，通过“一申请、一评议、二审核、三公示、县复审”的程序对全县6个乡（镇），19个行政村，1371户4792名贫困户进行考核自验工作。从各乡（镇）抽调2016年专招大学生14名，分别由2名干部专人负责“六脱”推进组，通过充实人员力量，进一步加强工作力度，查漏补缺，做好迎接拉萨市的脱贫考核验收准备。

加大产业扶贫力度。把产业扶贫摆在突出位置，坚持产业先行、产业为本。结合净土健康产业，实施“金融+企业+贫困户”“党支部+合作社+贫困户”“企业+

基地+贫困户”等扶贫模式。拉萨河畔“三有村”积极配套藏鸡养殖、奶牛养殖、汉藏药材、饲草作物种植等产业项目。才纳四季吉祥村依托才纳现代农业示范区，配套全区最大的万亩苗木良种繁育基地、万亩中藏药材种植基地、高标准高原奶牛养殖基地、全区第一家“有机肥加工厂”等产业项目，组织成立手工编织合作社和种植劳务输出合作社，产业带动效果明显。

加大民生兜底扶贫力度。统筹推进以教、以助、以保、以补脱贫，对建档立卡贫困学生学费等费用实行兜底报销；对建档立卡贫困户的医疗费用实行全额报销。将A类低保标准提升至4265元/年，B类、C类提升至3915元/年。开发护林员、环境监督员、水保检测员、乡村公路养护员、旅游厕所保洁员、地质灾害群防群测等八类生态补偿岗位，帮助3310名贫困群众就业。

鼓励贫困群众创业。通过发放扶贫小额信贷方式，鼓励贫困户创业，有效解决贫困户贷款难、利率高、风险大等现实问题，截至年底，共为77户贷款贫困户发放贷款308.4万元。坚持扶志与扶智相结合，先后2次组织贫困群众开展扶志素质拓展训练，提升集体意识、合作意识、纪律意识、职业意识，养成良好生产习惯。对贫困群众进行引导管理，养成良好生活习惯，提高精气神。积极开展技能培训，有劳动力的培训面达到100%。

2017年1月9日，县委副书记、县长格桑邓珠（左）在县消防大队慰问武警官兵

【党的建设】 严格落实全面从严治党重大政治责任，党的执政根基更加牢固，党员干部理想信念更加坚定，对党绝对忠诚。县委理论中心组集中学习12次，各级党组织书记讲党课活动137次，党校组织培训学习24次，各级党组织开展集中学习研讨2095次、3985学时，个人自学达2235次、5525学时。

【党的基层组织建设】 拉萨河畔“三有村”和才纳四季吉祥村党支部正式挂牌成立。德吉村等16个村党支部升级为党委，组织“三个培养”工作，把5名致富能手培养成党员，把15名党员培养成致富能手，把20名党员致富能手培养成村组干部，其中后备干部15名。“三个全覆盖”工作有序推进，举办各类培训31期，培训1265人次。实现标准化村级活动场所全覆盖，加强村级标准化阵地建设，19个村级组织活动场所均已达标。促进村集体经济积累，实现村村有积累，100万元以上的村达到13个。

扎实推进村组织换届选举工作。全县共产生151名村“两委”班子候选人初步人选。已于12月2日召开村组织换届选举工作动员会暨培训会，对换届工作作全面的安排部署，换出凝聚力、换出战斗力。

加强干部任用管理。2017年，共调整交流科级干部48人，提拔任用30人，进一步使用9人，平职交流9人。大力实施党员干部能力提升工程，选派83名优秀干部到区市和内地进行学习锻炼。

加强党风廉政建设。截至年底，“三公”经费支出362.7万元，同比下降56%。各级纪检机关认真履行党风廉洁建设责任制监督责任，按照“三转”要求，聚焦主业主责，强化监督执纪问责，形成推进党风廉政建设的有效机制，保持惩治腐败的高压态势。2017年，共接到问题线索11件，其中执纪监察中发现4件、信访举报2件、公安移送1件。立案1件，处理9件。开除党籍1人，提醒谈话5人，诫勉谈话5人。成立县委巡察办，不断完善巡察制度建设，加强党内监督，推动形成不敢腐、不能腐、不想腐的长效机制。

（孙　佳）

【领导名录】

县委书记
　　彭飞跃
县委副书记、县长
　　格桑邓珠（藏族）
县委常务副书记
　　吴　斌
县委副书记、常务副县长
　　刘文荣
县委副书记
　　次仁巴珠（藏族）
县委副书记、县委党校校长
　　王占辉
县委常委、人武部政委
　　李　晋
县委常委、纪检书记
　　巴　珠（藏族）
县委常委、宣传部部长
　　达娃次仁（藏族）
县委常委、统战部部长
　　巴　珠（藏族）
县委常委、政法委书记、公安局局长
　　赵宏忠
县委常委、组织部部长
　　罗布顿珠（藏族）
县委常委、政府副县长
　　侯静华
　　罗超文

中共曲水县委办公室

【概况】 2017年，中共曲水县委办公室（以下简称县委办）内设10个科室（秘书科、信息科、农改办、改革办、考评办、保密科、机要局、档案馆、政研室、党史办），共20人。其中，秘书科负责县委及县委办的综合性、全局性文件以及综合协调工作；信息科负责全县信息的收集、整理、上报工作；农改办负责其范围内的专项工作；考评办负责其范围内的专项工作；改革办负责其范围内的专项工作；保密科负责贯彻执行党和国家保密工作的方针、政策、法律、法规、指导、协调检查、监督全县的保密工作；机要局负责全县党政机关密码电报、传真电报的传输办理，负责该办密码机和该系统微机联网等通信设备的管理、使用和维修工作；档案馆负责县委及办公室相关文件材料的归档整理工作；政研室负责材料、领导讲话稿的起草，参与完成县委重点调研课题；县委文件资料编撰、政策研究；党史办负责地方党史，总结党的历史经验，为党的建设和党委决策提供历史借鉴。

【队伍建设】 年内，县委办以深入学习贯彻党的十八大，十八届三中、四中、五中、六中全会和党的十九大精神为契机，全面提升党员干部的知识层次和理论水平。积极组织开展“两学一做”学习教育，为全面营造良好的学习氛围，开辟学习专栏，共编印学习活动简报60期。同时，充分发挥报刊、网络、电视等媒体的作用，宣传学习活动的情况，坚持“分层次、有重点、重实效”的原则，通过组织集中学习与个人自学相结合，专题辅导与专家宣讲相结合等多种形式开展学习活动，统一学习笔记本，并制定考勤制度，坚持每天晚上学习，要求大家认真记笔记，撰写心得体会，党员干部参学率100%。

【调研工作】 为了切实发挥好县委办的参谋作用，县委召开重要会议或出台文件时，县委办都要围绕全县经济社会发展中的重大问题，组织文秘人员选准课题，深入到基层进行调查研究，广泛掌握第一手资料，形成有情况、有分析、有建议的调查报告，为县委科学决策提供参谋服务，确保县委决策的正确性、科学性。全年共开展调研活动90次，撰写调研报告50篇。

【文秘工作】 进行理论补给。加强对邓小平理论、“三个代表”重要思想、科学发展观等理论学习，不断提升党员干部理论素养，提高用理论指导实践推动工作的能力。及时掌握当前和今后一段时期党的路线方针政策，了解上级重大部署以及县委近段时期的中心工作和当前的重点工作，做到吃透上情、熟悉下情、掌握内情、了解外情，紧贴县委工作思路。业务知识充电。坚持每周集中学习一次的学习制度，并根据各科室的工作实际，制定针对性较强的学习计划、方案、学习内容。通过学习，全面提高秘书工作、信息采编、督促检查、机要管理、值班工作等各项业务能力，全办人员的业务水平、工作效率明显提高。全年县委共发文件86期，县委办共发文件116期，撰写汇报材料、领导讲话210篇，总计110万字。

【信息工作】 年内，县委办要求信息人员牢固树立“围绕中心搞调研，服务决策谋大事”的思想，创新思想，创新思路，强化“三抓”，“智囊”“参谋”作用有所体现。坚持严格把关，确保文稿质量，为县委领导提供高质量服务。严格规范发文程序，全面提高发文质量。由信息专职人员起草的信息，做到认真拟稿，精益求精，并由专人负责进行认真审核，一条龙管理，力求准确规范，确保县委各项工作及时、准确落实汇报。本着为各级领导实施决策和有效指导工作发挥作用，始终注重增强信息工作的针对性，把热点、难点问题作为首选题材，着力挖掘有一定深度的高层次信息，为各级党委了解曲水县重要工作动态、掌握社情民意，以及各乡镇、县直各部门之间交流工作、相互学习起到积极作用。全年共上报市委办公厅信息1116篇。

【机要保密工作】 保密工作注重防范，加大对涉密网络的管理和检查力度，健全和落实保密管理责任制，认真做好重大活动的保密工作，确保国家秘密的安全。机要工作紧跟计算机网络发展的新形势，积极发挥主观能动性，全力为全县党政网用户搞好服务，保证党政网络的全程畅通，基本达到保密、优质、高速、无事故的要求。加强机要密码工作，充分发挥密码通讯的主渠道作用，保证中央、区、市重大决策和重要工作部署的迅速贯彻落实。全年共接收机要文件119份、机要邮件322份，全部做到及时、准确地登记、办理、回收、保存，确保县委与上级党委机关的工作联系和通讯畅通。

【会议接待】 强化值班工作。确定专人按政法委要求排班值班，明确岗位目标责任，严格执行领导带班制度，确保值班电话时刻畅通。做到来电来信及时分流处置，值班记录规范归档保存。会议活动安排上确保周密、安全、高效。每次会议和活动，都提前制定预案，逐项落实，确保万无一失。全年共承办各类会议及活动百余次，其中，大型会议20余次，中小型会议和随机性会议90余次。严格接待标准，规范接待程序。

【综合协调】 搞好领导之间的协调。坚持原则性与灵活性相结合，及时向领导汇报情况，听取指示，统筹安排领导的活动，使各位领导之间的工作联结成一个有机整体。加强与人大办、政府办、政协办之间的协调。主动加强联系，及时就县级“四大班子”的重大决策部署和需要协调的问题进行沟通，取得理解与支持。搞好部门之间的协调。以化解矛盾、加强协作、凝聚人心、形成合力为目的，经常与部门交流情况，协调处理好各部门间的关系，推动全县形成团结一致求发展、齐心协力抓落实的良好氛围。搞好上下级之间的协调。利用发文、电话、会议等各种形式，及时把县委各个阶段的重大决策和重要部署传达到基层，把基层的工作情况、意见建议反映给县委，并就有关事项根据领导的意见认真给予答复。

（孙　佳）

【负责人名录】

县委办主任
　　索朗次仁（藏族，1月免）
县委办主任
　　代 炳 鑫（1月任）
县委办副主任
　　尼玛桑珠（藏族，1月免）
县委办副主任
　　格茸江初（藏族，1月任，9月免）
县委办副主任
　　何　　川（1月任）
农改办主任
　　张 建 雄（1月免）
农改办副主任
　　刘 明 伟（1月任）
县委机要局局长
　　王 晓 露（女）

曲水县人民代表大会常务委员会

【概况】 2017年，在县委的正确领导和市人大常委会的精心指导下，县人大常委会全面贯彻落实党的十八大和十八届三中、四中、五中、六中全会精神，围绕中心，主动适应经济新常态，推进依法治县，积极服务全局，推进转型发展，关切民生期盼，创新履职作为，充分发挥宪法和法律赋予人大常委会的监督职能，团结协作，扎实工作，较好地完成各项目标任务。

【自身建设】 县人大常委会始终把思想政治建设放在自身建设的首位，坚定正确的政治方向，严守政治纪律和政治规矩，始终在思想上、政治上、行动上同以习近平同志为核心的党中央保持高度一致。以开展“两学一做”学习教育和“四讲四爱”主题教育实践活动为契机，教育全体干部职工牢固树立“四个意识”，确保把人大履职尽责自觉置于党的领导之下，使人大各项工作都有利于巩固党的执政地位。

深入开展反腐倡廉教育，强化作风建设，持续抓好中央“八项规定”、区党委“约法十章”“九项要求”和市委“八项要求”精神的贯彻落实。深入学习习近平总书记系列重要讲话中关于党风廉政建设和反腐斗争方面的重要论述、《中国共产党章程》《中国共产党廉洁自律准则》《中国共产党纪律处分条例》《中国共产党问责条例》，严格落实领导干部个人事项报告和党风廉政建设年度考核工作制度。落实党风廉政建设责任。人大党组与机关支部、机关支部与全体党员层层签订《党风廉政建设目标责任书》，并将其作为绩效考核重要依据，提高全体党员干部自我管理、自我约束意识，实现机关党风廉政建设工作有力有序推进。

2017年7月17日，自治区党委副书记、人大常委会主任洛桑江村（右三）在曲水县调研

【第十三届人大二次会议】 按照《中华人民共和国宪法》和《中华人民共和国地方各级人民代表大会和地方各级人民政府组织法》的规定，曲水县第十三届人大二次会议于4月12—13日胜利召开。大会应到代表91名，实到66名，符合法定人数。会议听取和审议县人大常委会、政府、法院、检察院等4个报告，书面审议计划、财政、建议批评意见办理情况等三个报告，并通过各项决议。会议期间，代表共提出建议批评和意见51件，并交由相关单位办理。大会审议批准的人大常委会、“一府两院”工作报告，总结2016年来曲水县各项事业取得的显著成绩和宝贵经验，部署2017年的主要工作任务和目标。

【人事任免】 根据《中华人民共和国地方各级人民代表大会和地方各级人民政府组织法》的相关规定，进一步规范和完善人事任免程序，共任免干部60名，并组织新任职的干部进行向宪法宣誓活动，增强常委会组成人员对党和人民高度负责的政治责任感，又增强被任命人员执政为民的使命感。

【意见建议督办】 在曲水县第十三届人大二次会议期间，代表共提出意见建议51件，县人大办公室对议案、建议案及时进行收集、整理、登记工作。闭会期间，县人大常委会专门召开代表意见建议交办会，各相关单位负责人参加会议。会上，还就如何提高意见建议办理质量和水平提出具体要求，明确办结时限，并由县督查室加大对代表意见建议的督办力度，51件意见建议已全部办理完毕。

【"人大代表之家"建设】 县人大常委会办公室先后补充完善"人大代表之家"活动制度、代表履职制度、人大代表学习制度、人大代表视察制度、人大代表联系选民制度、人大代表接待选民制度、人大代表述职评议制度以及"人大代表之家"六员和"八簿一册"等制度，并实现制度上墙。6月1—6日，县人大常委会组织开展各乡（镇）"人大代表之家"创建工作互观互检互学交叉验收工作，对曲水县五乡一镇"人大代表之家"的制度建设、硬件设施、人员配备以及活动开展情况等进行全面细致地检查验收，并就检查验收过程中发现的问题进行归纳梳理，对存在问题的乡（镇）限期整改，"回头看"查看整改实效，验收工作达到预期的效果。

【人大代表培训交流活动】 按照县人大常委会工作安排，全年共举行县级人大代表培训4次，分别就《中华人民共和国环境保护法》《中华人民共和国食品安全法》和《中华人民共和国安全生产法》等内容进行专题培训，参加培训的代表共计60余人次，培训内容针对性、实用性较强，为代表依法履职打好基础；经县委批准，县人大常委会组织12名县级人大代表（含1名工作人员）在广西开展交流学习，重点考察基层人大工作经验、工业园区、观光旅游产业和特色农产品种植合作社等的发展情况。

【代表考察调研活动】 5月17–18日，县人大常委会组织县级人大代表共21人开展考察活动。代表们实地考察百亩连栋温室等11个重点建设项目。在考察活动现场，共召开2次座谈会。会上，项目负责人与代表们交换意见，代表们积极踊跃发言，提出建议意见。考察结束后，曲水县人大常委会还专门组织县发改委、住房和城乡建设局、环境保护局、农开办、督查室等相关部门召开总结会，就此次考察活动中发现的问题进行归纳总结，并形成《关于2017年全县重点项目推进情况的视察报告》。

2017年4月12日，曲水县十三届人大二次会议召开，图为开幕式奏唱国歌

【监督工作】 立法调研。7月，区人大常委会会同区环保厅到曲水县开展《西藏自治区环保条例（修订草案）》［以下简称条例（修订草案）］立法调研。县人大常委会组织政府办、环境保护局、发改委、财政局、国土局、水利局等18个单位在县人大会议室参加调研座谈会。会上，各单位结合自身工作实际就条例（修订草案）发表意见，提出很多有价值的意见建议。

工作评议。按照曲水县第十三届人大常委会2017年工作计划，经县十三届人大常委会第六次会议审议通过，并报请县委同意，10月份，在曲水县人大办会议室召开2017年评议工作动员大会。会议就开展好评议工作进行动员，并做详细的安排部署，会议要求被评议单位必须全力配合评议小组按照实施方案既定的时间节点开展好各项工作，保证评议工作圆满完成，达到预期的效果。

围绕全县中心工作，开展日常审议。在8月份举行的县第十三届人大常委会第六次会议上，听取和审议《曲水县人民政府上半年专项工作报告》《曲水县人民法院上半年专项工作报告》《曲水县人民检察院上半年专项工作报告》《曲水县财政局上半年专项工作报告》及《曲水县发改委上半

2017年5月17日，曲水县县级人大代表对全县重点项目实施情况进行考察调研

年专项工作报告》，切实加大对政府职能部门的日常监督力度。会上还听取曲水县第十三届人民代表大会第二次会议上代表意见建议办理情况的报告，对政府相关职能部门办理落实意见情况进行跟踪监督，有效地提高意见建议的办理质量。

【助力脱贫攻坚】 监督中助推脱贫攻坚。县人大充分运用人大监督权，审议决定财政预决算、预算调整报告等重大事项，组织人大代表积极开展精准脱贫专题考察、专题调研，强化跟踪督办等措施，推进脱贫攻坚各项政策的落实和工作的有效开展。

领导干部包村督脱贫。县人大机关全体干部职工按照挂钩联系对口扶贫重点村的分工和工作要求，经常深入村组调查研究、指导工作，始终保持与贫困户的密切联系，向贫困户宣传各项惠民政策，深入细致地分析致贫原因，针对贫困户的实际情况制定切实可行的帮扶方案，并送去慰问金和生活物资，协调解决贫困户中劳动力的就业问题，引导贫困户主动发展、主动脱贫。

（次 央）

【领导名录】

人大常委会主任

平 措（藏族）

人大常委会副主任

平 措（藏族）

贺能旺

达 瓦（藏族）

李宝平

曲水县人民代表大会常务委员会办公室

【概况】 2017年，县人大常委会办公室（以下简称县人大办）在县人大常委会的正确领导下，认真学习贯彻党的十八大和党的十九大精神，深入学习领会习近平新时代中国特色社会主义思想，紧扣县人大常委会中心工作，不忘初心、牢记使命，勤勉履职、扎实工作，较好地完成各项任务，为县人大常委会依法履职和机关有序高效运转提供良好服务保障。

【做好文稿起草工作】 县人大办高度重视办文办会服务工作，着眼改进文风会风和提升服务质量。认真起草好县人大常委会年度工作计划、工作要点，力求使常委会和办公室的工作紧扣全县发展大局有条不紊地实施。认真起草好常委会工作报告，为常委会总结过去一年所做的工作和谋划来年工作提供思路。认真做好涉及人大工作和县人大常委会举行的各项重要会议、重大活动的文稿起草。

【做好会议服务工作】 为人民代表大会、人大常委会会议和常委会主任会议服务是人大常委会办公室工作的首要职责。县人大办坚持以提高会议质量为重点，不断提高办公室服务水平。全年县人大办共高效优质地完成人民代表大会、常委会会议、主任会议等重要会议26次，其中人民代表大会会议1次、常委会会议8次、主任会议17次。

【服务人大代表工作】 人大代表工作是常委会的工作的重要组成部分，县人大办牢固树立为代表服务的意识，不断加强和改进代表工作，全力支持和保障代表依法履职。精心开展人大代表培训工作，着力提升县人大代表履职能力、服务群众能力。全年共举办代表培训班2期，组织代表到县内外考察学习4次，特别是在曲水县第八批援藏干部的关心支持下，常委会组织20名代表到江苏省和上海市考察学习。通过学习，开拓代表的视野，进一步提高代表的履职能力和理论素养；认真督办代表建议。联合督查室，深入承办单位进行督办，切实加大对代表建议督办力度，提高代表建议的落实解决率，代表建议办理质量比往年有明显提高。

坚持注重“两学一做”，切实做细为基层群众服务工作。县人大办牢固树立“四个意识”，密切联系群众，着力解决群众困难和问题，以实际成效扎实践行“两学一做”学习教育。狠抓脱贫攻坚工作。认真开展精准扶贫工作。人大常委会党组成员按照县委关于精准扶贫工作的安排和部署，认真开展结对帮扶工作，投入物资折合人民币8万余元，为全县精准扶贫精准脱贫工作做出应有的贡献。

【办公室内部管理】 健全完善公文处理制度。坚持实行分级负责制，做到层层把关，严格审核，进一步规范公文的写作、审核、签发、印制、发送等程序，确保零差错、零失误。健全完善机关内部管理制度。切实强化机关车辆、财务、公务接待等管理，严格做到用制度管人、管事、管权，为常委会及机关提供优质高效的后勤保障。此外，积极加强与上级人大办和县委办、县政府办、县政协办、县人民法院、县人民检察院等相关部门及各乡镇人大的沟通联系，为常委会及机关日常工作顺畅运转营造和谐良好的环境。

【机关党建工作】 认真抓好县人大机关党建工作，严格尊崇党章要求，着力发挥党支部的主体作用。坚持把支部规范化建设和党员队伍先进性建设抓在日常、严在经常，抓实“三会一课”制度落实，认真组织开展党内生活，按要求召开好每个月的支部会议、党小组会议。坚持每月举行一次机关党支部“支部主题党日”活动，组织支部党员学习党的理论、政策，切实增强党员党的意识。并对机关党支部党员的组织关系和党费收缴情况进行集中排查和认真核算。

【廉洁自律建设】 认真学习贯彻《中国共产党廉洁自律准则》《中国共产党纪律处分条例》《关于新形势下党内政治生活的若干准则》《中国共产党党内监督条例》，严守党的政治纪律和政治规矩，进一步完善制度、强化措施、加强监管，优化经费支出，建设节约型、廉洁型机关。

（次　央）

【负责人名录】

副主任

次　央（女，藏族，主持工作）

曲水县人民政府

【概况】 2017年，曲水县在党的十九大精神的感召下，在区市党委、政府和县委的坚强领导下，在江苏泰州市的无私援助下，全县上下深入学习贯彻落实党的十九大精神、习近平新时代中国特色社会主义思想，全面贯彻落实区市县第九次党代会精神、区市县党委九届三次全委会精神，正确处理好“十三对关系”，深入实施拉萨市“六大战略”。各级各部门不忘初心，牢记使命，不断增强政治意识、大局意识、核心意识、看齐意识。在实践中认识新矛盾、践行新理念、适应新常态、把握新机遇、促进新发展，实现政治风清气正、经济稳中求进、社会和谐稳定、文化繁荣向上、生态日益美好的新局面。

【经济运行健康稳定】 2017年，全县实现地区生产总值14.3亿元，同比增长10.90%（可比价）；全社会固定资产完成投资46.17亿元，同比增长22.90%；财政本级收入4.29亿元，同比增长108.20%；社会消费品零售总额3.09亿元，同比增长12.20%；农牧民人均可支配收入12612元，同比增长13.5%；城镇登记失业率控制在2.2%以内。圆满完成年初确定的各项目标任务，保持全县经济社会持续健康发展。

【农牧业稳步增长】 农业机械化程度不断提高，机耕、机播、机收面积分别为6.5万亩、6万亩、6万亩。种植结构不断优化，总播种面积11.52万亩，粮经饲比例为43.3:26.4:30.3。全县粮食总产达1545.45万公斤，出栏牲畜32426

头，出栏率36.1%，牛羊猪肉类产量390万公斤，禽蛋产量14.09万公斤，奶类产量1350万公斤，山羊绒产量0.11万公斤，绵羊毛产量2.4万公斤。调剂良种109.53万斤，良种统供率达90%，农牧科技含量不断提高。罗亚农机合作社被评为2017年全国农机合作示范社。全面推进有机农业发展，成功创建为全区首个国家有机认证示范创建区。

2017年2月20日，自治区党委副书记、自治区主席齐扎拉（前右一）在曲水县调研。县委副书记、县长格桑邓珠（前左一）陪同

【工业稳步调整】 突出抓好结构优化、培育实体、园区发展、品牌创建等重点工作，全面实施环保“一票否决”制，有效整顿一批污染型企业。2017年规模以上工业增加值完成9912万元，招商引资实际到位资金15.09亿元，规上企业销售产值完成7.63亿元，全县工业企业上缴税收1.1亿元。

【净土健康产业快速提升】 坚定不移创新思路，做优做强。主抓藏药材、高原球根花卉、经济作物、温室育种育苗等特色产业发展，先后申请15个有机农产品认证、9个国家地理标志商标。生产出茅台拉萨玛咖酒、玫瑰系列化妆品、鲜花饼、葡萄酒等产品，总产值同比增长一倍多，超额完成实现产值15亿元的预定目标。坚持科技支撑，强化技术指导，加强园区产学研一体化建设，推进一二三产融合发展。

【旅游服务业稳中向好】 大力推进“秀色才纳”、拉萨净土健康野生动物保护园等景点的建设，“秀色才纳”国家AAA级旅游景区，接待游客突破20万人次。

【项目建设持续推进】 全县开复工项目80个，总投资57.2亿元。小康安居工程、农业产业化示范基地、万亩林木良种繁育中心、拉萨市第一中等职业技术学校等重点项目有序推进。

【援藏工作】 深化与泰州市合作共建，泰州市投资2.16亿元实施援藏项目19个，加大力度实施医疗、教育人才“组团式”援藏，传帮带培，提升曲水县人才水平。

【改革成效日益显著】 深化供给侧结构性改革。以保障主要农牧产品供给、促进农牧民增收、实现农牧业可持续发展为重点。大力发展高原河谷种植业和高原特色养殖业，培育新型农业经营主体，推广“龙头企业＋基地＋农户”产业化经营模式，建立基地带动、农户参与的联动机制；农村综合改革全面深化。全面完成全县农村土地承包经营权、农村宅基地及地上房屋确权登记颁证整改提升工作，探索建立宅基地有偿使用制度和宅基地自愿有偿退出机制。稳妥开展农村集体资产确权赋能、农村承包土地经营权有偿退出、征地制度改革和集体经营性建设用地入市等试点工作，积极推进农村土地承包经营权和农民住房财产权抵押贷款工作，先行开展农村土地三项制度、集体林权制度改革试点工作，探索出一批可复制、可推广的“曲水农村改革经验”；深入推进“放管服”改革。紧紧抓住“放管服”改革牛鼻子，推进“两集中两到位”，推动政府职能转变。积极推动责任清单梳理工作，组建两家新政府部门，并对部分机构进行调整更名。深化行政审批制度改革，调整、取消行政许可等事项21项，下放行政审批权限5项。实现“双随机、

2017年6月7日，自治区副主席其美仁增（前排右二）在曲水县调研。县委副书记、县长格桑邓珠（前排右一）陪同

一公开”工作全覆盖，提高工作执行力。推进县乡政务服务体系建设，县政务服务中心入驻窗口单位16家，服务窗口20个，乡镇政务服务中心实现全覆盖，县乡两级办理便民事项23550件，各类事项办结率100%。

【创新驱动发展提升】 创新是引领发展的第一动力，科技是第一生产力。截至年底，全县市场主体1988户，新增755户，同比增长63%。注册商标40件，申请商标93件，申报第十一批著名商标3件。构建创新体系。坚持以园区为平台、以净土健康产业为主体、以市场为导向、以产学研一体化为目标，引进拉萨市第一中学等职业技术学校，助推专项培养园区技术型人才，先后与中央民族大学、市科技局、北京大学和清华大学对接，建立教学科研实践基地，助推园区科技创新，加大技术转型，构建现代农业体系，注重招商引资和引智结合，引进先进技术和优秀人才，加强在创新领域的合作，助力园区产业升级；“大众创业、万众创新”持续推进。大力发展、培育、选树青年创新创业人才，举办创新创业大赛，给予优秀项目专项资金扶持，激发创业激情，提高创业能力。建立大学生、青年农牧民创新创业基地，促进高校毕业生等青年群体、农民工多渠道创新创业，开展创业培训80人次，合格率达100%。大学生创业登记4户，创建企业集群注册模式1户。成立电子商务公司，打造曲水净土电子商务平台，推进“互联网+特色产业”，打开藏鸡蛋、雪菊等特色产品销路。

【人民生活持续改善】 深入贯彻以人民为中心的发展理念，坚持把改善民生凝聚人心作为经济社会发展的落脚点。实施一大批惠民利民举措，民生资金投入达54020万元，占财政总支出的76%，人民获得感、幸福感显著增强。

【脱贫攻坚】 实践丰富“654321”扶贫脱贫思路，探索形成“党建扶贫四季吉祥村模式”“易地搬迁扶贫曲水模式”并被收录于《中国少数民族地区扶贫进展报告（2017）》及《中国少数民族地区精准扶贫案例集》。坚持“迁、业并举”，投融资30多亿用于净土健康产业，解决配套产业，提供就业岗位2000余个。截至年底，全县1177户4118人建档立卡贫困户仅有35户115人未达到脱贫标准，贫困发生率为0.35%，群众认可度达95%以上。

【社会保障体系】 巩固深化“四业工程”，农牧民转移就业培训1089人，就业率达90%以上。农牧区劳动力转移就业2.74万人次。全县城乡居民基本养老保险参保16066人，征缴基金176万元。完善农牧民基本医疗保障体系，全年参保达3万余人，征缴基金95万元。全年发放城乡最低生活保障资金528.24万元，低保评定实现动态管理。不断健全临时救助、医疗救助体制机制。社会福利事业全面开展，全县“五保户”和孤儿意愿集中供养率100%。

【教体事业】 深入贯彻落实教育“五个100%”发展目标，适龄儿童入学率达99.96%，巩固率达100%，适龄少年入学率达99.63%，巩固率达101.75%。持续加大本级财政对教育的投入，年投资1017万元，加强各类教育基本建设，将率先在全区实现学前教育三年全覆盖。全民运动体育基础设施实现乡村全覆盖，居民身体素质进一步提高。2017年被国家体育总局评为2013—2016年度群众体育先进单位。

【医疗卫生服务】 在保持农牧区基本医疗制度100%覆盖的基础上，年人均补助标准提高到475元，并开通20种特殊慢性病报销补偿政策。全面推行曲水县人口健康综合管理信息系统和曲水县人口健康电子档案系统，创建“互联网+健康服务”的管理模式。率先建立起由村医、乡医、村妇女主任组成的“村民健康月例会制度”。全面推行分级诊疗工作，创新开展村医派工单制度和家庭医生绩效考核制度。县人民医院成功创建二级乙等医院，顺利实施全民体检和包虫病筛查工作。积极开展全民健身活动，深入开展爱国卫生运动。

【文化事业】 完善文化基础设施，对各乡镇行政村进行网络改造并配齐相关设施，充分利用文化活动中心开展多样活动；县广播电视台成立并开播。

【县级文明城市创建】 建立健全创建工作机制，加大宣传力度，举办“道德讲堂”“我们的节日”“四抓四带四促”等系列活动，开展环境卫生、交通秩序、校园安全等专项整治。2017年南木乡江村被评为第五届全国文明村。

【基础设施】 实施水利项目建设，完成投资1.57亿元；实施交通项目建设完成投资2.7亿元；投资近1亿元用于村容村貌整治、公厕改革、县乡供暖等公共服务设施及道路硬化、绿化、给排水附属配套设施建设。

【社会治理不断创新】 社会稳定是发展进步的根本保障和基本前提。大力推进“四讲四爱”主题教育实践活动，加强民族团结宣传教育，发展壮大爱国统一战线，持续维护好人心稳定、社会稳定。促进民族团结进步。指导开展民族项目建设工作，创新民族团结宣传形式，加强典型引导，增强民族团结创建活动感召力，开展民族团结进步活动。始终坚持反分裂斗争。坚决落实中央对达赖集团的斗争方针，坚持依法治理、主动治理、综合治理。圆满完成“三大节日”、三月份敏感期、“两会”、党的十九大等重大活动、重要节点的维稳安保任务。全面落实信访工作责任制。形成了信访联治、矛盾联调、工作联动的体制机制。推进网上信访平台建设，定期开展矛盾纠纷排查。实现了“三无”“三不出”“五防”的工作目标。坚持党的宗教工作方针。加大对爱国守法先进僧尼培养力度，持续开展驻寺干部培训，健全完善寺庙管理规章制度，确保全县宗教领域持续和谐稳定。强化安全生产监管。细化责任，推进执法，集中开展道路交通、食品药品、危险化学品、工矿商贸等领域的专项排查整治，依法打击违法犯罪。

2017年3月11日，县委副书记、县长格桑邓珠（左四）在县医院调研项目实施进展情况

【生态文明】 突出生态红线意识，采取有效措施，推进绿色发展。打好“大气污染防治”“水污染防治”“土壤污染管控和防治”三大战役。深入推进“大气十条”“水十条”“土十条”整治工作。治理建筑施工场所扬尘，加快淘汰黄标车、老旧车辆、燃煤锅炉、落后产能，推进油气回收装置安装工

作。整治露天焚烧，全面回收，统一处理废旧农用地膜，严格检测并控制土壤重金属含量。全面贯彻落实“河长制”。深入开展拉萨河曲水段整治，按照“取缔一批、规范一批、提升一批”的思路，关停23家采石采砂场，强制进行规范整顿。加大环境监督执法力度。依法开展环境安全专项大整治、大排查，环境违法行为一律按照相关法律法规从严、从重处理，让污染企业承担足够的环境成本，倒逼污染企业主动履行环境保护主体责任。构建曲水县生态安全屏障。投入500万元，设立林业绿化专项资金，加强防护林体系建设，完成植树造林1.2万余亩，种植庭院经济林180余亩，森林覆盖率达29.59%，消除“无树村、无树户”。进一步提高“两江四河”、318国道沿线绿化水平，大力创建自治区级生态乡村。林业局被评为全国防沙治沙先进集体。

【政府管理能力不断提升】 加快法治政府建设，推进依法行政，严格规范公正执法，促进作风和职能转变。积极开展法制教育培训工作。全县组织各行政部门到内地学习2次共200人次，上级单位安排学习达300余人次，基本实现执法单位、执法人员培训学习全覆盖；积极开展普法宣传。大力推进“法律七进”和“七五”普法规划等工作，形成全社会自觉学法守法用法的浓厚氛围，推动全县的法治进程。成立婚姻家庭纠纷人民调解委员会，婚姻家庭纠纷调解工作步入法治化、正

2017年5月19日，县委常委、副县长侯静华（左三）带队在聂当乡工业园区开展环保夜查工作

规化轨道。完善重大决策合法性审查机制。聘请2名法律顾问，提高法治化水平。县政府党组共进行理论学习、研讨、座谈会等40余次，整治“庸懒散”问题，提升行政效能。截至年底，“三公”经费同比下降2%。深化“两学一做”常态化制度化，持续推进党风廉政建设，保持惩治腐败的高压态势。严格执纪，全面落实党风廉政建设责任，严肃查处违反中央“八项规定”等各类腐败问题。此外，编译、档案、地震、保密、工青妇、气象、人防、人民武装等事业取得新突破。

（赵晓静）

【领导名录】

县委副书记、县长

格桑邓珠（藏族）

县委副书记、常务副县长

刘 文 荣（江苏援藏）

县委常委、副县长

侯 静 华

罗 超 文

副县长

顾 宝 林（江苏援藏）

张 建 华

次旺金美（藏族，12月去世）

杜 乾 余

杜 兴 杰

宋 友 禄

曾　　健（区党校挂职）

曲水县人民政府办公室

【概况】 年内，县政府办在县委、县政府的坚强领导下，全面贯彻落实党的十八大、十八届三中四中五中六中全会、十九大精神以及习近平总书记系列重要讲话精神，紧紧围绕全县中心工作，不断深化服务意识，改进服务方法，进一步发挥参谋助手、督促检查、综合协调、信访接待、后勤保障作用，牢固树立服务意识，全面地履行各项职责，完成年初确立的工作目标。

【党建工作】 2017 年,县政府办全体成员,坚决贯彻落实党中央全面从严治党的战略部署,按照县委、县政府的具体要求,坚定不移尊崇党章,牢固树立政治意识,大局意识,核心意识,看齐意识。坚持把政治摆在第一位,把纪律挺在最前面。坚持"三会一课"制度,不断完善党支部思想建设、组织建设,建立健全各项制度。严格做好"两学一做"和"书记讲党课"的学习教育,制定《"两学一做"教育活动方案》,全年共开展学习活动 44 次,专题研讨 12 次。

【深化改革,落实"放管服"】 县政府办紧紧围绕简政放权的各项要求,积极加强对取消和下放行政审批事项的监管、督查,加强事前、事中、事后的监管。经过自查,截至年底,曲水县取消和下放的行政审批事项、清理和规范中介服务事项以及取消职业资格许可认定事项已严格落实,并按照相关要求及时采取措施加强管理,不存在法律法规外自行设立、"明放暗不放"或变相实施行政许可的情况。

积极推进责任清单梳理工作,严格按照市审改办"三上三下"的工作要求,分别提交县法制办、法院等相关部门进行分类审查。并广泛征求县直各部门、乡镇政府、有关专家和社会公众意见,共审核梳理出县政府部门行政权力 3537 项,涉及子项 99 个、行政许可类 165 项、行政处罚类 2522 项、行政检查类 230 项、行政强制类 151 项、行政确认类 37 项、行政奖励类 73 项、行政给付类 25 项,行政征收类 20 项、行政裁决类 8 项、其他类 207 项。权责清单、服务指南和流程图在县政府门户网站进行公布。

2017 年,县、乡两级政务便民服务大厅共受理前来办理的各类事项 20462 件,其中乡镇 10789 件,提供各类咨询服务 3981 次,均做到"件件有记录,项项有落实",各类事项办结率达 100%。

【做好参谋助手】 2017 年,政府办紧紧围绕县委、县政府的发展思路和中心工作,全力抓住重点,做好参谋助手。不断提升办文办会能力。通过调研和收集各方面工作情况,为领导起草政府工作报告等一系列调研报告 12 篇、讲话 60 余篇。制定各类活动方案,组织政府部门大小会议,牵头编定《曲水县志(2001—2010)》等,在文稿起草过程中为领导决策提供参谋服务。同时,积极参与各类责任书、年度计划及安全生产、防汛、防灾应急指挥等方案的制定。努力做好政务信息工作。政务信息紧贴中心、围绕大局,集中反映领导关注的重点、群众关心的热点和改革进程中的难点,向各级领导报送大量有价值的信息,为领导掌握情况、指导工作、科学决策提供较好的信息服务。全年共编发、上报信息 504 期,被市政府采用信息 190 余条。

【做实督促检查】 坚持"把握中心,服务大局,狠抓落实"的工作原则,围绕区域发展和政府决策的落实,创新督查工作思路,进一步完善制度,规范程序。2017 年,创新督查办法,围绕重点、难点、热点(经济发展、维稳、精准扶贫、重点项目进度、卫生创城、土地确权和农改工作),完善相关制度 4 项,紧贴领导思路抓督查,经常跟随领导现场办公抓督办。全年共开展维稳专项督查 180 余次。2017 年,形成《曲水督查》87 期、《督查通报》7 期、《督查专报》58 期、《督查通知》27 期、《决定督查单》3 期、《领导批示》10 期。严格按照督查要求,认真办理好上级督查事项。全县共接收上级督办文件 44 期,均已及时按照督查要求传阅相关领导,并全部做好落实,办结率达 100%。对县政府重点工作目标分解、为群众办实事及政府常务会、县长办公会等决策事项进行督查,抓工作落实 150 件次,保证年初确定的各项任务的落实。圆满完成建议、政协提案办理工作。2017 年,共承接市政府办公厅督查室下发的人大建议、政协提案任务分解表中涉及曲水县的建议提案 40 件,其中主办 11 件,协办 29 件,通过各部门协调联动、不懈努力,涉及曲水县主办的 11 件建议已圆满答复,委员们对办理结果表示认可。全年曲水县产生人大建议、政协提案已办结 57 件。

【做细服务安排】 发挥办公室职能,全时研究协调重大工作安排,认真做好全县重要会议、重要活动安排、组织和服务工作。截至年底,承办县长办公会议 5 次,政府专题会78次，各类电视电话会议55次，起草各种会议纪要87期。围绕全县中心和重点工作，共制发各类公文419件，办理各类请示报告270余件，确保做到急文急办、急件急送。公文运转做到及时、准确、安全、保密。共收到并送传阅中央、国务院、区委、区政府、市委、市政府机要文件674件，收发其他类文件111件，做到件件有落实。全年“12345”政府热线运行良好，共接到来电来信53件，正在办理5件，办结48件。藏语委全年共编译、校对各类藏语8万余字，开展藏语文社会用字检查整改3次。后勤保障能力进一步增强，2017年，强化安全行车，无一事故发生。

【信访接访】 2017年，政府办认真做好信访工作，截至年底，曲水县共接待群众来信、来访39件，接待来访群众114人次。截至年底，39件群众来信、来访已化解39件，调解率达100%，协调资金1740万元。其中，上级转送19件，本级录入20件，涉及“双拖欠”领域35件、占信访总量的90%，政策类2件、占信访总量的5%，合同纠纷类1件、占信访总量的2.5%，工伤赔偿类1件、占信访总量的2.5%。

年初，信访局与各乡（镇）、各联席单位签订《全年信访工作目标责任书》，并先后研究制定《曲水县信访联席会议办公室关于春节、藏历年及全国、区市“两会”、十九大期间的信访应急方案》《曲水县信访联席会议办公室关于“3·28翻身农奴解放日”活动应急方案》《曲水县关于开展矛盾纠纷排查调处常态化的通知》《曲水县关于常态化组织开展影响社会稳定矛盾纠纷排查化解工作的实施方案》等。根据县委、县政府决策部署，定期召开信访联席会议，分析当前信访形势及共同探讨难以解决的矛盾纠纷。截至年底，曲水县召开三次信访联席会议，共讨论20件重大矛盾隐患，将问题定岗定责定人，能化解的全力化解，一时不能化解的始终可控，坚决避免矛盾激化升级，酿成严重后果。针对难以解决的信访案件及矛盾纠纷，组织召开专题协调会议17次，其中县级领导主持专题协调会议15次，有效提升信访事项办结率，实现信访事项“零搁置”“三无”“三不出”的工作目标。

【提高工作质量】 2017年，县政府办公室对全体人员提出“责任、服务、效能、合作”这一总的要求，明确进一步加强基础建设，全面提高工作质量，以更好的精神面貌为县领导、全县基层单位和群众提供更加优质的服务。加强制度建设，使办公室各项工作更加规范。为增强工作的规范性，严格按照《办公室工作规则》，规范办文、办会、办事等工作操作流程，完善保密制度。

加强廉政勤政教育，落实党风廉政责任制。结合工作实际，明确规定廉政考核、情况报告、民主评议等内容，明确办公室主任对全室党风廉政建设负总责，重点抓好班子成员的学习教育和廉洁自律；副主任负责分管科室的教育管理和监督。此外，进一步完善办公室工作制度，加强廉政建设教育，办公室还及时传达县纪委、监察局下发的文件，组织大家深入学习认真讨论，通过在廉政建设上采取的一系列措施和加强监督检查，使党风廉政责任制得到落实。抓好干部队伍建设。使干部队伍与县政府办发展相适应，不断充实政府办人员队伍，为县政府办发展注入新鲜血液。

（徐　通）

【负责人名录】

主　任

尼玛次仁（藏族）

副主任

法国英（女，回族）

袁　慧（女，彝族）

蒋祥瑞

中国人民政治协商会议曲水县委员会

【概况】 2017年，县政协始终以中共十九大和十九届二中、三中全会精神以及习近平总书记系列重要讲话精神为指导，牢牢把握团结、民主两大主题，发扬与时俱进、勇于创新的作风，充分发挥协调关系、汇聚力量、服务大局、建言献策的作用，紧紧围绕全县中心工作，认真履行政治协商、民主监督、参政议政职能，为建设美丽家园幸福曲水作出积极贡献。

【强化学习，夯实思想政治基础】 县政协始终把政协工作置于党的坚强领导之下,贯穿于政协工作全过程,主动与县委保持高度一致,引导委员牢固树立“四个意识”,特别是核心意识和看齐意识,在思想上拥戴核心,在政治上信赖核心,在组织上忠诚核心,在行动上捍卫核心,始终不渝地坚持以习近平同志为核心的党中央的领导,坚决与以习近平同志为核心的党中央保持高度一致。以推进“两学一做”学习教育常态化制度化为契机,努力把县委的决策部署转化为政协履职的共识,转化为全面建成小康社会的生动实践。2017年,共集中学习40余次,党员干部180人次参与集中学习,党员干部个人自学平均达50学时,撰写心得体会15篇,党支部书记讲党课2次,举办委员培训2期,召开全委会1次,常委会4次,主席会议6次。

2017年8月8日,拉萨市政协副主席孙宝祥在曲水县聂当乡热堆寺调研经堂修缮情况

【积极开展参政议政工作】 为充分发挥政协群体的智力优势,把实现经济转型提速发展作为政协工作的立足点和着力点,抓住县委县政府重视和人民群众密切关注的重大问题,积极调查研究,主动建言献策。

积极开展全会集中议政。二届二次会议期间,县政协按照县委统一部署,严格执行全会程序,特别是各界别委员在讨论两个报告时,紧紧围绕曲水经济和社会发展主题,在大会上分别就净土健康产业、寺庙管理、精准脱贫工作等问题作发言。发言富有前瞻性,理据充分,得到县委县政府领导的高度重视,委员们的发言充分反映政协人才荟萃、智力密集、地位超然、思维开阔的特点和优势,同时还体现委员们的胸怀大局、积极参政议政的使命感和责任感。

积极做好政治协商工作。县政协通过精心组织实施,于2017年4月11—13日顺利完成二届二次会议各项工作。本次会议应到委员69人,实到52人,因事因病请假17人,符合《中国人民政治协商会议章程》的有关规定。会议期间,听取和审议《政协第二届曲水县委员会常务委员会工作报告》和《政协曲水县委员会常务委员会关于政协二届一次会议以来提案工作情况的报告》。列席曲水县第十三届人民代表大会第二次会议,听取并讨论政府工作报告及其他有关报告,选举1名常务委员,审议通过政协第二届曲水县委员会第二次会议各项决议。

强化担当力度促维稳。常委会始终把维护稳定作为政协履职的首要政治任务,深入贯彻区市党委和县委关于维护稳定的重大决策部署,认真做好一线维稳带班值班工作、巡查工作。2017年,安排2名县级领导和2名科级干部在敏感期下沉到乡(镇)督导维稳工作。做到时刻把握反分裂斗争的新特点、新动向,严格实行领导责任制,坚持执行24小时领导带班和值班制度,有力助推我县社会局势持续稳定、长期稳定、全面稳定,彰显曲水政协维护稳定的责任担当。

【切实履行民主监督职责】 县政协把民主监督工作作为贯穿落实科学发展观的重要体现,围绕全县普遍关注的热点、难点问题,认真开展提案、社情民意、考察等各项工作,想党政所想,急群众所急,体民情,察民困,解民忧,取得良好的效果。

认真做好提案工作。提案是委员履行职责最直接、最有效的方式之一。提案委员会始终坚持

2017年4月13日，政协第二届曲水县委员会第二次会议闭幕式

以方向的正确性、问题的针对性、分析的科学性，操作的可行性、文字的准确性、数据的真实性为立案原则，坚持“三审”立案程序。二届二次会议期间，提案组共收到提案40件，经梳理审查，立案39件。二届二次会议闭幕后，县政协组织人员及时将委员提案进行翻译整理分类，于2017年4月底召开提案交办会，将39件提案转交各承办单位，要求各承办单位严格按照提案办理落实相关程序做好提案办理工作。6月底，针对39份提案答复情况进行实地督办。截至7月底，39件提案已全部办复，从收集的委员意见来看，满意率为100%。

专题调研促发展。县政协始终牢固树立“参政为民、促进发展”的理念，选择在全县改革发展稳定中具有综合性、前瞻性的问题，顺时而谋，应势而为，卓有成效地开展调研献策活动。2017年，共接待区内外政协8批共90人前来考察交流。县政协组织13名委员围绕全县重点项目建设进行1次考察，组织19名政协委员及工作人员前往江苏省泰州市姜堰区考察学习。通过考察，开阔了委员的视野，促进了交流交往，提升了参政议政水平。

积极为民办实事。县政协为全面落实脱贫攻坚责任制，根据《中共西藏自治区委员会办公厅 西藏自治区人民政府办公厅关于印发〈西藏自治区脱贫攻坚责任制实施细则〉的通知》《中共拉萨市委员会 拉萨市人民政府关于深入推进精准扶贫精准脱贫工作的决定》及《中共曲水县委办公室 曲水县人民政府办公室 关于转发〈拉萨市脱贫攻坚责任制实施细则〉的通知》文件精神，形成责任清晰、各司其职、全力攻坚的责任体系。2017年，共对15户贫困户走访慰问4次，并宣传政策，发放资金1.5万元。

【提高政协工作水平】 2017年，强化党风廉政建设，打造廉政高效机关。常委会始终将党风廉政建设和反腐败工作列入重要日程，认真履行“一岗双责”，自觉加强党性锻炼，管好自己，做好表率，抓好班子，带好队伍。组织政协机关干部学习《中国共产党廉洁自律准则》《中国共产党纪律处分条例》《党员干部违纪违法典型案例》等内容，切实提高机关干部廉洁自律意识和勤政廉政意识，筑牢拒腐防变的思想防线。同时不断在广大委员中大力宣传全国党风廉政建设和反腐败工作的重大成果，传达中央反腐倡廉的坚定信心和强大决心，巩固委员已有共识，凝聚新的认识，为深入推进党风廉政建设和反腐败工作奠定坚实基础；积极完善政协各项规章制度。坚持从推动科学发展的需要出发，进一步加大力度，着力建立健全保障和促进科学发展观的体制机制、符合科学发展观的规章制度。县政协先后完善《信息系统和信息设备管理制度》《信息发布保密审查制度》《涉密事件报告和查处制度》等规范性文件，用以指导各项具体工作的开展，为不断推进政协履行职能的制度化、规范化、程序化，提供更充分的保障。

（陈正平）

【领导名录】

主 席

邹 玉 明

副主席

班 旦（藏族）

琼 卓 玛（女，藏族）

阿旺扎巴（藏族）

中国人民政治协商会议曲水县委员会办公室

【概况】 年内，县政协办公室在政协党组的领导下，按照务实高效的要求，深入贯彻落实党的十九大和十九届二中、三中全会精神以及习近平总书记系列重要讲话精神，积极主动做好办公室各项工作，力求参谋到点，服务到位。

【抓好学习教育】 2017年，县政协办始终把政协工作置于党的坚强领导之下，贯穿于政协工作全过程，主动与县委保持高度一致，引导委员牢固树立“四个意识”，特别是核心意识和看齐意识，在思想上拥戴核心，在政治上信赖核心，在组织上忠诚核心，在行动上捍卫核心，坚决与以习近平同志为核心的党中央保持高度一致。以推进“两学一做”学习教育常态化制度化为契机，努力把县委的决策部署转化为政协履职的共识，转化为全面建成小康社会的生动实践。2017年，组织集中学习10余次，党员干部20人次参与集中学习，党员干部个人自学平均达30学时，撰写心得体会6篇。

【做好会务筹备工作】 围绕2017年政协委员会工作计划，县政协办公室认真办文、办会。圆满完成1次全委会，4次常委会，4次主席会及2次培训会组织筹备和服务工作。无论是会前的材料起草、会场布置，会场上的服务，场下的食宿、交通，还是会后的材料收集整理等工作，都竭力做到细致周到，不放过每一个细节，尽量为与会人员提供一个良好的环境，确保会议顺利召开，重点做好二届二次全会服务工作。为确保县政协二届二次全会顺利召开，认真细致地抓好各项组织工作，认真组织撰写《政协常委会工作报告》和《提案工作报告》、主席在会上的讲话，拟定会议议程、日程安排等材料，并在会议期间印发到全体委员，确保会议各项议程顺利完成。妥善安排好会场布置、会议用餐、农牧民和僧尼委员住宿以及组织、宣传、安保、医疗、后勤等协调工作。

2017年6月20-21日，县政协办主任尼玛和工作人员对政协第二届曲水县委员会第二次会议收到的39份提案答复情况进行实地督办

【精心办文】 2017年，办公室共起草15份文件，其中委员会6份、办公室9份，《工作简报》20期，调研报告3份。2017年办公室对公文处理做进一步改进和完善，坚持严把“三关”，确保办文质量。严把起草关。办公室在起草文件和材料的过程中，做到认真拟稿，仔细修改，力求正确无误。严把“审核关”。严格按照公文审签程序，对每份文件材料的格式、内容、语言规范性等进行认真细致的校核，确保文件格式统一、规范。严把“收文关”。对来文及时登记传阅，迅速办理、归档。

【调研、考察活动服务工作】 根据政协常委会确立的各项重点调研、视察任务，做好服务工作，准备充分，组织严密，力争取得良好的效果。先后协调开展关于精准扶贫精准脱贫、提案工作等多项调研活动，并撰写调研报告。12月底，还成功组织19名政协委员到江苏省姜堰区学习考察。

【悉心接待】 凡是上级或外地政协来曲水县进行调研、视察、考察等活动，办公室在严格接待标准、规范接待程序的条件下，认真拟定具体的接待方案，悉心接待。机关平时在接待政协委员或外单位人员来办事时，坚持做到热情周到、细心谨慎的接待工作态度。2017年，办公室接待区内外政协8批共90人前来考察交流。

【提案办理】 政协提案工作坚持“围绕中心、服务大局、提高质量、讲求实效”的方针，不断改进工作方法，创新办理机制，畅通办理渠道，委员的参与度和满意率大大提高。全年，共交办、督办政协委员提案共计39件。

（陈正平）

【负责人名录】

主 任

尼 玛（藏族）

副主任

赵 峰

中共曲水县纪律检查委员会（监察局）

【概况】 中共曲水县纪律检查委员会和曲水县监察局合署办公，两块牌子一个机构，履行党的纪律检查和政府行政监察职能。截至年底，县纪委（监察局）机关核定编制7个，事业编制3个，实有干部12人，其中纪委书记1名，纪委副书记、监察局局长1名，纪委专职副书记1名，纪委常委、监察局副局长1名，纪委常委1名，纪委干事7名，11名正式党员，1名预备党员。

【推动主体责任落实】 4月7日，圆满召开县纪委九届二次全会。会上，县委常委、纪委书记巴珠代表纪委常务委员会作了题为《落实监督责任强化执纪问责推进全面从严治党向纵深发展》的工作报告，会议深入学习贯彻十八届中央纪委七次全会精神，特别是习近平总书记重要讲话和王岐山书记的工作报告精神，深入学习贯彻落实九届自治区纪委二次全会和九届拉萨市纪委二次全会各项决策部署，总结2016年纪律检查工作，部署曲水县任务。县委高度重视，会上县委书记彭飞跃作的重要讲话，对全县深入推进党风廉政建设和反腐败斗争作重要指示。

召开领导干部述责述廉评议质询会。4月7日曲水县召开述责述廉评议质询会，县委书记彭飞跃主持，市纪委常委、监察局副局长李荣峰莅临现场指导，农开办、南木乡党委、发改委、达嘎乡党委、教育局5名主要领导在大会上作了述责述廉报告，并接受现场质询和民主测评。其他66名党员领导干部作书面的述责述廉报告。

层层压实“两个责任”。牵头制定《曲水县党风廉政建设责任书》，改变县委书记与各级主要领导签订《党风廉政建设责任书》形式，做到层层签字背书，逐级交代责任，持续传导加压，推动责任落实。

加强曲水县反腐败协调领导小组协作沟通。县纪委精心统筹谋划，细化量化工作责任，完善健全《曲水县反腐败协调领导小组成员工作职责》《曲水县反腐败协调领导小组职责及工作制度》等。2017年，由县纪委牵头召开协调小组会议3次，向县委、市纪委报告党风廉政建设和反腐败工作情况14次，听取乡（镇）党委、纪委工作汇报10次。

【强化廉政教育】 将廉政教育学习纳入中心理论组学习、党委扩大学习会中。将学习党纪党规，

2017年5月3日，自治区纪委党风政风室主任党万军一行在曲水就落实中央“八项规定”精神、纠正“四风”情况、深化落实全面从严治党主体责任开展调研

区、市下发的违反中央“八项规定”精神、侵害群众不正之风等各类通报纳入到党委理论中心组及党委扩大学习会中，组织观看《黑洞·贪欲》。2017年来党委理论中心组及党委扩大学习会共组织14次党风廉政建设学习。

将党风廉政教育列入党校学习中。充分发挥党校在党风廉政建设教育中的阵地作用，将党风廉政教育纳入党校干部培训的必备课程，使党校成为廉政教育的主要渠道，2017年县纪委联合县委党校，邀请拉萨市纪委常委、监察局副局长李荣峰到曲水县开展党风廉政建设和反腐败知识辅导讲座，组织3批次党员干部参观拉萨市廉政警示教育基地，参观学习人数达124人。

开展“树清廉家风，创文明家庭”活动。为全县1033个党员发放“家庭助廉倡议书”，使广大党员及其家庭成员常修为政之德、常思贪欲之害、常怀律己之心，进一步提高党员家庭成员廉洁自律意识，形成以家庭和谐促进社会和谐的良好氛围。

开展“以廉为本，以德立身”的道德讲堂活动。围绕唱歌曲、诵经典、廉政宣誓、向“德”鞠躬等八个环节，县委书记彭飞跃受邀参加此次道德讲堂，并发表感言，让全县党员领导干部又受到一次廉洁教育。

发送廉政短信。每月至少向全县科级以上干部发送廉政提示信息4次，截至年底，共发送廉政短信1.5万余条。

切实加强对领导干部的廉政谈话。采用集中谈话和个人谈话的形式对2017年新提拔的24名副科级领导干部进行廉政谈话。进一步增强新任党员领导干部廉洁自律意识。

2017年8月14日，江苏省纪检调研组一行在曲水县俊巴渔村调研

【强化纪律监督】 日常监督与重大节日的督查工作相结合。在节庆日、重点节点等期间，下发《关于节日期间廉洁过节通知》《借子女升学名义大操大办的通知》《关于违反中央“八项规定”精神典型问题的通报》等文件，同时对“节日病”进行专项检查督查，坚决防止“四风”问题反弹，深化落实中央“八项规定”精神。2017年因为公车私用问题，处理1名党员领导干部；集中检查与明察暗访相结合，多形式、多角度对各乡（镇）、县直各单位干部职工维稳值班情况，工作纪律、作风纪律等情况进行专项检查。做到及时发现问题，督促整改，促进监督的常态化，2017年，以各种形式进行专项监督检查达130余次。重点督查与综合性督查相结合，制定全年督查工作方案，围绕曲水县重点工作、重点领域、重点人员开展督查工作，每季度对督查工作进行总结梳理，对管钱、管物、管项目的10家重点单位主要责任人进行提醒约谈，对在工作中出现苗头性或倾向性问题的19家单位主要责任人进行约谈。建立健全各项规章制度。完善《曲水县廉政约谈制度》《曲水县公车管理使用办法》《曲水县纪委定期报告制度》等，不断用制度规范各项工作的开展与落实。

开展严禁共产党员和国家工作人员参与赌博或带有赌博性质的娱乐活动专项整治。根据上级文件要求，县纪委迅速召开整治全县共产党员和国家工作人员参与赌博或带有赌博性质的娱乐活动专题会议，并联合县公安局开展专项检查和整治，对共产党员和国家工作人员违反规定参与赌博性质娱乐活动的，赌资一律予以收缴，由纪委调查处理，并视情况严肃追究党纪政纪责任；涉嫌违法的，由职能机关依法追究其法律责任，截至年底，共开展专项督查17次，共发现2名党员干部参与赌博，对其进行提醒谈话。

开展为官不为、懒政怠政专项整治工作。为切实加强党员干部"四个意识"，转变干部工作作风，提高工作效率，坚决克服和纠正为官不为、懒政怠政的问题，确保各项工作顺利开展。县纪委向各乡镇、县直各单位下发《曲水县纪委关于开展为官不为、懒政怠政专项整治工作的通知》，围绕重点项目建设、重大资金落实和重要工作推进开展督查。

【强化党内监督】 为县级领导、各乡（镇）党委书记、县直单位主要负责人、各乡（镇）纪委书记下发《党风廉政建设专题汇报本》《约谈记录本》，提醒各级领导每季度至少向主要领导或分管领导汇报1次党风廉政建设相关工作，同时县纪委进行定期检查，做到进一步压实压紧责任，全面落实从严治党。

根据曲水县县级领导包村工作机制，县纪委下发《关于曲水县县级包村领导下村落实检查指导工作情况的相关通知》，进一步改进县级领导干部工作作风、密切联系群众，着力扶强班子、谋定思路，帮助基层解决工作中的实际问题和困难，推动基层重点工作有力有序开展。

扎实推进县委巡察工作。为进一步加强党内监督，增强党员干部监督的针对性、严肃性和时效性，按照中共西藏自治区委员会下发的《关于建立县（区）巡察制度的意见》文件精神，协助县委成立巡察办，建立县委巡察工作制度，选定巡察办、巡察组工作场所，选齐配强巡察队伍，紧扣"六项纪律"、紧盯"三大问题"、紧抓"三个重点"扎实开展曲水县第一轮巡察工作。

2017年3月13—15日，拉萨市纪委副书记拉巴次仁（左一）等一行在曲水县调研指导基层纪委建设情况

实行纪委领导班子成员分片包点对各乡镇、各单位开展党风廉政建设监督检查工作。围绕重点工作，中心任务，纪委班子成员按照责任分工，开展纪律监督检查工作，要求每月检查不少于1次，做到发现问题限时整改。

按照《中国共产党章程》要求，认真履行党内监督职责，不断加强党员干部监督，重点突出对干部选拔任用、调岗等工作的监督，会同县委组织部全程参与干部推荐考察工作，2017年对324名干部进行廉政鉴定。

开展扶贫领域工作专项监督检查。为深入贯彻落实中央纪委扶贫领域监督执纪问责工作电视电话会议精神，以及区、市纪委关于扶贫领域监督执纪工作要求，坚持党要管党、全面从严治党。县纪委及时制定《曲水县扶贫领域资金监督检查工作计划》，成立专项检查领导小组，对扶贫、四业、人社、民政、农业、教育等领域惠民资金进行专项检查。同时下发《曲水县纪委关于开展脱贫攻坚工作落实情况监督检查工作的通知》，由县级领导带队开展对全县各乡镇党委、政府、"六脱"小组成员单位的脱贫攻坚工作落实情况监督检查工作，对发现的问题，及时落实整改措施，切实解决党的领导缺失、政策落实不力，工作成效不明显的问题。

开展村级财务清查工作。为确保2017年全县19个村委会换届选举工作的顺利进行，明确村

2017年4月7日，中国共产党第九届曲水县纪律检查委员会第二次全体会议胜利

干部的经济责任，县纪委联合财政局组织开展村“两委”财务清查工作，对票据报销审批不规范、“三重一大”制度执行不力、报销有发票不正规等的问题进行集中整治，同时对村级财会人员进行财务培训，进一步明确责任，理顺财务关系。通过财务清查对1个村委会2名村干部进行提醒谈话。

开展各乡（镇）落实党风廉政建设党委主体责任和纪委监督责任专项检查工作。为认真落实中共西藏自治区委员会《关于落实党风廉政建设党委主体责任和纪委监督责任的实施意见（试行）》和中共拉萨市委《关于贯彻落实〈区党委关于落实党风廉政建设主体责任和纪委监督责任的实施意见（试行）〉的意见》精神，坚持党要管党、全面落实从严治党，深入落实乡（镇）党风廉政建设党委主体责任、纪委监督责任，县纪委下发《曲水县关于开展乡（镇）落实党风廉政建设党委主体责任和纪委监督责任专项检查工作的通知》，开展对各乡（镇）落实党风廉政建设党委主体责任和纪委监督责任专项检查工作。

强化村“两委”换届纪律监督，营造风清气正的换届环境。加强组织领导，压实监督责任。及时成立换届纪律监督小组，按照纪委班子成员包点分片工作职责安排到各镇、村委会开展村级换届纪律监督工作。扎实摸清底子，准确把握选情。组织乡（镇）领导、村干部开展换届廉政“大约谈”，深入了解各村选情，努力做到底数清、情况明，坚持把纪律挺在前面。加强线索排查，强化监督问责。开通来信、来访、来电、网络信访举报平台，公布举报电话，全天候受理违反换届纪律问题的举报。对凡涉及违反换届纪律的信访举报问题，实行快查快结，严肃追究相关人员的责任，确保村级换届选举风清气正。

开展“三公”经费自查工作，按照区、市纪委要求，曲水县开展对“三公”经费自查工作，对办公经费、公务接待、车辆油料等费用进行自查，对全县维稳补助、加班补助等补助进行深入检查并做到限时整改。截至10月，“三公”经费支出362.7万元，同比下降56%。

【严查违纪案件】 拓宽信访工作渠道。主动出击查找线索，不定期组织人员深入各乡镇、各村，进行明察暗访，搜集问题线索，搜集群众反映强烈的涉及党员干部的舆论热点、焦点等有价值信息，获取线索来源。在全县境内设置举报箱。为老百姓发放廉政宣传册，让每一个老百姓都清清楚楚知道党员及党员干部在什么情况下是违反中央“八项规定”“四风”问题等情况，鼓励老百姓对发现“微腐败”问题进行积极举报反映，曲水县必做到有线索必查，有案必立，让“微腐败”问题无处遁形。强化组织协调、案件监督和服务保障职责，促进依纪依法安全文明办案，在纪律审查上杜绝“抓大放小”，切实注意解决发生在群众身边微腐败问题。2017年问题线索11件，执纪监察中发现4件，公安移送1件，信访举报2件，上级转办4件，结案11件（立案1件，失实了结2件，初核了结适当处理8件）。开除党籍1人、提醒谈话6人、诫勉谈话5人、约谈7人，全县通报2家单位。2016年遗留问题线索4件，均为立案案件，开除党籍1人，开除公职1人，免职1人，党内严重警告2人，党内警告3人，警示谈话4人，全区范围通报2件，全县通报2件。

【把问责做深做细做实】 坚持把抓早抓小做到位。积极践行监督执纪"四种形态"，要以增强责任意识为前提，以严肃问责追责为保证，把教育人、挽救人作为纪律审查的出发点和落脚点，把纪律挺在前面，对党员干部存在的一些苗头性、倾向性问题要早发现、早处置，采取约谈、函询、诫勉谈话等方式提耳朵、扯袖子，做到早提醒、早纠正，防止小问题演变成大问题，防止从纪律底线退到法律底线。2017年，约谈党员干部38人，提醒谈话6人，警示谈话4人。

建立责任倒查、连带问责制度。严格执行《中国共产党问责条例》相关规定。坚持问题导向，围绕坚持党的领导、加强党的建设、全面从严治党、维护党的纪律、推进党风廉政建设和反腐败工作开展问责，对于党组织或党的领导干部违反党章和其他党内法规，不履行或者不正确履行职责的，实行"一案双查"和"一票否决"制，既追究当事人责任，也要追究相关领导责任，2017年，共对5名领导干部进行问责。

【建立健全惩防体系】 强化廉洁风险排查。县纪委从重点工作、重点环节入手，把开展廉洁风险集中排查工作作为预防源头腐败、强化风险管理的重要举措，明确工作要求，落实工作责任，加强日常检查，围绕2017年新调整、新任职、重点岗位的领导干部，在岗位职责、关键环节等方面的风险点进行逐一排查，做到边查找边整改，提高领导干部履职尽责能力。

加强惩防体系建设。根据《曲水县〈建立健全惩治和预防腐败体系2013—2017年曲水县工作规划〉分工方案》目标要求，以严明党风廉政建设责任制为抓手，以推进农村基层党风廉政建设为重点，做好惩防体系建设任务分解表，明确责任单位、责任人。开展专项检查，坚持不懈加强党的作风建设，坚决有力的惩治腐败，科学有效的预防腐败，深化党风廉政教育，进一步加强反腐倡廉法规制度建设。

2017年8月11日，县纪委召开党风廉政建设专题汇报会议，会议由县委常委、纪委书记巴珠主持

【纪检监察队伍】 加强纪检干部队伍和机关建设。深入开展"两学一做"学习教育。始终把加强纪检监察干部的思想政治教育放在首位，加大专题培训、轮岗交流和挂职锻炼力度，加强与对口援助省市纪检监察机关的学习交流。完善《曲水县纪委监察机关办案人员工作纪律若干规定》《曲水县纪委监察局强化内部监督制度》等，坚持每月至少4次集中学习，1次集中讨论，纪检党员干部每季度至少1篇心得体会，2017年，制作宣传展板2块，撰写学习心得22篇，每位党员干部学习笔记达30余篇。通过对理论知识的学习，不断增强纪检干部党性修养，坚定理想信念，增强"四个意识"，做到在思想上拥戴核心、政治上信赖核心、组织上忠诚核心、行动上捍卫核心。

加强纪检干部队伍内部监督。正确认识履行职责和接受监督的关系、自律和他律的关系，进一步提高对"严管就是厚爱，信任不能代替监督"的认识。督促全县纪检监察干部牢固树立"监督者更要带头自觉接受监督"的意识，坚持执行纪律必须更加刚性，对纪检监察干部违纪违规行为，坚决从严查处，决不护短遮丑。

2017年11月13日，曲水县召开反腐败协调小组工作会议，进一步统一思想、增强责任意识，共同推动全县反腐败工作向纵深发展

适时通报纪检监察系统工作人员违纪违规典型案例，形成有效警示与震慑。

加强纪委党支部建设。充分发挥党支部战斗力和凝聚力，不断提升纪检党员干部自身素质和能力，完善《曲水县纪委党员干部学习制度》《曲水县纪委党支部三会一课制度》等，年初每位党员签订《党员承诺书》，填写《党员承诺践诺书》，严格规范党员行为，不断推进各项制度的落实。结合“两学一做”教育活动，制定学习计划，按照计划党员和入党积极分子开展集中学习和自学。按照每月4次集中学习时间，重点学习《习近平总书记系列重要讲话读本》《学思践悟》《问责条例》《中国共产党纪律监察机关监督执纪工作规则》《中国共产党党内监督条例》等。不断提高党员干部思想、大局、责任、纪律和为民意识。采取多种形式，丰富党员支部活动。积极参加县机关工委开展的各项活动，县纪律检查委党支部获得“优秀组织奖”称号。积极开展党支部日活动，2017年利用重大节日组织开展“重温入党誓词、学党章”活动，义务植树、奏响绿色的希望活动，“听党话、感党恩、跟党走”活动，“走好廉之路，传递正能量，弘扬五四爱国情”活动、绿色骑行活动等，进一步增强党员凝聚力，归属感、荣誉感。开展“亮身份、树形象”活动。为促进广大党员牢记身份、增强党性意识，在各自岗位上发挥先锋模范作用，在支部党员中开展“亮身份、树形象”活动，党支部全体党员做到主动佩戴党徽。关爱困难群众，拉近党群干群关系。2017年，县纪委多次到结对困难群众家中送温暖，解难事，年初，支部每个党员为结对帮扶户送去毛毯及被褥，总计3800元。藏历新年前夕慰问结对帮扶户，送去多功能电热锅、双层保温提锅、热水壶，总计3600元。支部党员能真心实意地帮助困难党员、困难群众，积极解决他们在工作和生活中的实际困难，切实把党的温暖送到他们的心坎上，使他们及早脱贫，走上致富道路。

（赵　莹）

【负责人名录】

县委常委、纪委书记
巴　珠（藏族）

纪委副书记、监察局局长
德庆卓嘎（女，藏族）

纪委副书记
巴　珠（藏族）

纪委常委、监察局副局长
赵　莹（女）

纪委常委
赵晓峰

中共曲水县委组织部

【概况】年内，中共曲水县委组织部坚持以马克思列宁主义、毛泽东思想、邓小平理论和“三个代表”重要思想、科学发展观、习近平新时代中国特色社会主义思想为指导，紧紧围绕县委中心工作和市委组织部各项工作重点，以习近平新时代中国特色社会主义思想为指导，全面贯彻落实党的十九大精神和中央第六次西藏工作座谈会精神，落实中央、区、市组织部长会议精神，以“创建基层服务型党组织”为总抓手，扎实开展“两学一做”“四讲四爱”学习教育。完成村级组织换届选举工作和基层党建七项重点任务清查等重点工作，不断深化干部人事制度改革，加大人才工作和干部培训教育力度,着力在选干部、配班子、育人才、强基层、打基础上下功夫,为推动全县决胜全面小康迈出新步伐提供坚强的组织保证和人才支撑。

【专项教育活动】 始终坚持把"两学一做"学习教育、"四讲四爱"主题实践活动、学习宣传贯彻党的十九大精神作为基层党建工作的抓手,各级党组织精心组织、广大党员积极参与,"两学一做"学习教育工作扎实有效。积极参加理论中心组的专题学习,制定个人自学计划,严格落实"三会一课"制度,撰写讲党课教案。利用新媒体,拓展学习深度,在党员中扎实推进"西藏先锋""共产党员"微信公众号、"西藏党员教育"APP手机软件的普及运用,党员关注度达到70%,延伸学习的深度广度。坚持把"学"与"做"有机结合起来,力争做到在学习教育中提高认识,在解决问题中深化学习教育,用工作实绩检验学习教育成果,截至年底,各级党委(党组)共开展集中学习研讨1671场次2883学时,交流发言人数达1596人次,撰写心得体会4138篇,个人自学达2010次3543学时,开展书记讲党课48场次,有效把"两学一做"教育引向深入。

2017年12月23日,县委常委、组织部部长普布顿珠为新一届党组织委员敬献哈达

【基层组织建设】 着力加强党支部建设。以基层党建7项重点任务为契机,不断规范党支部"三会一课",议事决策等机制,坚持"抓书记、书记抓",不断提升党支部建设工作实效。编印《基层党建工作指导手册》和《党支部工作手册》,从严规范基层党组织建设工作。研究制定《关于开展"三建三带三加力"工作的实施方案》,进一步加强党支部凝聚力、战斗力、号召力,促使党的建设迈上新台阶。

积极扩大党内基层民主。各级党组织始终坚持民主集中制,认真落实组织生活会、党员民主评议、"三重一大"事项研究等基本制度,在村继续推行"四议两公开"工作法。通过检查指导、述职评议、工作汇报等方式,上级党组织经常性听取基层党组织对加强党的建设方面的意见建议,进一步构建上下联动的工作格局,推动党内基层民主有效贯彻落实。

常态化开展后进基层党组织整顿工作。建立软弱涣散整顿长效机制,每年按10%的比例倒排整顿后进党组织,采取"传、帮、带"和选派党建工作指导员等形式,以群众满意为目标,深入推进整顿工作。2017年整顿软弱涣散基层党组织8个,其中,村级软弱涣散党组织2个,通过整顿,基层党组织的战斗堡垒作用进一步夯实,群众满意度进一步提升。

拟定"一定三有"工作机制,进一步加强基层组织建设,激发基层干部干事,深化"强党、固基、扶村"工作。创业的热情,妥善解决村级组织权责不明、素质不齐、人员不稳等实际问题,提高村级领导班子的凝聚力、影响力、战斗力和创造力。推进管理服务重心下移,2017年,全县累计选派91名干部下沉到村。推行第一书记统筹协调村"两委"班子、驻村工作队和下沉干部三支工作力量的管理模式,不断整合工作力量,提高工作效率,确保下沉干部在村发挥作用,打通联系服务群众"最后一公里",走实"最后一步路"。

持续深化干部驻村工作。全县85名驻村干部紧紧围绕"七项工作任务",大力开展思想、技术、能力等各类教育培训,积极发展壮大村集体经济，协调民生项目，落实惠民资金，努力为群众办实事、解难事，切实提升驻村工作实效。打造“曲水驻村”微信公众平台，及时发布驻村工作信息，使驻村工作更加透明化，推动驻村工作扎实有效开展。2017年，各驻村工作队共开展各类教育培训128场次，培训党员930余人，群众教育面达100%；帮助群众化解各类矛盾41件，办实事好事67件，投入资金47.6万元；帮助各村群众劳务输出777人，增加现金收入63.56万元。

抓好党建促脱贫攻坚工作。各基层党组织切实担负起改善民生的责任，积极探索农牧业生产模式，正确指导农牧民专业合作社经营发展，大力推进净土健康产业，壮大村集体经济等工作，不断增强农村的“造血”功能和自我发展能力。探索试点农村资产股份权能改革工作，使群众共享改革发展红利。在抓党建促脱贫攻坚中展现新作为，积极做好搬迁群众思想工作，促使搬迁群众搬得出、留得住。继续推行党员领导干部“5321”结对帮扶机制，积极开展送医送教帮扶，帮助群众想办法、谋出路，为全县建档立卡贫困户如期完成脱贫奠定坚实基础。

推进村级组织活动场所标准化建设。坚持把加强村级组织活动场所标准化建设工作与全县改革发展稳定各项工作同研究、同部署、同落实，统筹全县力量，扎实推进村级组织活动场所标准化建设。2015年以来，共计整合各级各类资金6469万元，进行村级组织活动场所标准化建设，实现办公区、生活区、服务区等功能布局的合理设置。

发展壮大集体经济。以“三建三带三加力”活动为契机，加力发展壮大村集体经济，鼓励村级组织大力推进净土健康产业，不断增强农村的“造血”功能和自我发展能力。截至年底，曲水县各行政村集体经济积累100万元以上的村13个。

【村级组织换届选举工作】 把切实做好村组织换届作为密切党同人民群众血肉联系、争取人心所向、促进民族团结、夯实基层基础、建设美丽西藏的重要政治任务来抓，扎实推进村组织换届选举工作。成立机构，制定方案。成立换届选举工作领导小组和办公室，制定完善《曲水县村组织换届选举实施方案》，安排100万元换届专项经费，建立县级领导包乡联村制度，构建一级抓一级、层层抓落实的工作格局。整合资源，形成合力。县委组织部牵头，县民政局配合，深入落实县级干部包乡包村制度，选派换届工作指导员42名，切实统筹工作力量，加强对换届工作的指导。严肃纪律，宣传培训。深入开展换届工作的重要意义、纪律要求、方法步骤等宣传培训，提升换届工作人员业务能力。强化党员对身边群众的教育引导，打牢换届工作的群众基础。财务清查公开透明。严把“政策关”“程序关”“监督关”，注重群众反映强烈的突出问题，切实维护群众利益。注重保障选民合法权益，以提高参选率为目标，切实做到登记不重不漏。2017年，曲水县共有19个行政村，共选举产生村“两委”班子成员156人，其中，新进班子成员56名，连任100名；组织班子成员交叉任职72名，“一肩挑”2名；中共党员156人；妇女干部36人；小学学历3人，初中及以上学历干部153

2017年6月26日，曲水县举办推进“两学一做”学习教育常态化制度化——“共产党员家风家训”专题讲座

人，占98.08%；40岁及以下干部76人，41岁以上干部80人。现任班子成员平均年龄41.89岁。

【党员队伍建设】 按照“控制总量、优化结构、提高质量、发挥作用”的总要求，严把党员“入口关”，认真落实入党积极分子、预备党员培养教育考察等环节，严格落实不政审不发展，未经培训不发展的工作要求，抓好党员发展工作。2017年，全县共发展党员132名，用好农村党员干部现代远程教育终端站点，整合江苏泰州援藏和各级教育教学资源，创新教学形式、丰富教学内容，不断加强党员教育培训，实现党员教育培训全覆盖，党员宗旨意识明显增强。

【领导班子建设】 年内，按照习近平总书记提出的好干部标准和民族地区好干部要求，既注重基层工作经历，又注重实际工作能力和经验，坚持多渠道选拔干部，唯才是举，通过组织部门反复考察、对比，县委常委会反复研究、综合考虑，把理想信念坚定、政治可靠、驾驭和处理复杂局面能力强、发展思路清晰的干部选拔为部门主要领导。2017年，共启动干部选拔任用工作1批次、48人，涉及县委办、教育局、卫生局、文广局等6部门主要领导职务任免。选优配强村级党组织第一书记，采取从县委组织部、县委统战部等县直机关派、乡镇中间选等多种方式方法，选优配强19个村党组织第一书记。

【人才队伍建设】 育好本土人才。充分发挥对口援藏优势，坚持“走出去、请进来”并举。根据中央、区、市关于深入推进教育、医疗组团式援藏工作的一系列部署要求，研究制定《曲水县关于深入推进医疗、教育人才组团式援藏工作拓展实施方案》。截至年底，5名医疗组团式人才已经就位。通过吸收借鉴援藏省市经济社会建设各方面的先进经验做法，促进曲水县政治、农业、医疗、教育和卫生事业的全面发展。充分发挥好县委党校的教育主阵地作用，围绕推进精准扶贫，提高干部群众思想认识、理论知识水平等为重点，县委党校共开展培训班次27期，学员达2917人次，共安排“走出去”学习培训142人次，“请进来”137人次。

抓好引进人才。2017年，接收25名从非西藏自治区生源毕业生专项招收的公务员并全部分配至乡镇，进一步充实乡镇队伍建设。召开引进人才交流座谈会3次，听取意见建议，了解其思想状态，教方法、解疑惑，解决他们的后顾之忧，在全县范围内进一步营造“尊重人才、关心人才、重视人才”的良好氛围。

2017年11月2日，曲水县召开村组织换届选举工作动员部署会

【机构编制工作】 严格按照市编委批准的《曲水县政府机构改革方案》，制定各部门“三定”方案，严格执行机构改革的主要任务，努力转变政府职能，理顺部门间的职责关系，明确和强化责任，调整优化组织结构，努力适应曲水县经济社会发展需要。此次机构改革，共内部调剂10名行政编制用于增设、新组建政府工作部门，机构和编制均在全县机构编制总额内开展。同时，切实解决部门职责交叉和关系不顺的问题。

深入推进“放管服”改革。紧紧抓住“放管服”改革牛鼻子，推进“两集中两到位”，推动政府职能转变。积极推动责任清单梳理

2017年7月25日，县委组织部组织离退休干部开展“走基层、看变化”活动

工作，组建两家新政府部门，并对部分机构进行调整更名。深化行政审批制度改革，调整、取消行政许可等事项21项，下放行政审批权限5项，实现“双随机、一公开”工作全覆盖，提高工作执行力。推进县乡政务服务体系建设，县政务服务中心入驻窗口单位16家，服务窗口20个，乡镇政务服务中心实现全覆盖，县乡两级办理便民事项23550件，各类事项办结率100%。

以实名制系统建设为重点，进一步严格机构编制管理加强自身建设。充分发挥机构编制实名制管理把关、协调、监督作用，以实名制系统为依托，按照“严控总量、盘活存量、优化结构、增减平衡”的要求，严格控制机构编制总量，盘活现有机构编制资源，严控机构编制增长，确保“机构总数、编制总量、领导职数”三不突破目标。2017年，积极协调上级编委，共对200余人信息进行更新，为实现财政供养人员只减不增目标提供参考依据。

【老干部工作】 把老干部工作作为全县党建工作的一项重要内容，纳入基层组织整体规划，与党建工作一起研究部署。年内，全面落实离退休老干部经费保障，县财政每年为两个退休支部划拨活动经费20万元（驻拉萨退休支部12万元，县退休支部8万元），另外划拨10万元外出参观经费。同时，按照支部书记4200元/年，副书记3600元/年，支委成员3000元/年的标准，落实成员待遇，确保老干部退休党支部活动的顺利开展。坚持重大节日慰问机制，在“三大节日”前，及时组织慰问“三老”人员和退休干部。2017年，对全县231名离退休老干部、聘用干部中开展“两节”前走访慰问活动，发放慰问金23.1万元，并召开“团拜会”为老干部送去县委、县政府的温暖。为进一步倡导敬老、爱老、助老的和谐新风尚，集中走访看望慰问6位生活较困难的离退休干部职工。年内，继续深入开展好老干部思想教育工作。注重加强退休老干部的政治理论学习，开展“畅谈、展望、建言”活动，组织离退休干部开展专题学习和座谈会达10余场次、组织4名离退休干部参加县委党校“四讲四爱”宣讲员培训班、5名老干部作为特邀代表先后参加县人大十三届二次会议和县政协第二届二次会议、组织全县70名离退休干部职工开展“走基层、看变化、谈建议、促发展”回乡参观考察活动、在考察结束后收到老干部涉及经济社会发展、精准脱贫等方面意见建议14条，激发离退休老干部参与团结美丽家园、幸福健康曲水建设的积极性。2017年组织老干部文艺队在拉萨市老干部运动会开幕式、曲水县“七一”中国共产党成立日表彰大会、四季吉祥村创业揭牌仪式、才纳乡白堆村旺果节、南木乡江村民族团结一家亲联欢活动、“加强民族团结，建设美丽西藏”“九九重阳，心系老人”等重大活动日进行文艺表演，展示曲水老干部的风采，宣传党的支农惠农政策，先后组织表演14场次。曲水县委老干部局坚持把开阔视野，陶冶情操作为老干部工作的切入点，充分调动老干部发挥余热的积极性。顺利完成提前退休和离岗休养人员摸底统计工作。按照自治区31号和64号文件精神，组织部加强组织落实，专人专项负责，反复研究审查，顺利完成摸底统

2017年8月10日，县委组织部党支部开展每周集体学习活动

计工作并上报拉萨市委。

【县委党校工作】 县委党校在县委、县政府的坚强领导和上级党校的精心指导下，充分发挥县委党校平台作用，按照“突出办学特色、充分发挥县级党校职能分工”的要求，累计投入217万元，开设以副乡科级党员领导干部、新任公务员、后备干部及基层党员干部、入党积极分子、“大学生村官”、村“两委”干部、农牧民党员为主要培训对象，深入贯彻落实党的十九大精神、习近平总书记系列讲话重要精神，共举办各类培训班、轮训班27期，下乡宣讲6次，总计2917人次，实现全县在职干部轮训一遍。同时，将“每月一课”、理论中心组学习会议、调训、在职教育、人才智力援助等互补结合，实现全县在职干部教育培训年累计不少于12天的要求。充分发挥党校作为干部培训主渠道的作用，为提高领导干部素质和能力做出积极的贡献。

【组织部门自身建设】 建立健全基层党建工作责任体系，牵头制定年度党建工作规划和实施计划，进一步完善党建目标责任制考核，建立与有关部门的协调联动机制，形成齐抓共管党建工作的合力。结合“学党章、正党风、守党纪”树组工干部新形象活动，通过学习培训、实践锻炼、参与中心工作、项目化管理等方式培养锻炼组工干部，提升组工干部能力水平。全年，撰写各类调研报告20篇，组织上报《信息专报》68期，其中，市级刊物及以上采用的有10篇。

（索朗扎西）

【负责人名录】

部　长
　　普布顿珠（藏族）
副部长、编办主任
　　王庆宏
副部长、人社局局长
　　昌　珍（女，藏族）
副部长、县委党校副校长
　　边　宗（女，藏族）
老干局局长
　　平　德（藏族）

中共曲水县委宣传部

【概况】 年内，县委宣传部在县委、县政府的领导下，在上级宣传部门的指导下，高举中国特色社会主义伟大旗帜，以马列主义、毛泽东思想、邓小平理论、“三个代表”重要思想、科学发展观为指导，紧密团结在以习近平同志为核心的党中央周围，深入贯彻党的十九大精神、区市县第九次党代会、区市县党委九届三次全会精神，认真宣传学习习近平总书记系列重要讲话精神和治国理政新理念新思想新战略，特别是治边稳藏重要战略思想和加强民族团结、建设美丽西藏的重要指示，锐意进取、改革创新，切实把全县干部职工的思想行动统一到党中央各项决策部署及区市县党委各项会议精神上来，坚决把党中央及区市县党委的各项决策部署和工作要求落到实处。

【强化理论学习】 2017年，县委宣传部以建设学习型党组织建设为抓手，以学习贯彻习近平总书记系列重要讲话精神为重点，制定《曲水县干部职工理论学习安排意见》，创新方法、加强指导、常抓不懈，不断提升党员干部服务和引领群众能力。以“八学”（领导带头学、集中交流学、专题研讨学、扩大范围学、联系实践学、个人自觉学、交心谈心学）形式，在深学、细照、笃行上下功夫，在入心、入脑、管用上见真章。按照“三定一请”（即定时间、定学习内容、定发言人，邀请区市专家、教授来辅导讲座），全年共组织中心组集体学习17次、观看专题片2次、开展各类专题研讨9场次，中心组成员撰写心得体会80篇、形成调研报告40份，理论文章32篇，人均学习笔记2万字以上、交流发言30余人次，中心组成员人均下基层调研和指导工作达30余个工作日、走访慰问群众100人次以上。

【“四讲四爱”主题教育实践活动】 自西藏自治区党委全面部署“四讲四爱”喜迎十九大主题教育实践活动动员以来，曲水县严格按照区委、拉萨市委的要求，精心部署、周密安排，各乡（镇）、学校、寺庙、国有企业统一思想，行动一致，紧密围绕“四讲四爱”营造浓厚的活动氛围，组织干部群众进行多种形式的宣讲，开展丰富多彩的实践活动，“大水漫灌与精准滴灌”相结合，提高了宣讲覆盖面及宣讲实效。

加强组织领导。曲水县成立了以县委书记为组长的领导小组，领导小组下设办公室，专门抽调精干力量负责活动开展。成立了由优秀双联户代表、老党员、老干部、寺管会干部、先进僧尼共计78人组成宣讲团28个，共组织培训6次，参训人员481人次。

营造浓厚氛围。为在群众中全方位、多角度、全覆盖宣传“四讲四爱”，曲水县共制作主题教育实践活动大型广告牌15个、小型广告牌96个、专题宣传栏78块、画册895张、标语595条、LED屏41处、张贴各类宣传海报千余份。通过“曲水在线”微信公众号报道37期，西藏日报、拉萨晚报、西藏电视台、拉萨电视台等媒体宣传报道15次，充分营造了浓厚的好的氛围。

突出特色亮点工作。高度重视“四讲四爱”主题教育实践活动，为确保活动取得实实在在的成效，在做好市委规定动作的同时，曲水县创新工作形式，精心组织“每晚一讲”宣讲活动和“扳起指头算一算”。全年共组织宣讲2200余场次，入户宣讲3000余次，发放宣传材料2万余份，受教育群众达32余万人次，全县“四讲四爱”宣讲覆盖率达到了95%以上。

扎实开展建章立制工作。利用“四讲四爱”宣讲契机，加强对新修订的规章制度的宣传力度。经修订，截至年底，曲水县各乡镇乡规民约、村规民约共新增了21条、完善了7条、废除了8条，寺规僧约新增了11条，学生守则无改动。通过“四讲四爱”主题教育实践活动的开展，群众的核心意识更加坚定、思想认识更加统一、民族团结更加和睦、社会局势更加稳定、发展动能更加强劲、保护生态更加自觉、基层基础更加牢固、社会风尚更加文明、宗教与社会主义社会更加适应、接班人队伍更加纯洁。

【深入学习宣传党的十九大精神】 党的十九大召开期间，全县共组织观看开幕式342场次，观看人数达36000余人次，撰写心得体会、学习笔记1000余篇。会议期间，组织召开全县党的十九大精神专题研讨和学习会3次，并成立曲水县学习宣传党的十九大精神工作专班，全面铺开学习宣传

2017年8月3日，县委常务副书记吴斌主持县委理论中心组专题讲座学习

贯彻党的十九大精神各项工作。截至年底，共组织县包乡干部宣讲23场次（五乡一镇7场次、教育系统8场次、寺庙8场次），受众人员达30000余人次，并邀请区党委宣讲团成员胡洁教授在曲水县五乡一镇开展7场次的巡回宣讲，受众人数达2500余人次。此外，针对农牧居民群众开展互动化、分众化、对象化宣传，发放《曲水县宣讲十九大精神应知应会（参考）》《习近平总书记重要论述摘编100句（农牧民群众版）》《党的十九大精神宣传画册》等各类书籍6000余册，为农牧民群众讲述十九大报告"关键词""新亮点"，让党的十九大精神紧握在百姓手中，牢记在群众心中。2017年11月，中央宣讲团到曲水县三有村进行宣讲，结合西藏实际，重点就十九大报告中涉及农村、农民的内容，深入学习贯彻习近平总书记"三农"思想等方面，与基层党员干部群众面对面进行互动交流。

2017年4月17日，曲水县举办"四讲四爱"主题教育实践活动宣讲员培训班

【精神文明建设】 2017年，曲水县以"平安曲水、和谐曲水、小康曲水、生态曲水"为目标，从组织保障、经费投入、工作措施等各个方面不断加大投入力度，集中力量稳步推进创城工作，年内被提名为全国县级文明城市，曲水县南木乡江村被评为全国文明村镇。截至年底，曲水县有1个国家级文明村（南木乡江村）、2个自治区文明乡（南木乡、达嘎乡）、1个自治区级文明村（聂当乡德吉村），10个市级文明单位，9个市级文明村镇，1名中国好人、2名市级道德模范、2名拉萨好人。

树外在形象，优化改善曲水县整体环境面貌。依托公益品牌，在全县范围内设立涉及公益、环保、廉政、主流思想等内容的宣传牌及标语1200余面；向广大居民群众发放涉及志愿服务、文明常识、传统节日等26个内容的创城问卷调查6000余份、发放创城倡议书5万余份，群众知晓率达到95%，让更多的农牧民群众了解熟悉创城，支持参与创城，全民纳入到创城工作中来；在全县境内大力开展环境整治活动，动员干部群众8000余人次，定期对全县卫生综合整治，共动用环卫车辆60余台次，清运垃圾40余吨；2017年对曲水县县城境内主干街道两旁、绿化带内、泰州广场、城东广场等公共场所进行增补花草树木，同时大力开展植树造林，改善环境，全年全县共完成植树造林面积12270余亩，有效改善了曲水县整体环境。

提内在素质，不断提升干部群众文化素养。大力举行"身边好人"推荐评选活动，设置善行义举榜，将好人好事大力宣传，将曲水县近年来评选出的20名"拉萨好人"的相关事迹大力宣传、编成小故事、小段子，在百姓中流传；利用曲水在线对"道德模范""身边好人"的事迹进行大力宣传，组织开展"道德宣讲"，努力营造学习"道德模范"学习"身边好人"的浓郁氛围；利用春节、藏历新年，清明节等传统节日开展慰问孤寡老人、文艺演出、清明祭祀等"我们的节日"主题活动共18次，参与人数3万余人次；深化道德讲堂、"讲文明树新风"公益广告宣传和"改陋习、讲文明、树新风"等系列活动，举办"道德讲堂"10期，撰写道德承诺200余条，有效提高广大党员干部及居民群众的道德觉悟，增强了自身文明素质。

【抓好主流宣传】 充分利用拉萨晚报“多彩曲水”宣传专版、党建网曲水专页、曲水在线、政府网站等宣传媒介，加强与中央电视台、新华社、西藏日报、西藏电视台、拉萨电视台等主流媒体的沟通联系，紧密围绕党的建设、农村改革试验区、净土健康产业发展、精准扶贫精准脱贫、精神文明建设、生态文明建设、文化建设等重点工作，认真策划宣传主题，扎实做好曲水县改革稳定发展以及民生实事等各个方面的宣传报道工作，全年共在主流媒体上刊播新闻600余条，展现了曲水新形象，提升了曲水知名度，扩大了幸福平安和谐曲水的影响力。2017年8月，曲水县电视台正式开播，自开播以来，共播放曲水脱贫攻坚、民生改善、基础建设、生态保护、维护稳定等内容60期。其中，专题播放全国“两会”、区市九届三中全会4天。

【促进社会主义核心价值观体系建设】 深入宣传普及社会主义核心价值观，在县政府大院和各乡镇、县城主要街道、“318”国道沿线设立了以“二十四字”社会主义核心价值观为基本内容的公益广告牌和展板，切实把社会主义核心价值观基本内容宣传普及好，内化为广大人民群众的自觉行动；深入开展中国特色社会主义、“中国梦”、爱国主义、新旧西藏对比、形势政策、民族团结等宣传教育以及“四讲四爱”主题教育实践活动，全年共组织开展各类主题教育活动90场、趣味体育活动20场、演讲比赛14场，参与干部群众达到4.6万人次，有效筑牢反分裂堤坝，增强全县各族人民对中华民族、中华文化、中国特色社会主义的认同，形成“人人知恩感恩、个个报恩施恩、处处体现和谐”的良好氛围。

【维护文化安全政治责任】 深入开展反渗透斗争，大力实施“西新工程”“珠峰工程”，加强县电视台安全播出工作，依法加强卫星电视广播地面接收设施管理和“扫黄打非”力度，有效抵御达赖集团和西方敌对势力的渗透，确保意识形态领域安全；加强文化执法，积极配合拉萨市完善《拉萨市文化市场经营单位基本情况数据库》建设，完成文化执法权责清单，推动文化执法科学化、规范化建设；加强日常综合执法检查，全年出动执法30余次、出动执法人员210余人次，检查网吧45家次、歌舞娱乐场所160家次、音像制品销售店30家次、打字复印店150家次，营造健康有序的文化环境。

【抓好网上舆论工作】 加强曲水县政府网站规范化建设，按照每日3–5篇的要求收集、整理、上报曲水县经济、文化、民生等方面报道；组建网络舆情监测队伍、网络评论队伍，针对县域发展难点多、社会关注焦点多、外部媒体跟踪多的实际，坚持密切关注、谨慎对待、积极有为的工作态度，着力强化舆论引导和正面宣传，快速处置新闻突发事件，积极消化负面影响；认真做好日常网络舆情信息监控、收集和整理工作，按时上报舆情信息，先后上报天涯论坛、百度贴吧、猫扑等网站上涉及拉萨市、曲水县的不良信息300余条，按照上级要求统一开展舆论引导，减少负面影响，做到讲导向不含糊、抓导向不放松，维护曲水良好形象；认真办好“曲水在线”微信公众号，定期发布曲水县改

2017年9月20日，曲水县举行喜迎十九大法律进乡村宣讲活动

2017年3月28日，曲水县在达嘎乡“三有村”开展“3·28”文艺演出活动

革开放、经济建设、社会发展、民生实事等各方面的信息，展现曲水县委、县政府团结带领全县各族人民，紧密团结在以习近平总书记为核心的党中央周围，建设美丽家园幸福曲水的生动画面。

【对外宣传工作】 认真抓好“拉萨河畔·三有村”和“四季吉祥村”两个扶贫搬迁点，俊巴渔村、江村、卓玛拉康等外宣点的建设和宣传力度，深化采访线工程，增强对外宣传的主动性、针对性和时效性；2017年配合区市外宣部门先后接待了五批国外媒体和外国友人，开展对外宣传和文化交流，扩大正面宣传的覆盖面、影响力；2017年3月，积极配合中央媒体在曲水县关于宣传精准扶贫工作以及“高原万里行”三有村及“净土健康产业园区”的拍摄录制工作，充分展示了在党的领导下，西藏政治、经济、文化、社会各方面取得的巨大成就，特别是曲水县各族人民群众幸福生活的美好景象。

【推进文化惠民工程建设】 进一步完善县文化活动中心功能及六个乡镇文化活动中心建设，全年共修建完善11个乡级资源共享点、18个农家书屋、10处寺庙书屋、19个村级文化室、73个组文化室，并免费向干部群众开放，满足了群众多层次、多样化的文化需求；推进基层文化队伍建设，县雅松民间艺术团年度演出达45场，俊巴牛皮船舞队、协荣牦牛舞队等基层业余文艺队伍发挥自身优势定期开展演出活动，极大丰富了广大群众业余文化生活；结合“四讲四爱”主题教育实践活动开展“爱国歌曲大家唱”活动，不断满足人民群众日益增长的精神文化需求；“五下乡”活动蓬勃开展，全年共开展“五下乡”活动450余场次，受益群众达17万人次；全县73处文物点保护良好，9个非物质文化遗产得到良好的保护和有效传承。

（马莎莎）

【负责人名录】

县委常委、宣传部部长

达娃次仁（藏族）

县委宣传部副部长

索朗卓嘎（女，藏族，1月免）

县委宣传部副部长、网信办主任

王 军 旗（1月任）

县委宣传部副部长

王 秋 锋（1月任）

县文化综合执法大队长

葛 建 荣

中共曲水县委统战部

【概况】 年内，坚持以邓小平理论和“三个代表”重要思想及科学发展观为指导，深入贯彻落实习近平总书记关于“加强民族团结、共建美丽西藏”和李克强总理关于“要大力加强民族团结，促进各民族和睦相处，促进宗教关系和谐，形成推动发展的强大合力，共建维护西藏社会稳定和长治久安”的重要指示精神，贯彻落实中央《关于依法治理民族事务促进民族团结的意见》要求，落实区党委书记吴英杰关于“把维护祖国统一、加强民族团结作为工作的着眼点和着力点”批示精神，精密结合《拉萨市关于开展“讲党恩爱核心、讲团结爱祖国、将贡献爱家园、讲文明爱生活”喜迎党的十九大主题教育实践活动实施方案》安排，牢牢把握各民族“共同团结奋斗、共同繁荣发展”工作主线，以新时期西藏工作指导方针和民族宗教政策为指引，以统一战线可持续发展为着眼点，以“防范第一、高效处置，不出事故”为核心，以创建平安和谐寺庙为着力点，以维护社会稳定为目标任务，紧紧把握“团结一切力量、争取一切人心”的统战方针，做好统一战线各项工作。

【统战工作教育实践活动】 加强教育引导，把广大党外人士团结在党的周围。结合“四讲四爱”主题教育实践活动及深化“两学一做”专题教育活动，制定党员干部联系寺庙制度，每位统战民宗党员干部有自己联系的寺庙，有解决寺庙僧尼办实事解难题的任务。

【回国探访藏胞的审批工作】 2017年，县委统战部按照回国探访相关政策做好了藏胞回国探访工作，对经审查符合条件的藏胞同意其回国探亲并做好其在县境内期间的服务管理工作，充分地让旅居境外的藏胞亲身体会西藏翻天覆地的巨大变化。

【推进非公有制经济建设】 2017年5月24日，深入贯彻落实中央统战工作会议精神和《中国共产党统一战线工作条例（试行）》，严格按照换届文件要求，县委统战部牵头组织曲水县工商联召开曲水县工商联第二次代表大会暨第二届一次执委会，同时完成换届工作。

【提高干部队伍综合素质】 培养宗教领域干部应对新形势、新常态的能力，提升曲水县宗教领域干部队伍的综合素质，提高宗教领域干部的依法、规范、有序管理宗教事务能力，打造一支对党忠诚、素质过硬、作风优良的宗教工作干部队伍。2017年，县委统战部开展“对党忠诚 素质过硬 作风优良”专题学习培训活动，培训活动为期1年，每月开展1次，全年开展12次，培训课程邀请区党校、区社会主义学院、拉萨市委党校专家授课，确保授课课程质量。2017年组织集中学习8次，其中专题讨论4次。2月19日，县委统战部邀请区党委统战部部务会成员、区宗教工作领导小组办公室副主任达瓦穷达开展宗教领域《如何更好地做好新形势下自治区宗教工作》专题讲座。3月5日，县委统战部在培训班上深入传达学习中共中央办公厅、国务院办公厅印发《关于依法治理民族事务促进民族团结的意见》文件精神，努力提高曲水县宗教干部政策理论水平。3月15日，组织宗教领域干部学习十一世班禅额尔德尼在“两会”上的发言内容，深刻认识宗教在经济发展和社会和谐中的重要作用。3月23日，邀请市委办公厅秘书科副秘书长周江源为宗教领域干部讲授公文写作规范，参加学习活动人数累计达150人次。4月13日下午，邀请拉萨市“四讲四爱”主题教育实践活动宣讲团成员、拉萨市委党校讲师格桑次仁在曲水县开展“四讲四爱”主题教育实践活动专题讲座。曲水县统战民宗干部、各寺管委会驻寺干部、各乡（镇）统战委员、市县两级民族团结“七进”试点单位负责人、驻村工作队负责人共计50余人参加。4月16日，县委统战部组织雄色寺和热堆寺僧众及各驻寺干部召开“四讲四爱”主题教育实践活动动员部署大会暨专题讲座，邀请拉萨市“四讲四爱”主题教育实践活动宣讲团成员、拉萨市委党校

2017年7月21日，自治区党委统战部退休老干部在曲水县参观考察

2017年10月13日，县委常委、纪委书记巴珠（右三），县委常委、统战部部长巴珠（右二）在寺庙检查安保工作台账

讲师格桑次仁授课，共计120余人参加。4月20日上午，县委统战部认真贯彻落实中共中央办公厅、国务院办公厅印发《关于依法治理民族事务促进民族团结的意见》的文件精神，推进曲水县民族团结进步事业繁荣发展，邀请区委党校副校长、自治区行政学院副院长孙向军在曲水县开展“依法治理民族宗教事务促进民族团结”主题讲座，曲水县在家的全体县级干部、县直部门负责人、各乡党委委员、各寺庙管理委员会副科级以上干部、各乡（镇）统战委员、民宗委员、各村第一书记、县统战民宗全体干部以及各学校校长近200余人参加。4月27日，县委统战部认真贯彻落实《关于进一步加强涉宗领域学习型机关建设的通知》及《中共曲水县委办公室印发〈关于开展“讲党恩爱核心、讲团结爱祖国、讲贡献爱家园、讲文明爱生活”喜迎党的十九大主题教育实践活动的实施方案〉的通知》文件精神，邀请区委党校党史党建教研部副教授万金鹏在曲水县开展“深刻领会习近平总书记‘治国必治边、治边先稳藏’重要战略思想”专题讲座，县委常委、纪检委书记巴珠，县委常委、统战部部长巴珠，县委常委、政法委书记赵宏忠，县直各部门负责人、各寺庙管理委员会副科级以上干部、各乡（镇）统战委员、民宗委员、政法系统干部、统战民宗全体干部以近120余人参加。5月3日，曲水县“书记讲党课”活动上，县委书记彭飞跃以“坚定不移维护社会稳定的任务——依法做好宗教工作”为主题，围绕“对宗教的认识”“宗教工作面临的新情况新问题”“宗教工作基本方针”“做好宗教工作的具体做法”四个方面进行授课。6月29日，县委统战部邀请拥有十几年财务工作经历的专业财务人员为曲水县各寺庙财务人员讲授业务知识；7月12日，县委统战部继续深入开展“对党忠诚 素质过硬 作风优良”专题学习培训活动，邀请中共西藏自治区委员会党校、党史党建教研部次仁卓玛老师，组织曲水县涉宗领域干部开展如何实现藏传佛教与社会主义社会相适应专题讲座。9月22日上午，县委统战部邀请中共西藏自治区党委副教授、西藏行政管理学会秘书长刘恒，组织曲水县涉宗领域干部开展“群体性突发事件的应对与处置”专题讲座。

（张 钰）

【负责人名录】

县委常委、统战部部长

巴 珠（藏族）

县宗教办主任

旦增卓玛（女，藏族）

县工商联副主席

陈灿丽（女）

曲水县总工会

【概况】 2017年，曲水县总工会在县委、县政府的坚强领导下、在市总的大力关心、指导和帮助下，结合自身特点，紧紧围绕全县“保增长、保民生、保稳定”的中心工作，积极发挥工会组织作用，凝聚人心，提升战斗力，以促进和谐企业创建，维护职工合法权益，增强工会活力为重点，以维护职工权益和社会稳定为着力点，全面履行工会的各项职能，团结和动员广大职工为促进经济平稳较快发展做出了新的努力，为加快县域经济建设做出应有的贡献，总体工作继续保持稳定上升的态势。2017年，全县现共有工会会员11685人，其中干部职工会员1080人，农牧民会员10605人。全县6个乡（镇）、19个行政村已全部建立工会委员会，并在42家企业、农村合作社建立工会组织。2017年，全县新发展会员1903人，其中农牧民会员1880人、干部职工会员23人，逐步形成“组织体系完善，工作制度健全，维权机制落实，作用发挥到位”的良好局面。

【组织建设】 年内，曲水县把广大职工组织到工会中去，不断扩大党的阶级基础，巩固党的执政地位，不断扩大工会组织覆盖面，夯实工会组织的工作基础。年初，县总工会及时转发《关于加强基层工会组建工作的通知》，多种渠道宣传《中华人民共和国工会法》《中华人民共和国劳动法》《中华人民共和国劳动合同法》《中国工会章程》，使职工了解到工会组织的性质、工会会员的权利和义务，同时结合各自实际，加强分类指导，积极探索方法途径，不断创新工作方式，以更扎实有效的工作作风和更加积极务实的工作态度，按时完成了工会组建工作。2017年全县组建工会组织4家，包括合作社工会组织1家、机关单位工会组织1家、企业工会组织1家、村级工会组织1家。县总工会重视加强干部廉政建设，促进机关干部贴近基层、贴近职工、贴近实际，切实转变作风，提高为基层和职工服务的能力。

【干部队伍建设】 全年共组织基层工会干部培训班1次，培训乡镇村居工会干部30人，参加区、市总工会培训3次。有效地提高各级工会干部运用科学理论，分析和解决工会实际问题的能力，不断提高工会干部参与社会事务、开展群众工作、协调劳动关系、维护职工权益的本领。特别是在抓好全县乡级工会干部的换届选配工作中，做到配齐、配强、配好各级工会领导班子，并抓好基层新任工会主席、工会干部培训。

【职工队伍素质教育】 各级工会组织以争创学习型组织、争做知识型、技能型职工活动为抓手，通过各种形式的群众性学习、培训活动，不断增强职工的学习能力、创新能力、竞争能力、创业能力，推进职工队伍知识化进程。县总工会先后组织各类普法宣传和培训，如工会知识培训、《中华人民共和国工会法》《中华人民共和国劳动法》《中华人民共和国劳动合同法》宣讲和技能培训等，近300人次参加培训。县总工会在新建工会组织中广泛开展职工书屋建设。县总工会以创建学习型班组为契机，在职工中强化学习理念、组织职工科技创新实践活动，以“名师育高徒”“合理化建议”、绝技绝活挖掘展示、先进操作法总结示范等评选活动为内容，深入开展职工技能竞赛活动。广泛开展群众性创新创效和技术攻关竞赛活动，把职工群众性科技创新活动引向深入，为企业发展保驾护航。

【职工维权工作】 及时反映职工诉求。2017年，县总工会不断完善职工利益的诉求表达机制，健全工会定期向党委汇报工作制度及工会与同级政府联席会议制度。进一步畅通和拓宽职工利益诉求表达渠道，通过劳动关系三方协商机制平台，引导职工以理性合法方式，充分表达职工利益

2017年6月13日，曲水县召开第二届劳动模范表彰大会，图为劳动模范上台领奖

诉求、反映工会的意见和主张。有效地维护职工的合法权益，从源头上保障职工的根本利益，为创建和谐曲水作出应有的贡献。

不断丰富职工民主管理内涵。县总工会在继续推行厂务公开民主管理和职代会制度建设的基础上，把开展“和谐企业”创建活动作为促进企业民主管理，维护和保障职工群众的民主政治权利的重要内容。在扩大民主管理工作覆盖面方面，通过各种形式的职代会制度、集体合同制度的建立和运行，使非公企业厂务公开民主管理工作取得新突破。加强与党委、政府、劳动保障监察部门的协作和联动，建立联席会议制度；建立健全厂务公开工作责任制、责任考核制和责任追究制，加强对厂务公开工作的领导，切实提高企业厂务公开民主管理运行质量和工作成效。

积极开展困难职工帮扶工作，不断完善职工帮困援助制度。上半年，县总工会借县政务服务中心平台建立起县总工会困难职工帮扶中心，在积极完善困难职工援助档案基础上，积极整合社会资源，共同推进帮困援助工作，进一步叫响做实“农民工有困难找工会”“职工有困难找工会”，带着责任，带着感情，协助政府有关部门积极解决困难职工和农民工在就业、就医、子女就学等方面的实际困难。

【扶贫工作】 2016年，曲水县贫困职工在档人数为39人，脱贫10人，县总工会全年慰问在档困难职工，支出7.8万元；县总工会积极落实“金秋助学”活动，年初，为曲水县31名2016年度贫困大学新生发放金秋助学款10.4万元；根据拉萨市有关文件要求，年初，曲水县总工会组织全县开展贫困户结对帮扶的14个县直单位与拉萨市总工会签订《结对帮扶村（居）工会工作责任书》。根据县委、县政府统一安排，县总工会与曲水镇曲甫村7户困难群众建立结对帮扶。县总工会积极开展大病救助工作。为曲水县才纳乡退休干部、市级劳模、脑肿瘤患者多吉筹集大病救助资金1万元；为曲水县因家中失火被严重烧伤的退休干部多布杰向全县干部职工发出捐款倡议，筹集捐助款近20万元；为才纳乡协荣村下肢瘫痪农民工阿旺多吉筹集大病救助款6000元。县总工会积极开展社会资金助困活动，为曲水县困难群体帮扶工作增添新的力量。年初，香河志愿者协会为曲水县才纳乡协荣村捐助棉衣160余套；香河志愿者协会和西藏罗布爱心团队还与曲水县1名孤儿、1名单亲家庭学生建立起长期资助关系；泰州市总工会爱心人士为曲水县1名单亲家庭大学生提供2000元/年的助学金，直到大学毕业。

【就业技能培训班】 为提高农牧民工的就业、创业能力，总工会为农牧民工提供多层次的技能提升和转岗培训，引导他们实现由“体能型”就业向“技能型”就业转变。总工会联合乡镇工会组织，免费举办职业技能培训班，内容包括驾驶、装载机操作、种植、养殖、编织等，培训对象主要为农民工及其子女。年初，曲水县在市总工会所给配额的基础上，共组织20名农民工参加驾驶技能培训，12人参加挖掘机操作技能培训。截至年底，已有部分学员顺利拿到相关证书。通过举办技能培训班，为农民工成功转型为技工提供技

2017年1月25日，曲水县举行2016年度“金秋助学”暨2017年度困难职工帮扶资金发放仪式

2017年6月13日，县总工会召开农牧民工入会集中行动动员会暨工会干部培训会议

术支持，大大提高他们就业、创业能力，从而增加收入，提高生活水平，增进社会和谐。

【劳动竞赛和岗位练兵】 为提升员工的整体素质，县工会按照市总具体要求和部署，围绕全县安全生产，开展劳动竞赛、岗位练兵、技术比武，有力促进员工业务能力和岗位技能。2017年，曲水县共有2家企业、事业单位组织开展职业技能竞赛。

【劳模工作】 建立规范的名额分配导向。劳模人选的产生坚持公开透明，坚持向一线劳动者倾斜，坚持一票否决的事项，确保评选出的劳模真正具有示范带头作用。拓宽劳模选树渠道。在做好区、市各级劳模评选工作的基础上，通过层层推荐，严格筛选，2017年6月13日，召开曲水县第二届县级劳动模范表彰大会，共表彰县级劳模14人，每人给予现金2万元的奖金以资鼓励。评选的县级劳动模范覆盖曲水县基层干部、驻寺干部、农牧民技术能手、企业经营者、引进人才等各行各业的优秀代表。劳模评选活动通过大力表彰群众身边的劳动模范及其事迹宣传，极大地扩大劳模的社会影响力。

【对口受援工作】 2017年，泰州市工会以强烈的大局意识、政治意识、兄弟般的友情对县总工会各项工作进行对口援助，给予高度重视和关心。在物力、财力等方面给予强有力的支持和帮助，通过无私援助，县总工会各项工作从弱到强，从小到大，不断发展壮大，取得了可喜成绩。7月，泰州总工会专程到曲水县总工会开展对口支援工作，并签署泰州市总工会无偿援助曲水县总工会的合同。在藏期间，先后考察了多家企业和乡镇基层工会，慰问机关、企业困难职工，并向曲水县总工会捐赠33万元，其中，泰州市总工会捐赠25万元，泰州市下属各兄弟县市工会组织捐赠8万元。

（崔志贤）

【负责人名录】

主 席

沈玉芝（女，藏族）

副主席

崔志贤

共青团曲水县委员会

【概况】 年内，共青团曲水县委员会（以下简称团县委）团结带领全县各级团组织，以服务大局，服务社会，服务青年为宗旨，巩固和加强团的自身建设，着力加强青少年理想信念教育，用“三个代表”重要思想引导和教育青少年，用各种实践活动塑造青年、服务青年成长成才。引导青年在社会主义现代化建设的实践中，锻炼成为有理想、有道德、有文化、有纪律的共产主义事业的接班人。维护青少年合法权益，为青少年成长和发展提供切实的保障和有效的服务。

【团员发展】 2017年，团县委以“稳定数量、提高质量"为标准，认真制定和落实发展团员工作规划，加强团员培训力度，着重提升团员素质，稳妥推进全县团员队伍发展。全年发展团员398人。

【组织建设】 2017年，团县委管理基层团委6个，村团支部19个，14—35周岁以下青年1.2万人，团员1300人。10—11月，团县委组织各级团组织换届，使团组织工作更加完善，团队更有战斗力。

【上级团组织调研活动】 3月20日，市委组织部副部长周倍佳、市编办副主任成银生、团市委援藏干部蒋曦、团市委组宣部部长文丽一行到曲水县才纳乡四季吉祥村调研易地扶贫搬迁基层党建、团建工作。4月19日，团区委工农部副部长李杰、工农部主任科员欧珠、团市委青工部部长次吉调研组一行到曲水县调研。调研组对才纳乡攻坚脱贫产业园进行了解，对产业园区规模、项目、未来的规划以及所带动的就业人数进行调研。调研组还参观南木乡南木村创业青年次珍的奶牛养殖项目，并对团县委扶持的珠寺小商店店主边巴卓玛进行详细了解。调研组一行还到曲水镇俊巴渔村民族手工制作合作社，对其生产生活情况进行了解，并帮其出谋划策找出路、找渠道、找市场。5月12日，团区委副书记、自治区青联主席巴塔，团区委工农部部长泽仁扎西，团市委副书记普旦等一行到曲水县就青年创新创业工作进行调研指导。

【少先队工作】 通过在青少年中开展多种具有影响力的活动，引导青少年把实现个人价值与奉献社会统一起来。6月1日，伴随着欢快的歌声，团县委与南木乡小学联合举办的以“四讲四爱”做美德少年暨童心向党喜迎十九大庆“六一”儿童节活动在校园内隆重举行。6月5日，团县委联合南木乡团委以“党建带团建”开展“心连心打造许愿树、手拉手共筑少儿梦”活动。6月28日，团县委在丁字路口停车场开展“六月综治宣传周”活动。团县委在显眼的地方设立宣传发放点，向过往群众、流动人员详细介绍未成年人保护知识、未成年维权方面的相关知识及禁毒方面的宣讲，并在现场发放《中华人民共和国未成年人保护法》《未成年人安全防范手册》《交通安全手册》《预防青少年违法犯罪手册》等宣传册，共计发放资料500余册，活动人数达500余人。8月29日，团县委书记卓玛仓决在茶巴拉乡团委书记的陪同下到茶巴拉乡小学进行微心愿调研活动。9月14日，在茶巴拉乡小学开展“圆梦微心愿、筑援藏情”和“捐赠鼓号队、奏响团结乐章”活动。10月18日，团县委组织学校师生观看党的十九大开幕式盛况。

2017年3月20日，团市委工作组一行在曲水县才纳乡四季吉祥村调研易地扶贫搬迁基层党建、团建工作

【希望工程】 8月1日，为响应市委、市政府县委、县政府“决不让一名学生因家庭困难而失学”的号召，拉萨团市委与曲水团县委组织开展国酒茅台资助活动，为曲水县6名大学生解决上学困难，共资助3万元。

【青少年关爱活动】 1月23日，为开展好春节期间“迎新春·送温暖”活动，让更多重点青少年感受到团组织的关心和温暖，让他们度过一个快乐、祥和、平安的节日，拉萨市团委对曲水县重点青少年进行慰问。为各个家庭送上慰问金1000元、食用油1桶、大米1袋、牛奶2箱，使这些重点青少年感到温暖和关怀。1月24日，在藏历新年来临之际，为进一步关心帮助残疾青年，让他们过上一个祥和、安乐的“双节”，感受到共青团组织的温暖，团县委走访慰问茶巴拉乡色麦村残疾青年丹

2017年3月15日，团县委书记卓玛仓决在四季吉祥村主持召开大学生创新创业交流座谈会

增朗杰，为其送去节日的祝福，并送上500元慰问金和慰问物品。

【青年创业工作】 2017年，团县委以促进农牧民手工业产业化结构调整为目标，以新品种、新技术的传播转化为重点，引导和鼓励青年积极创办科技推广项目，深入开展“农村青年增收成才行动”，发挥“农村星火带头人”示范带动作用。为扎实开展2017年双创工作，响应“大众创业、万众创新”的号召，3月15日，团县委书记卓玛仓决，县双创办主任昂旺邓珠，才纳乡党委副书记、四季吉祥村临时党支部书记索朗央吉，全县大学生创业者在才纳乡四季吉祥村召开曲水县2017年大学生创新创业交流座谈会，邀请拉萨市高校毕业生创业协会会长、拉萨市攀云餐具消毒股份有限公司总经理尼玛旦增，西藏博艺文化传播有限公司董事长兼总经理土旦西绕为大学生分享创业故事。团县委于9月9日在四季吉祥村开展曲水县919精准扶贫文化旅游宣传活动和天使融资路演峰会活动，为农村青年积极创业搭建发展平台。

【爱心志愿支教活动】 为鼓励先进，弘扬志愿服务精神，团县委与茶巴拉乡团委于2月16日上午，在茶巴拉乡政府会议室开展茶巴拉返乡大学生志愿支教活动表彰大会，各村组干部、群众代表、返乡大学生和中小学生代表等60余人参加会议，出席会议的领导有乡党委书记赵建军，乡党委副书记、乡长洛桑群培和团县委副书记尼玛次登，会议由乡团委书记拉巴卓玛主持。

【西部计划志愿者行动】 2017年，全县西部计划志愿者继续发扬"奉献、友爱、互助、进步"志愿精神，促使西部计划志愿者行动得以蓬勃发展。2月24日，团县委组织开展“城市文明大家享，志愿服务我先行”活动，组织10名志愿者在全县主要街道开展志愿服务，清理白色垃圾。5月11日，团县委组织曲水县“西部计划”志愿者在曲水县主要干道用自己的实际行动为曲水县创建全国县级文明城市增光添彩。

（王朝梅）

【负责人名录】

书 记

卓玛仓决（女，藏族）

副书记

尼玛次登（女，藏族）

曲水县妇女联合会

【概况】 2017年，曲水县妇联在县委、县政府的领导下，在上级妇联的精心指导下，认真贯彻落实区、市妇联各项工作目标要求，深入贯彻落实党的十九大会议精神，主动适应中国特色社会主义新时代的变化，统筹推进城乡妇女工作发展，不断创新工作载体，以联系妇女、服务妇女、教育妇女、维护妇女儿童合法权益为根本任务，谋求工作新思路、新举措，抢抓机遇，乘势而上，逐步织牢基层妇联组织网络，稳步推进基层妇联组织改革工作，为全县经济和社会发展做出积极贡献。

曲水县妇联于1962年8月正式成立，县妇联机构编制3人。截至年底，县妇联下辖的6个乡镇妇联组织均配齐妇联主席，全县党政机关成立妇委会24个，17个行政村妇代会，“两新”组织25

个，组建“妇女之家”27个，家长学校9所，建立妇女儿童维权服务岗5个。村妇代会主任100%进村“两委”班子。全国“巾帼现代农业示范基地”2个、自治区级“三八绿色基地”1个、拉萨市“三八绿色基地”2个、巾帼创业园1个。

【深化“巾帼七大行动”】 巾帼建功行动。荣获自治区最美家庭1户，市级表彰三八红旗先进集体1个、城乡妇女岗位建功先进集体1个、巾帼文明岗1个、三八红旗手1名、双学双比女能手1名、最美家庭1户、平安家庭1户。妇儿工委市级信访代理员1名，维权服务岗先进集体1个、先进集体1名，妇女儿童发展规划工作先进1名。县级表彰最美系列家庭13户。积极开展“双学双比”活动，将南木乡奶牛养殖合作社挂牌为“巾帼奶牛养殖基地”，并送去5000元的鼓励资金。先后2次共带领32名农牧民妇女和妇字号合作社的负责人到林周县交流学习，参观“妇”字号合作社，学习合作社发展模式、销售渠道与管理。大力扶持茶巴拉村妇女即将开展的“藏油5号”种植，给予9300元（市妇联5000元，县妇联驻村工作队4300元）的资金支持，解决了50袋复合肥及种子等问题。联合其他单位在才纳乡四季吉祥村植树苗3000余棵，发动各乡镇积极开展植树达70530株，参与人数达2205人次。

巾帼添彩行动。市妇联领导来曲水县调研机构改革之际，分别到茶巴拉乡茶巴拉村的婚育之家、妇女之家、雄色寺“妇女之家”、四季吉祥村参观调研，对县妇联的妇女工作给予充分肯定，同时对工作开展提出意见和建议，并送去慰问金1.1万元。在全县开展“民族团结”主题活动7次，507人参加。开展其他各类文艺、体育群众性活动19次，10000余人参加。尼姑寺庙开展送温暖活动2次157人受益，进行爱国教育活动12次。

巾帼文明行动。与县文明办联合举办曲水县第一届“最美人物”及“文明家庭”评选活动，受表彰人员5名，文明家庭8户，发放奖金1.05万元。开展以“讲文明，爱生活”为主题的道德讲堂活动，教育引导广大干部群众做遵法懂法守法、遵守公序良俗、崇尚科学文明、弘扬美德善行的好干部、好群众。开展“邻里守望·姐妹相助”巾帼志愿服务活动8场次，受益群众1589人，2017年，全县巾帼志愿者308人，比2016年新增50人。

巾帼关爱行动。在元旦、藏历新年和各大节日期间，走访慰问对口贫困户和贫困户母亲、离退老干部、妇联派驻茶巴拉村工作队人员33人，送去水果、饮料、衣服及慰问金3.6万元。开展“妇女两癌健康”筛查活动，拉萨市妇联联合拉萨恒大医院到曲水县尼姑寺开展“送医送药送健康”进寺庙活动，为曲水县娘朗寺的13名尼姑进行问诊和全面体检。联合县医院为全县19个行政村的妇女进行“两癌”筛查，筛查妇女1330人左右。向上级部门争取到一名“两癌”患者10000元的救助金。

巾帼维权行动。开展“法治进万家”主题活动，依托家长学校、妇女之家、驻村工作队，在校园、家庭、寺庙、企业宣讲活动16场次，发放宣传手册5000余份，参与人数达10000余人，妇女达5000余人。西藏人民广播电台汉

2017年8月9日，拉萨市妇联党组副书记、主席向巴彩喜（二排左三）带领北京妇联考察团在聂当乡宗巴山巾帼创业园区考察工作

语广播中心记者对曲水县开展妇女儿童维权服务工作进行采访并在西藏广播电台及微信平台等媒体进行报道。召集3个维权岗的负责人召开2017年维权工作汇报会，会议主要听取维权岗工作中的成效与难点，强化建立协作机制和推动创建管理规范化。与司法局联合成立婚姻家庭纠纷人民调解委员会，与法院成立妇女儿童维权合议庭。全年接待妇女群众来信来访18件，其中婚姻家庭纠纷17件，财产权益1件，信访调解率100%，结案后群众满意率达100%。

巾帼脱贫行动，精准发力拔“穷根”。县妇联实施以立志脱贫、创业脱贫、健康脱贫、爱心脱贫、巧手脱贫、能力脱贫、互助脱贫为主的“巾帼脱贫攻坚七大行动”，落实精准扶贫，通过观念转变、项目资金扶持、技能培训、公益救助、能人引领等方式，变“输血”为“造血”，扶持贫困妇女靠勤劳和智慧自立自强，向贫困说“再见”。组织开办精准扶贫户培训班4期80人，培训资金24万元，申请政府配套资金15万元。开展曲水县2017年就业“春风行动”暨城乡人力资源交流洽谈会。提供就业岗位近200个，进场求职人员300余人，现场达成就业意向109人，劳动维权和法律援助163人，其中妇女114人。开展精准扶贫走访工作，对61户贫困户的情况逐一进行登记造册，每户一张精准扶贫明白卡，并对原有的资料信息及时进行更新、补充、完善，形成完善的资料库。积极开展小额信贷工作，全年申报39户，通过县农行审批的有39户。

2017年10月23日，县妇联副主席任玲英、县“四业”办赵志明在南木乡江村召开妇女缝纫创业培训开班典礼

巾帼成才行动。拉萨市妇联为曲水县2名贫困的女大学生发放建卡扶贫的救助金10000元整。家长学校开展“四讲四爱”“爱国教育”“安全知识讲座”“环境卫生”等主题教育活动72场，确保青少年有良好的社会成长环境。

【以各种节点开展主题活动】 组织县直妇委会成员到县敬老院与老人们共度“三八”妇女节，为老人们送去水果、饼子、糕点等，折合人民币15000余元。为19个行政村及两个退休支部委员发放三八活动经费，共计4万元整。开展庆“三八”节日，活动中共表彰先进妇女68名、先进集体12个、先进户18户、鼓励组织奖11个村小组，文艺节目200多个。参与人数共达6500人次，妇女3200人次，共投入活动经费10.61万元。“六一”儿童节和清明节期间，全县9所家长学校均开展清明节祭英烈系列活动和“童心向党·缤纷六一”系列活动，县妇联将精心筛选的三个节目上报到市文明办参加自治区少儿文艺会演。为九所家长学校共送去9000元的慰问金支援学校的建设。庆“3·28”西藏百万农牧解放58周年活动，全县参与活动人数共达1500人次，妇女达620人次。为纪念中国共产党建党96周年，积极参加曲水“七一”表彰大会暨“爱国歌曲大家唱”主题活动，并获得第二名的成绩。活动参与人数有800余人，其中妇女儿童300余人。开展“四讲四爱”主题活动68次，7800余人参加。

【喜迎党的十九大专题活动】 组织离退休干部开展“初心映未来、喜迎十九大”趣味活动，送去1000元的慰问金。在9所学校进行安全隐患（校园规划管理、消防安全设施、食品药品、传染病防治、环境卫生等）排查工作。确保校园

2017年8月4日，县妇联副主席任玲英带队参加在四季吉祥村举办的2017年中央财政支持社会组织参与社会服务项目创业+技能培训班开班典礼

教育健康、安全、文明、协调发展，保障未成年人的社会环境，营造安全健康的氛围。2017 年，按照精准扶贫的要求，对困难群众开展帮扶活动，3 次走访 4 户对口贫困户，发放物资 7200 元。为才纳乡四季吉祥村 13 名 5—10 岁的留守儿童送去"恒爱行动"爱心毛衣 13 件。

【国民经济和社会发展"十二五"规划期间工作取得成效】 为使妇女儿童各项工作真正落到实处，曲水县成立妇女儿童规划监测评估领导小组和统计监测领导小组，制定《曲水县妇女儿童工作委员会成员单位目标责任分解书》《曲水县妇女儿童工作委员会成员单位职责》和《曲水县妇女儿童工作委员联络员制度》。各成员单位对照《目标责任分解书》每年对本部门实施妇女儿童发展规划的进展和达标情况进行自查，并将自查报告上报县妇儿工委办公室。在每次自查工作中，各成员单位对"两规"的所在领域进行从执行过程到实施结果的全面自查，找出妇女儿童发展中的重点、难点问题，并召开全县妇女儿童成员单位会议。2017 年 7 月，自治区妇儿工委领导小组一行到曲水县验收"两规"终期评估工作，对曲水县的此项工作给予充分的肯定。落实妇儿工委经费由 2011 年的3万元增至2016年的10万元。

【特色亮点工作】 全面实施"会改联"工作。根据《中共中央关于加强和改进党的群团工作的意见》《全国妇联改革实施方案》《西藏自治区妇联改革方案》和《拉萨市妇联改革方案》，有序推进曲水县妇联改革，结合曲水县实际，召开部署村妇联改建工作专题会议，制定《曲水县妇联改革方案》《曲水县全面推行村妇代会改建妇联的实施方案》，成立"会改联"工作领导小组，落实经费 107 万元。截至年底，已有3个村完成"会改联"工作。

制定出台新一轮规划，强化妇女儿童服务功能。为使"男女平等"基本国策深入人心，"儿童优先"原则基本得到尊重，健全完善妇女儿童服务体系，制定出台新一轮藏汉双语《曲水县妇女儿童 2016—2020 规划》，确保妇女儿童的基本权益。

打造妇女品牌，"巾帼夜校"提升能力。为了让更多的农牧民妇女群众参与到"巾帼夜校"中来，2017 年县妇联争取援藏资金 2 万元作为扩大夜校规模。以巾帼夜校为平台，打造曲水县巾帼品牌，发动全县农牧民妇女群众参与推广，从而提高农牧民妇女群众参与社会建设能力。

（聂会文）

【负责人名录】

副主席

任 玲 英（女）

副主任科员

扎西曲珍（女，藏族）

曲水县信访局

【概况】 2017 年，曲水县共接待群众来信、来访 45 件，接待来访群众 134 人次。截至年底，45 件群众来信、来访已化解 44 件，调解率达 97.8%，协调资金 1512.775 万元。其中，上级转送 23 件，本级录入 22 件，涉及"双拖欠"领域 42 件、占信访总量的 93.3%，政策类 3 件、占信访总量的 6.7%。全年由县信访局牵头，积极开展矛盾纠纷排查调处活动 48 次，排查调处各类矛盾108件，均已全部调处化解，切实把化解矛盾纠纷的重心转移到“源头预防”上来，把影响稳定的苗头性、倾向性问题解决在基层，消灭在萌芽状态。

【原因分析】 经济社会的不断发展，涉及群众切身利益的各种矛盾和问题不断增多，以及群众将政府的“以人为本”思想错误地理解为只要群众有什么需求，政府就应该无条件答应，不然就不能体现“以人为本”的思想等想法；相当一部分群众存在“以上压下”进行信访或者“大闹大解决、小闹小解决、不闹不解决”“上面才能解决问题”的心态，导致越级上访或只找主要领导上访的案件增多；信访接待员缺乏相关的业务知识，尤其是法律方面的知识，使得工作处于被动应付状态，加上人员缺乏导致无法很好的开展相关工作。

【主要做法】 印发信访工作相关文件。县信访联席会议办公室制定印发《关于“春节、藏历年”及全国、区市“两会”期间的信访应急方案》《曲水县“萨嘎达瓦”期间信访工作方案》《曲水县信访局关于认真做好换届选举期间信访工作预案》《关于做好全县建筑领域“双拖欠”大排查的通知》等信访工作文件共10份，为规范全县信访工作提供重要遵循。高度重视，精心部署。进一步完善信访联席会议制度和县委、县政府主要领导接访日制度，健全完善信访工作机制，明确建筑施工领域“双拖欠”纠纷为全年矛盾纠纷排查调处工作重点，坚持平日排查与重点排查相结合，把群众关注的热点、难点问题及可能引发群体性事件和重大治安事件的矛盾纠纷，做到底数清、情况明，源头治理的工作要求，将矛盾纠纷和信访案件化解在初始和萌芽阶段。认真做好重要时期信访稳定工作。2017年，县信访局把做好特殊时期信访稳定工作放在更加突出的位置。相继做好“两会”“萨嘎达瓦”、雪顿节等重要时期的信访维稳工作。进一步规范网上信访信息系统录入工作。充分利用自治区网上信访信息系统平台，进一步完善、规范各乡镇、各县直单位关于网上信访信息系统登记、录入以及办理。在全县范围内开展矛盾纠纷排查调处工作。2017年，多次组织各乡（镇）、各单位开展拉网式摸底，针对本系统中不稳定因素进行摸底排查，排查一起、化解一起，调处率达100%。整体联动，形成齐抓共管的工作机制。充分发挥各乡（镇）和各单位作用，共同做好信访工作。重点建立工作联动机制。首先，在全县范围内建立信访首问负责制，对首问负责接待的工作人员，如涉及该单位范围的信访问题，热情接待，全程处理。如不涉及该单位范围的信访问题，则将其转到负责办理的部门处理。其次，建立联席会议制度，对跨部门及多个部门的信访案件，由县委副书记召开会议，以主要负责单位为主，其他单位协助，共同负责办理。

（米玛坚才）

2017年8月17日，国家信访局副局长李皋（右二）在曲水县调研信访工作。自治区副主席、公安厅厅长刘江（右一），县委书记彭飞跃（右三）等陪同

【负责人名录】

局 长

加永热珠（藏族）

曲水县政务服务中心

【概况】 2017年初，新建成的服务中心建设总面积1909余平方

米，由政府统一配备办公桌椅、电脑、电话、打印机、碎纸机、档案书柜等办公室设备和方便服务对象的休息椅、报架、饮水机、LED 显示屏等便民设施，设立举报箱、公示栏等，整个服务大厅主题鲜明、内涵丰富，简洁新颖、美观大方，初显规模，并完善一系列规章制度。

【中心的性质和功能】 曲水县政务服务中心是在县政府领导下由政府有关部门组成，行使行政审批和公共服务的行政机构，它是集中服务、协同服务、规范服务的政府公益形象展示平台，并自觉置于政府、群众和内部监督之下。根据拉萨市政务服务中心建设“三个模块，八个平台、三级体系”的功能构架，结合曲水县情，确定新组建的县政务服务中心囊括行政许可、非行政许可和公共服务等所有职能。

【人员编制及入驻单位】 曲水县政府高度重视政务服务大厅规范化管理，政务服务大厅设主任 1 名、副主任 1 名、工作人员 1 名、引导员 2 名、保安 2 名、保洁员 2 名。按职责分工负责政务服务大厅的日常组织、协调、服务，简化审批程序，尽可能对窗口充分授权，让人、岗、责相统一，能办事、办好事、办快事，进一步转变政府职能，达到简政放权的目的。

根据曲水县县情和相关单位

曲水县政务便民服务大厅外景

的实际情况，现进驻曲水县政务服务中心的有工商局、国税局、卫生局、编译局、文广局、总工会、保险公司、电信局、民政局、移动公司、国土局、住建局、环保局、综治办、公安局等 15 家单位，便民服务大厅共设有 21 个窗口，其中服务窗口 18 个，综合服务窗口 1 个，窗口工作人员有 19 名。服务中心以“综合服务、提供帮助、便利快捷、公开透明”为目标，本着服务经济发展、方便群众的宗旨，实行“开放式办公、一个窗口受理、一条龙服务、一站式办结”的管理体制，着力为广大群众办理各种业务提供优质服务，方便群众。

【强化服务质量，提高办事效率】 政务服务服务大厅自建成运行以来，共办结行政审批事项 4247 件，其中乡镇办结行政审批事项为 2558 件；便民事项办结 28840 件，其中乡镇办结便民事项为 21632 件；受理咨询服务为 12770 件，其中乡镇受理咨询 3638 件。政务服务大厅始终坚持“想群众所想，办群众所需”的服务理念，广泛深入地开展配套服务。

截至年底，曲水县政务服务大厅共有 8 家单位共涉及 17 项行政审批事项，其中税务局涉及 4 项，民政局涉及 1 项，住建局涉及 2 项，卫生局涉及 2 项，工商局涉及 3 项，公安局涉及 3 项，国土局涉及 1 项，环保局涉及 1 项。

（李延宁）

【负责人名录】

主　任

蒋 祥 瑞

副主任

洛桑曲珍（藏族，7 月任）

曲水县人民武装部

【概况】 2017年深入贯彻党的十九大精神和习近平主席系列重要讲话精神这条主线，扎实抓好党中央、国务院全国民兵工作会议精神的贯彻落实，确保党对民兵预备役部队的绝对领导，确保民兵预备役建设的正确方向，确保县人武部各项任务的圆满完成。有针对性地分层次、分阶段、分步骤地采用多种形式对曲水县民兵开展了“学习宣传贯彻党的政策法规、战备常识、兵役法、民兵反分裂斗争专题教育、理想信念、忠实履行新世纪新阶段我军历史使命、强化战斗精神、爱国奉献、社会主义荣辱观”等教育。坚持不懈地进行党的民族宗教政策教育和揭批达赖集团的活动，认清反分裂斗争、维护祖国统一、保持社会稳定的极端重要性、长期性、艰巨性和复杂性，坚决抵制达赖分裂集团的渗透和颠覆破坏活动。根据拉萨市人民政府、拉萨警备区要求，结合全县反分裂斗争需要，调整规范了民兵组织建设。完成对民兵的军事训练以及民兵应急分队进行配合公安武警对重要目标的守护演练和县人武部进行了反恐维稳室内战术作业训练任务。2017年，县人武部被警备区评为依法治军从严治军先进团级单位。

【维稳执勤】 10月18—24日，十九大召开期间，组织民兵巡逻执勤，对县城和各乡（镇）重要目标进行巡逻警戒。2017年，曲水县辖区社会稳定，人民安居乐业，经济快速发展，没有发生一起影响社会稳定的事件。

【民兵军事训练活动】 2月25—26日，组织应急民兵进行应急处突演练；4月23—29日，组织基层县人武部长和民兵骨干培训；7月22—25日，组织远征集团和高争民爆应急民兵进行应急处突训练；9月3日，组织应急连民兵进

2017年2月16日，南木乡组织民兵集训

行维稳处突演练，为检验年度应急民兵军事训练水平；9月13日，拉萨警备区达标验收联合考核组对曲水县应急连进行了主要以执行维稳处突任务为基础的防暴科目演练考核。

【征兵工作】 2017年度征兵工作在县委、县政府的领导下，严格按照《中华人民共和国兵役法》和《征兵工作条例》及有关法规制度和政策规定，大力开展征兵宣传，努力营造“参军光荣”的良好社会氛围。2017年，曲水县高标准完成年度征集兵员任务。

【支援地方建设】 2017年，组织协调驻军、民兵参加才纳乡苗圃基地建设，共种植树苗6000余棵。

【军地“连心桥”】 2017年11月6日凌晨，县人武部副部长景瑞远接到求救电话，带领本部5名官兵与某通信团30名官兵一道，在西藏军区总医院为那曲17岁生命垂危小伙格桑赤烈无偿献血8400毫升，为其家人在绝望中筑起一道生命线。事迹受到解放军报、中国民兵、陆军报、西藏日报等媒体相继报道。

【非战争军事行动】 7月6日，县人武部组织应急民兵分队，在拉萨河才纳乡西藏职业技术学院河段参加抗洪抢险。民兵分队出动迅速、吃苦耐劳、抢险有力，受到军地领导的一致肯定。

（王 伟）

【负责人名录】

部 长

火高岱（10月任）

政 委

李 晋（1—10月主持工作）

曲水县公安消防大队

【概况】 曲水县消防大队位于拉萨市曲水县沿河路27号，成立于2007年8月，采用现役官兵和消防辅警员混编的模式，以遂行西藏消防部队“六大勤务”即维稳处突、防火灭火、应急救援、为民助民、执法廉政、农牧区和寺庙社会工作等为主旨，服务曲水县3.5万群众和方圆1648.5平方公里社会稳定和经济发展的一支专业消防队伍，2017年，大队共有执勤战备车辆4辆和消防监督车2辆，分别是水罐车、水罐泡沫车、抢险救援车、城市主战消防车以及2辆运动型多用途汽车。

【灭火救援】 防火灭火和抢险救援是大队最基础的工作，自成立以来，大队接警并处置了2010年茶巴拉“11·13”商场大火、2007年“7·23”重大交通事故、2014年“8·9”重特大交通事故等一系列急难险重事故的处置任务，为确保曲水县域内的群众生命安全、减少财产损失贡献了力量。

【执法廉政】 曲水县消防大队监督执法干部面对消防执法包括建筑消防审核验收、公众聚集场所开业前的检查、重点单位消防监督管理以及消防行政处罚等方面的工作，坚持热情服务、严格执法，拒绝“吃拿卡要”，正视手中权力，做到清正廉洁。

【苦练精兵】 面对各类事故处置任务，大队即是执勤中队又是部队的一线作战力量，“养兵千日，用兵千日”，而“练为战”是“用兵千日”的核心和根本。长期以来

2017年11月9日，县消防大队开展119消防宣传

大队坚持“练为战”的指导思想，始终严格要求、刻苦训练，时刻准备着为驻地群众的生命财产安全保驾护航。

【“双拥”共建】 军爱民、民拥军、同呼吸、共命运，是曲水县消防大队“双拥”工作的出发点和落脚点。2017年，大队从“双拥”工作实际出发，不断加强与驻地群众的联系和沟通、积极参与驻地“双拥”工作活动，切实加大力度、扩大广度，将军民共建、拥军优属工作落到实处、见到行动、收到效果。

【政治建设】 2017年，大队结合工作实际，积极开展思想教育工作和政治理论学习活动，配强基层政治工作队伍、建强团组织队伍、强化经常性政治思想教育和反分裂形势教育，坚持支部议事制度和安全保卫工作基本制度。

【日常管理】 部队日常管理是消防部队所有工作的根基，大队经常性管理工作，是依据条令条例，结合部队的各项任务和日常工作、生活、不间断地、随时随地进行的管理活动，其基本任务是督促履行职责，落实规章制度，密切内部关系，严格作风纪律，管好器材装备，预防各类事故。

（张　宝）

【负责人名录】

大队长

晋美朗加（藏族）

副大队长

郑（藏族）

武警曲水中队

【概况】 年内，武警曲水中队在县委、县政府和上级党委首长的坚强领导下，全体官兵认真践行全心全意为人民服务的宗旨，以“听党指挥、能打胜仗、作风优良”的标准建队育人，始终牢记“三个离不开”的原则。以“保稳定，争先进”为总体目标，夯实“主题教育”活动开展和“两学一做”常态化、制度化落实，部队建设整体稳步向好。中队始终围绕“共同团结奋斗，共同繁荣发展”这个民族团结进步主题，努力为维护西藏自治区社会稳定和民族团结做出新的更大贡献。

【中心工作】 中队圆满完成了三月份及“两会”期间县城武装巡逻、聂当公安检查站警戒执勤、“萨嘎达瓦”宗教活动、“雪顿节”期间的机动备勤以及曲水县各类活动的现场安保任务。在7月份中队出动兵力40余人次，参加才纳乡才纳村抗洪抢险。在军民融合方面，中队配合各单位广泛开展国防教育，协同公安搞好处置群体性事件、擒敌、防护救护等技战术演练，并先后组织1000余名中小学生进行军训。

【参与地方建设】 中队官兵积极投身曲水县“精准扶贫”项目，共帮扶困难家庭8户，全体官兵定期向困难家庭走访、慰问并送去大米、面粉、油等生活用品，派出种养殖员传授种养殖技术，努力帮助困难家庭早日脱贫。同时，中队积极参与曲水县创文明县城的活动，定期维护县城卫生，改善绿化条件。

（刘正浩）

【负责人名录】

中队长

刘正浩

指导员

钱　峰

2017年11月14日，武警曲水中队官兵走访慰问贫困户

中共曲水县委政法委员会

【概况】 2017年，在区市政法委、综治委的关心指导下，在县委、县政府的正确领导下，中共曲水县委政法委员会（以下简称县委政法委）全面贯彻落实党的十八大和十八届三中、四中、五中、六中全会精神，贯彻落实治边稳藏重要战略思想，以党的十九大胜利召开营造安全稳定的社会环境为总目标，以人民群众对平安的需求为导向，努力建设更高水平的平安曲水，不断增强人民群众安全感和满意度，确保全县“三无”“三不出”“三稳定”。

县委政法委下设政法委办公室、社会治安综合治理办公室，组织、协调全县维护社会稳定工作，负责县维稳一线指挥部具体工作开展，广泛开展网格化管理、“双联户”等社会治理工作，协调有关部门落实矛盾纠纷排查调处责任。2017年，县委政法委实有人员7人，党员7人，正科级领导1人。

2017年10月6日，自治区党委常委、政法委书记何文浩（左二），自治区人大常委会副主任赵正修（左一）一行在曲水县检查指导十九大维稳安保工作

【健全完善维稳指挥机制】 成立由县委书记任总指挥，县委副书记、县长任常务副总指挥，分管全县维稳工作的副书记任执行指挥的曲水县维稳应急处突指挥体系，下设社会面管控组、情报信息搜集组、应急处突组等14个专项工作组，为维稳工作提供强有力的组织保障，确保各项维稳措施落实到位。同时，严格落实“一岗双责”和属地责任，加强督导检查，确保各项措施落实到位。

【维稳工作有序开展】 以元旦、自治区“两会”、春节、“色拉崩坚”宗教活动为重点，全力以赴确保社会稳定、喜庆祥和。以藏历新年、全国“两会”、三月份敏感期为重点，坚持抓早、抓小、抓快、抓好，落实防控措施，确保三月敏感期维稳工作决战决胜。以“五一”小长假、“萨嘎达瓦”宗教活动为重点，严格属地责任、细化落实维稳

2017年10月6日，县委书记彭飞跃（左）与乡（镇）签订党的十九大维稳工作军令状

措施，推进持续稳定。以为党的十九大胜利召开营造和谐稳定的社会环境为重点，全面提升戒备等级，严管严控社会面，坚决打赢党的十九大维稳安保攻坚战。

【落实分包制度】 在敏感节点期间，曲水县安排县级领导和科级干部分阶段下沉到乡（镇）、寺庙、铁路沿线督促指导维稳工作，圆满完成维稳督导任务。2017年，下沉县级领导35名、科级干部36名，督导维稳纪律和措施落实情况。同时，落实包户包人、寺庙僧尼分包制度，党的十九大期间乡镇、驻村工作队、村干部、党员、联户代表共1864名承包村民8238户，31635人。

【细化工作目标】 县委、县政府主要领导及时与各乡镇、各单位部门主要领导签订《曲水县2017年社会治安综合治理目标管理责任书》，相关职能部门与乡镇、相关部门签订《曲水县2017年重点人员管控责任书》《曲水县铁路护路联防工作目标管理责任书》，进一步细化目标要求，明确职责任务，强化责任落实。

【加强社会面实时防控】 坚持军警民联勤联动，制定敏感节点巡逻防范方案，科学划分县城巡区，合理调整部署公安、武警、民兵、“双联户”等群防群治力量，加强对加油站、加气站、学校等重点部位、重点区域的安全防范巡逻。同时，充分发挥“四护队”、民兵、“双联户”等作用，投入到全县社会面防控工作中，十九大期间，曲水县综治办联合县治安大队成立“红袖标”队伍，明确队伍职责，为党的十九大胜利召开筑起一道安全防线。

【坚持信息化运用】 依托“天网”工程，对固定区域实行实时监控和信息记录，全面掌握重要场所、重点地区的治安状况。加强综治信息平台应用，投入资金57000元，为各行政村配备综治电脑，协调县电信局安装综治专网，定期组织人员对各行政村的村级综治信息网应用和线路故障进行排查，督促各村落实“每日一报”制度，推动综治信息系统应用常态化，推动各类隐患纠纷及时妥善化解，提高社会治理工作的时效性。加大“幸福家园”“双联户”微信平台的宣传，有效搜集社情民意。

【流动人口服务管理】 严格落实“以房管人、以证管人、以业管人”措施，加强流动人口和出租房屋清理检查工作，公安机关每月坚持开展一次综合清理，做好流动人口的姓名、籍贯、住址、职业等基本情况的登记工作，切实掌握外来人员的动态信息。坚持谁主管、谁负责、谁用工、谁负责的原则，加强对企业流动人口的管理，督促企业对流动人口进行登记造册，强化排查登记。同时做好流动人口健康素养的倡导、宣传和普及工作，提高流动人口的公共卫生服务质量。

【矛盾纠纷源头预防】 曲水县把信访案件“零搁置”作为首要工作目标，按照市维稳一线指挥部关于开展影响社会稳定矛盾问题专项调研工作的要求，制定专项调研方案，开展2次专项调研，有针对性摸排因征地补偿、劳资、环保、工程建设等问题引发的矛盾纠纷，同时，为确保十九大期间不发生越级上访事件，每周开展排查，及时发现和调处各类矛盾纠纷。2017年，全县未发生恶性越级上访、进京上访、因信访引起的极端性事件，信访秩序总体平稳。严格执行社会稳定风险评估，源头预防各类矛盾纠纷隐患，2017年，共开展社会稳定风险评估131件，准予实施131件，复核评估复函131份。

【平安创建基层基础工作】 制定《曲水县2017年深化推进平安创建工作方案》，调整充实深化推进平安创建工作领导小组，细化各项方案措施，深入开展平安家庭、校园、寺庙、医院等创建活动。加强基层综治组织建设，各乡镇均设立综治办，认真开展社会治安综合治理、信访、矛盾纠纷排查调处、基层平安创建等工作，协调维护社会稳定，配备综治办主任、综治专干，并严格按照基层综治专职队伍管理办法进行管理，落实专项岗位津贴制度，确保基层综治工作有人干、有人管。加强群防群治队伍建设，结合县域实际，调整充实治保组织、红袖标、护院队、护厂队、护村队、护校队等，便于安全防范等工作开展。三月份敏感期、"萨嘎达瓦"、十九大等敏感节点期间，群防群治队伍充分发挥作用，积极开展巡逻防控。

【综治中心和雪亮工程建设】 积极在综合服务大厅协调办公地点，建立综治中心，县级、乡级综治中心已建成，村级综治中心已按要求完成60%，司法、民政、公安、食药、综治办等综治成员单位入驻，

2017年12月18日，曲水县召开2017年度县级"先进双联户"创建评选表彰大会

各项工作有序开展。成立"雪亮工程"建设领导小组，制定雪亮工程实施意见、雪亮工程建设建议规划方案，并将项目资金纳入财政预算，分阶段实施，预计投入资金15833540元，其中，第一阶段预算1501910元，第二阶段预算9853400元，第三阶段预算4478230元。

【社会治安综合治理宣传教育工作】 加大综治干部教育培训力度，5月份，邀请市综治办领导为曲水县综治专干进行业务培训，进一步增强综治干部工作能力，增强综治干部的责任感，提高综治干部的工作效率及改进工作方法。按照有方案、有实施、有总结的步骤要求，以区市县关于创新社会治理方式、提高社会治理水平及平安建设、"双联户"工作等为重点，认真开展"三月份综治宣传月""综治宣传周""9·16"平安宣传日综治（平安建设）宣传教育工作，把涉及群众切身利益的各项惠民政策、法律法规以喜闻乐见的形式送到群众手中，努力营造全体动员、全民参与综治工作的良好氛围。

【社会治安综合治理领导责任制】 加大社会治安综合治理经费保障力度，推动综治工作全面开展。认真开展年度综治表彰工作，进一步增强全县各级各部门和干部群众参与综治工作的责任感、使命感和光荣感，年初，共表彰2016年综治先进乡镇3个，综治先进单位11家，综治先进个人16人，发放奖励资金53000元。严格按照平安建设动态管理办法，对已经授牌的乡镇、村和单位、寺庙、学校、家庭等，实行动态跟踪管理，定期不定期进行督导检查，巩固平安建设工作成效。严格规范干部选拔任用程序，县组织、人事部门在评先受奖提拔、晋职晋级时，书面征求综治委意见，切实强化综治维稳各项任务落实。

【以联户增收促进致富增收】 四季吉祥村积极协调有关部门，争取扶助资金，加强种植、养殖等实用技能培训，鼓励搬迁联户群众自主创业、自我发展，实现贫困搬迁户稳定增收、脱贫致富。曲水县曲水镇俊巴渔村特色旅游产业项目，引导劳动力转移 130 人，开展培训 2 期，培训人数达到 100 人次，发放技术书籍 866 余册，达到学以致用。南木乡南木村 3 组普布卓玛的联户单位经营苗圃种植，在她的带领下联户单位内增收 2 万元，拓宽联户群众的增收渠道。共新增经济组织和经济实体 11 个，带动致富 105 户、135 人，实现增收 132 万元。

【以和谐稳定献礼党的十九大】 充分发挥联户单位、联户代表地熟、人熟的优势，十九大期间，联户代表积极配合村“两委”，开展巡逻排查，密切掌握联户单位内人员动向，做到人走有登记、回来有注销，确保安定和谐。同时，细化党的十九大期间维稳工作分包责任，动员联户代表包户包人，在维护社会大局持续和谐稳定中发挥不可替代的作用。党的十九大维稳安保期间，组织“双联户”开展治安巡逻 812 人次，排查消除各类安全隐患 60 起，协助有关部门联管联教重点人员 100 人次。

【“四讲四爱”促进联户文明】 在“四讲四爱”主题教育实践活动中，充分发挥联户代表的表率作用，联户代表带头学习“四讲四爱”知识，积极协助村委会和驻村工作队开展宣传教育工作，带领联户群众积极参与，形成良好的学习氛围，用实际行动迎接十九大的胜利召开。“双联户”长参与“四讲四爱”主题教育实践活动宣讲 312 场，受教育群众 22585 人次。曲水县才纳乡协荣村充分发挥 22 位联户代表的带头作用，将“四讲四爱”以歌曲的形式在群众中传唱，联户代表率先学习“四讲四爱”之歌，并自己积极组织村民，将歌声传递到每家每户。同时大力弘扬对困难家庭联帮联扶精神，南木乡鑫赛瓜果蔬菜园区内划出 30 栋高效温室，专门用于解决 6 户贫困户种植蔬菜瓜果（每人种植 5 栋温室）解决贫困户家庭生产生活困难。南木乡江村 3 组的联户代表尼玛曲珍，向县民政局争取到 8 万元的培训经费，对周边的 20 户贫困户和 10 户一般户进行编织技能培训，充分调动贫困户增收的积极性，加快脱贫致富的步伐。

【抓好十联职责任务】 广泛组织联户群众开展治安巡逻防控、安全隐患排查、矛盾纠纷调处、重点人员联管联教等，调动广大群众参与社会治理的积极性、主动性和创造性，联户单位累计排查化解矛盾纠纷 96 起，参与治安巡逻 2445 人次，整治社会治安重点部位 118 处，排查消除各类安全事故隐患 203 起，协助有关部门联管联教重点人员 233 人次，收集社情民意 20 条，开展环境卫生整治 592 次，帮助困难群众解决生产生活困难 352 次，邻里间义务投工投劳 960 人次，捐助扶贫、救灾、助学和安居建设房建设物资折合人民币 632.98 余万元，帮助照顾孤寡老人、重病患病者及儿童 311 人次。

（崔玉洁）

【负责人名录】

县委常委、政法委书记、公安局局长
赵 宏 忠

县委政法委副书记、综治办主任
元旦群培（藏族）

2017年3月23日，曲水县开展“三月份综治宣传月”集中宣传活动

县护路办主任
　　罗桑绕吉（藏族）

曲水县公安局

【概况】 年内，曲水县公安局在区市县三级党委政府、一线维稳指挥部的正确领导和上级业务部门的具体指导下，全体民警深入贯彻落实党的十九大、区市公安工作会议精神，以及区市县三级党委、政府的各项决策部署，坚持以人为本、统筹兼顾、标本兼治、整体推进的原则，以春节、藏历新年、三月份、“两会”“五一”“端午”“萨嘎达瓦”“中秋节”“十一”国庆节、中国共产党第十九次全国人民代表大会安保工作。2017年，共立刑事案件17起（其中盗窃案12起、电信诈骗案4起、故意伤害致死1起），破案12起（故意伤害1起、盗窃案9起，电信诈骗案2起）。抓获犯罪嫌疑人6人，逮捕6人。立案率与上年相比上升6%，破案率与上年持平。受理各类治安案件6起，查处6起，查处率100%。处理违法人员8人，其中罚款处理3人，行政拘留5人。行政案件发案率与上年持平。2017年，共发生各类交通事故220起，其中死亡事故7起（死亡9人），简易程序事故205起，伤人事故8起（伤10人）。共上路检查8465余次，出动警力12320余人次，查处各类交通违法行为7232起。交通事故总发案率比上年下降13%，死亡事件比上年下降10%，伤亡事件比上年下降10%。

【开展交通专项整治行动】 年内，曲水县公安局交警大队主要对无证驾驶、醉酒驾驶、超员、超速、超载、摩托车、拖拉机违法载人行为进行严格查处。并通过开展雷达测速、交通安全宣传、排查事故黑点、24小时不间断巡逻等工作方式，竭力消除各类交通安全隐患，为辖区群众营造良好的交通出行环境。共上路检查7036余次，共出动警力17262余人次，查处无证驾驶12起，饮酒驾驶2起，未悬挂号牌7起，故意遮挡号牌6起，超坐57起，违法载货75起，违法载客43起，超速4898起，车辆未年审43起，未系安全带148起，未带驾驶证135起，不服从交通管理149起，违法停车460起，摩托车未戴头盔871起，农用车违法载人547起，其他各类违章215起，行政罚款14.76万元。录入交管系统六合超速违法行为6311起。

2017年10月5日，自治区党委常委、政法委书记何文浩（左一）在县公安局城北警务站检查指导工作

【社会面清理清查专项行动】 曲水县公安局以坚持打防控一体化建设，依托“九大专项”中治安秩序大检查大清理专项行动，着力提升社会治安动态掌控能力。以开展军警民联勤联防工作为手段，充分调动基层治保组织力量、民警力量及“红袖标”工程力量投入到全县社会面防控工作中。加大便民警务站工作力度，形成防控全时化、警力街面化、覆盖网格化、服务便捷化的社会面防控体系。2017年，各派出所、便民警务站采取机动徒步相结合的方式，共出动警力7630人次，警车1400辆次，共清查出租房屋21896家次，企事业单位1951家次，重点场所972处次，加气站263家次，加油站823家次，网吧463家次，招待所1951家次，茶馆19229家次，商铺16545家次，娱乐场所596家次，涉爆单位473家次，流动人员81523人次。

【矛盾纠纷排查化解工作】 曲水县公安局组织民警深入辖区机关、企事业、社会各阶层对可能引起上访、请愿的苗头进行全面的摸排和梳理,做到排查不留死角、控制不留盲点、预防不留漏洞,力争提早发现、提早处置,将矛盾纠纷化解在萌芽状态,处置在当地、处置在源头。2017年,共受理各类矛盾纠纷15起,成功化解15起。

【散装成品油管理】 曲水县公安局警务指导大队,各乡镇派出所适时深入涉爆单位开展安全大检查,强化管理措施,整改安全隐患,专门从就近的便民警务站安排专人认真做好加油实名制登记和监管工作,严格把关"三证"做好先登记后加油,坚决杜绝无证加油现象。积极推行"油品"管理奖惩机制。根据十九大维稳安保工作实际,从源头上进一步强化零散成品油监督、管理力度,防止因零散成品油监管不到位而发生各类影响社会治安(案)事件。曲水县公安局警令部综合科(办公室)、治安警务指导大队结合近期各派出所、护城河检查站查获收缴的油品数量逐渐增多的实际,为有效策应市区稳定,以"反自焚、防自焚、反暴恐"为出发点,制定切实可行的"上交奖励""举报奖励"制度,营造"全民参与、全民监督"的工作格局,并制定出台《曲水县公安局易燃易爆物品管理奖惩办法》。

【"三打一整治""盗抢骗"专项行动】 曲水县公安局坚持把破案攻坚、严厉打击严重刑事犯罪放在刑侦工作首位,深入开展"三打击一整治""盗抢骗"专项行动,以全力维护曲水县社会治安稳定为目标,不失时机地精心组织开展各类专项斗争,不断增强打击犯罪的力度和实效。

2017年6月30日,公安部咨询委员、原自治区党委常委、政法委书记、公安厅党委书记、厅长子成(右三)在县公安局检查指导工作

【法治宣传】 鉴于辖区群众法律意识淡薄、安全防范知识欠缺、守法用法意识匮乏的实际情况,加之近年来诈骗案件的频频发生,曲水县公安局深入重点场所宣讲"盗抢骗""防诈骗""禁毒""拐卖"等日常生活中易发多发案件应注意的相关事项,通过以案说法、图片展板、发放宣传资料、提供法律咨询和法律援助,引导和教育群众利用法律手段维护自身合法权益,同时,以"三月综治宣传月"活动为契机,大力宣传党的惠民富民政策,使群众感党恩、知党性。2017年,共开展各类法治宣传16次,发放宣传单600余份,宣传册480余份,受教育群众达800余人。为进一步提高青少年学生的法律意识和法治观念,预防在校学生违法犯罪,各业务部门深入各中小学开展法治进校园主题宣传活动。2017年,共开展法治宣传进校园活动21次。

【"护城河"工作】 聂当一级检查站按照戒备登记要求,坚持"五逢一快"措施,有效堵截安全隐患、不稳定因素。曲水县公安局聂当检查站以"五逢一快"的工作要求开展各项检查工作,进一步加大对过往车辆及人员的盘查检查力度。有效堵截,全力消除维稳隐患。2017年,共检查进拉萨车辆73.71万辆,人员161.13万人,物品23.3万余件,冒用他人身份证11人,"三无"人员287人,一级监控人员2人,网上通缉在逃人员2人。

【实有人口服务管理】 曲水县公安局户籍科加大二代身份证采集

工作力度，以“不漏一户、不漏一人”的工作要求，将二代身份证采集覆盖率达到100%。对全县范围内所有户数逐一进行一次梳理，并依照相关户籍管理工作，严格办理户籍年龄、姓名等更改的问题，严格审核迁入、迁出、新生儿上户、招商引资上户，死亡、参军注销等户籍管理工作、实行制度化、政策化审批机制。2017年，共采集人像2174张，新生儿上户597人，共办理死亡注销233人，市外迁入422人，迁出市外746人，主项变更126人，补录53，重户注销18人。

2017年8月3日，拉萨市公安局党委、纪检书记、第一副督察长、调研员唐凌（左三）在县公安局调研

【健全基层组织和党员工作】 曲水县公安局严格落实党的各项组织生活制度。各级党组织认真落实“三会一课”、民主生活会、民主评议党员等组织生活制度，落实党支部每季度一次党课制度，以及党组织定期向党员大会报告工作制度，加大党组织对党员民警的教育管理力度和党员对党组织工作的监督力度。健全基层组织和认真抓好发展党员工作。针对内设机构设置调整的情况，依据党章要求，相应对各基层组织进行调整、补充、完善，严格党章要求健全基层组织，做到党的基层组织在曲水县公安局全覆盖。党员发展工作是党组织的重要工作内容，各级党组织要认真研究发展计划，坚持个别吸收的原则，分批分期进行，成熟一个、发展一个，并按照党章规定的党员标准和发展党员的相关工作程序层层严格履行入党手续，切实把好发展党员入口关。2017年，吸收积极分子8人，发展预备党员3人，发展正式党员14人。加强党组织目标管理工作。加强各级党组织工作规范化建设，健全和完善各项工作制度，努力形成比学赶超的良好氛围，提高基层党建的科学化水平。通过建立健全各项目标管理制度，力争使党建工作考核达标逐年有所提高。

【精准扶贫】 曲水县公安局党委立足实际，以集全警之力，集全警之智，局党委班子成员带头到扶贫对象家中，虚寒问暖，共同探讨如何脱贫、如何致富，听群众呼声。年内，共慰问150余次，看望贫困户46家，发放慰问金58000余元，受帮助群众达180余人。同时，在曲水县达嘎乡、才纳乡扶贫搬迁点，设立2个社区警务室，确保社区平安，密切警民关系，夯实基层基础工作。

【“两学一做”学习教育】 曲水县公安局党委为切实推进“两学一做”学习教育常态化，在“两学一做”专题教育成果上积极开展“四讲四爱”“忠诚教育学习月”“迎十九大忠诚保平安教育学习专项活动”、十九大等学习教育，深入学习习近平总书记系列重要讲话精神，推动全面从严治党向基层延伸，进一步解决党员民警队伍在思想、组织、作风、纪律等方面存在的问题，保持发展党的先进性和纯洁性。根据区、市、县三级党委要求，以一把手亲自抓、领导带头、众党员、民警参与的活动要求，紧扣主题，精心组织、迅速行动，切实在全局范围内掀起学习教育热潮，全面推动学习教育的深入开展。

【公安改革】 曲水县公安局结合实际，积极推进“五队三所一部一站一中心”改革。5—12月，按照“五队三所一部一站一中心”（五队：交警大队、国保大队、治安警务指导大队、案侦大队、特警大队；三所：拘留所、看守所、派出所；一部：警令部；一站：检查站；一中心：案管中心）的改革模式，将25个部门精简成11个部门，并对各派出所下设"三队一室"（交警中队、内勤户籍中队、村居警务中队、国保室），进一步健全基层组织，从源头上减少交通事故发案率，为有效掌握各类情报信息、矛盾纠纷排查化解工作奠定坚实的基础。

【"四项建设"】 信息引警、科技强警。在县委、县政府的强力支持下，2016年，争取资金投入500余万元，在全县范围重点单位、重点路段、复杂场所等部位设置26个高清监控探头。2017年初，在原有26个监控点位的基础上，本级投入800余万元增建38个监控探头，实现全县五乡一镇、重点部位、重点区域视频监控需求的全覆盖。同时，便于远程监督和指导各基层业务部门，2016年底，各乡镇派出所、公安检查站等部门相继筹建内部使用的视频监控点位，2015年7月，按照公安部要求实行"两个标准"，在曲水县2处民爆物品贮藏库安装远程监控系统，利用互联网实现远程监控、巡查工作，利用公安网民用物品信息管理系统，可实现用药异常预警、适时查看用药记录和涉爆重点人员的功能。2016年，投入资金11.75万元，采购对讲机50部配发至各基层一线部门。2017年在原有基础上，投入资金46.87万元采购对讲机122部、执法记录仪99部，配发给未配齐的民警，已实现人手一部、覆盖率100%。新建2处对讲机信号机站，将与护路办共用机站设备，建立联动突发处置机制，使信号接收率达到100%。此外，2016年以来，在全县318国道盲区路段、易发事故点、重点路段区域设置11处电子监控探头，实行固定测速、区间测速工作模式，对318国道过往车辆进行限速，严防因超速行驶引发的各类交通事故。通过多年努力，2017年4月，全面完成公安信息网升级改造，从原有的8兆升级到100兆。2017年，争取资金积极建设不间断电源及电池组，保障机房网络设备正常运行。截至年底，所有基层一线部门、地处偏远、基建缺失的寺庙派出所、警务室公安信息网联通率达到100%，同时在便民警务站安装办证系统，方便群众就近办理业务。

采集警务地理信息，优化警务基础工作。曲水县公安局于2016年8月积极开展"警务地理信息"采集工作，以"应采尽采、能录尽录、全面覆盖"的基本工作要求，以"一人一村、一户一档"的工作方式，各乡镇派出所紧紧围绕"人、地、物、事、组织"重点内容，明确信息采集职责，规范采集标准，为服务广大群众、策应经济发展、支持公安工作提供数据庞大、内容鲜活的第一手基础资料，极大地支持辖区警务工作的开展。截至年底，曲水县公安局共采集常住人口信息36067条，流动人口信息4037条，出租房屋信息434条，特种行业信息57条，"九小场所"信息434条，商铺信息688条，寺庙信息17条，党政机关及企事业单位信息158条，采集率达到100%。已录入信息1423条（位居拉萨市公安局第4位）。

警务实战化。公安机关的性质、特点和所担负的职责任务，决定警务实战化建设在"四项建设"中的核心地位。3年来，面对日益

2017年12月2日，县委常委、政法委书记、公安局党委书记、局长赵宏忠看望慰问贫困户

2017年3月25日，曲水县公安局积极开展“110”法治宣传活动

严峻的维稳工作新形势、人民群众新期待的要求、新时期公安工作对民警提出的新要求，坚持“缺什么补什么”的工作理念，不断创新警务实战工作机制，全面构建“一切面向实战、一切为了实战”的现代警务模式。2017年，每月定期举办“轮值轮训、战训合一”警务实战技能培训班。同时，为进一步提高民警实战技能，每年分批次组织民警开展打靶射击训练。曲水县公安局为适应当前严峻的维稳形势，10月初，从各部门抽调25名精干警力，学习各类警务实战技能，建立一支“一警多能”“能静能动”的高素质公安队伍。

*执法规范化。*以创建和谐警民关系为载体，狠抓执法思想建设。曲水县公安局将执法规范化建设作为首要任务，加强队伍思想政治教育工作，加强党风廉政建设，狠抓领导班子和队伍建设，要求各部门在执法规范化建设中努力做到“以人为本”。通过听民声、访民意、察民情，切实找准执法中存在的主要问题和差距，针对性地解决执法问题和不当行为。以网上办案为切入点，逐步实现执法管理水平。曲水县公安局以“三个平台”（大情报平台、警综平台、行政平台）为切入点，要求各执法办案部门运用警综平台办理各类案件，将各类案件录入到网上、逐步实现网上办案。同时，执法办案过程中刑事案件讯问阶段完全执行《公安机关讯问犯罪嫌疑人录音录像工作规定》，全面落实讯问全程录音录像，全面规范执法行为。以规范案件登记台账，保证执法办案遵规守矩。曲水县公安局法制部门牵头共统一台账48种，制作并下发48余种台账。2017年，专门设立档案室，将档案工作作为重点工作来抓，先后将办公室政工民警前往市局办、墨竹县学习档案管理方面好的做法与经验，进一步规范曲水县公安局档案管理。截至年底，档案室藏总量已达183卷，规范建档卷，其中，案件卷宗类共计31卷，按照类别进行分类编目。另外，部分部门档案未整理出来。以硬件设施作为保障，规范民警执法行为。根据“四区八室”场所建设要求，已有南木派出所办案场所、公安局办案场所改建完毕。2016年，投入资金1500余万元，修建建筑面积2500余平方米的刑侦业务用房，2017年全面投入使用。同时成立3个交警中队，分别为南木中队、峡谷中队、茶巴朗中队，共投入资金600余万元（本级财政筹资）。2016—2017年，投入资金1000余万元，新建看守所、拘留所、才纳派出所项目，已投入使用。2016年7月，本级财政出资购买配发10台警用车辆（起亚K3）。为维护民警合法权益，2016年，交警3个中队配发相机3部、扶助闪光灯1部。2017年，向各基层一线执法民警配发99部执法记录仪、172部手台、1部录像机等设备，并通过培训确保每位民警能够熟练使用设备。通过出台《执法记录仪使用管理责任书》《对讲机使用管理责任书》等规范性文件，制约民警合理有效使用各类设备。以四级审批为基准，提升执法办案人员素质。根据上级公安机关执法工作要求，以及执法工作中存在的问题和面临的形势，曲水县公安局法制部门牵头对案件实行四级审批制度。各部门指定的基层法制员对案件进行初审，部门负责人对初审过程

进行审核，对疑难案件实时召开案情分析会进行研判，依法提出处理意见。法制科立足执法监督，查找办案程序环节不足、纰漏，提出审核意见；分管领导对案件办理进行最终审查，跟进结案后续工作开展情况。

【队伍管理】 2017年，曲水县公安局制定《曲水县公安局人民警察礼仪手册》《曲水县公安局队伍纪律条例》，并与民辅警逐一签订《八小时以外管理责任书》等一系列责任书。建立健全民警思想档案，落实谈心谈话思想教育工作，并组织民警到外地省市、西藏阿里、那曲等地交流考察学习，使民警拓宽眼界、转变作风，提高党性修养。2017年，民警未出现违法乱纪现象。

开展"迎七一·忠诚铸警魂"文艺会演活动。7月1日，曲水县公安局大院内举行"迎七一·忠诚铸警魂"文艺会演活动，以"领导带头、全警参与"为原则，以各部门为单位，通过诗歌朗诵、文艺演出等方式，庆祝党的生日，并邀请县委、县政府、县直各部门、邻县兄弟单位以及上级业务部门主要负责人共同见证曲水县公安局全体民、辅警积极上进、斗志昂扬的精神风貌。

（卓 玛）

【负责人名录】

县委常委、政法委书记、公安局党委书记、局长

赵宏忠

政 委

普 顿（藏族）

副局长、聂当检查站站长

冯建华

副局长

李雪松

扎西次仁（藏族）

次旦桑珠（藏族）

曲水县人民检察院

【概况】 年内，曲水县人民检察院（以下简称县检察院）在县委和市检察院的正确领导下，在县人大及其常委会的有力监督下，在县政府、县政协及社会各界的关心支持下，以习近平新时代中国特色社会主义思想为引领，认真学习领会党的十八大、十八届历次全会、党的十九大精神，深入贯彻落实区市第九次党代会、九届三次全会精神，以及各级政法工作会议、检察长会议精神，不断强化法律监督，深入落实检察改革各项措施，检察工作整体稳步推进。2017年，县检察院下设曲水县达嘎乡、空港新区派驻检察室。共有编制人数17名，实有12名，其中，副县级1名，副科级3名，副主任科员2名，科员5名，工人1名。

【坚持依法履职，促进社会和谐】 依法打击各类刑事犯罪，保障人民安居乐业。依法严厉打击故意伤害、"两抢一盗"等刑事犯罪，受理公安机关提请批准逮捕案件4件4人，批准逮捕4件4人；受理审查起诉案件8件8人，依法提起公诉5件5人，不起诉3件3人。

加强职务犯罪预防工作。由检察长亲自带队，先后深入县直相关单位及五乡一镇，重点围绕挂牌督办项目、投资800万—1000万元项目、农村基础设施建设、涉农资金使用及"新农合"等领域开展专项预防，全年共组织召开预防宣传和警示教育会19场次，受教育干部达130余人，下发检察建议11份，制作完善相关

2017年8月4日，自治区检察院党组书记、检察长张培中（左排右一）在曲水县调研

台账2册，并撰写专题调研报告1篇报送县委和市检察院。开展行贿犯罪档案查询工作。积极开通行贿犯罪档案查询系统，全年为2家企业提供行贿犯罪档案查询2次。

扎实开展“一院一品”创建工作。按照上级院的要求，院党组高度重视品牌创建工作，为了打造具有自身特色的品牌，以达嘎乡、空港新区派驻检察室为抓手，加强乡镇普法宣传、收集涉检信息、排查矛盾纠纷，并对乡镇派出所、司法所、流动法庭等工作开展法律监督，有效发挥派驻检察室职能。

积极配合国家监察体制改革。坚决服从党委和上级检察机关部署，全力配合国家监察体制改革工作，积极投入转隶准备工作，明确转隶工作内容、任务、分工及工作要求，结合实际制定《转隶工作方案》，做好人员思想工作及转隶编制、人员、线索、设备等工作。

【维护司法公正，强化监督职能】

着力强化刑事立案、侦查活动监督。由正、副检察长亲自带队前往县公安局刑侦大队、交警大队以及五乡一镇、空港新区派出所，对刑事案件开展立案监督，对县公安局监督立案1件，提出口头纠正意见7条，发出《纠正违法通知书》1份，下发检察建议书1份。引导曲水县公安局办理故意伤害致人死亡、盗窃、交通肇事等刑事案件取证、定性等工作，通过出庭支持公诉，对刑事审判活动进行监督。

强化刑事执行监督。对曲水县辖区7名社区矫正人员开展5次监督检查，强化对社区矫正人员入矫、解矫工作的监督。

加强民事行政诉讼监督。抽查县法院53起民事案件，从法律运用是否正确、合议庭组成是否合法、判决及裁定是否符合法律规定等情况进行检察监督。

深入推进公益诉讼工作。加强与行政执法单位的联系，加大对民工工资、征地拆迁、社会保障、教育医疗、环境资源等民生领域的关注力度，加强对行政执法机关在履行环境和生态资源保护、食品药品安全、国有土地管理等方面不尽职、不履责等方面的监督，查找公益案件线索，保障社会公众利益，促进行政机关依法履职、严格执法。对1起超市食品过期问题，启动公益诉讼诉前程序，对县食品药品监督管理局发出检察建议1份，建议其加大监督管理力度。

2017年7月20日，曲水县检察院党组书记、检察长王慧带领分管副检察长及干警在空港新区公安派出所开展刑事立案监督工作

【维护社会稳定，做好中心工作】

全力做好涉稳核心工作。落实各项维稳工作措施，敏感节点及时制定维稳方案及应急处突预案，做好院内及一线指挥部带班、值班工作。积极参与强基惠民活动。选派1名副主任科员担任聂当乡德吉村工作队队长，密切配合村“一书”和“两委”班子，积极帮助所在村加强基层组织建设，落实各项工作措施和任务。全年慰问贫困户、“三老”人员等共37人，送去慰问金2.4万余元。单位资助1万元用来修缮德吉村1组磨面房，组织“四讲四爱”专题宣讲23场次，受教人数达2862人次。深入开展扶贫脱贫工作。认真落实精准扶贫帮扶单位职责，帮助村居开展新一轮精准识别、建档立卡工作，全年派员56人次开展走村入户，走访慰问，捐款捐物，宣讲精准扶贫和富民惠民政策，引导贫困群众积极就业脱贫，推动各项脱贫措施落实到位，并利用国庆假期帮助村委开展新一

2017年1月11日，曲水县检察院党组成员、副检察长尼玛卓嘎在曲水县茶巴拉乡茶巴拉村开展以“和谐生活美如画，法律护航进万家”为主题的法治宣讲活动

轮贫困户退出考核验收、复核考核等工作，巩固该村及对口贫困户精准脱贫成效。着力提高人民群众法治意识。积极组织参加“三月综治宣传月”“六月综治宣传周”“9·16”平安西藏宣传日、“12·4”国家宪法日等普法宣传活动，深入达嘎乡政府、达嘎乡小学、才纳乡四季吉祥村等地，因地制宜开展法治宣传和法治讲课，受到群众点赞。全年共向群众发放宣传资料1500余份，提供法律咨询80人次，受益群众达3100余人。

【队伍建设】 加强政治理论学习。通过深入开展“两学一做”学习教育常态化制度化，全年组织干警集中学习53次，集中讨论43次，讲党课、讲业务5次，撰写心得体会42篇。充分发挥院党支部作用，进一步规范党内政治生活，通过召开支部委员会、党员大会、组织生活会、讲党课等形式，落实“三会一课”制度。全体党员及时足额缴纳党费，将2名优秀干警培养为中共预备党员。提升队伍素能。经县委及组织部审批，提拔任用1名干警为正科级副检察长，1名干警为办公室主任。加强培训力度，先后派出11人次前往内地、林芝检察官学院培训，有效提高业务能力。

【党风廉政建设工作】 狠抓“两个责任”落实，制定党风廉政工作计划，层层签订责任书，将具体工作细化分解、传导压力。认真落实中央“八项规定”精神和廉洁过节要求，节前召开动员会议，强调纪律要求，接受自治区检察院巡视组政治巡视。全年共召开党风廉政专题会议5次，开展廉政谈话13人次，形成专题工作总结、汇报3篇，开展廉政专题教育活动2次。

【基础建设】 以信息化推进执法规范化，在县政府及自治区检察院大力支持下，进行业务技术楼审讯室改造及信息化建设工程，截至年底，工程已验收。根据市院要求，全市各县开展检察指挥调度系统建设，截至年底，已完工。院内18套干警备勤房已通过验收，投入使用。进行整体院内绿化及地面硬化工程，进一步改善干警工作、生活条件。

【推进司法体制改革工作】 落实好各项改革工作部署，实行人员分类管理，5名检察官、3名检察辅助人员、3名司法行政人员全部分类定岗到位，坚持入额检察官在办案一线，检察长、副检察长人均办案4件，落实案件责任终身制。实施大部制改革，建立新型办案组4个，突出办案主体、明确权责权限，提升检察权运行效率。

【强化内外监督，规范权力运行】 坚持把检察工作置于人大监督之下，主动向人大常委会主任及其常委会汇报工作，报送工作动态信息121期。开展“检察开放日”活动，邀请乡人大代表、政协委员、群众代表来曲水县检察院参观、座谈，主动听取意见建议。加强检察信息公开为重点，全年对外公开案件程序性信息12条，法律文书7份。依托“两微一端”信息平台，发布检察工作动态及案件信息110条。

强化内部监督规范执法办案。案管部门建立完善执法办案内部监督机制，强化对执行办案纪律的监督。全面运用全国检察机关统一业务应用系统，加强案件流程监控，实现对办案的全程统一、动态管理和实时监督。定期开展院内案件评查并积极配合市院案件评查工作，及时妥善处理好在执法办案过程中出现的突出问题，有效推进执法规范化建设。

（丹增卓嘎）

【负责人名录】

党组书记、检察长

王 慧（女）

党组成员、副检察长

王 帆

党组成员、副检察长

尼玛卓嘎（女，藏族）

办公室主任

尼玛旺堆（藏族）

副主任科员

张高洁

副主任科员

格桑康卓（女，藏族）

曲水县人民法院

【概况】 2017年，曲水县人民法院在县委领导、县人大监督、县政府支持、县政协民主监督以及上级法院指导下，高举习近平新时代中国特色社会主义思想伟大旗帜，深入贯彻落实党的十八大、十八届三中、四中、五中、六中全会和十九大精神，紧紧围绕努力让人民群众在每一个司法案件中感受到公平正义的工作目标，坚持司法为民、公正司法、防控风险、服务发展，坚持与时俱进、改革创新、破解难题、补齐短板，创造性实施“12341”工作思路。2017年，曲水县人民法院共受理各类案件134件，审执结128件，结案率95.52%，其中刑事案件5件，民事案件97件，执行案件29件。

2017年4月3日，拉萨市中级人民法院党组成员、纪检组组长赵军（中）在曲水县法院调研

【审判工作】 全年县人民法院共受理各类刑事案件5件，审结4件，判处罪犯4人，法定审限内结案率达100%。坚持宽严相济刑事政策，做到宽严有据、罚当其罪。依法审结持有毒品案1件1人，盗窃案1件1人，危险驾驶罪1件1人，交通肇事罪2件2人，已审结的案件中判处有期徒刑三年以下4人。依法适用量刑规范化程序审理刑事案件，确保审判过程更加公开透明，量刑幅度更加均衡公正，案件服判息诉率达100%。依法适用量刑规范化程序审理刑事案件，确保审判过程更加公开透明，量刑幅度更加均衡公正，案件服判息诉率达100%，依法审理民商纠纷。共受理各类民商事案件97件，结案94件，结案率96.9%。坚持平等对待各类市场主体，保护诚实守信，维护公平竞争，审结民间借贷、买卖、租赁等合同类案件65件，占民事案件总数的70%；妥善处理家庭、婚姻等传统民事案件12件，占民事案件总数的9%；加强农牧民群众、外来务工人员合法权益保护，受理涉及侵权、追索劳动报酬类案件20件，占民事案件总数的21%。把调解工作贯穿民事审判全过程，努力从根本上化解社会矛盾，力促案结、事了、人和，共调解65件，调撤率88.88%。

【开展法治宣传】 充分发挥“车载流动法庭”职能，全年开展巡回办案83件172次，行驶里程1.3万公里，努力做到让农牧民群众少跑路、少花钱、少受累。坚持“有案办案、无案法宣”工作原则，结合“法律七进”工作要求，通过宣讲、发放法宣材料等形式开展法治宣传教育，以“综治月”“学雷锋志愿服务日”“民族团结月”“国家宪法日”等为契机，成立法律志愿服务队，深入五乡一镇、主要街道、学校、企业等开展法治宣传83次，发放宣传材料4万余份，受教育群众2万余人。深入开展“诉调对接”工作。继续与公安、劳动、民政、安监、信访等部门按照《矛盾纠纷排查调处联动机制》开展“诉调对接”工作，主要针对交通事故人身损害赔偿、劳动合同纠纷及上访事件等形成整体合力，对及时、有效处置各类矛盾纠纷起到积极作用。加大人民陪审员的参审力度，通过实际案例提高人民陪审员参与法律实务能力和矛盾纠纷化解能力，人民陪审员共参与庭审34次，组织培训2次34人。为人民陪审员统一制作服装、配备徽章，树立庭审权威，在全市法院起到引领示范作用。

【平安曲水建设】 深入开展反分裂斗争，全力参与维稳中心工作，维护社会长治久安，保障人民安居乐业。认真落实区市县党委系列维稳部署，严格属地管理、严明维稳责任，充分发挥法院在维稳工作中的职能作用，坚决确保曲水县局势持续稳定、长期稳定、全面稳定。妥善处理各类社会矛盾，特别是涉及拖欠民工工资的矛盾纠纷，充分发挥“诉前调解”“联动机制”等作用，配合信访局等相关部门处理非诉案件35件。及时准确向县委、县政府做好请示、汇报工作，做到“大事化小、小事化了”，努力把矛盾纠纷消灭在萌芽状态。

【项目建设】 在县委、县政府及相关部门的大力支持下，政府投资219万元用于审判业务用房改造和大法庭装修，截至年底，大法庭建设项目完工，正在办理交接手续，行政办公楼装修项目正在进行中。国民经济和社会发展“十三五”规划期间，县法院重点项目为新建诉讼服务中心，国家投资306万元，建筑面积850平方米，截至年底，各项前期工作正在实施。

【司法改革工作】 构建“大民事、大刑事”审判格局，整合全院民事、刑事、执行人员力量，实行统一管理、随机分案制度，实现“让审判者裁判，由裁判者负责”，增强法官的责任意识和担当意识。认真贯彻执行司法体制改革要求，大力推行院庭长办案制度。院长年办案量应达到该院法官平均办案量的5%，副院长年办案量应达到本院法官平均办案量的25%，庭长年办案量应达到所属办案类别法官平均办案量的70%。业务庭法官院党组根据县法院的案件量，对业务庭入额的法官，年办案量应当高于人均办案量。实施信息化建设，已全面实现裁判文书同步上网、案件评查同步跟进、电子卷宗同步归档。落实审判流程公开，公开案件信息134件。落实裁判文书公开，在中国裁判文书网公开裁判文书35份，其中，藏文裁判文书19份。按照区高院出台的《西藏法院司法体制改革试点工作实施方案》和《西藏中基层法院法官首批入额工作办法》，认真落实法官员额制；制定出台《曲水县人民法院司法改革方案》，成立司法改革领导小组，经过精心组织和公开打分，完成法官职务套改、员额申报及首批法官入额考核考试工作，截至年底，全院共有员额法官9人、司法辅助人员5人、司法警察人员4人、行政人员2人。

2017年12月26日，县法院邀请人大、政协代表观看庭审过程，进一步加强监督工作，努力实现阳光审判工作

【队伍建设】 扎实开展“两学一做”学习教育，院党组带头参加学习。院领导以普通党员身份参加支部学习人均5次，召开专题民主生活会4次，组织全体干警集中学习24次，书记讲党课3次，组织专题演讲比赛、文体活动2次，撰写心得体会45篇。进一步强化党组党建主体责任意识，规范党内政治生活，严肃党的政治纪律和政治规矩，增强“四个意识”，坚决拥戴、信赖、忠诚、捍卫以习近平同志为核心的党中央，对县委的决策部署坚定不移地贯彻落实。深入开展基层党建七项重点任务自查3次，对存在的党组织关系接转手续不全、党员党费缴纳不及时等问题进行认真整改。完成党支部换届选举工作，完善党支部工作职责分工，认真落实“三会一课”制度和党员活动日制度，先后组织开展“学雷锋志愿服务活动”“环境卫生专项治理活动”等。开展向邹碧华学习活动，把党建工作触角延伸到司法审判最前沿，设置服务先锋岗，极大提升司法服务水平。坚决落实全面从严治党主体责任，认真贯彻《中国共产党廉洁自律准则》和《中国共产党纪律处分条例》。继续落实“五个严禁”“六条禁令”“十个不准”等铁规禁令和工作制度。落实党风廉政建设责任制情况考核工作，层层签订《党风廉政建设责任书》，设廉政监督员，不断加强对干警的监督、管理。把干部挂职交流锻炼作为提升队伍素养的重要方式之一，选派2名年轻干部到江苏援助法院进行为期半年的挂职锻炼，增长基层工作经验、增强做群众工作能力。按照“千人计划”的要求，不断加强“双语”法官教育培养，提高法官素质。派出干警参加区内、区外各类培训23人次。

（加央强巴）

【负责人名录】

党组书记、院长

米　　玛（藏族）

党组成员、副院长

伟　　色（女，藏族）

贡嘎旦增（藏族）

马 洪 武

曲水县司法局

【概况】 年内，曲水县司法行政工作坚持以党的十八届四中、五中、六中全会和党的十九大精神为指导，全面推进依法治国，深入开展“两学一做”学习教育活动。紧紧围绕全县的中心工作，以维护社会稳定为首任，以夯实基层基础为重点，以强化队伍建设为保证，充分发挥法律保障、人民调解、法治宣传、法律服务四大职能作用，以提高服务质量为中心，为维护曲水县社会稳定，促进经济和社会各项事业跨越式发展做出积极贡献。

【普法宣传教育】 年内，县普法办借助“法律六进”活动这一载体，协调相关部门结合自身工作特点，突出抓好领导干部、公务员、青少年、企业经营管理人员、农牧民、寺庙僧尼等重点对象的普法教育，同时面向社会大众，大力宣传与完善社会主义市场经济体制相关的法律法规，大力宣传与农牧民群众生活密切相关的法律法规，大力宣传维护社会和谐稳定、促进社会公平正义的相关法律法规。在法律进农牧区活动中，对农牧民群众咨询有关劳动保障、征地拆迁等涉及群众切

2017年11月10日，曲水县召开“六五”普法总结表彰暨“七五”普法安排部署会议

身利益的问题认真解答，引导群众依法反映利益诉求。针对务工农民工学法需求，向其宣传《劳动法》《劳动合同法》《工伤保险条例》等内容。

【主题法治宣传活动】 年内，县普法办围绕政府中心工作，积极利用“3·8”妇女维权月、“3·15”消费者权益保护日、“3·28”西藏百万农奴解放日、综治宣传月、“9·16”平安西藏宣传日、十九大、“12·4”国家宪法日等节点开展法治宣传活动，当面为广大群众、居民、流动人员释疑解难，广泛宣传以宪法为主的相关法律法规，充分利用民间习俗，采取喜闻乐见的方式开展一系列的形式多样、内容丰富的法治宣传活动。截至年底，开展各类主题法治宣传 50 余次，发放各类宣传资料、纪念品 6000 余份，受教育群众达 8000 余人，在全县营造浓厚的法律氛围。

【做好“七五”普法启动工作】 年内，县司法局、普法办进一步完善“七五”普法启动前期工作，将“七五”普法规划提请县人大常委会、县委常委会、县长办公会审议通过，于 11 月 10 日顺利召开“六五”普法总结表彰暨“七五”普法启动会议，为进一步开展好普法依法治理工作明确新目标新任务。

【矛盾纠纷集中排查调处】 年内，县司法局与各级调委会，通过日常纠纷调解与集中排查调处工作

2017年9月20日，县普法办牵头联合相关部门在才纳乡四季吉祥村开展喜迎十九大法律进乡村活动

相结合，定期或不定期排查调处各类矛盾纠纷和不稳定因素。注重增强群众的法律意识和法制观念，引导群众依法、合理表达利益诉求，以积极的态度对待在社会关系、经济活动和生产经营中发生的矛盾和纠纷，最大限度地防止和减少影响社会稳定的不和谐因素。截至 11 月底，全县各级调委会共调解婚姻、邻里、劳动争议、损害赔偿等各类矛盾纠纷 90 起，调解率达到 100%，充分发挥基层人民调解在维护社会稳定中的第一道防线作用。

【村级人民调解工作】 年内，根据拉萨市司法局《关于组织村（居）人民调解委员会开展规范化建设工作的通知》要求，县司法局认真领会文件精神，将加强村人民调解规范化建设作为“平安、法治”建设的重要内容，通过制定村人民调解规范化建设工作实施方案、组织召开宣传动员会等形式将村规范化建设工作层层部署落实到乡（镇）、村人民调解委员会，不断调整、整顿、充实、完善人民调解组织，进一步健全人民调解组织建设、队伍建设、业务建设，落实好人民调解委员会规范化建设工作。

【婚姻家庭纠纷人民调解委员会】 年内，县司法局根据上级文件精神，依据《中华人民共和国人民调解法》《中华人民共和国妇女权益保障法》有关规定，结合曲水县实际，积极指导县妇联，设立婚姻家庭纠纷调解委员会，调解委员会由县妇联、县司法局、县民政局、县法院等相关部门工作人员担任。建立健全人民调解学习、例会、登记、档案管理等十项规章制度和人民调解标牌标识标徽，刻制婚姻家庭纠纷人民调解委员会印章。

【评选工作】 根据自治区《关于

印发〈全区首批优秀人民调解委员会优秀人民调解员评选活动实施方案〉的通知》精神，全县各级调委会认真学习、深入领会，并积极参与到优秀人民调解委员会、调解员评选活动。县司法局根据初选情况，结合各级人民调解委员会和人民调解员日常工作发挥作用情况，将政治队伍突出、工作业绩优良、队伍建设高效、工作依法规范的4个人民调解委员会，以及政治坚定、爱岗敬业、工作技能较强的6名人民调解员进行推荐上报。

【管控工作】 以维护社会稳定为首要任务，在春节、藏历年、自治区“两会”、三月敏感期间、“萨嘎达瓦”以及党的十九大期间，及时制定下发帮教管控工作方案，成立以司法局局长为组长，社区矫正、安置帮教办公室负责人及各乡镇司法所干警为成员的领导小组。各乡镇及时掌握辖区刑满释放人员、社区矫正人员的动态，做到底数清、情况明，并层层落实“零报告”制度，防止出现漏管脱管现象，确保全县社会局势的和谐稳定。

【刑释解教人员走访教育工作】 以“两会”召开及三月份、“萨嘎达瓦”、党的十九大召开期间维护稳定工作为重点，多措并举，进一步强化刑释解教人员走访教育工作。县司法局协同乡镇司法所干警对五乡一镇刑释解教人员进行走访教育工作，对刑满释放人员的生活现状、帮扶情况、思想动态进行详细了解，同时大力宣传党的惠民政策，以及区、市、县对他们的帮教政策。

【做好刑满释放人员衔接】 按照区司法厅《关于做好春节、藏历新年以及三月维稳敏感期间人民调解和安置帮教工作的紧急通知》要求，采取有效措施强化刑满释放人员衔接环节，对刑满释放人员一律实行“必接必送”和“6+1”帮教。截至年底，县司法局到拉萨市监狱接回并安置刑满释放人员10人。同时根据“6+1”帮教工作方式，县司法局加强对刑满释放人员的管理，落实帮教工作责任，及时了解和掌握了刑满释放人员尤其是重点帮教对象的情况，帮助其重新融入社会和尽快适应社会。针对思想不稳定、情绪波动大的帮教对象，及时进行谈话和教育疏导，同时发挥村“两委”“双联户”的作用，对其进行动态管理，防止其制造事端或重新犯罪。

2017年12月4日，县普法办牵头联合相关部门在318国道沿线开展“12·4”国家宪法日集中宣传活动

【安置帮教督查检查工作】 根据拉萨市司法局《关于开展人民调解和安置帮教督查检查工作的通知》的要求，为坚决防止刑满释放人员期间出现脱管漏管和重新犯罪等情况，司法局深入五乡一镇督导检查人民调解、安置帮教工作开展情况。要求各乡镇主动深入基层、深入群众，认真开展刑满释放人员的走访摸底排查工作，准确掌握辖区内刑满释放人员的底数、分布情况和去向，做到摸清底数、了解状况、明确动态。要求深入到刑满释放人员特别是生活困难人员的家庭，了解他们在就业、就学、就医等方面面临的实际困难和问题，积极主动协调相关部门帮助解决。并及时掌握辖区内刑满释放人员的思想动态，对于思想情绪波动大有重新犯罪倾向的，利用回访以及节假日、政治敏感期，有针对性地加强法治教

育，疏导、化解、消除消极对抗情绪，激励引导他们遵纪守法，主动与公安派出所沟通协调，加强刑满释放人员特别是重点帮教对象的教育管控。

【信息管理系统工作】 根据市综特专组办文件《关于全面运行刑满释放人员信息管理系统工作的整改意见》的通知精神，县司法局针对信息核查及反馈不到位导致各项指标低，信息录入不及时，统计报表不准确等情况，及时召集五乡一镇司法所召开专门会议，针对存在问题及整改意见认真自查自纠，落实责任领导、责任人和整改期限，确保整改工作落到实处。

【按期解除帮教】 县司法局对在册刑满释放人员进行排查、核实、梳理，缜密收集刑满释放人员相关信息、线索，进一步整理安置帮教卷宗，掌握刑满释放人员衔接及帮教期，梳理出刑满释放人员正在帮教期内人员、帮教期满因特殊原因未解除帮教人员，并对帮教期满人员按期解除帮教。

【社区矫正培训工作】 为进一步提高社区矫正工作人员的业务能力，积极推进社区矫正工作法治化、规范化运行。2017年度县司法局先后四次组织各乡镇司法所干警、社区矫正办公室工作人员开展社区矫正工作培训会。集中学习《社区矫正实施办法》《西藏自治区社区矫正工作指导手册》《西藏自治区社区矫正规范性文件和规章制度》。

【社区矫正档案工作】 年内，县司法局严格按照《西藏自治社区矫正人员档案管理办法》规定，立足工作实际，以《社区矫正执法文书格式》为标准，实现县司法局、司法所各司其职、简易便行，完整地记录矫正人员的矫正全过程，确保社区矫正档案的真实性、完整性和规范性。10月下旬，又严格按照市局下发的社区矫正工作基础材料格式统一县局和司法所的社区矫正台账和工作档案，推动全县社区矫正档案管理水平进一步提高。

【考察工作】 6月12日，广西南宁市武鸣区人大常委会党组副书记、副主任卢建雅一行到曲水县考察人民调解工作，考察才纳乡人民调解工作和四季吉祥村人民调解工作开展情况，并召开座谈会，曲水县常委罗超文、县人大副主任平措等参加座谈会。

【基层司法行政观摩培训会】 7月12日，由拉萨市司法局党组副书记、局长赵铁岭带队，拉萨市司法局副局长边巴次仁，基层科、社区矫正科负责人，带领49名全市六县五区司法骨干，到曲水县司法局开展观摩培训活动，曲水县副县长宋友禄全程陪同。

【督导检查工作】 2017年3月上旬、6月下旬、9月中旬、10月下旬，县司法局组织工作人员对全县5乡1镇司法所进行社区矫正工作督查。查看社区服刑人员日常工作开展情况及档案建立情况。并当即对存在问题的司法所进行限期整改要求，促进司法所业务工作规范化开展。

【法律援助工作】 为切实维护社会弱势群体的合法权益，充分发挥县法律援助中心职能作用，不断拓展全县法律援助新领域，注重各乡镇司法所援助工作作用，密切同工青妇、人武部、残联等部门的协调配合，以召开联席会形式探讨法律援助工作新思路，形成全县联动的整体合力。并通过各种形式的法律援助系列宣传，不断提高全县广大农牧民的维权意识，使法律援助工作在全县营造良好的氛围，截至年底，共受理法律援助案件86起。其中通过调解解决74起，代写文书2起，咨询10起案件，涉及婚姻纠纷、财产纠纷、抚养纠纷、农民工工资纠纷等民事纠纷，这些案件的解决为低保户和农民工挽回经济损失达3496289元。

（达娃白玛）

【负责人名录】

局　长

次仁多吉（藏族）

副局长

则 里 海（回族）

经济管理

曲水县发展和改革委员会

【概况】 年内,曲水县发展和改革委员会在县委、县政府的坚强领导下,在县人大、县政协的监督支持下,紧紧围绕经济建设和社会事业发展大局,全面推进供给侧结构性改革,把思想和行动迅速统一到新目标、新要求上,理清工作思路,突出抓好重点,认真履行工作职能,发改、商务、交通等工作取得新进展。

【经济指标】 2017年,曲水县实现地区生产总值14.3亿元,同比增长10.9%(可比价);全社会固定资产完成投资46.17亿元,同比增长22.92%;完成社会消费品零售总额3.09亿元,同比增长12.2%;农牧民人均可支配收入12612元,同比增长13.52%;全口径财政收入4.29亿元,同比增长108.23%。经济发展形势呈现一片良好态势。

2017年11月24日,县人大常委会主任平措、副县长宋有禄出席2017年曲水县项目工作会议

【项目建设】 为全面掌握全县项目建设情况,每月定期对全县项目建设相关数据进行核查统计,并做好迎接国家、区、市各级检查组检查相关工作。为迎接环境保护部大督查,协助督促各项目建设单位完善2013年以来曲水县已实施项目的前置手续。为完成年内固定资产投资目标,年初全面梳理全县项目建设计划,并按照确定实施、上争实施等进行分类,在全年项目管理中做到心中有数、主次分明。2017年,曲水县开复工项目80个,总投资57.2亿元。完成社会固定资产投资46.17亿元,其中续建项目22个,完成社会固定资产投资31.22亿元,新建项目58个,完成社会固定资产投资14.95亿元。重点推进曲水县小康安居工程、曲水县农业产业化示范基地建设项目、西藏林木良种繁育中心建设项目、拉萨市第一中等职业技术学校迁建项目的开复工建设。全面深入推进

援藏项目建设,2017年援藏项目19个,总投资2.16亿元,其中续建项目6个,新建项目13个,为推进援藏项目早日建成投产,安排专人加强援藏项目的协调对接力度,督促业务部门加快办理项目前期手续,积极对接市项目评审中心,提高项目审批效率,为援藏项目建设做好全面的服务咨询工作。为规范项目中介公司管理,提高项目实施的质量和进度,起草并修改完成《政府投资项目中介公司管理办法》和《政府投资项目竣工验收办法》,通过与县财政局拨款程序相挂钩,确保全面的基建项目都在审批监管范围内。为实现公平、公正,有序带动曲水县农牧民合作社发展,制定《曲水县本级财政投资项目管理暂行办法》《曲水县政府投资项目施工、监理单位招标投标暂行办法》,明确200万元以下的施工通过摇号的方式确定曲水县内的农牧民合作社,50万元以下的监理通过摇号抽定,该办法已启动实施。统筹项目管理,全年发改委牵头组织大小项目碰头会20余次,坚持每个会议都以务实的作风,解决实际问题。对2016年国民经济和社会发展"十三五"规划执行情况进行认真的分析、总结,结合新形势、新任务,提出2017年《全县国民经济和社会发展计划(草案)》。严格按照全县工作要求,深入调查研究,监测、分析经济运行态势,及时掌握情况,发现问题,研究对策,向县委、县政府提出切实可行的建议意见,并及时形成季度经济运行情况及各项调研报告。

2017年9月6日,县委副书记、常务副县长刘文荣(左二)在县发改委主持召开党的十九大期间维稳安保部署会议

【规划经济发展】 凡事预则立,不预则废。发改委高度重视曲水县经济发展方向和产业定位。在项目上争和审批项目方面,严格执行《曲水县"十三五"时期国民经济和社会发展规划纲要》《拉萨曲水净土健康旅游示范区规划》《曲水县才纳净土产业园发展规划》等规划,通过规划编制,引领项目落地,提高项目上争的效率,有时序、有条理的推进全县经济社会发展。

【项目融资】 重大项目建设始终是曲水县产业发展的重要载体,为使近期需求能够转化成中远期效益,县发改委在曲水县融资发展方面有新的突破,通过直接对接国家开发银行及协助相关单位办理贷款业务,精心服务,精心融资,2017年,总计落实银行贷款15.8亿元,专项建设基金1亿元,其中,曲水县农业产业化建设项目,总投资7.2亿元,落实银行贷款5.8亿元,专项建设基金1亿元。拉萨净土健康野生动物保护园新建项目,总投资1亿元,落实银行贷款0.4亿元,西藏林木良种繁育中心建设项目,总投资13.96亿元,落实银行贷款9.6亿元。为确保重大项目切实落地见效,县发改委在项目融资、项目前期手续办理、项目设计论证、项目审批、项目实施等各个环节,都有县发改委主要负责人亲自抓,积极妥善处理项目前期论证不足、设计深度不够、项目招标定价等环节出现的问题,全力加快项目早日建成投产。同时,通过融资发展,使得这些建成能成规模,建成能成产业的上亿元大项目落地建设,对曲水县经济社会建设、精准扶贫精准脱贫及农业供给侧结构性改革起到巨大的推进作用。

【项目审批】 县发改委作为审批项目的重要枢纽,对曲水县基建项目建设的合法性、合规性、合理性进行总把关，是推进项目建设进度，审查项目资金的重要单位。2017年，县发改委项目中心总计完成项目审批62个，总投资5.03亿元，涵盖农牧、住建、卫生等多个领域，这些项目的实施有力推进农村环境综合整治，加快曲水县经济社会发展进度。

【交通工作】 抓好项目上争。通过积极研究区市农村公路建设方向，组织上报项目建设计划，取得达嘎乡色甫村至堆龙德庆区旅游产业园区公路工程等5个项目，总投资2.07亿元，有望实施。抓好项目管理。续建农村公路总计6条，项目建设总体顺利，基本完工项目3个。抓好公路养护。根据各乡镇的农村公路养护任务的不同，在雨季来临前向各乡镇及雄色寺管委会，拨付农村公路养护资金总计73万元。并通过设立责任标牌的形式，给各养护员划分责任路段，便于农村公路养护工作有效开展。根据全国县级文明城市评选相关要求建设公交站牌等相关设施，县级农村客运公司运营状况良好，县际班车改革前期准备工作全部完成。

【商务工作】 2017年，计划配送碘盐182.3吨，已完成配送碘盐182.3吨。成立商务领域安全生产领导小组，在全县范围内进行全面、系统、彻底的安全生产大检查，未出现大小事故。为加强曲水县加油站点安全防范力度迎接党的十九大胜利召开，进一步规范曲水县成品油市场经营秩序，严防各类隐患事故发生，确保成品油市场安全，强化石油经营企业现场安全管理工作，夯实石油流通市场安全管理和检查的长效机制。加强县区电商办、乡镇电商办的筹划、指导、协调、培训、服务等职能作用发挥，加强“电商扶贫”县级电商扶贫综合服务中心、乡级电商扶贫服务站、村级电商扶贫网点建设，着力构建应用电商精准扶贫到村到户工作体系。

【物价工作】 为适应现阶段市场工作的需要，按要求建立行政事业性收费目录清单制度，对收费单位收费目录清单进行审核上报，加强对收费单位收费行为的监督，对不合理的收费进行更正，对不符合规定的责令其业主限期进行整顿。加强市场管理力度，特别是节日期间监管力度，组织实施物价管理检查，对曲水县范围内各类商店明码标价进行规范。

【自身建设】 抓学习，提高素质。认真贯彻落实“两学一做”活动精神，分季度制定与时俱进的学习计划，共开展理论学习30余次。重点学习党的十九大会议精神以及习近平新时代中国特色社会主义思想。并加强业务技能学习，先后派出干部8人次到北京、江苏学习借鉴先进经验和知识，提高干部职工思想素质和业务能力。狠抓党风廉政建设。认真传达上级党风廉政建设工作会议精神和相关要求，并按要求贯彻落实。持之以恒纠正“四风”，认真执行《中国共产党党员领导干部廉洁从政若干准则》《关于新形势下党内政治生活的若干准则》，严格“三公”经费管理，严禁公款互相宴请、赠送节礼、违规消费，及时查处违法违纪违规行为，2017年，县发改委无违规现象发生。高度重视党建工作，严格落实“三会一课”制度，积极开展党内生活，增强党内的凝聚力和战斗力，

2017年8月9日，江苏省工程咨询中心副处长车前进等一行在曲水县开展铁路建设对经济社会发展影响调研

提高党员的工作热情。

（娄汇琳）

【负责人名录】

主　任

达　　琼（藏族）

副主任

格桑次列（藏族）

曲水县财政局

【概况】 2017年是全面实施国民经济和社会发展“十三五”规划的重要之年，是推进供给侧结构性改革的深化之年，是全面建成小康社会决胜阶段的关键之年。县财政局在县委的坚强领导下，在县人大的有效监督下，财政部门坚持以“四个全面”战略布局为统领，认真贯彻落实中央第六次西藏工作座谈会议精神，紧紧围绕区市县经济工作会议确定的目标任务，始终把握好“稳中求快”的工作总基调，继续实施积极的财政政策，突出生财之本、聚财之策、理财之法、用财之道。进一步深化财政改革优化财政支出结构。在全国宏观经济下行、结构性减税等情况下，曲水县保持经济稳健增长，为顺利完成全年工作任务奠定坚实基础。曲水县财政局为县政府主要部门，下设办公室、农口财务、卫生财务、行政财务、党群财务、住房公积金办公室、基建财务、社保财务、教育财务以及国有资产管理工作部门。2017年，全系统共有干部职工12人，有党员10人，本科以上学历10人，其他学历2人。

2017年2月23日，县财政局干部职工与结对帮扶对象谈心交心

【财政收入】 2017年全县财政总财力为144125万元，较上年增加4135万元，增长41%，全县地方本级财政一般预算收入完成133029万元，比上年增加32991万元，增长33%，其中，税收收入完成31141万元，比上年增加13348万元，增长75%；非税收入完成1480万元，比上年增加429万元，增长41%；上级财政补助收入97719万元，比上年增加19451万元，增长25%。政府性基金收入10773万元，主要为土地出让金收入。国有资本经营收入323万元及其他收入。

【财政支出】 全县财政一般预算支出完成119094万元，较上年决算数增20220万元，增长23%。其中，一般公共服务支出19460万元，公共安全支出5791万元，教育支出17780万元，科学技术支出218万元，文化体育与传媒支出2732万元，社会保障与就业支出5920万元，医疗卫生支出8768万元，节能环保支出2647万元，城乡社区事务支出4874万元，农林水事务支出38066万元，交通支出39万元，资源勘探电力信息等事务支出10860万元，国土气象事务支出165万元，住房保障支出1774万元。

【支持基层组织建设】 2017年，县财政局用于支持党建工作的专项资金达3994万元。落实基层政权建设资金180万元；投入村级活动场所2696万元，用于新建、改扩建17个行政村居组织活动场所；落实村干部基本报酬和业绩考核资金164万元；落实村级组织工作经费190万元，行政村年度运行经费达10万元，高出拉萨市标准5万元；投入党建工作经费170.5万元，落实“四讲四爱”活动经费100万元、落实“两学一做”活动经费50万元，落实强基础惠民生资金122万元；投入

2017年8月，县财政局组织召开2018年预算编制工作部署会

精神文明建设及创建文明城市经费214万元；投入乡镇人大经费及保障机制资金60万元；投入村“两委”换届选举经费47万元等。实现基层党建工作三个覆盖。

【支持教育优先发展】 2017年，全县教育支出17780万元，增长11%。落实“三包”经费1478万元，惠及3.2万农牧民子女及城镇困难家庭学生；落实资金274万元，实现义务教育农牧民子女营养改善计划全覆盖；完善教育脱贫优惠政策，投入大中专学生资助资金300万元；落实城镇学前、城镇义务教育高中生、中职及师校免费教育补助188万元；落实资金225万元，用于中小学三项运动会活动；投入县级配套4276万元，主要用于中小学基础设施、中小学食堂改造，教育系统住房公积金缺口及各类保险等。

【支持民生投入】 2017年，全县社会保障和就业支出5920万元，增长10%。落实资金550万元，确保全县公益性岗位工资、辅警等绩效考核及社保补贴支出；对农村低保户给予生活补助，农村低保户A类保障对象年人均保障金达4625元，B类、C类达到3915元，使农村低保户和扶贫线标准合一，实现“两线合一”的目标；落实390户1203人农村最低生活保障资金292万元、落实298户321人城镇最低生活保障资金236万元；落实临时救助金28万元，救助122户因病、因生活困难的城乡居民提供临时救助；落实财政各项保险配套3245万元；落实医疗救助196万元，为397名城乡困难群众提供医疗救助；落实1028名残疾人补贴及“两项补贴”等185万元；落实81名0—16岁残疾儿童慰问金19.44万元；落实自主择业退役士兵优待金及一次性补助204万元；落实老龄补贴205万元，其中落实367名80岁以上寿星老人补贴192万元，落实高龄失能老人补贴14.52万元，完成老年人提标扩面的实施方案；落实184名五保户供养资金192万元；落实60岁以上44名优抚对象40万元等。

【促进基本公共卫生服务均等化】 2017年医疗卫生支出8768万元，增长26%。落实农牧民免费医疗1437万元；落实城乡医疗救助20万元；落实医疗保险基金1250万元；投入全民健康体检经费347万元，确保全民身心健康；投入农牧民大病救助基金50万元；投入医疗体制改革资金400万元，用于完善人民医院各项设施设备；投入基本公共卫生服务资金325万元等。

【支农惠农】 2017年全县农林水支出38066万元。统筹整合涉农资金5255万元，加快推进脱贫攻坚，其中，落实产业化发展资金5000万元，投入有机农业示范县资金2500万元，大力推广绿色有机肥料使用，为全面铺开“禁化肥禁农药”行动提供有力保障；落实种粮农民直接补贴和农资综合补贴219万元；投入林业专项资金约3495万元，主要用于重点区域造林、森林生态效益补偿等，城乡环境持续提升。投入水利专项资金约3832万元，主要用于防汛抗旱灌区修建、小型农田水利项目的支出。投入农业专项资金约6019万元，主要用于草原生态奖励保护补助、农村公益事业、农机具购置等，积极推进农村综合改革，加快“美丽乡村”建设进程。

【支持基础设施建设】 2017年主要投入基础设施建设资金约6830万元，其中，本级安排基本建设资金2600万元，主要支持2017年周转房、曲水镇棚户区改造、小康安居工程、农村道路建设、村级组织标准化建设、核心岛工程、四季吉祥村民宿工程、县城绿化等。

【财税改革】 加强政府全口径预算管理，将政府收支活动全部纳入预算管理。2017年，将预决算公开单位范围扩大全县所有预算单位，全县预决算公开全覆盖，预算公开内容更加细化、更加完整，公开方式更加多样化。进一步硬化预算约束，完善预算执行动态监控机制；进一步深化国库集中收付制度改革，加强政府债务管理，切实防范化解财政风险。

【财政监督】 全面开展财政资金安全检查，确保财政资金安全使用。聘请第三方公司对2015—2017年财政收支情况、县域8家国有企业财务状况、民政专项资金进行审计，确保资金安全有效，落实完成政府采购54批(次)，节约财政资金57.27万元，节约率达4%。通过以上举措，进一步严肃财经纪律，规范财经秩序，全面提高财政资金使用效益。

【“三公”经费支出有效控制】 按照中央“八项规定”的要求县财政严控“三公”经费支出，尤其对会议费、车辆使用费、招待费等一般性支出，从严从紧管理，按规定指标进一步压缩。2017年，全县“三公”经费支出603.23万元，同比减少277.74万元，下降32%。

【机关作风与效能建设】 扎实开展“两学一做”学习教育和“四讲四爱”主题实践活动，深入推进机关作风效能建设，强化服务理念，增强服务意识，增强财政干部的执行力。内部控制制度进一步完善，科学理财水平逐年提高。按照“一岗双责”的要求，认真落实党风廉政建设责任制，切实抓好反腐倡廉建设工作。2017年，财政改革发展迈上新台阶，财政支持经济社会发展的基础和重要支柱作用得到有效发挥。预算管理制度改革不断深化，民生保障持续增强，财政可持续得以增强，全县财政运行良好，各项财税政策有效落实。

(陈斐雨)

【负责人名录】

局　长
　　万诗亮

副局长
　　陈斐雨(女)

2017年10月，在县财政局召开国库集中支付协调会

曲水县国土资源规划局

【概况】 2017年，县国土资源规划局(以下简称县国土局)在县委、县政府的正确领导下，紧紧围绕县委、县政府和区、市业务部门的工作安排和部署，充分发挥部门职能作用，积极为发展县域经济服务，全面开展县国土局各项工作。

【耕地保护工作】 2017年，县国土局五乡一镇、乡(镇)与村层层签订《永久基本农田保护目标责任书》共计63份，保护面积共计92958.1461亩。完成曲水县永久基本农田保护标志牌(24个)、界桩(500个)。

【征地工作】 曲水县采取“三严”严格征地管理，2017年，全县共征地5575.883亩，征地补偿金额共计5719.2913万元，出让土地共计4宗，出让面积为1758.8183亩，出让金额共计7236.6927万元。

【农村土地制度改革试点工作】 为进一步推进农村土地制度改革三项试点工作，根据相关文件要求，在国家土地督查成都局、区市国土资源部门的指导和帮助下，广泛征求意见建议后起草《西藏自治区拉萨市曲水县统筹推进农村土地制度改革试点实施方案》，上报国土资源部获批后，启动农村土地征收和农村集体经营性建设用地入市改革试点工作，侧重点在于探索界定公共利益用地范围，制定土地征收目录，摸底调查农村集体经营性建设用地入市主体及组织形式。

全面完成农村宅基地及地上房屋确权登记发证工作，截至年底，全县共有6816户农村宅基地及地上房屋确权登记颁证工作。深入开展集体经营性建设用地现状核查，在充分了解集体经营性建设用地入市的重大意义后，入市意愿较强。截至年底，曲水县已有2宗申请的集体经营性建设用地（曲水镇曲水村、江村），面积为23亩。开展“征地片区综合地价预算”，已完成《农村土地征收补偿标准调整方案》，调整后征收耕地的土地补偿费、安置补助费、青苗补偿之和为该耕地被征用前3年平均年产值的29倍，结合县域发展实际，划分三类区域，并编制《曲水县农村集体经营性建设用地入市细则》。

【不动产登记登记工作】 自曲水县首本不动产权证颁发仪式于2016年9月22日在曲水镇顺利拉开帷幕以来，曲水县不动产登记中心认真履行窗口办证职责，截至年底，共颁发不动产产权证书24本，不动产登记证明41张。

2017年10月12日，曲水县国土局召开土地征地协调会

【规划编制工作】 根据上级业务部门的相关文件要求，为建立特色鲜明的城镇体系，提高城镇化和新农村发展水平。2017年，县国土局继续完成《曲水县乡镇土地利用总体规划》《曲水县乡镇总规控制性详细规划》的编制及《曲水县土地利用总体规划》修编工作。截至年底，已完成三项规划编制和修编工作，为曲水县规划现行、科学合理用地发挥好向导作用。

【矿产管理工作】 2017年，曲水县在2016年工作的基础上，把安全生产放在首位，采取有效措施，积极排除安全生产隐患，严防安全生产事故发生，以切实的行动来创造全县的安全环境。同时制定《曲水县国土局关于开展矿山安全生产专项检查的实施方案》，向各采矿企业下发《关于进一步加强矿山安全生产工作的通知》，并于3月28日、4月9日、6月16日组织对全县境内的矿山领域进行拉网式的实地大排查，向存在问题的矿山企业下发《矿山企业整改通知单》，明确整改内容和整改时间。通过安全生产大检查，进一步落实企业主体责任，推动曲水县安全生产工作又好又快发展。

【地质灾害防治工作】 为了加强曲水县2017年汛期重点地区地质灾害防治工作，编制并实施《曲水县2017年度地质灾害防治方案》《曲水县地质灾害应急预案》等规范性文件，明确2017年度汛期地质灾害防治的主要任务、责任分工和保障措施，向各乡镇下发《关于及时上报全县范围地质灾害情况的通知》，建立健全县、乡、村群测群防体系，严格执行汛期灾情速报、预警预报、应急处理等制度。按照工作安排部署，县国土局建立地质灾害县、乡、村三级群测群防体系，落实汛期24小时值班制度，坚持“每日一报”制，加强对全县重大地质灾害隐患点和地质灾害易发区的监测与排查。并结合实际，制作“地质灾害危险区”警示牌，加上2016年已设立完成的2个，共计16个，向群测群防人员发放雨衣、雨鞋、手电筒等装备，做到汛期期间地灾能早发现、早防治。

（陈　花）

【负责人名录】

局　长

德庆曲珍（女，藏族）

副局长

尼玛次仁（藏族）

2017年1月10日，拉萨市统计局农调科工作人员在曲水县指导第三次全农业普查工作

曲水县统计局

【概况】 曲水县统计局于2015年设立为政府工作部门，单位核定行政编制3人、事业编制3人。2017年实有工作人员6人，局长1人、办公室4人、驻村1人，其中2人自县农牧局借调。

【社会经济】 2017年，全县完成地区生产总值14.3亿元，同比增长10.9%（可比价），其中第一产业1.8亿元，同比增长4.2%（可比价），第二产业10.55亿元，同比增长11.7%（可比价），第三产业1.95亿元，同比增长12.5%（可比价）。全社会固定资产投资完成额46.17亿元，同比增长22.92%；社会消费品零售总额3.09亿元，同比增长12.20%；农林牧渔增加值1.8亿元，同比增长4.2%（可比价）；农牧民人均可支配收入12612元，同比增长13.52%；全口径财政收入4.29亿元，同比增长108.23%，其中公共财政预算收入3.26亿元，政府性基金收入1亿元，国有资本经营收入323万元；财政八项支出6.546亿元，同比增长19.3%；规模以上工业增加值9912万元，同比增长–26.9%（可比价）；各项税收8.11亿元，同比增加69.665%。

【统计报表】 各项经济定期报表记录曲水县各个时期经济运行情况，全面反映曲水县经济社会发展状况。报表类型涉及一、二、三产业各个方面，主要包括固定资产月报、规上工业企业各类报表、规下工业企业报表、社会消费品月报、季报、月度劳动力抽样调查、规下服务业季报、劳动工资年报、农村国民经济年度报表、农林牧渔业季度、年度生产经营和受灾情况以及季度、年度农林牧渔总产值、增加值、特色种养殖业等30多项。县统计局采取多种措施保证及时、准确地上报数据，注重对基础数据的审核把关、各项报表月度、季度、年度数据之间的衔接工作，并认真对统计台账和原始资料进行整理保存，较好地维护政府统计数据的权威性和公信力。

【法治建设】 统计法治建设是政府统计正常运作的保证，是依法统计的基础。为保证各项统计调查工作顺利开展，县统计局制定档案管理制度、固定资产管理制度、保密工作制度、统计调查工作制度、统计数据质量管理和责任

2017年10月3日，曲水县统计局召开年报布置会

追究制度等一系列规章制度，建立健全统计数据质量管理责任制，明确县统计局的工作职责和义务，为曲水县统计调查工作提供有力的保障。2017年是统计法治宣传年，县统计局充分利用法治宣传月等活动，开展多种形式的普法宣传，大力宣传统计调查工作的重大意义和具体要求，使依法统计观念深入人心，充分发挥法律法规对统计调查工作的保驾护航作用。

【统计年鉴】 2017年，县统计局参考《拉萨市统计年鉴2016》对《曲水县统计年鉴2016》进行改编，大量补充年鉴内容。改编后的年鉴统计数据类别更加清晰，综合反映曲水县年度人口、人民生活、财政金融、公共事业、固定资产、工业、农业、交通服务业、贸易、旅游、文化、卫生、民政等多方面数据，资料数据更加充实，更好地满足政府各部门和社会各界人士的需要。

【专项调查】 为准确把握曲水县工业、建筑小微企业、个体小微企业、贸易、服务业、社会劳动力、农牧民收入支出等生产生活情况，县统计局每月都对各企业、乡镇农户进行生产生活调查工作，并将调查数据进行汇总分析后上报市局，同时撰写相关报告供有关领导决策。同时为详细了解曲水县民生问题和城乡建设情况，2017年县统计局还进行曲水县创建“全国县级文明城市”调查问卷、网购调查、群众安全感调查等统计调查工作，获得大量基础数据，成效显著。

【第三次全国农业普查】 农业普查是全面了解“三农”发展变化情况的重大国情国力调查，普查范围广、力度大、时间长、要求高。在曲水县统计局、各乡镇以及各相关单位的共同努力下，经过长达一年时间的不懈奋战，曲水县顺利完成对17个普查区，133个普查小区，总计7610户普查对象（其中普通户7521户，规模户29户，农业经营单位60户）的农牧民家庭生产生活情况和农林牧渔业生产经营状况的全方位的普查、录入、上报、核实、验收等工作。

（万东阳）

【负责人名录】

局　长

　　邱新虹（女）

曲水县工业和信息化局

【概况】 曲水县工业和信息化局于2010年9月成立。主要职责：贯彻执行国家、自治区、拉萨市工业和信息化发展的方针政策，拟订并组织实施曲水县工业和信息化、发展战略、规划产业政策，监测、分析全县工业运行情况，审核工业项目落户。2017年，全局共有4名行政工作人员，3名工人。

【工业经济】 2017年，全县规上工业增加值完成9912万元，同比增长-26.9%（可比价）。利税超千万企业1家，即西藏高争民爆股份有限公司，新增规模以上企业2家（曲水标威新型建材有限公司、西藏吉圣高争新型建材有限公司）。全县工业企业新吸纳1200余名区内农牧区剩余劳动力就业，直接为当地群众新增收入3000余万元。

【招商引资】 2017年，县工信局将

高新技术、资源循环利用、净土健康产业等国家、自治区重点扶持项目作为重点招商对象，除积极参加市局组织的“昆交会”“雪顿节”“藏博会”等招商活动外，自主到南京、上海、广州、四川等地开展针对性的自主招商活动8次，招商引资实际到位资金达18.09亿元。成功引进拉萨华宝食品有限公司青稞保健食品项目，完成茶巴拉光伏产业园的系统规划并引进3家光伏类企业，新增上市公司1家，即西藏高争民爆股份有限公司。

【品牌培育】 2017年，全县加大对品牌建设、科技创新和升级改造等扶持力度。西藏金哈达药业有限公司被评为拉萨市农牧业产业化经营“龙头企业”；西藏白玛甘泉水业股份有限公司的“白玛甘泉”牌饮用天然泉水荣获生态原产地产品保护证书；西藏求本生物科技发展有限公司获得紫珠叶真空冷冻干燥工艺、夏天无真空冷冻干燥工艺、夏天无粉的制备工艺等专利。全年引导高争民爆、远丰建材等企业进行技术改造累计投入资金达7288万元。

【信息化建设】 2017年，曲水县共有手机通讯基站420个，已实现全县手机网络全覆盖，全县移动、电信、联通均全县开通4G互联网通讯业务。宽带互联网方面。电信、移动、联通在本县均可办理宽带业务。其中，电信已实现五乡一镇17个行政村光纤入户全覆盖，移动实现县城范围内光纤入户全覆盖，联通实现县城主街道光纤入户全覆盖。

【电力发展】 2017年，重点实施农村电网改造项目。曲水县共有110变电站2座，220变电站1座，35千伏变电站共有5座，分别为曲水县变电站、茶巴拉变电站、聂当变电站、、才纳变电站、曲园变电站。县域内共有35千伏线路5条，127.94千米；变电站5座，主变6台/30300千伏安；10千伏线路10条/305千米（包括分支）；配变374台，227530千伏安；供电面积1615.88平方公里；低压线路总长度460.16千米。主电网覆盖6个乡（镇）、17个行政村、8794户、34965人。未通电2户、7人（游牧民），乡（镇）、村、户通电率分别为100%、100%、99.98%。

【质量强县】 2017年，曲水县把“质量强县”工作放在全县发展的重要位置。狠抓“产品、服务、工程、环境”质量，确保“四大质量”安全。通过加强组织领导、规范建筑市场秩序、优化营商环境、加强市场监管、加大宣传等措施，有力推进“质量强县”工作。积极组织企业进行“地标”“产品标准化”“名牌”“著名商标”等申报工作。引导监管企业注册、使用自主商标，强化商标培育力度并对有注册意向的企业采取上门服务，专门开辟绿色通道。西藏帮锦镁朵工贸有限公司成功申报为“自治区著名商标”。以“秀色才纳”国家AAA级景区、国家级农业产业示范区为载体，大力实施农业标准化和旅游服务业相结合的现代农业发展模式，进一步提升曲水县农业和服务业的专业化、社会化、品牌化水平，农业标准化项目的带动示范效应不断增强。

【商务工作】 2017年，在上级部门精心指导和支持下，有力开展加油站油气回收监督检查、农村

2017年8月8日，县委副书记、县长格桑邓珠主持召开企业环境突出问题整改工作推进会

碘盐配送、家电下乡、电子商务等工作。对辖区内6个加油站油气回收治理情况开展全面检查30余次，全年为农牧民配送碘盐182.32吨，发放家电下乡补贴资金800余万元。

【两创示范】 2017年，通过积极上报申请资金和加大县财政投入的方式，累计投入1300余万元，新建县城小微企业孵化中心，并对曲水县小微企业净土健康产业创业创新基地进行升级改造，为小微企业创业创新发展提供良好成长环境。企业“双创”政策培训3期，农牧民合作社培训8期，大学生创业就业培训3期，大学生专场招聘会10余次，举办青创大赛，建设1个众创空间——曲水V+众创空间，1个创新基地——才纳乡四季吉祥村大学生创业创新基地。城镇新增就业917人，小微企业新增就业817人，通过创业培训，创业成功4人，创业带动就业4人。才纳乡和达嘎乡准备申报材料，积极配合工作。农村电子商务平台建设已覆盖到6个乡镇13个自然村，共建立13个电商网点，并在曲水县城建成农村电子商务平台服务实体店。按照商事制度改革要求，全面推行“五证合一”和个体工商户“两证合一”。

（解 波）

【负责人名录】

局 长

卓 嘎（女，藏族）

副局长

杨鹏涛

曲水县安全生产监督管理局

【概况】 年内，曲水县安全生产监督管理局（以下简称“县安监局”），在县委、县政府的正确领导和统筹带领下，在区、市安监部门精心指导和大力支持下，在各负有安全监管职责部门的倾力协作和积极配合下，全局上下牢固树立“以人为本”的宗旨，全县安全生产工作始终坚持“安全第一、预防为主、综合治理”的指导方针，严格落实“党政同责、一岗双责、齐抓共管、失职追责”的责任体系，牢固树立安全生产红线意识和底线思维，以实施安全生产月活动、迎接国务院安委会巡查、安全生产大检查等工作为主线，以严格安全监管执法、强化风险防控、深化隐患排查治理、加强基础建设和全社会安全宣传教育为保障，振奋精神、改进作风、奋力拼搏，减少和预防生产安全事故的发生，全县安全生产形势持续向好。9月27日，《拉萨曲水：传统方式与创新方式结合，推进安全宣传教育进农家》被刊登在《中国安全生产监督管理实务》上。12月，曲水县被评为全国安全监管监察先进单位。2017年度考核，曲水县被评为全市安全生产工作先进单位，1名干部被评为全市安全生产工作先进个人。县安监局独立挂牌成立于2010年10月。2017年，县安监局核定编制3名，实有在岗人员5名，中共党员5名。

【强化组织领导 安排部署工作】 落实“党政同责、一岗双责”。县委、县政府主要领导带头落实“党政同责、一岗双责”的要求，切实保障将安全生产工作纳入重点工作行列，制定《曲水县安全生产“党政同责、一岗双责”实施办法》《曲水县安全生产委员会实施细则》等重大制度，明确各级党

2017年7-10月，在安全生产大检查期间，县委常委、副县长、县安委会副主任、县安委办主任侯静华安排部署十九大期间全县安全生产工作

委、政府安全生产工作职责和工作机制，2017年，县委、县政府专题研究安全生产工作5次。县政府与6个乡镇、13个行业主管部门、16个重点企业单位签订《2017年安全生产目标责任书》，推进安全生产责任落实。落实成员单位监管职责。根据工作需要，及时调整充实县安委会成员单位，将原有的37个成员单位调整为40个。以县政府名义印发《曲水县安委会成员单位安全生产职责分工》，进一步明确各成员单位的职责分工，明确乡镇每一名安全监管专兼职人员的监管职责，“三个必须”“谁主管、谁负责”“谁审批、谁负责”“谁签字、谁负责”责任体系进一步完善；落实企业主体责任。严格督促企业主要负责人、安全管理人员加强现场安全管理、加大安全生产投入，自查自纠各类安全隐患，2017年各行业企业累计自查整改5批次。

2017年2月12日，县安委办副主任、县安监局局长达瓦带队督导各单位安全生产工作

【因地制宜推进意见落地】 组织学习，领会实施。自《中共中央 国务院关于推进安全生产领域改革发展的意见》出台以来，结合《中共西藏自治区委员会 西藏自治区人民政府关于推进安全生产领域改革发展的实施意见》《中共拉萨市委员会 拉萨市人民政府关于推进安全生产领域改革发展的实施意见》文件，主要领导同志及时批示指示，组织召开会议等方式进行学习传达，迅速贯彻落实。因地制宜，推动落实。按照《曲水县落实推进安全生产领域改革发展重点任务分工方案》细则，县政府已批准县级安全监管机构作为行政执法机构，财政、人社、编办等部门积极配合和支持安全生产工作的资金、队伍建设。县政府划拨专项经费23.6万元，足额保障县安委办、乡（镇）安监开展日常工作，为五乡一镇安全监管机构购置6台安监工作台式电脑、6台打印机、6台相机，优先保障安监工作经费。制定《曲水县推进工贸企业安全生产标准化创建方案》，抽选2家工贸企业到内地学习先进经验，率先试点开展标准化创建工作。召开用人单位职业病危害因素检测动员大会，督促用人单位主动联合第三方职业病检测机构开展危害因素检测，截至年底，已有5家用人单位完成检测工作。建立以政府购买第三方服务的方式，科学开展安全风险分析、隐患排查治理、事故调查等工作。

【行政执法工作】 全年开展两节期间安全大检查、春季复产检查验收专项行动、“五一”期间安全生产大检查大排查大整治行动，“藏博会”“雪顿节”“十一”期间安全检查，主汛期安全检查，道路交通安全检查、冬季安全生产大检查等执法检查，一一制定检查工作方案，监管执法部门秉着不走过场、不留死角的态度，彻底排查安全管理方面存在的突出问题和薄弱环节。累计开展检查59次，检查企业（单位）206家，检查人员213人，发现隐患问题126处，下发执法文件36份，罚款人民币3万元。

【安全专项检查】 安全生产专项治理。全年共开展非煤矿山、危险化学品、道路交通、建筑施工、烟花爆竹、工贸和特种设备、校园安全、食品药品、旅游安全、职业卫生监管等领域检查各类隐患1823处，整改1820处，其中，非煤矿山5处，危险化学品65处，道

2017年12月20日，县安监局执法人员开展冬季电器产品安全检查

路交通42处，建筑施工30处，工贸领域110处，特种设备10处，火灾隐患1541处，电力20处，累计下发执法文书698份。

危化品综合治理。县政府印发《曲水县危险化学品安全综合治理方案》，组织相关乡（镇）、部门开展危化品安全专项整治行动，其间，共检查危险化学品企业180家，发现隐患问题32项。

工贸领域专项治理。实施对聂当工业集中区和县城集中区内企业进行实地“问诊”，检查企业31家，发现隐患问题79项，立即整改63项，限期整改16项，停产停业整改1家，下发现场检查记录16份，责令改正指令书4份。

【安全宣传培训】 在综治宣传月、防灾减灾日、安全生产月、综治宣传周、平安西藏宣传日、民族团结进步节之际，以设立法律咨询点、悬挂横幅、LED电子屏、微信公众平台“曲水在线”、企信通短信宣传平台、警示教育片及事故警示视频等，深入企业、家庭、学校、社区、农村进行广泛宣传。累计开展各类宣传30次，发送宣传资料8300余份，宣传用品6000余份，发送宣传短信8000余条，受众人数达14000余人，取得良好效果。组织各级各部门党政领导积极主动参加区、市举办的各类安全生产教育培训，有计划地实施针对各企业单位负责人、安全管理人员和特种作业人员的安全宣传培训和教育，通过各类安全生产业务培训班，切实提升政府监管部门的安全管理能力，实现执法人员、企业安全管理人员全部持证上岗。全县举办集中性培训2次，参与人员167人次。

【督办各级挂牌隐患整改】 2017年，国务院安委会对西藏安全生产工作进行考核、巡查、大检查，覆盖范围至全区各级党委、政府和经营单位。县委、县政府高度重视，先后组织召开迎接国务院安委会安全生产考核工作部署动员会议、迎接国务院安委会第八巡查组工作部署会议、安全生产大检查动员部署会议，对全县迎接国务院安委会各项工作多次安排部署。印发《曲水县迎接国务院安委会安全生产考核检查工作方案》《关于成立全县迎接国务院安委会考核检查工作领导小组》《关于转发〈自治区安委会关于做好迎接驻地巡查准备工作的通知〉的通知》《曲水县安全生产大检查工作方案》等文件。同时，根据国务院安委会第八巡查组、第十二督导组、第二十一综合督查组反馈的问题及整改要求，曲水县及时成立督促整改工作领导小组，认真对照拉萨市安委会下发整改任务分解表进行整改，对其中涉及的西藏保诚气瓶检验有限公司安全问题和安全生产大检查工作方案可操作性不强问题于2017年10月9日前全部完成整改。

【职业健康防治】 全县新增完成职业病危害备案企业3家，截至年底，共有职业病危害备案企业12家。为认真做好职业病防治工作，曲水县制定《曲水县关于推进安全生产与职业健康一体化监管执法实施方案》《曲水县职业危害因素超标企业专项整治工作方案》《关于加强职业病危害防治工作的通知》等文件，推动监管部门监管责任和用人单位防治责任的落实。通过采用“四不两直”的检查方式，采用分片督查、专项检查和联合执法等形式，切实加大对曲水县非煤矿山、采砂采石、民爆领域和危险化学品等职业病危害较为突出行业的事故和违法违规行为的查处力度，依法追究责任单位和相关责任人的责任，促进企业履行职业病危害防治义务。

【基础能力建设】 取证上岗制度。重新组织局4名执法人员进行上岗培训，全部通过局安全监管局举办的执法资格证取证培训班，持证比例达100%；标准化建设。制定《曲水县推进工贸企业安全生产标准化创建方案》，抽选2家企业试点标准化创建工作。2017年，全县达标企业累计数4家，其中，危险化学品经营企业二级达标3家，非煤矿山企业三级达标1家，其他企业在持续完成标准化建设中。应急救援能力。联合公安、消防、水利、农牧、卫生、工业园区等应急救援资源，组织乡（镇）、企业、群众开展5次应急演练工作。梳理综合各单位应急救援物资，保障突发状况的紧急救援。积极协调建立县级应急指挥平台，力争实现与区、市应急指挥平台对接联动。

【精准扶贫】 在全局的共同努力下，以每个家庭的实际困难为出发点，制定一系列切实可行的帮扶措施，落实大病救助资金、以业脱贫、以教脱贫救助方式，使贫困家庭享受到实实在在的好处。在春节、藏历新年和节庆日之际，开展走访慰问精准扶贫家庭，走访达7次，累计帮扶资金人民币5500元。

（邹晓玲）

【负责人名录】

局　长

达　瓦（藏族）

副局长

达娃卓玛（女，藏族）

曲水县国家税务局

【概况】 2017年，曲水县国税局领导班子由3人组成（即局长1名、副局长2名、副科级纪检员1名），下设税源管理科、办税服务厅、办公室3个股（所）级机构。配备正式干部8人、外聘人员4人、公益性岗位2人，平均年龄30岁，全部为大专以上学历。

【税收收入】 2017年，县国税局共组织各项收入81135.42万元，比上年同期增收32158.29万元，增长65.66%，其中，税收收入78590.98万元，比上年同期增收30761.6万元，增长64.32%，完成全年计划参考数7.9亿的99.48%；其他收入2544.44万元，比上年同期增收1396.69万元，增长121.69%。

【纳税服务】 办税服务效能不断提高。强化服务能力建设，对纳税人要求办理的各项涉税事宜，做到一窗受理，内部流转，环节紧扣，限时办理，形成"责任到人、办事到位，交叉互补"的内部工作协调管理机制，做到让纳税人"走进一个门，来到一个窗，办完一切事"，切实解决纳税人"多头找、多头跑"问题，办税人员的综合服务能力和服务效能在不断提升。

办税服务手段不断创新。开通税库银银行端缴款，实行税库银网上批量扣款和实时扣缴业务，通过税库银系统自动扣缴当月税款，节约纳税人的时间。实行网上抄报税业务，让纳税人足不出户即可完成抄报税、申报、缴税等涉税事宜。

完善首问责任制与倒查问责

2017年12月29日，县国税局局长张元凯、纪检组长扎珍开展扶贫慰问活动

制。为进一步深化效能建设，强化和明确行政责任，加强工作作风，县国税局大力推进落实首问责任制，将首问责任的落实延伸至全体工作人员。明确落实首问责任，不仅局限在办税大厅场所，还包括来电、来访和投诉意见簿的留言事宜，首问责任人都必须按规定的时限和程序办理或跟踪督促办理，通过《首问责任制工作台账》全过程记载首问责任的落实情况。结合倒查问责制，优化服务质效，深化全局服务责任意识。针对县国税局工作人员在企业所得税汇算清缴以及税务登记不规范，非正常户转正常户没有进行罚款等错误的操作，经过县国税局党组会议讨论一致同意，对当事人和分管领导进行经济处罚，并要求他们写检讨，对所犯的错误进行反思和改正。

2017年12月4日，县国税局开展学习党章活动

【规范依法行政】 规范日常税收执法行为。进一步加大日常税收执法监控和管理力度，规范日常执法行为。严格防控日常税收征管风险，对催报催缴以及非正常户认定管理程序进行规范；严格按照税务行政处罚裁量权基准进行处罚，有效确保税收征管过程中的执行风险防控。截至年底，对11户纳税人未按照规定申报、开具发票、设置账簿资料以及外出管理证明到期未核销的行为共计罚款13400元，未发生因税务行政处罚行为引发行政复议、诉讼案件。

【党风廉政建设】 完善惩防体系，强化宣传教育，推进党风廉政工作。全面加强廉政风险防范管理工作，认真查找廉政执法风险点，健全预警防范机制，降低廉政执法风险系数。深入开展以理想信念、思想道德、法治纪律为主要内容的廉政教育，巩固廉政建设成果。认真贯彻全区税务系统党风廉政建设会议和拉萨市国税局系统纪检监察工作会议精神，严格执行《党风廉政建设目标责任制》，加强“两权”监督和执法监察，建立严密有效的权力运行监控机制和内部约束机制。丰富活动载体，加强制度建设，深化党建工作，深入开展创先争优强基础惠民生活动，深化党建工作，提升国税部门形象。2017年，曲水县国税局被曲水县政府评为“经济突出贡献奖”。

【干部队伍管理】 推进人才兴税战略，强化干部能力建设，提升队伍整体素质。加强班子思想、组织和作风建设，不断优化班子结构，提升班子整体素质。加强教育培训，努力提高干部队伍的整体素质。开展评先评优活动，发挥先进典型的示范作用，营造比学赶超、创先争优的浓厚氛围，进一步激发干部的活力。加强组织领导，细化维稳措施，切实做好维护稳定工作。严格落实各项维稳制度，加强组织领导，制定和完善处突应急预案，细化维稳措施，加强安全。

（土登尼玛）

【负责人名录】

局　长

向春海（藏族，10月免）

张元凯（10月任）

副局长

徐宝庭（10月免）

吴小军（10月任）

李明娟（女，10月任）

纪检员

扎　珍（女，藏族）

曲水县工商行政管理局

【概况】 2017年是实施国民经济和社会发展“十三五”规划的重要一年，是推进“放管服”改革的深化之年，是贯彻落实党的十九大精神的开局之年。年内，曲水县工商局(以下简称县工商局)按照曲水县经济工作会议和各级工商工作会议精神，精心组织、周密部署、落实责任，在党建、党风廉政建设、商事制度改革、消费维权等方面取得阶段性成果。2017年县工商局编制人数13名，在岗人员11名，领导职数2名，下设聂当乡工商所，编制人数3名，在岗人员2名，领导职数1名。

【基层党建及维护稳定工作】 认真学习贯彻落实党的十八大历届全会、党的十九大和区党委九届三次全会精神和区市工商工作会议精神，按照自治区工商局“233”党建工作总体思路，发挥两个作用，建强三项基础工程，狠抓三大保障。围绕“四讲四爱”主题教育活动，扎实开展中国共产党成立96周年主题党日活动，深入推进“两学一做”学习教育常态化制度化，不断提高“四个意识”，开展西藏和平解放66周年宣传纪念活动。开展重温入党誓词、观看中国共产党成立96周年电视节目、慰问结对帮扶对象等迎“七一”系列活动，进一步激发全体党员的爱国爱党热情。严格落实“三会一课”制度和党员民主评议制度，召开局长办公会议11次，党员大会12次，民主评议党员1次，支委会7次，组织生活会1次，支部书记讲课4次，公开党员承诺书9份，支委与党员谈心交心全覆盖。认真落实基层党建各项制度，党员能够按时缴纳党费，设立党建经费独立账户，做到专款专用，健全党建工作台账，按照程序增选支委成员3名，规范党员组织关系转接登记表，新吸收党员3名，党员撰写学习心得40余篇。

深入开展民族团结宣传教育和民族团结进步创建工作，县工商局1名干部在创建文明城市工作中被表彰为先进个人。严格落实各级维护社会稳定的决策部署，坚持值班带班制度，单位内部安保工作部署落实到位，全年没有被上级督查通报，实现“三无”“三不出”的目标。

【党风廉政建设】 强化主体责任。县工商局党支部切实把党风廉政建设当作分内之事、应尽之责和首要之责，健全制度、细化责任、以上率下。召开专题会议党风廉政建设与业务工作同安排、同部署，每月召开一次党风廉政工作例会，对苗头性、倾向性问题及时扯袖子、咬耳朵、敲警钟，每月向分管领导汇报落实党风廉政主体责任情况。对党风廉政建设责任制落实情况进行自查，查找各岗位廉政风险点，梳理问题台账，并按照县委和市工商局督查组反馈的问题，制定整改落实方案，按照方案要求积极落实，及时上报整改落实情况。积极开展谈心谈话活动，共约谈干部职工15人次，提醒注意事项10个，更加坚定干部职工的政治立场、提升廉政思想、提高工作积极性。与全体党员签订《党员廉政自律承诺书》《预防职务犯罪责任书》《远离赌博承诺书》等。召开3次专题会议听取班子成员，向党支部书记

2017年6月30日，县工商局局长贡嘎顿珠在农贸市场调研

汇报岗位党风廉政建设和反腐败工作履职情况。重点学习《中国共产党纪律处分条例》《中国共产党廉洁自律准则》《中国共产党党内监督条例》《关于新形势下党内政治生活的若干准则》以及《中国共产党问责条例》,上报廉政相关简报15期。

落实监督责任。强化“严管就是厚爱”“信任不能代替监督”的意识,严格落实中央“八项规定”、区党委“约法十章”等廉政制度,切实做到敢抓敢管、真抓真管、严抓严管。兼职纪检员半月开展一次督查,建立相应督查工作记录,截至年底,没有一例“吃拿卡要”等违纪现象。

理清责任清单。结合工商岗位职能,建立责任和权力清单,按照“一岗双责”的要求,与党支部成员签订《廉政责任书》,对党风廉政建设主体责任实行“痕迹管理”,各责任主体按照相应主体责任清单确定的履责类别,即时记录履责情况,切实增强党风廉政建设和反腐败斗争的使命意识、责任意识、担当意识。

深化风险防控。制定廉政风险防控机制,突出重点领域、关键环节和重要岗位,对照岗位职责、业务流程、制度机制,深入排查廉政风险点。针对查找廉政风险,认真分析,对症下药,不断完善内控监督机制,最大限度地化解风险,排除隐患;坚持预防在前、提醒在先,对不良苗头早发现、早处置,真正让守纪律讲规矩成为每名党员干部的普遍行为习惯,切实把党的纪律刻印在心上,做到不越底线、不触红线,绝不碰高压线,大力促进作风转变,进一步使全局上下务实谋事、踏实干事、扎实成事。坚决纠正“四风”,严格各级规定、禁令和要求的贯彻落实,提醒干部职工牢记各项廉政纪律,洁身自好。

【市场主体健康快速发展】 加强窗口工作人员业务知识培训,熟练掌握市场准入法律法规和商事登记制度改革各项措施,准确把握法律明确规定和国务院保留的前置和后置审批许可事项目录,做到程序规范,推送市场主体合法。要求窗口工作人员将平常注册登记过程中遇到的问题一一列出,及时咨询、请教上级业务主管部门加以解决,不断更新、丰富业务知识储备,从而使市场主体准入程序更加规范化。将《国务院关于“先照后证”改革后加强事中事后监管的意见》学习常态化,精准履行“双告知、一承诺”职责,制作市场主体告知书、后置审批事项告知函各9本,注册登记服务窗口每人印发前置、后置审批事项目录册子。向市场主体发放告知书360余份,每周向同级后置审批部门推送本周新增市场主体告知函。鼓励投资创业者通过外网录入和提交注册登记信息,大大缩短办照时限,提高服务效率;改进服务态度,杜绝“玻璃门”“弹簧门”“旋转门”。开展窗口“青年文明岗”“党员先锋岗”创建活动,进一步激发窗口工作人员的工作积极性和主动性。专设窗口开通绿色通道,积极宣传扶持政策,提供注册登记优先咨询服务,鼓励大学生创业和小微企业发展,激发大学生、小微企业创业发展热情。截至年底,全县市场主体发展到1947户,新增755户,其中,企业561户,注册资本达90亿元,新增339户,同比增长152.7%;个体工商户1218户,注册资金7238.6万元,

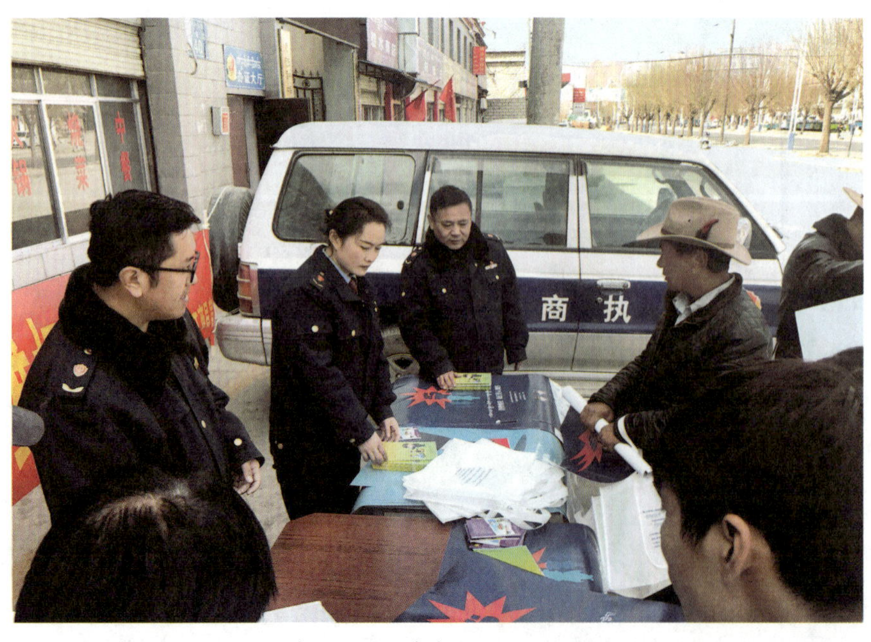

2017年3月15日,县工商局开展消费者权益保护日宣传活动

新增 398 户，同比增长 49.81%；农牧民专业合作社 168 户，出资额 1.45 亿元，新增 18 户，同比增长 12.75%。累计发放“一照一码”市场主体营业执照数量 986 户，其中，新设立企业发放“一照一码”432 户，变更企业换发“一照一码”188 户，发放个体工商户“一照一码”366 户。小微企业 568 户，新增加小微企业 335 户，解决就业岗位 550 多个，接受创业咨询 165 余人次，登记大学生创业 4 户，指导 1 户个体工商户转型为私营企业。

2017年10月12日，县工商局执法人员在辖区内检查产品标签标识

市场主体发展一览表

表 1

市场主体(户)	全年总数	全年新增
企业	561	339
专业合作社	168	18
个体工商户	1218	398
大学生创业	4	4

【事中事后监管和消费维权工作】 加强执法人员业务知识的学习，熟练掌握市场监管法律法规和监管职责，与县食药局、安监局、公安局、环保等部门建立联席会议制度，每月召开一次联席会议，将各部门间依法履职的信息互联互通、联动响应，形成分工明确、沟通顺畅、齐抓共管的监管格局。与后置审批部门建立微信群，及时交流监管执法难点、存在的问题及对策措施。通过开展专项执法检查、年报抽查、12315 投诉举报等途径发现问题并及时规范市场主体资格和经营行为。通过加强法律法规宣传力度，增强市场主体守法经营自觉性、主动性，通过信用信息公示，让社会各界监督市场主体守法经营、各项自律制度执行情况。全年，开展专项执法检查 96 次，其中，安全生产领域 12 次，环保领域 10 次，联合执法检查 23 次，查处无照经营、虚假广告和商标侵权等专项检查 51 次。下发提醒通知单 69 份，下达责令改正通知书 95 份，向同级后置审批部门推送告知函 360 户次，受理 12315 消费者申诉举报 6 件，全部调解成功，挽回消费者经济损失 0.3 万元，立案 4 件，罚没款 0.8 万元。

【助推地方经济快速发展】 以推进供给侧结构性改革为主线，与国税局、工信局、财政局等部门成立“护税”领导小组，每月召开一次碰头会，核对新增市场主体数据，清理“零申报”和“未补录信息”市场主体，经部门联合对实地进行核查属实后列入护税“黑名单”。以国家产业政策为导向，做大做强做优净土健康、文化旅游等特色产业，对净土健康、特色农牧产品、招商引资企业开辟“绿色通道”，尽量缩短办照时限，宣传优惠政策，提高区内区外投资者入驻曲水县兴办实体经济。大力宣传政府设立创业基金，对招商引资企业给予办公用房、网络等优惠以及对小微企业、孵化机构等给予税收支持等优惠政策，实现“大众创业，万众创新”，激发市场活力，释放改革红利。

【推进商标品牌战略】 在曲水县政府的高度重视和拉萨市工商局的精心指导下，曲水县商标品牌战略有突破性成绩。县工商局要求辖区净土健康产业、民族特色产业、民族手工艺品等企业积极申报商标注册，积极参与各种形式的产品展销会、推介会，打造“净土、绿色、健康、环保”产业园区，提高产品知名度和企业品牌影响力。通过各种途径和载体大力宣传商标注册，对于宣传展示特色优势品牌、扩大商标品牌市场影响力具有非常重要的意义，积极开展商标“四书五进”指导工作，商标注册建议书13份、商标运用指导书14份、商标管理提示书14份、商标指导进窗口9次、商标指导进企业13次、商标指导进园区14次，搭建商标注册平台2户。鼓励市场主体，特别是净土健康产业、民族特色产品申报商标注册，引导产业产品向价值链中高端跃升。动员商标持有企业参加商品展销、品牌推介会、国际商标品牌节。截至年底，成功注册40件商标，正在申请55件，申报第十一批著名商标3件。曲水县农业技术推广站，申报的“曲水玛咖”地理标志证明商标于2017年11月13日通过初审。曲水县畜牧兽药站，申请的“拉萨黑鸡”“拉萨白鸡”两件地理标志证明商标申报成功。申报“秀色才纳”互联网域名注册。（详见商标注册列表）

2017年曲水县已注册商标一览表（共40件）

表2

类别	注册号	商标	申请日期	初审日期	异议截至日期	注册日期	截至日期
2	19550105	珍龙	2016年4月7日	2017年2月20日	2017年5月20日	2017年5月21日	2027年5月20日
3	18698202	四净	2015年12月24日	2016年11月6日	2017年2月6日	2017年2月7日	2027年2月6日
3	18835962	阿佳梅朵	2016年1月8日	2016年11月13日	2017年2月13日	2017年2月14日	2027年2月13日
3	20121761	吾香拉康	2016年5月27日	2017年4月13日	2017年7月13日	2017年7月14日	2027年7月13日
5	17920943	高原净土	2015年9月17日	2016年10月6日	2017年1月6日	2017年1月7日	2027年1月6日
5	20191145	图形	2016年6月3日	2017年4月20日	2017年7月20日	2017年7月21日	2027年7月20日
16	20191529	图形	2016年6月3日	2017年4月20日	2017年7月20日	2017年7月21日	2027年7月20日
17	19550107	蜀缘	2016年4月7日	2017年2月27日	2017年5月27日	2017年5月28日	2027年5月27日
19	18146467	佳川，JC	2015年10月23日	2016年11月06日	2017年2月6日	2017年2月7日	2027年2月6日
19	19550106	雪红	2016年4月7日	2017年6月6日	2017年9月6日	2017年9月7日	2027年9月6日
19	20689395	环愿	2016年07月19日	2017年6月13日	2017年9月13日	2017年9月14日	2027年9月13日
29	19450853	拉萨河	2016年3月28日	2017年2月6日	2017年5月6日	2017年5月7日	2027年5月6日
29	20191654	—	2016年6月3日	2017年7月13日	2017年10月13日	2017年10月14日	2027年10月13日
29	20837111	—	2016年8月1日	2017年6月20日	2017年9月20日	2017年9月21日	2027年9月20日
30	17302052	甲色梅朵	2015年6月26日	2017年3月27日	2017年6月27日	2017年6月28日	2027年6月27日
30	17921687	高原净土	2015年9月17日	2016年10月06日	2017年1月6日	2017年1月7日	2027年1月6日
30	19258640	曲甫塔巴岭	2016年3月9日	2017年1月13日	2017年4月13日	2017年4月14日	2027年4月13日
30	19450799	拉萨河	2016年3月28日	2017年6月6日	2017年9月6日	2017年9月7日	2027年9月6日
30	19576694	拉萨河	2016年4月8日	2017年4月20日	2017年7月20日	2017年7月21日	2027年7月20日
30	20191785	图形	2016年6月3日	2017年4月20日	2017年7月20日	2017年7月21日	2027年7月20日
30	21426876	堪布庄园	2016年9月27日	2017年8月20日	2017年11月20日	2017年11月21日	2027年11月20日
31	17302052	甲色梅朵	2015年6月26日	2017年3月27日	2017年6月27日	2017年6月28日	2027年6月27日

续表 2

类别	注册号	商标	申请日期	初审日期	异议截至日期	注册日期	截至日期
33	20192223	—	2016 年 6 月 3 日	2017 年 4 月 20 日	2017 年 7 月 20 日	2017 年 7 月 21 日	2027 年 7 月 20 日
33	21565967	呀咕嘟	2016 年 10 月 13 日	2017 年 8 月 27 日	2017 年 11 月 27 日	2017 年 11 月 28 日	2027 年 11 月 27 日
35	19259004	曲甫塔巴岭	2016 年 3 月 9 日	2017 年 1 月 13 日	2017 年 4 月 13 日	2017 年 4 月 14 日	2027 年 4 月 13 日
35	19753744	XG	2016 年 4 月 25 日	2017 年 3 月 13 日	2017 年 6 月 13 日	2017 年 6 月 14 日	2027 年 6 月 13 日
35	20583388	秀色才纳	2016 年 7 月 8 日	2017 年 5 月 27 日	2017 年 8 月 27 日	2017 年 8 月 28 日	2027 年 8 月 27 日
38	20192490	图形	2016 年 6 月 3 日	2017 年 4 月 20 日	2017 年 7 月 20 日	2017 年 7 月 21 日	2027 年 7 月 20 日
39	20192983	图形	2016 年 6 月 3 日	2017 年 4 月 20 日	2017 年 7 月 20 日	2017 年 7 月 21 日	2027 年 7 月 20 日
39	20583624	秀色才纳	2016 年 7 月 8 日	2017 年 5 月 27 日	2017 年 8 月 27 日	2017 年 8 月 28 日	2027 年 8 月 27 日
41	20193127	图形	2016 年 6 月 3 日	2017 年 4 月 20 日	2017 年 7 月 20 日	2017 年 7 月 21 日	2027 年 7 月 20 日
41	21369468	曲水县中心幼儿园	2016 年 9 月 21 日	2017 年 8 月 13 日	2017 年 11 月 13 日	2017 年 11 月 14 日	2027 年 11 月 13 日
43	20583693	秀色才纳	2016 年 7 月 8 日	2017 年 5 月 27 日	2017 年 8 月 27 日	2017 年 8 月 28 日	2027 年 8 月 27 日
43	20723205	图形	2016 年 7 月 21 日	2017 年 6 月 13 日	2017 年 9 月 13 日	2017 年 9 月 14 日	2027 年 9 月 13 日

续表 2

申请人	申请人地址	核定商品 / 服务	法律状态
西藏珍龙建材有限公司	西藏自治区拉萨市曲水县大菩萨工业园	油漆，屋顶毡用涂料（油漆），刷墙粉，沥青油漆，防水粉（涂料），防腐蚀剂，防火漆，漆，防水冷胶料，防水油漆（被驳回商品 / 服务：防水卷材）	已注册
西藏金哈达药业有限公司	西藏自治区拉萨市曲水新城开发区	洗面奶，洗衣粉，家具或地板用抛光剂，香精油，化妆品，香水，防皱霜，牙膏，香，化妆用雪花膏	已注册
西藏俊巴渔业有限公司	西藏自治区拉萨市曲水县绿色产业园区	肥皂，香皂，洗发软皂，浴液，去渍剂，洗洁精，香精油，化妆品，化妆品用香料，牙膏	已注册
曲水净土生物科技有限公司	西藏自治区拉萨市曲水县扬州路 59–A 号	药皂，花香料原料，化妆品用香料，香料，香木，香，熏日用织品用香囊，干花瓣与香料混合物（香料），祭祀用香，空气芳香剂	已注册
西藏天瑞藏宝生物科技有限公司	西藏自治区拉萨市曲水县达嘎乡其奴村	药用胶囊，药茶，医用生物制剂，减肥药，药用蜂胶，膏剂，药酒，枸杞，医用营养食物，医用营养品	已注册
曲水净土产业投资开发有限公司	西藏自治区拉萨市曲水县扬州路 59 号	药茶，药草，药用植物根，药酒，医用营养品，净化剂，兽医用药，杀虫剂，药枕，牙用光洁剂	已注册
曲水净土产业投资开发有限公司	西藏自治区拉萨市曲水县扬州路 59 号	纸，复写纸，卫生纸，纸或纸板制标志牌，票，期刊，宣传画，包装用纸袋或塑料袋（信封、小袋），木制参观卡片，念珠	已注册
西藏珍龙建材有限公司	西藏自治区拉萨市曲水县大菩萨工业园	防水圈，密封环，挡风雨条材料，挡风雨条，石棉石板，填缝材料，防水包装物，防水隔热粉，塑料板，石棉遮盖物（被驳回商品 / 服务：防水卷材）	已注册

续表 2

申请人	申请人地址	核定商品 / 服务	法律状态
西藏宏志达环保科技有限公司	西藏自治区拉萨市曲水县聂当乡德吉村	防水卷材，沥青，砖，非金属建筑物	已注册
西藏珍龙建材有限公司	西藏自治区拉萨市曲水县大菩萨工业园	防水卷材，半成品木材，制砖用土，建筑石料，砂（铸造砂除外），木地板，混凝土，石料，黏土（被驳回商品 / 服务：石板）	已注册
曲水县桑河环保科技有限公司	西藏自治区拉萨市曲水县聂当乡工业园区	木地板，木材，大理石，水泥，非金属地板，非金属耐火建筑材料，非金属门板，非金属建筑材料，非金属建筑物，建筑玻璃	已注册
西藏俊巴渔业有限公司	西藏自治区拉萨市曲水县绿色产业园区	肉，鱼（非活），水果罐头，腌制水果，腌制蔬菜，蛋，牛奶制品，食用油，加工过的坚果，干食用菌	已注册
曲水净土产业投资开发有限公司	西藏自治区拉萨市曲水县扬州路 59 号	肉，家禽（非活），肉罐头，水果片，腌制蔬菜，蛋，牛奶，加工过的坚果，干食用菌（被驳回商品 / 服务：食用油）	已注册
西藏俊巴渔业有限公司	西藏自治区拉萨市曲水县绿色产业园区	肉，鱼（非活），水果罐头，腌制水果，腌制蔬菜，蛋，牛奶制品，食用油，加工过的坚果，干食用菌	已注册
曲水净土生物科技有限公司	西藏自治区拉萨市曲水县县政府招待所	饼干，蛋糕，面包，月饼，谷粉制食品，谷粉，面粉，面条，以谷物为主的零食小吃，大饼	已注册
西藏天瑞藏宝生物科技有限公司	西藏自治区拉萨市曲水县达嘎乡其奴村	加奶可可饮料，茶，茶饮料，软糖（糖果），奶片（糖果），蜂王浆，虫草鸡精，谷粉制食品，糕点，以谷物为主的零食小吃	已注册
曲水曲甫塔巴岭黑青稞农牧民专业合作社	西藏自治区拉萨市曲水县曲水镇曲甫村 5 组	油酥面团，谷类制品，粗面粉，面粉，糕点，豆粉，燕麦食品，大麦粗粉，粗燕麦粉，食用淀粉	已注册
西藏俊巴渔业有限公司	西藏自治区拉萨市曲水县绿色产业园区	咖啡，茶，糖果，蜂蜜，糕点，盒饭，人食用的去壳谷物，以谷物为主的零食小吃，调味料（被驳回商品 / 服务：茶饮料）	已注册
西藏俊巴渔业有限公司	西藏自治区拉萨市曲水县绿色产业园区	面条，食用面筋，食用淀粉，冰淇淋，食盐，醋，酱油，酵母，食用芳香剂，家用嫩肉剂	已注册
曲水净土产业投资开发有限公司	西藏自治区拉萨市曲水县扬州路 59 号	茶，茶饮料，果仁糖，蜂蜜，燕麦食品，肉泡馍，粗燕麦粉，油酥面团，食用淀粉，藏红花（佐料）	已注册
西藏堪布农业科技发展有限责任公司	西藏自治区拉萨市曲水县聂当工业园	调味酱，玉米浆，米果，坚果粉，酱油，调味料，谷类制品，玉米花，谷粉，人食用的去壳谷物	已注册
曲水净土生物科技有限公司	西藏自治区拉萨市曲水县县政府招待所	自然花，新鲜的园艺草本植物，植物，藤本植物，植物种子，花粉（原材料），未加工谷种，谷（谷类），玫瑰树，树木	已注册
曲水净土产业投资开发有限公司	西藏自治区拉萨市曲水县扬州路 59 号	果酒（含酒精），葡萄酒，烈酒（饮料），酒精饮料（啤酒除外），米酒，白酒，汽酒，青稞酒，黄酒，食用酒精	已注册
西藏金哈达寿康实业有限公司 [2017.09.13 第 1567 期转]	西藏自治区拉萨市曲水县聂当乡德吉村	白酒，青稞酒，黄酒，利口酒，含水果酒精饮料，酒精饮料浓缩汁，葡萄酒，烧酒，开胃酒，果酒（含酒精）	已注册

续表 2

申请人	申请人地址	核定商品 / 服务	法律状态
曲水曲甫塔巴岭黑青稞农牧民专业合作社	西藏自治区拉萨市曲水县曲水镇曲甫村 5 组	广告宣传,特许经营的商业管理,通过网站提供商业信息,进出口代理,替他人推销,为商品和服务的买卖双方提供在线市场,为推销优化搜索引擎,寻找赞助	已注册
西藏航鑫金属制品有限公司	西藏自治区拉萨市曲水县聂当乡工业园区	广告,为零售目的在通讯媒体上展示商品,特许经营的商业管理,为第三方进行商业贸易的谈判和缔约,为建筑项目进行商业项目管理服务,进出口代理,替他人推销,替他人采购(替其他企业购买商品或服务),市场营销,人员招收	已注册
曲水云天和美旅行有限责任公司	西藏自治区拉萨市曲水县才纳乡净土园区 1—2 号	户外广告,电视广告,计算机网络上的在线广告,商业专业咨询,特许经营的商业管理,通过网站提供商业信息,替他人推销,市场营销,为商品和服务的买卖双方提供在线市场,人事管理咨询	已注册
曲水净土产业投资开发有限公司	西藏自治区拉萨市曲水县扬州路 59 号	电视播放,新闻社服务,电话通讯,计算机终端通讯,电信信息,光纤通信,电子公告牌服务(通讯服务),提供互联网聊天室,提供在线论坛,无线电通信	已注册
曲水净土产业投资开发有限公司	西藏自治区拉萨市曲水县扬州路 59 号	商品包装,观光旅游运输服务,物流运输,汽车运输,空中运输,运载工具(车辆)出租,能源分配,快递服务(信件或商品),安排游览,旅行预订	已注册
曲水云天和美旅行有限责任公司	西藏自治区拉萨市曲水县才纳乡净土园区 1—2 号	商品包装,观光旅游运输服务,运输,运送乘客,汽车运输,快递服务(信件或商品),旅行陪伴,安排游览,旅行预订,为旅行提供行车路线指引	已注册
曲水净土产业投资开发有限公司	西藏自治区拉萨市曲水县扬州路 59 号	宗教教育,组织文化或教育展览,组织表演(演出),电视文娱节目,娱乐信息,提供博物馆设施(表演、展览),演出座位预订,摄影报道,票务代理服务(娱乐),导游服务	已注册
曲水县中心幼儿园	西藏自治区拉萨市曲水县扬州路	学校(教育),宗教教育,安排和组织学术讨论会,组织文化或教育展览,电子书籍和杂志的在线出版,娱乐服务,综艺表演,提供博物馆设施(表演、展览),书法服务,导游服务	已注册
曲水云天和美旅行有限责任公司	西藏自治区拉萨市曲水县才纳乡净土园区 1—2 号	住所代理(旅馆、供膳寄宿处),咖啡馆,饭店,旅馆预订,酒吧服务,假日野营住宿服务,预订临时住所,汽车旅馆,提供野营场地设施,旅游房屋出租	已注册
扎西次仁	西藏自治区拉萨市曲水县曲水镇曲水村 7 组	餐厅,饭店,餐馆,快餐馆,自助餐馆,旅馆预订,酒吧服务,茶馆,提供野营场地设施,养老院	已注册

(贡嘎顿珠)

【负责人名录】

局　长

贡嘎顿珠(藏族)

聂当工商所所长

文胜利

社会事业

曲水县民政局

【概况】 年内，曲水县民政工作在县委、县政府的坚强领导下，在市民政局的正确指导和大力支持及各乡镇的协同配合下，以“两学一做”学习教育活动为契机，坚持“民政为民、民政爱民”工作理念，狠抓重点、突出亮点，着力保障和改善民生，全县民政各项工作取得较好成绩，初步实现“病有所医、老有所养、弱有所扶、贫有所济、难有所帮”。

【城乡低保工作】 严格执行最低生活保障政策，每季度均扎实开展入户核查等专项整治工作，实现动态管理下的应保尽保。2017年，全县共有农村低保390户1203人，城镇低保298户，321人。城镇低保按月，农村低保按季度，及时足额发放低保资金，2017年按月发放城市居民最低生活保障资金236.56万元。2017年全年共发放农村最低生活保障资金510.1万元。

【以保脱贫工作】 2017年，全县低保390户，1203人，其中建档立卡低保户379户，1179人，非建档立卡低保户11户24人。低保A类323人，B类211人，C类669人。2017年全县完成低保与扶贫的有效衔接，A类达到4265元，B、C类达到3915元。

【临时救助】 2017年，县民政局为122户因病、因灾、因学等生活困难城乡居民提供临时生活救助，落实资金27.56万元，其中，为1名优抚对象提供临时生活救助5000元。认真贯彻落实《社会救助暂行管理办法》及其实施细则，进一步完善《全县城乡困难群众临时生活救助制度》，并于2017年初制定《曲水县困难群众基本生活保障工作联席会议制度》，突出“救急难、解民困”的救助特点，6月21日，由县政府牵头，县民政局组织召开曲水县困难群众基本生活保障工作联席会议，明确工

2017年5月12日，县民政局工作人员在曲水县雅江路宣传防灾减灾知识

作职责，部署下一步工作。加强街头流浪乞讨人员的救助整治，2017年救助外来人员11名，落实资金1050元，并在萨嘎达瓦期间，县民政局联合曲水镇派出所在人口密集的街道路口进行流浪乞讨人员排查；加强“一门救助、协同办理”平台建设，牵头制定曲水县“一门受理 协同办理”社会救助工作《实施细则》《实施方案》及《流程图》，将依托县政府政务服务大厅全面推进。

2017年11月12日，县民政局工作人员在曲水县五乡一镇发放残疾人补贴

【医疗救助工作】 加大政策宣传力度，通过大力推行“一站式”即时结算工作和在政策允许范围内提高救助标准，为全县“五保”等贫困群众提供及时便利的医疗救助，使群众看病难、看病贵等突出问题得到有效缓解。2017年，县民政局为397名城乡困难群众提供医疗救助，落实资金1962927.64元，其中为2名优抚对象提供医疗救助11751.5元。

【残疾人工作】 及时落实各类资金，为全县1028名残疾人发放2016年“两项补贴”，共计96.492万元，其中，重度残疾人补贴覆盖217名28.644万元，困难残疾人补贴覆盖所有1028名67.848万元。为全县956名残疾人发放2017年“两项补贴”，共计89.496万元，其中，重点残疾人补贴覆盖200名26.4万元，困难残疾人补贴覆盖956名63.096万元。同时向95名肢体残疾人发放燃油补贴2.47万元，落实12户重度残疾人的“阳光家园计划”居家托养补贴1.8万元。

2017年1月3日，曲水县残疾人联合会将市残联向曲水县发放的46台轮椅全部转发给五乡一镇肢体残疾较为严重的残疾人，其中才纳乡8台，达嘎乡6台，曲水镇6台，茶巴拉乡7台，聂当乡5台，南木乡8台，敬老院6台，为曲水县肢体残疾者提供便利。2017年，联合卫生、公安、综治、各乡（镇）、各村委会等相关单位，扎实开展肇事肇祸等严重精神病患者专项排查工作，集中开展走访，逐门逐户排查，经排查核实，曲水县疑似精神病患者一共为38人。2017年，开展残疾人核查工作，新增14人，同时注销已死亡残疾人身份，经核查，全年共有残疾人1000人。在全国助残日慰问全县81名0—16岁残疾儿童，送去慰问金总计19.44万元。县民政局组织召开曲水县残疾人基本服务状况和需求专项调查的入户调查工作培训会，对全县6名乡镇民政助理员和23名村委会专项调查员进行培训。利用一个月多的时间，县民政局组织各乡镇民政助理员对全县1008名残疾人进行入户调查、表格填写、数据录入，曲水县的专项调查工作数据录入圆满完成。2017年10月23日，在达嘎乡“三有村”，为达嘎乡、曲水镇、茶巴拉乡19名残疾人举办曲水县残疾人奶牛养殖培训班，邀请曲水县农牧局兽医站站长达瓦授课。还带领残疾人员去奶牛养殖基地实地学习养殖技术，最后为19名残疾人每人发放500元培训费共计9500元。

【留守儿童关爱保护工作】 2017年，县民政局把留守儿童关爱工作作为重中之重，计划在留守儿童最集中的茶巴拉乡设3个点（茶巴乡、色麦村、柏林村），建设留守儿童关爱室，以茶巴拉乡为试点，以此推进全县留守儿童关爱工作，截至年底，已完成对茶巴拉乡

2017年6月21日，曲水县召开2017年防灾减灾救灾工作例会

留守儿童关爱室地址的初选，留守儿童关爱室正在施工当中。5月末，县民政局支持鼓励驻达嘎村工作队组织达嘎乡小学12名留守儿童到拉萨开展主题为“将党恩爱核心 讲团结爱祖国，关爱留守儿童，创建美好家园”的关爱活动。8月16日，西藏自治区民政厅福利处一行人到曲水县各乡（镇）完小开展留守儿童送书包活动，参加此次活动的有89名留守儿童。6月21日，县民政局组织召开第一次留守儿童关爱保护工作联席会议，明确留守儿童关爱保护工作职责及任务，并安排部署下一步工作。

【老龄工作】 在统计复查的基础上，2017年，县民政局对242名全县60岁以上高龄老人、失能老人发放“两项补贴”，共计14.52万元，其中，为134名发放高龄老人补贴8.04万元，为108名发放失能老人补贴6.48万元。为367名80岁以上老人发放寿星老人生活补贴共计191.7355万元，其中，县级生活补贴189.97万元，市级生活补贴17.655万元。完成老年人提标扩面的实施方案。

【江曲康复中心整改】 年内，县民政局高度重视康复中心内已治愈的麻风病康复人员生活、康复等情况，为22位康复人员送去46464元慰问金及老人常用药物，联合县卫生局制定并落实江曲康复中心人员医疗康复和生活救助方案，并申请为康复中心新建食堂及医疗卫生室，截至年底，已完成建设，并投入使用。

【节日慰问工作】 注重节前慰问与关怀，积极筹备前期准备工作，在“三大节日”期间，以彭飞跃书记为“班长”的县四大班子，深入基层一线对307名弱势困难群众、1名致富带头人及各行各业有突出贡献的群众及19个驻村工作队、驻军部队集体进行慰问，在重阳节来临之际，为16名分散五保老人送上节日慰问金，共计29.89万元，慰问5名退伍军人共计1500元。

【“五保”供养工作】 2017年，全县现有“五保”对象183人，其中，集中供养167人，分散供养16人，集中供养率88.9%，有意愿集中供养率达100%。2017年按照每季度每人1477.5元的标准，全年向184名“五保户”发放“五保”资金1920770元，其中分散“五保户”16名，共发放现金100470元，集中“五保户”169人，共1820300元，由曲水县“五保”集中供养中心统一支配，保障集中供养“五保户”基本生活，为3名非“五保”供养老人发放丧葬费9000元。

开展形式多样的文化活动，利用节点，在藏历新年、端午节、妇女节等节日期间组织老人换新衣、唱红歌、跳舞蹈等活动，重阳节来临之际，慰问分散“五保”老人16人，发放慰问品保暖衣一套及慰问金8000元，在县“五保”集中供养中心举办“欢度老人节·重阳节—孝老爱老敬老”活动，为老人们理发、打扫院子、与老人交谈，询问身体情况、送上精彩的节目。

强化安全防范，组建由管理层和护理服务人员为成员的食品、消防、安保等三个安全工作小组，多方位负责供养中心安全生产工作，建立健全微型消防站，确保每栋楼都有消防箱。

注重医养结合，利用医务保健室，协助县医院为老人开展健康体检和每月问诊，保障老人日常用药和打点滴足不出户，同时联系西藏阜康医院到达福利院为行动不便的老人进行体检，并建立健康档案。

完善福利院基础设施，2017年县民政局实施福利院提档升级项目及福利院配套设施项目，完善福利院基础设施，安装监控设备，提高福利院老人居住安全指数。

【核对中心工作】 2017年，下属事业单位“申请救助居民家庭经济状况核对中心”，核定事业编制3名，实际在编在岗2名。加快推进核对中心工作，与农行、住建、人社、国税、邮政储蓄银行、工商等单位签订信息共享协议，积极对接公安、工商、税务等单位数据，完成低保家庭拥有车辆和工商税务登记情况的清查工作，并完成江曲康复中心29名康复人员档案建立工作。

【防灾减灾工作】 及时落实冬春救灾物资，2017年使用资金8.3万元，购买248袋大米、248袋面粉、248桶清油，先已全部发放至2016年248户缺粮户手中。积极应对强降雪天气防灾减灾工作。3月10—20日，各乡镇不同程度地出现强降雪天气，针对降雪天气，减灾委提前研究制定出强降雪天气及其他各类自然灾害防范应对方案，安排部署各部门积极开展灾害应对工作，降雪过程中时刻关注雪情，积极上报灾情，并为茶巴拉乡茶巴拉村受灾户解决10床棉被，在各部门的积极配合下，并未出现较大灾情。调整曲水县减灾委成员，组织减灾委成员单位召开曲水县防灾减灾救灾工作例会，明确减灾委成员单位及各乡镇职责，部署下一步工作开展，并联合各减灾委及各乡镇开展“5·12”防灾减灾宣传日活动，于7月13日下午在茶巴拉乡组织开展搭帐篷演练，贯彻落实区、市防汛抗旱相关工作部署；2017年购置帐篷50顶和储备粮食185322元。

【优抚安置工作】 做好重要节日走访慰问。县委、县政府在藏历新年之际开展对曲水县6名困难退役士兵进行走访慰问，每人发放600元慰问金，共发放慰问金3600元。县民政局于藏历新年之际集中开展对曲水县55名退役士兵走访慰问，每人发放500元慰问金，共发放慰问金27500元。在中国人民解放军建军90周年来临之际，县委、县政府主要领导走访慰问驻县部队和12户现役、退伍军人家庭，9名重点优抚对象，与他们共庆佳节，共续军民深情，送去慰问金51000元，给部队购买东西9635.71元。

做好优抚对象个人电子信息材料。县民政局对曲水县各类优抚对象共计361人完善个人电子信息资料，通过以上登记和精确到村组的录入，使县民政局对曲水县优抚对象做到动态管理，并及时掌握他们的动向，做到优抚对象数据信息条目的规范和完善。

落实退伍军人家庭优待金及一次性生活补助。县民政局及时下乡入村入户兑现2016年退伍军人家庭优待金及一次性生活补助26人共计204.4万元。

及时足额发放曲水县60岁以上农村及退役士兵生活补助及重点优抚对象资金。为44名60岁以上农村及退役士兵发放生活补助22.7万元，足额发放重点优

2017年12月10日，县民政局在曲水县“五保”集中供养服务中心开展党员义务劳动活动

2017年11月6日，西藏金哈达集团为“三有村”捐赠太阳能热水系统仪式在拉萨河畔“三有村”举行

抚对象资金 17.67432 万元。

落实优抚对象帮扶救助。2017 年 8 月 7 日，为 2016 年 26 人自主就业退役士兵，其中，义务兵 22 人，士官 4 人，发放退役士兵自主就业一次性经济补助 50000 元，家属优待金一次性生活补助 24000 元，每超过一年增加 10000 元，共发放经济补助金 204.4 万元，其中，义务兵优待金 22 人，服役两年共发放资金 162.8 万元，士官 4 人，服役 5 年发放资金 41.6 万元。2017 年解决优抚医疗救助户 2 户，共计 11751.5 元，为 1 名优抚对象提供临时生活救助，共计 5000 元。

落实安置政策情况。2017 年曲水县符合安置条件的只有 1 名退伍士兵，安置计划已上报至安置领导办公室现待安置。

【婚姻登记】 深入开展婚姻登记、档案保管、信息入网规范化建设。全年，共办理结婚登记 634 对、离婚登记 69 对，同时，开展自县民政局建立以来所有婚姻登记历史数据的入网工作。

【古地名普查工作】 按照古地名名录调查登记工作，2017 年县民政局采取实地调查等方式，共完成 10 余条古地名名录调查登记工作。同时积极配合县组织部完成换届选举工作。

【基层政权工作】 为迎接国务院消防检查工作，曲水县大力整改各社区、福利机构消防安全工作，完善消防设施设备、建立微型消防站，健全机构及制度；完成曲水县才纳乡四季吉祥村、达嘎乡拉萨河畔·三有村 2 个行政村的村民监督委员会的建立。

【项目建设工作】 截至年底，曲水县民政项目开工 2 个，其中慈善超市项目地点及内容变更请示已上报市局，根据市局要求正在进行材料的补充；留守儿童关爱室建设项目完成初步选址，已完成项目前期审批手续；已经竣工的项目 2 个，分别为曲水县福利院提档升级项目及曲水县福利院配套设施项目。

（德吉央宗）

【负责人名录】

局　长

德庆曲珍（女，藏族）

副局长

边巴卓嘎（女，藏族）

曲水县人力资源和社会保障局

【概况】 年内，曲水县人力资源和社会保障局（以下简称县人社局）在县委、县政府的正确领导下，在市局的精心指导帮助下，紧紧围绕工作目标任务，全面贯彻区、市人力资源和社会保障工作会议精神和要求，坚持“民生为本、人才优先”的工作主线，以抓创业促就业，助推“大众创业、万众创新”大浪潮，不断拓宽社会保障覆盖面，稳步推进人事制度改革和人才队伍建设，积极构建和谐劳动关系，各项工作圆满甚至超额完成年度目标任务。2017 年，县人社局共有干部职工 14 名，其中局长 1 名、副局长 1 名，干部职工 12 名（1 名主任科员、1 名副主任科员、2 名科员、4 名工人、4 名公益性岗位人员）。

【培训就业】 加大宣传，使用藏汉“双语”制作通俗易懂就业创业及劳动法宣传手册，走村入户或利用雷锋宣传日、综治宣传月等节点在全县辖区范围内进行相关就业政策宣传，发放宣传资料8000余份。以精准扶贫为出发点，合理利用就业培训资金，扎实开展技能培训和订单式培训等扶贫专题培训，提升贫困群众就业能力，着重解决贫困人员就业；全力做好城乡就业服务，充分发挥重点工程对当地群众就业增收的带动作用，积极和企业联系，鼓励企业吸纳城乡失业人员就业。在抓好“春风行动”专项招聘活动的基础上，及时向农牧民群众发布企业用工信息，加强就业困难人员和零就业家庭就业援助工作，形成对就业困难人员和零就业家庭的动态管理和及时帮扶工作机制。以高校毕业生就业服务月活动为契机，组织工作人员和乡镇基层服务平台工作人员深入村组、采取登门走访、电话联系等方式，认真、准确地做好离校未就业高校毕业生实名制登记工作，切实掌握离校未就业高校毕业生的底数和就业需求，为其提供有针对性的培训、见习、岗位推荐等就业服务奠定基础。同时在了解离校未就业高校毕业生求职意愿及就业服务需求后，积极邀请泰州市人社局举办高校毕业生就业创业讲座。并且积极利用基层平台，每周更新高校毕业生就业信息，扎实开展高校毕业生创业启动资金申报工作。2017年10月11—17日，借泰州市人社局到曲水县举办“对口援藏扶贫”劳动力技能培训之际，县人社局积极同其进行交流沟通，学习其先进经验，实现资源共享。

2017年，就业再就业培训234人，培训合格率达100%，培训后就业率达100%，完成全年目标任务70人的334.29%。农牧民转移就业培训916人，培训合格率达90%以上，培训后就业率达90%以上，完成全年目标任务900人的101.8%。职业介绍774人次、介绍成功289人，分别完成全年目标任务550人次和275人的140.73%、105.09%。建档立卡贫困户转移就业1153人。易地搬迁类建档立卡贫困人口转移就业523人，完成全年目标任务516人的101.36%。建档立卡贫困人口培训519人，完成全年目标任务238人的218.07%。开发就业岗位543个，完成全年目标任务530个的102.45%。开展以“促进转移就业，助力脱贫攻坚”为主题的2017年就业“春风行动”暨城乡人力资源交流洽谈会1期。城镇新增就业917人，完成全年目标任务900人的101.89%。城镇登记失业率控制在2.2%以内。职业技能鉴定200人，完成全年目标任务200人的100%。小微企业吸纳就业3896人，完成全年目标任务3500人的111.31%。农牧区劳动力转移就业1.45万人、2.74万人次、实现转移就业收入0.68亿元，分别完成全年目标任务1.2万人、2.4万人次、0.62亿元的121.06%、114.28%、109.68%。创业培训60人，创业成功5人，分别完成全年目标任务30人、5人的200%、100%。高校毕业生就业见习21人，完成全年目标任务20人的105%。困难家庭高校毕业生28人，截至年底，实现就业15人。就业资金按照要求规范管理使用，不存在违纪现象。

【平台建设】 2016—2017年，县人社局按照基层服务平台建设统筹规划，通过定期督导或组织基层平台工作人员进行业务培训、

2017年5月3日，自治区人社厅事业处工作组在曲水县人社局调研事业单位岗位设置管理工作开展情况

工作交流和跟岗学习的方式，加强对基层平台工作人员的培训管理，协调各乡镇对每位工作人员进行考核，努力将基层劳动就业和社会保障公共服务平台工作做到更好，充分发挥平台作用，使其真正成为保障和改善民生的重要着力点。

2017年，曲水县基层平台工作人员12人，按照要求达到每乡镇各配备2人，基层平台建设已实现“四化”，即工作场所和设施设备标准化、人员队伍专业化、工作制度流程规范化、公共服务信息网络化。曲水县利用基层平台，积极组织基层平台工作人员通过走村入户、电话咨询等方式，开展高校毕业生就业统计、精准扶贫就业对象调查摸底、人力资源摸底统计等工作，及时了解和掌握辖区内劳动力培训意愿和就业意愿，为开展各类就业培训工作打好基础。充分利用基层平台为农牧民群众提供家门口职业介绍和职业指导等服务，并做好用人单位和求职者之间的对接工作。依托基层平台开展就业创业、社会保障、劳动维权等政策宣传，切实使人社相关政策落地生根。

【社会保险】 县人社局以“关注民生、保障民生、服务民生”为社保工作立足点，结合本县实际，紧盯目标早部署，夯实平台抓建设，重视宣传强引导，创新机制重经办，四措并举，强化社会保险工作，确保“民生工程”社保工作再上新台阶。同时各项社保基金严格实行收支两条线的规范管理，无违纪行为。按照各项保险工作要求，全面完成全年参保人数和基金征缴的目标任务，并在此基础上重点开展“五险统征”和“全民参保”工作，坚决杜绝选择性参保，投机性参保，确保各项社会保险的扩面征缴。

城镇职工基本养老保险。全年目标任务为实现参保256人（包括在职和退休职工），征缴基金310万元，征缴率达95%。已参保267人，征缴基金348万元，征缴率达100%，分别完成全年目标任务的104.3%和112.26%。

城乡居民基本养老保险。全年目标任务为实现参保17554人，征缴基金160万元，县财政补贴上缴基金6万元，征缴率达95%。已参保16066人，征缴基金176万元，县财政补贴上缴基金6.5万元，征缴率达95%，分别完成全年目标任务的110%和108.33%。（注：由于城居养保系统内的总人数是17554人，但包含户籍转走、保险未转走，停保，去世等人员，实际全县符合城居养保参保人数为16066人。）

城镇职工基本医疗保险。全年目标任务为实现参保1689人（包括在职和退休职工），征缴基金1211万元，征缴率达98%。已参保1833人，征缴基金1797.87万元，征缴率达100%，分别完成全年目标任务的108.53%和148.46%。为1人办理个人账户清户手续，清退个人账户资金1.47万元；为2人办理个人账户支现手续，支现个人账户资金7500元。

城镇居民基本医疗保险。全年目标任务为实现参保842人，征缴基金44万元，征缴率达98%。已参保873人，完成全年目标任务的103.68%。

生育保险。全年目标任务为实现参保1348人，征缴基金95万元，征缴率达95%。已参保1548人，征缴基金98.33万元，征缴率达100%，分别完成全年目标

2017年1月14日，县人社局联合县妇联、“四业办”在才纳乡四季吉祥村宣传各项惠民政策

任务的 114.84% 和 103.51%。共为 57 人（职工 38 人、居民 19 人）提供住院报销服务，支付住院报销金额 76.22 万元（职工 58.92 万元、居民 17.3 万元），为 86 人提供生育报销服务，支付生育报销金额 89.89 万元。

失业保险。全年目标任务为实现参保 815 人，征缴基金 73 万元，征缴率达 95%。已参保 1458 人，征缴基金 88.52 万元，征缴率达 100%，分别完成全年目标任务的 178.9% 和 121.26%。

工伤保险。全年目标任务为实现参保 3000 人，征缴基金 100 万元，征缴率达 93%。已参保 3616 人，征缴基金 131.28 万元，征缴率达 100%，分别完成全年目标任务的 120.53% 和 131.28%。工伤认定 3 起，支付工伤待遇 11.22 万元。

2017年7月31日，县人社局在县会务中心三楼召开“全民参保暨社保卡数据采集”工作推进会

【劳动监察】 县劳动监察大队认真履行职责，通过深入企业或设立宣传点广泛宣传《中华人民共和国劳动法》《中华人民共和国劳动合同法》《禁止使用童工规定》等劳动保障法律法规，切实提高群众的法律意识。为保障曲水县域内的稳定，县人社局结合职能特点，及时调解县域内的劳资纠纷案件；组织开展形式多样的监察执法活动，在日常执法检查中，把打击非法用工行为放在突出位置，有效地抑制全县辖区内劳资纠纷群体性事件的发生，和谐劳动关系得以构建。充分发挥网格化监管作用，切实摸清辖区范围内应签订劳动合同的底数，建立健全劳动合同管理台账，劳动者合法权益得到切实维护，并及时督促用工企业缴纳民工工资保证金和工伤保险金。

2017 年，县劳动监察大队共开展劳动保障执法检查 7 次，其中，联合安监部门开展执法检查 2 次，开展用人单位遵守劳动保障法律法规情况专项检查 1 次，开展矛盾纠纷排查 4 次，累积检查用人单位 131 家，审查用人单位书面材料 80 余家，涉及劳动者 367 人。开展 1 次全县维稳情况专项调研。受理劳资纠纷案件 19 起，结案 19 起，结案率达 100%，涉及人数 277 人，资金 508.74 万元。督促 50 家建筑施工企业缴纳民工工资保证金 2257.54 万元，50 家企业和施工单位缴纳工伤保险金 115.91 万元。

【工资福利】 县人社局加强工资信息日常管理，整理完善干部职工工资档案，及时做好调动干部职工调资和转移接续工作，切实保障干部职工的合法权益。完成 2016 年度全县干部职工年终奖兑现工作，2016 年度全县公务员工资试调查工作，2016 年 12 月全县机关事业单位干部职工基本工资统计工作，2016 年度人力资源和社会保障统计报表系统上报工作，2017 年度机关事业单位工作人员正常晋升、级别晋升工资增资呈报及兑现工作，2017 年度全县干部职工工资调标增资兑现工作，2017 年度全县干部职工高海拔折算工龄补贴调标兑现工作，2017 年度全县干部职工住房补贴调标及补发兑现工作，挂靠在曲水县的 77 名“拉萨中心医院”储备人才 2017 年度工资各项调标及补贴兑现发放工作。

【人力资源管理】 认真做好专业技术、公益性岗位、工勤人员的动态信息管理，稳步实施事业单位岗位设置管理工作，及时上报县国土局、统计局、工业园区管委会

2017年8月5日，县人社局在才纳乡四季吉祥村开展全民参保相关政策宣传

等3家事业单位的岗位设置方案，并扎实开展职称评聘工作。2017年全县共有专业技术人员799人、公益性岗位人员131人、工勤人员82人。2017年新评聘职称59人，其中，高级1人、中级2人、初级56人。按照相关工作要求，及时做好挂靠在曲水县符合转正条件的61名“拉萨中心医院”储备人才转正工作。为提高公益性岗位工作人员、政府购买就业岗位和企业合同制工人的积极性，稳定曲水县人才队伍，县人社局积极向县政府申请提高这三类人员的考核奖励标准，即在原有的考核奖励机制标准上，人均每月增加500元的考核奖励基金，截至年底，这3类人员每月可领取到800—1400元不等的考核奖励基金。2017年5月初，县人社局积极协同县委组织部和县教体局到内地多所师范高校引进优秀师资人才10人，其中，师范类本科学前教育4人，小学语文、数学教育各2人，初中英语教育2人，切实促进教育发展。

【组织建设】 2017年，县人社局切实加强党建工作开展，积极完善党建工作“三会一课”制度，每季度召开一次党建工作安排部署会议，探索党建工作新思路、新举措，讨论解决党建工作方面的重大问题；建立分工负责的责任体系，对党支部书记和党务工作者明确工作职责，形成上下联动，层层抓落实的良好格局；结合“两学一做”学习教育，扎实开展学习教育活动，按月制定学习计划，完善学习制度，营造崇尚学习的浓厚氛围，努力提高全局干部职工的政治素质和业务水平。2017年，共组织集中学习43场次，每人每周至少进行2学时的自学，每名党员干部每季度至少读一本书，并做好学习笔记、撰写心得体会。同时扎实开展“支部主题党日”、党员结对帮扶、党员承诺践诺、党员志愿者服务、党员民族团结创建等活动。并且认真贯彻落实党风廉政建设和反腐败各项工作任务，加强干部职工自身队伍建设，努力打造优质人社服务队伍。

【信息报送】 县人社局认真做好信息报送工作，按照要求在工作邮箱、人社内网系统和党政信息网上及时报送工作信息。2017年，共报送信息208期，平均每月报送17期。被《拉萨晚报》、拉萨市局信息科、“曲水在线”和曲水信息采纳共计100余期。撰写并报送两篇分别题为《曲水县人社局关于全民参保工作的调研报告》和《关于就业创业工作开展情况调研报告》的课题调研报告。

（卢 曦）

【负责人名录】

局 长

昌 珍（女，藏族）

副局长

刘 波

主任科员

边 巴（藏族）

副主任科员

其美卓嘎（女，藏族）

曲水县民族宗教事务局

【概况】 年内，曲水县民族宗教事务局（以下简称县民宗局）坚决按照区市第九次党代会和自治区、拉萨市、曲水县三级党委统战民族工作会议精神和各级维稳工作会议精神的安排部署，以及区市党委、政府关于加强和创新寺庙管理工作、“六个一”活动、“9+5”活动、僧尼社保等工作的文件精神，高标准、高质量地做好2017年统一战线和民族宗教领域维稳管控等主要工作。

【民族团结进步宣传工作】 县委、县政府高度重视民族团结工作，将民族团结工作列为今后五年“五项重点工作”之一安排部署，着力在群众喜闻乐见、贴近群众生活的民族团结宣传形式和手段上下功夫，自2016年12月起开通“曲水县民族团结手机报”，向各乡镇、县（中）直机关、企业、村“两委”班子、驻寺驻村等干部、群众近1000人，发送民族团结系列宣传知识，全年发送手机报22期，累计发送信息19800条。2017年，县民宗局结合“3·28”百万农奴解放纪念日，组织各寺庙开展专题座谈会、宣传《拉萨市民族团结进步条例》等活动。

【项目建设工作】 县民宗局加强少数民族发展资金项目督导检查，全力确保项目工程的质量、安全以及工作进度，保障各项目安全顺利完工。2017年，除聂当乡日月养殖项目未进行市级验收外，其余少数民族发展项目均进行了实地检查验收。

【民族团结创建活动】 9月20日，经县委、县政府研究决定，由县委统战部牵头，县民宗局实施，开展曲水县2017年度民族团结进步模范表彰大会，曲水县民族团结进步模范集体有曲水县纪律检查委员会、曲水县聂当乡小学、县净土投资有限公司、达嘎乡、县政法委员会、南木乡江村、雄色寺管委会共7个，曲水县民族团结进步模范个人有张宝等12名，曲水县民族团结进步模范家庭有朱邓辉等6个。为模范集体发放奖金共5.6万元，为模范个人发放奖金2.4万元，为模范家庭发放奖金1.2万元，共计发放奖金9.2万元。

【组织开展文艺会演活动】 9月30日，县民宗局深入贯彻习近平总书记系列重要讲话精神和治国理政新理念、新思想、新战略，特别是“治国必治边、治边先稳藏”重要战略思想和“加强民族团结，建设美丽西藏”重要指示，全面推进曲水县民族团结进步事业，举办“加强民族团结、建设美丽西藏—庆国庆、喜迎党的十九大”文艺会演，会演共16个节目，紧扣爱国主义和民族团结主题，民族特色浓郁，感染人、激励人，为各族干部群众奉献绚丽多彩的民族团结盛宴，生动体现曲水县民族团结进步事业发展繁荣的良好局面。

【法治宣传教育常态化】 各寺庙管理机构按照曲水曲水县宗教工作领导小组制定的《2017年度寺庙法治宣传教育工作总体方案》和曲水县宗组办制定的《季度寺庙法治宣传教育工作计划》，切实按照“每周开展法宣教育工作不得少于2次，每次学习时间不得少于2课时”的工作要求，科学合理安排学习计划、学习内容，认真组织实施，深入开展国家法律法规、寺庙管理规章制度、揭批达赖集团“三性”教育、惠民政策、时事政策等常态化的法宣教育工作，保证学教时间、参学人数，确保人人参与，参学率达100%。

【主题教育活动】 根据区市党委、政府关于在寺庙深入开展藏传佛

2017年9月8日，市委常委、常务副市长胡洪（右二），曲水县委书记彭飞跃（右四）在雄色寺调研

教优良传统主题教育活动的安排部署，各寺庙管理机构严格按照主题教育活动要结合法治宣传教育，结合爱国主义教育，结合民族团结宣传教育，结合藏传佛教教义教规，结合和谐模范寺庙暨爱国守法先进僧尼创建活动成果，结合寺庙“六个一”“9+5”及僧尼社保等工作深入开展，结合“四讲四爱”主题教育实践活动要求，准备学习宣传材料，在寺庙僧尼中广泛掀起学习弘扬藏传佛教历代高僧大德“爱国爱教、遵规守法、弃恶扬善、崇尚和谐、祈求和平”热潮。深入推进主题教育活动，曲水县涉宗领域召开“四讲四爱”动员部署会共19次，各寺管会组织僧尼召开“四讲四爱”学习教育实践活动共87次，开展座谈讲座共20次，开展宣讲、培训217次，覆盖率达到98%，各管委会制作“四讲四爱”宣传栏共62期，悬挂横幅共58条，发放藏汉互译宣传材料共984册，撰写心得体会共50份，对偏远及较为分散的宗教点上门送教共92人次。

【协调做好寺庙“六建”工作】 积极协助曲水县宗教工作领导小组做好寺庙管理机构干部选拔、机构设置、职能划分、班子建设、党组织建设等工作。各寺管会机构、党组织、班子、队伍、职能、机制等建设工作健全完善。2017年1月26日，县委、县政府对宗教领域一批突出的优秀驻寺进行提拔重用，提任到正科级干部3名、提任到副科级6名、进一步使用副科级干部2名。其中，2名副科级驻寺干部分别提拔任职县国土局副局长兼主任科员和县文广局副局长兼主任科员。

【寺庙“六个一”活动】 由曲水县宗教工作领导小组的指导，协调曲水县各寺庙按照实施方案的时间安排，确定“主要领导干部广交、深交、多交，一般干部结对帮扶”的工作原则，确保曲水县僧尼有干部交朋友、有干部结对子、有干部关爱帮扶，并为寺庙及每一名僧尼建立一套详细的档案。各寺管会及其干部开展家访共计235次，家访人数共计656人次，为寺庙、僧尼及其家庭办实事共计182件。在“六个一”活动中，曲水县寺管会共计投入资金52.66万元。

【推进寺庙“9+5”活动】 协助曲水县宗教工作领导小组积极做好与上级、部门与部门、部门与寺庙、部门与施工方、寺庙与施工方之间协调沟通，确定各项活动的职能部门与职责，深入推进活动扎实有序开展。在“9+5”各项工程后续管理工作中，曲水县定期前往各寺庙开展检查指导，确保“9+5”工作落到实处、取得实效。2017年，投资137.37万元建设雄色寺书屋，投资41.57万元建设曲水县姜贡寺综合服务站，投资40万元修建扎西岗寺大门及公厕改造，投资16万修缮萨玛扎寺玛尼拉康，就2017年县级财政投入资金达234多万元，向上级相关部门争取资金近23万元修缮萨玛扎寺玛尼拉康。

【寺庙僧尼社保工作】 坚持以人为本，最大限度地实现好、维护好、发展好最广大爱国守法僧尼的切身利益。全面实现曲水县252名持证僧尼“三保一低”（医疗保险、养老保险、人身意外保险、城镇最低生活保障）全覆盖，参保率为100%。组织僧尼到县

2017年8月8日，曲水县召开宗教领域“四讲四爱”第四节点动员部署会

医院或组织医务工作人员到寺庙开展体检工作。曲水县252名僧尼已全部完成体检，并由曲水县卫生局、曲水县医院建立僧尼体检档案，各寺庙管理委员会存档一份。体检内容包括抽血、透视、体液检查、心电图、B超、五官、血压、内外科、妇科、包虫病筛查等13项，其中，包虫病筛查率达到86.4%。同时组织医院、各乡（镇）卫生院开展寺庙巡诊送药活动达4次。

【开展评选活动】 2017年，曲水县宗教工作领导小组根据区市党委、政府《关于开展和谐模范寺庙暨爱国守法先进僧尼创建评选活动的意见》《评选办法》等文件精神，统筹协调，按照“与党和政府同心同德、机制完善、管理到位、和谐稳定”的和谐模范寺庙评选条件以及“爱国爱教、遵纪守法、服从管理、潜心修学、护国利民”的爱国守法先进僧尼的评选条件，采取寺庙僧尼民主推选、寺管会综合评选、县委统战部、县民宗局审核评定的评选方式，经请示曲水县委、县政府研究同意，2017年6月1日，召开表彰大会，授予扎西岗寺和萨玛扎寺“曲水县2017年上半年和谐模范寺庙”荣誉称号，授予阿旺扎巴等97名僧尼“曲水县2017年上半年爱国守法先进僧尼”荣誉称号，授予扎西岗寺管理委员会和萨玛扎寺管理委员会“曲水县2017年上半年先进寺庙管理委员会”荣誉称号，授予夏远盛等8名驻寺干部干警“曲水县2017年上半年优秀驻寺干部”荣誉称号。

2017年9月20日，曲水县召开民族团结进步表彰大会

【健全完善寺庙管理规章制度】 2017年，曲水县民族宗教事务局结合曲水县宗教领域管理工作实际，制定曲水县《寺庙管理委员会工作制度》《寺管会工作人员学习制度》《寺管会工作交流制度》《宗教领域维稳工作制度》《敏感节点维稳工作制度》《佛事活动审批制度》《佛事活动安保制度》《社会流动从事宗教活动人员管理制度》《云游僧尼管理制度》《有寺无僧寺庙管理制度》《寺庙劝退人员管理制度》等十一项制度。对《曲水县寺庙管理八项制度》中的《佛事活动审批制度》及《有寺无僧管理制度》进行重新修订。各寺管会结合曲水县宗教工作领导小组的要求、自身职权范围以及“二十五个不准”、十一项制度的规定，相继对寺庙相关规章制度进行修订。特别是针对僧尼管理工作，修订《僧尼请销假制度》《学习制度》等。新修订的《僧尼请销假制度》规范僧尼请销假的审批程序，体现“以人为本”的人性化管理方式。

【做好寺庙维稳工作】 2017年，结合区、市、县维稳工作会议精神，按照“内紧外松、加强防范”的工作原则和“一个问题、一名领导、一套班子、一个方案、一抓到底”的工作责任制，制定《宗教领域应急处突方案》《维稳工作方案》以及“三大节日”“萨嘎达瓦”等重大节庆、敏感节点期间的维稳实施方案、《宗教领域整治专项行动工作方案》，深入开展社会流动从事宗教活动人员管理、寺庙非编人员、勤杂人员排查统计、寺庙矛盾纠纷及寺庙防火防盗、有寺无僧寺庙管理等维稳工作，突击检查各寺庙维稳措施落实情况、人员在岗在位情况以及值班带班情况，切实从源头上预防和减少安全隐患，做到“小事不出康村、中事不出院落、大事不出寺庙、难事不出县区”，达到宗教领域“无大事、无中事、更无小事”发生，全力维护曲水县宗教领域持续和谐稳定。

（张 钰）

【负责人名录】

副局长

次仁拉巴（藏族，主持工作）

曲水县卫生和计划生育委员会

【概况】 年内，曲水县卫生计生工作以“坚持预防为主、防治结合”卫生工作方针，积极落实深化医药卫生体制改革各项要求，全力推进健康曲水建设，全县卫生工作得到显著的成效。2017年，曲水县卫生系统设立1所县级人民医院、1所县级疾控预防控制中心机构、6个乡镇卫生院、12所村卫生室。全县共有卫生工作人员216人，其中，县人民医院90人、疾控中心13人、乡医58人、公益性岗位17人、村医36人等。

【医药卫生体制改革任务落实】 全面推行分级诊疗工作。根据拉萨市卫生局印发分级诊疗工作实施方案要求，制定曲水县分级诊疗工作实施方案，共计227病种，县政府年投入96.768万元，率先全区制定曲水县乡村医管理办法及绩效考核实施方案，成立县域内医联体模式家庭医生签约服务，通过派工单制度，为群众提供上门医疗服务，使进一步规范曲水县基本公共卫生服务，提高村医工资待遇，调动村医工作积极性，努力实现“疾病管理转变健康管理”模式，初步实现基层首诊工作机制，这项工作模式得到西藏自治区卫计委主要领导高度赞扬，达嘎乡家庭医生服务团队荣获国家级优秀家庭医生服务团队称号。

2017年11月22日，县委常委、副县长顾宝林向拉萨市卫计委作健康曲水工作汇报

县委、县政府高度重视改革工作，县财政每年投入100万元专款资金，全面推进县级公立医院改革工作。按照《拉萨市县级公立医院改革实施方案》，结合曲水县实际情况，本着“边试边改”和“先易后难”的原则，从群众能够最直接、最快捷受益的项目入手，把县级公立医院改革作为改善民生的重大举措来推进落实，改革初显成效。巩固“先诊疗、后结算”成果，实现县人民医院常规化执行，推进支付方式改革，有效降低群众住院经济负担。强化医院内涵建设，县人民医院开展等级评审工作，医院基础条件、医疗质量、管理水平得到新的提升。县医院门诊就诊52321人次，住院人数1020人次；出院病人998人次，治愈率达64.7%。强化“三基”“三严”训练，进一步提高医护人员业务水平，共计开展培训6次，“三基”及其他考核8次。县人民医院等级评审是深化县级公立医院改革的重要措施和要求，2017年8月，顺利通过自治区组织的县人民医院创建二级乙等评审工作。进一步提高医疗保障水平。按照“保基层、兜底线、可持续原则”，认真落实政府年人均补助标准增加40元，达到475元，并新增40元全部纳入到大病统筹基金。2017年，全县农牧民总人口数为32418人，筹资率达到100%，截至6月，各级医疗机构住院农牧民589人次，报销补偿费用为517.6万元。从2014年开始县政府每年投入50万元资金，设立《曲水县大病救助基金》，开

通20种慢性疾病特殊门诊医疗费用报销政策，进一步解决群众就医费用负担，农牧区医疗保障体系进一步完善。

2017年9月8日，县疾控中心副主任洛桑西绕在县人民医院督查医疗废物处理情况

【健康体检暨包虫病筛查工作】 县委、县政府高度重视健康体检暨包虫病筛查工作，在上级拨付的每人80元专项体检费上，县政府投入4429006元全民体检专项经费和包虫病防治工作投入200万元余专项资金。4月10开始采取“6+2”筛查方式，同步开展全民体检暨包虫病筛查工作，截至年底，共筛查33403人，发现43例包虫病疑似病人，确诊治疗23例，血清检测16373人，血清阳性1465人，血清疑似644个，根据拉萨市要求所有血清阳性和10%阴性标本送往拉萨市疾控中心复检，举办讲座195场次讲座，媒体登报18次，户外展板289个，发放46405资料，收益次数达48873人次。发现2名先天性心脏病病例，积极联系慈善团队已完成救治。

率先全区积极实施“互联网+健康医疗”工程，2016年县政府投入100万元资金，建立曲水县人口健康综合管理信息系统，在此基础上，2017年，投入199.08万元资金，率先在全区建立12个曲水县居民健康档案系统，并将所有全民体检结果全部录入到该系统，群众足不出户通过手机APP查询自己健康状况，并提出一对一预防干预措施。

【实施健康扶贫脱贫工作】 曲水县共有4792个贫困人，其中，健康扶贫建档立卡256个人，所占比率为5.3%。大病集中救治一批。积极联系内地慈善团队，邀请北京武警总医院专家，为曲水县56名建档立卡贫困人口实施白内障手术，通过包虫病筛查工作中发现2名建档立卡贫困人口包虫病病例，统一集中送往拉萨市人民医院进行救治。慢性签约一批。曲水县率先全区有机结合家庭签约服务工作与村医绩效考核工作，以县人民医院医生为指导医生、乡镇卫生院医生为责任医生、村医为随访医生，通过县域内医联体模式成立48个家庭医生服务团队，为全县所有建档立卡贫困人口签订家庭医生服务协议书，通过派工单形式，提供24小时基本医疗服务和基本公共卫生服务。重病兜底一批。县政府投入299.74万元健康扶贫专项资金，制定《曲水县以助脱贫工作实施方案》对全县所有建档拉卡贫困人口就医所产生的医疗费用经基本医保制度报销后剩余部分实行凭票兜底报销及前期医疗费用垫支政策措施，截至年底，报销292人次，报销资金29.7万余元。2017年3月，达嘎乡拉萨河畔“三有村”和才纳乡四季吉祥村搬迁户所有群众开展西藏自治区糖尿病和甲状腺流调筛查工作，未发现糖尿病和甲状腺病例。为所有建档立卡贫困人口开展全民体检暨包虫病筛查工作，群众足不出户通过手机APP查询自己身体状况，并提出一对一疾病预防干预措施；拉萨市委卫计委提出的健康扶贫“六个一”工程要求，结合曲水县实际情况实施健康扶贫“七个一”工程，实现一人一本健康档案、签约一名医生、每年开展一次体检、签订一份帮扶承诺书、发放一张健康卡、一张明白卡、一本医疗救助账户本。

【计划生育和妇幼健康服务】 拉

萨市卫生局按照“简政放权、方便群众、提高效能”原则，全面下放生育证和独生子女证审批办理权限，曲水县践行“说办就办、马上就办”活动精神，共计办理37个生育证和10个单独两孩证。认真落实“一孩、双女”和“特殊子女”家庭补助政策，截至年底，“一孩双女”774人，特扶99户，计划生育服务报销12例，金额为1.5万余元。在5月29日举行“计生协会会员集中活动日”中，为茶巴拉乡10名贫困母亲发放5000余元价值被子被套和煤气灶等日常生活用具用品。实施母婴安全计划，开通孕产妇住院分娩和婴儿住院救治绿色通道，截至年底，全县住院分娩总数424人，住院分娩率达100%，0—3岁儿童总数1949人。认真落实住院分娩各项奖励补助资金，共计兑现63万元，实施婴幼儿辅食营养包及儿童营养包共计发放3990盒营养包，收益人次数为1951人。

【疾病预防控制】 以防控重大突发公共卫生事件为重点，坚持预防为主的方针，加大对各种传染病的预防和控制，完善疫情报告制度，建立健全岗位责任制，认真落实各项防控措施。全县共报告法定传染病110例，总发病率为304.27/10万，无甲类传染病，乙类99例，丙类11例。年周岁儿童出生数为323人，应建卡323人，实建卡323人，建卡率为100%，“五苗”接种率为96.8%。为147人进行艾滋病快检工作，结果均为阴性，艾滋病自愿咨询检查53人。全县共登记（TB）门诊病人34例，确诊各类结核病人34例，治愈人数为1人，结核病人治疗管理率100%、系统管理率100%，开展全县境内的3808公顷范围内的密度调查工作，密度为0.034只/公顷。利用碘缺乏防治宣传日，共计发放300余本宣传材料及600多余“控油壶”，收益人次数为600人。

【藏医药工作】 积极培养“三能”（能认药材、能制药、能看病）藏医骨干及天文历算专业人员，继续加大藏医专科能力建设，藏医藏药诊疗技术广泛应用于治疗高原慢性疾病等并取得积极成效，藏医门诊量不断提升，努力满足农牧民群众对藏医诊疗的需求，方便群众就近就医。藏医药文化精髓得到进一步的继承和弘扬。上级为达嘎乡卫生院、才纳乡卫生院、曲水镇卫生院分别拨放10万元藏医馆建设专项资金，建设乡镇卫生院藏医馆，进一步提升藏医服务能力。

【队伍建设】 实行县乡两级医疗机构人才双向交流，逐步解决卫生人才紧缺、服务能力偏低、结构不合理的问题。以“请进来、送出去”形式，派出5名医生到上级医疗机构进修学习，同时充分利用“组团式援藏”资源，以“传、帮、带”方式每个科室2名业务骨干共计10人由援藏专家带教，强化卫生人才培养，不断提升卫生人才队伍整体服务能力。2017年4月，曲水县制定乡村医管理办法及绩效考核实施方案，每名乡村医生平均工资3200元以上，进一步提高乡镇和村级编外医疗卫生人员待遇。

【医疗援藏】 对口援藏江苏省泰州市共计投入4250万元资金，其中投入1300万资金建设曲水县才纳乡公共服务设施建设项目（医院）暨才纳乡标准化乡镇卫生院，

2017年8月9日，曲水县召开村医绩效考核管理培训暨家庭医生签约服务启动大会

建设门诊楼、住院楼及附属工程，截至年底，完成工程量65%，填补没有标准化乡镇卫生院空白。投入150万元资金在县人民医院建设苏拉远程会诊系统平台，于11月底完工。投入2800万元资金实施曲水县人民医院能力提升改造项目，不断完善曲水县医疗服务机构硬件设施。充分利用组团式援藏优势资源，完善县人民医院制度科室建设，积极参加医院创评工作，下乡开展3次免费义诊活动。

（格　桑）

【负责人名录】

主　任

尼玛桑珠（藏族）

曲水县食品药品监督管理局

2017年4月27日，县食药监局执法人员开展乳制品专项整治

【概况】 曲水县食品药品监督管理局（以下简称县食药监局）在县委、县政府的正确领导和上级业务部门的具体指导下，认真贯彻落实自治区、拉萨市食品药品监管工作会议精神。以曲水县人民群众饮食用药安全为中心，努力做到执法规范化、管理科学化、工作标准化、宣传经常化，公众饮食用药安全得到有效保障。2017年，曲水县共有食品生产企业6家，食品经营企业3家，药品生产企业1家，药品经营企业1家，药品零售单位2家，各类医疗机构（含诊所、医院、卫生院）10家，餐饮服务单位232家，食品经营单位171家，化妆品零售单位3家，食用农产品交易单位27个，整个监管对象呈现面广、点多、线长的特点。

【食药安全党政同责】 年初，县政府组织召开全县食品药品监管工作会议，县级四套班子分管领导出席会议，安排部署2017年工作重点，县食安委与成员单位签订《安全目标责任书》，县食药监局与各乡镇签订安全目标责任书，与11家食品药品生产经营企业签订《质量安全承诺书》。会上，制定并印发《2017年曲水县食品药品安全监管工作计划》《曲水县食品药品安全知识宣传工作方案》和《曲水县重大食品事故应急预案》。形成政府统一领导、部门齐抓共管、企业诚信自律、社会广泛参与的监管格局。

【行政审批稽查办案】 2017年，县食药监局共办理食品经营许可证317份，走访核查、拍照登记监管对象456家，出动执法人员140人次，执法车辆30台次，检查餐饮单位2210家次，商店、超市1900家次，各类食堂60余家次，查出20家餐饮服务单位许可证过期，24名从业人员健康证过期，完成现场监督意见书10份，对涉事餐饮服务单位下达整改通知20份，限期完结。流通单位查出4家经营过期食品，卫生不达标小食品店7家，工作人员现场没收过期食品并当场销毁，提出整改意见，限期完结。全年共受理举报投诉2起，办结2起，办结率100%。对销售抽检不合格的6个批次食用农产品单位依法立案核查，并给予处罚。

【食药安全专项整治】 全年共开展专项检查26次，其中餐饮服务食品安全专项检查10次，春、秋季学校食堂专项检查7次，食用农产品质量安全整治2次，奶制品、乳制品专项整治2次，化妆品经营机构专项检查2次，医疗器

2017年9月14日，县食药监局开展针对肉及肉制品专项联合检查

械、安全用药专项检查3次。

开展学校食堂食品安全专项整治。始终把学校食堂食品安全监督管理作为餐饮服务环节食品监管工作的重中之重。开展春、秋季开学食品安全违规违法专项整治，共出动执法人员8人次，执法车辆2台次，检查学校食堂30家次。加强对校园食品安全知识宣传与教育培训，协调配合县教育局对全县中小学校食堂食品安全管理人员及食堂负责人共35人进行食品安全法律法规、餐饮服务操作规范、学校食品安全管理等方面知识的培训。落实部门联合督查，联合县教育局对全县24所学校食堂开展学校食堂食品安全集中督查活动，共出动执法人员38人次，全面提升学校食堂餐饮卫生水平。完成“中、小考”期间的食品安全专项检查，出动执法人员6人次，保障500余名师生的饮食安全和身体健康。

全力开展餐饮服务环节食品市场专项检查。开展“病死猪肉”专项检查。对全县27家农产品销售单位进行专项检查，对检查中发现的问题提出整改意见，已整改完成。开展建筑工地食品安全专项检查。结合建筑工人的工作情况，深入建筑工地，出动执法人员10人次，向工人认真讲解食品安全的相关规定和注意事项，要求工地食堂严禁食用野生杂菌、发芽土豆和未按要求煮熟煮透的四季豆等高风险食品，要注意食品卫生，不要到无证摊位购买不卫生食品，提醒工地管理人员提供充足而优质的饮用水，确保工人身体健康。专项整治旅游景点，出动执法人员40人次，检查景区、318国道两侧餐饮单位40家，责令整改2家，对发现违法违规行为及时查处整改到位。开展农牧区食品安全专项治理，全面整治无证经营行为，出动执法人员60人次，执法车辆10台次，检查小食品店80余家，检查小商店35余家，监督治理率达90%以上。开展餐饮服务食品安全专项整治。结合曲水县创建全国文明城市（县级）活动，县食药监局主动作为，以“创城”为契机，大力整治食品经营行业不文明行为，出动执法人员10人次，对县城318国道两侧、主干道、菜市场食品经营单位70余家进行专项检查。开展打击“瘦肉精”牛羊肉违法行为专项整治，出动执法人员10人次，检查菜市场、藏餐馆、回族餐厅50余家次，未发现使用“瘦肉精”的情况。联合县食安委成员单位对辖区聂当乡私屠滥宰窝点进行打击，聂当乡私屠滥宰窝点共有私屠经营户13家，全部为无证屠宰，屠宰也未经检验机构进行检验疫。县食药监局及相关成员单位利用10天时间，采取法律宣传、思想动员、政策宣传等方式最终将13家经营户全部取缔，为辖区的肉食品安全提供保障。

狠抓药品市场监管，确保公众用药安全。对县直医疗机构、各乡镇医院及村卫生所建设“规范药房”的标准提出具体要求。共出动执法车辆10台次，执法人员30人次，督查规范药房落实情况。开展药品药械及医院、诊所、药房安全用药专项整治。对县人民医院、乡镇卫生院、4家诊所、2家药房进行检查，出动执法人员20人次，执法车辆5台次，对药品购进渠道、有无伪劣药品、驻点药师是否在岗、药品是否按GSP的要求分类管理、是否具备与需要储存的医疗器械相适应的专属贮存条件、植入或介入体内的产品是否有专柜保管、是否建立并有效实施过期、失效、淘汰不合格的医疗器械管理制度等情况进行检查，保障曲水县人民群众用药安全。

【食品药品安全状况】 圆满完成重大活动期间的食品安全保障任务。完成上级部门安排部署的抽检工作任务。县食药监局共有抽检任务14个批次，其中国家抽检任务10个批次，自治区抽检任务4个批次，协助第三方抽检机构抽检56个批次，品种涉及餐饮食品、餐饮加工食品、蔬菜、水果、鱼虾、肉、调料等与老百姓日常生活相关的产品。协助拉萨市食药局对医疗器械抽检8个批次。县食药监局全部按时、按要求完成抽检任务。召集乡镇食药工作人员协助县食药监局工作人员对辖区监管单位进行食品许可换证网上录入工作，有效提高食品许可的效率，同时县食药监局对各乡镇的食品监督检查提出具体的要求。

【食品药品宣传】 年内，在“3·15”消费者权益保护日之际，联合县工商局、工信（质监）局等多个部门开展以保护消费者权益为主题的宣传活动，共发放宣传资料600余张，食品安全法50余本，接受咨询50余名，出动执法人员2人次，执法车辆1台次。在“12331”食品药品投诉举报电话走进千家万户宣传活动中，食药局出动宣传人员4名，活动共发放宣传画册800余份、宣传围裙150余条、宣传日历50余份，现场接受群众咨询60多人次。在“5·17”宣传咨询日主题活动中，以悬挂食品安全标语、设立咨询台等方式，共发放宣传资料400余份，现场接受群众咨询60人次，出动执法人员3人次，执法车辆一台次。紧紧围绕“尚德守法，共治共享食品安全”食品安全宣传主题，在曲水县人口最密集的丁字路口、建筑工地，以悬挂食品安全标语、设立咨询台、摆放宣传展板、发放宣传资料、宣传购物袋、宣传围裙等方式，向广大人民群众宣传食品安全法律法规及科普知识，共展放宣传展板15块，发放宣传画报300本，宣传小折页300份，购物袋500余个，围裙200余条。在各学校精心组织开展“食品安全宣传周”系列活动，在学校醒目的地方张贴标语，利用黑板报、宣传栏等多种途径，围绕“不生食、喝开水、勤洗手、不吃无证饮食摊食品”等内容，积极开展食品安全知识宣讲活动。利用晨会、主题班会等丰富的教育活动反复教育学生不得购买路边小摊贩的不洁食品，告诫学生饭前、便后勤洗手，谨防病从口入，不断增强学生食品安全意识。宣传活动形式多样，内容丰富生动，受到广大人民群众和师生的好评，宣传成效明显。

在日常监督检查的同时，执法人员随身携带县食药监局制作的《中华人民共和国食品安全法》简易读本，一边执法，一边发放宣传资料，植入宣传效果明显。执法过程中，已发放简易读本100余本。通过宣传使负责人牢固树立法律意识和责任意识，确保老百姓的食品安全，做一个懂法、守法的食品经营者。

充分利用LED广告牌、板报、信息简报等载体大力宣传，做到每月发信息或者简报10期。四是在县城人员聚集地张贴食品药品安全宣传小知识，同时开展进农村、进学校、进企业、进家庭“四进”活动，多角度宣传食品药品安全知识。

2017年3月31日，县食药监局在食品安全周上为群众发放阅读宣传资料

【队伍建设】 加强理论教育，认真学习《中国共产党党内监督条例》《中国共产党纪律处分条例》和中央党风廉政建设的重要讲话，不断增强干部职工廉洁自律的自觉性。落实和加强制度建设。认真落实行政执法责任制，严格办案程序、审批程序，积极实行政务公开，自觉接受社会和人民群众的监督。为推进县食药监局工作人员廉洁执法、高效执法，县食药监局与全县食、药、企业、乡镇餐饮服务业负责人签订《企业助廉守法承诺书》85份，并召开义务监督员座谈会，对监督的经验及做法进行交流。

【工作亮点】 创新餐饮监管方式，确保辖区食品安全。县食药局对全县餐饮服务单位开展以大笑、微笑、平脸和优、良、一般区分餐饮食品安全监督量化分级的评定。并在餐饮服务单位就餐区域进行公示。方便消费者进行对比选择。通过直观易懂的等级评定，提高餐饮服务单位负责人的竞争意识和食品安全意识，从而保障辖区餐饮食品安全。

签订承诺书，提高经营单位的主体责任意识。食品安全是“产”出来的，也是“管”出来的，但首先是“产”出来的，提升食品安全水平首先就要落实好企业的食品安全主体责任。县食药局工作人员在执法过程中，随身携带制作的《食品安全承诺书》《不使用非食用物质和不滥用食品添加剂承诺书》，现场与食品经营企业、经营单位负责人签订，落实食品安全主体责任。推动食品安全工作由“政府单一监管”向“社会共同治理”转变，努力形成人人关心、参与、支持食品安全社会共治的良好氛围。

（次旦卓嘎）

【负责人名录】

局　长

高　虹（女）

2017年6月16日，县食药监局开展食品安全进校园宣传教育活动

曲水县人民医院

【概况】 曲水县人民医院成立于1965年，医院成立初期仅有职工5人。经过50多年的发展，在各级政府支持和江苏省对口援藏医疗机构帮助下，医院已初具规模，是一所设备先进、功能齐全、人员结构合理，集医疗、预防、保健、科研、教学为一体的综合性医院。医院承担着全县3.5万人及临近地区2个县3个乡近1.5万人的医疗保健任务。曲水县人民医院占地面积29436.67平方米，建筑面积7722.89平方米，在建业务用房面积3875.27平方米。医院编制床位30张，实际可开放床位达到78张。县医院有五分类血液分析仪、化学发光免疫分析仪、全自动生化分析仪、SIUI超声仪、全麻呼吸机、可视喉镜、利普刀、除颤仪、呼吸机等先进医疗设备。2017年，县医院共有人员103人，其中专业技术人员91人，占全院的88.8%。高级职称4人、中级职称8人、初级职称20人、员级64人，其他人员7人。

【业务工作】 截至年底，门急诊就诊58030人次（其中，西医门诊46923人次、急诊3394人次、藏医门诊7713人次），急诊观察病人78人次。

入院病人1106人次，出院病人1007人次，治愈627人次，治愈率62.8%；好转281人次，好转率28.2%；转院191人次，未愈8人次，死亡0人。

医院开展各类手术115台，其中外科70台次、妇产科45台次。外科开展主要手术为阑尾切除术、胆囊摘除术、骨折切开复位内固定术、疝修补术；妇产科主要开展剖宫产、输卵管结扎术。

全民体检人数为12173人，妇女病（“两癌”）检查557人，疑似病人2人、出生缺陷一级干预检查206人、优生优育检查246人、先心病筛查3261人。筛查出疑似33人，白内障筛查4862人，白内障疑似172人。

包虫病筛查工作共检查标本10596份，阳性标本1305份，阳性率12.32%，可疑标本465份，可疑率4.39%。包虫病B超筛体检11142人，共发现疑似病人49例，确诊病例17例。

2017年3月7日，县医院医务人员对县福利院工作人员进行生活护理方面培训

【援藏工作成果】 曲水县人民医院自2017年起迎来江苏省泰州市第二批“组团式”医疗援藏团队5人。援藏医生立足本职岗位，结合工作实际，认真谋划，积极作为，努力为曲水县医疗卫生事业的发展建言献策、添砖加瓦。帮助医院健全和完善医疗质量与安全、行政管理、护理管理等方面制度。为了尽快提高医院医务人员的技术水平，援藏医生毫无保留地传授技术，进行院科两级共培训650余人次，指导开展手术115台次，开展新技术、新业务12项。6月中旬，泰兴市人民医院、疾控中心、第四人民医院再次派来5名人员，援助曲水县开展为期3个月包虫病筛查和指导财务工作。

【指导乡镇卫生工作】 通过医院远程会诊平台、下乡例会、乡镇卫生院医生到县医院进行集中理论学习等方式，提高乡镇卫生院医疗水平，组团式援藏医疗团队派出经验丰富医生进行授课。处方点评工作。2017年，县医院每月派出内科、外科、妇科医生各一名到曲水县五乡一镇卫生院进行处方点评。同时，县医院通过远程会诊平台由援藏医疗专家对达嘎乡增村村卫生室进行远程教学及会诊。2017年16人次临床医生下乡进行处方点评，点评处方累计达到5000余张。为规范乡镇卫生院诊疗及处方书写发挥重要作用。医院派出中级以上职称的医生到各乡镇卫生院乡进行每周坐诊一天及指导工作。

【人才队伍建设】 坚持培养、引进、派出学习进修的办法，进一步建立人才培养和竞争激励机制，积极创造吸纳人才的良好环境。努力提高医务人员的医疗技术水平和综合素质，合理调整人才结构，培养和引进学科带头人、优秀业务骨干，努力塑造一支德才兼备的专业技术队伍。在县委、县政府协调下，医院与对口援藏单位签订人才培养协议，医院将有计划地派出人员学习，以全面提高诊疗水平。2017年，医院派出5名人员到拉萨市人民医院进修学习，7名医生在对口援建各医院规培，2名在自治区藏医学院读研。

【医院等级评审及医改工作】 等级医院评审是进一步深化县级公立医院改革的重要措施和要求。2015年8月，县医院正式启动二级乙等创评工作，通过2年来思想准备、组织准备、人员培训、物资准备、整改提高，医院在管理水平、业务技术、医疗服务质量、精神文明建设及后勤保障、医院设备及基础设施建设等上一个新台阶，2017年通过自治区卫计委终评。根据西藏自治区卫计委要求，自2017年1月1日起曲水县人民医院所有藏药实行“零”差价销售。至此曲水县人民医院所有药品实行“零”差价销售。

【“平安医院”创建工作】 曲水县人民医院继续贯彻落实区党委、政府《关于建设平安西藏的决定》和《关于认真贯彻落实深化平安中国建设工作会议精神推进平安西藏建设的意见》精神要求，深入开展医院平安建设工作，进一步完善平安医院建设工作机制，全面推进治安防控体系建设，切实维护医院治安安全、医疗安全、护理安全、党风廉政建设，保持医院稳步发展。2017年曲水县人民医院荣获自治区级平安医院。

【精准扶贫】 根据县委、县政府关于精准扶贫、精准脱贫工作的决策部署和具体要求，曲水县人民医院干部职工承担曲水县达嘎乡达嘎村63户贫困户帮扶工作。医院职工从于2017年10月起，分批次先后3次走访到各自扶贫对象，为他们送去慰问金、解决实际困难。

【为民办实事】 自2017年来县医院共计巡回医疗10次，主要针对敬老院、寺庙、偏远村，共计派出医生51人次，发放各种药品价值总额约18万元。曲水县3座寺庙（卓玛拉康、热堆寺、雄色寺）共89名僧尼开展巡回义诊，发放藏西药品种共计86种，送医送药活动发放的多种常用药品折合16200元。医院医护人员对曲水县共9个派出所63名公安干警进行健康检查，发放药品42余种价值达5200元。

（多布拉）

【负责人名录】

院 长

央 金（女，藏族）

副院长

扎 多（藏族）

群 觉（藏族）

宋江华

肖红霞（女）

2017年6月7日，县医院开展“讲党恩、爱核心、促健康”主题活动——护士展示护理礼仪

曲水县文化旅游新闻出版广电（文物）局

【概况】 年内，县文旅新广局充分利用春节、藏历年、妇女节、“十一”国庆节等各种节庆日、重大活动等机会，组织举办文艺演出52场次，深入挖掘、保护、提升曲水历史文化，每一个非遗项目进行重新拍摄录制，整理完整的文字资料，形成一套以影像资料和文字资料一体的文献资料。2017年，曲水县有县级文化活动中心1处，6个乡镇综合文化站，19个行政村文化室，73个村民小组文化室，19个农家书屋，10个“寺庙书屋”，18处信息资源共享点。曲水县广播电视台站共有36座，其中，有线电视台（站）7座、数字电视收转站2座、卫星直播站6座、收转站21座，全县广播电视人口覆盖率达99.95%（广播）和99.97%（电视）。曲水县有8个旅游景点、6个旅游厕所、1家旅馆、30余家餐馆。

【文化基础设施】 2017年，根据全市文化设施建设标准，对全县5个乡1个镇19个行政村进行网络改造，为5个乡1个镇文化活动室配备价值6万元的健身器材（共投入36万元），为易地扶贫搬迁点四季吉祥村建设农家书屋，配备书架、书籍、桌椅共计投入9万元，特别对才纳乡综合文化站进行全方位整修改造，在多功能厅设立非遗展厅，对室内设施进行全面升级，共投入资金36万元。对18个乡村组资源共享工程点发放电脑1台，统一制作发放管理制度展板，还对聂当乡业余民间艺术队购置配备扬琴2个、二胡1个，共计投入1万多元。2017年9月，国家统一配备21个点文化站中国文化网络电视互动播出终端设备和21个点文化站公共文化一体机和平板电脑2个，有效地改善曲水县各乡镇文化基础设施建设。

【文物、非遗产保护】 深入挖掘、保护、提升曲水历史文化，完成文物、非物质文化遗产音像制品和画册的编辑制作工作，2017年新发现古墓葬1处，截至年底，曲水县有74处文物保护单位，积极开展2017年第十二个文化遗产保护日主题宣传活动，大力宣传文化遗产保护的重要性，在全县营造传承和保护优秀文化遗产的良好氛围。2017年向县政府申请资金20万元，对全县非物质文化遗产进行重点保护，对每一个非遗项目进行重新拍摄录制，整理完整的文字资料，形成一套以影像资料和文字资料一体的文献资料，在学校和村组分别开展传承培训工作，共培养传承人46名。2017年，新申报区级非物质文化遗产项目2个，才纳唐堆“玛桑奔堆”民俗仪式和达嘎“铜器制作”技艺。古籍申报有卓玛拉康经书、雄色寺经书、珠寺经书。

【文化队伍】 自曲水县雅松民间艺术团成立以来，以满足公益性文化演出为首要任务，以文化市场为导向进行演出，提出每年演出不少于50场的演出任务。2017年，充分利用春节、藏历新年、妇女节、“十一”国庆节等各种节庆日、重大活动等机会，组织举办文艺演出52场次。2017年曲水县雅松民间艺术团参加拉萨市藏晚、“雪顿节”开幕式的演出，代表曲水县参加区、市民间艺术团文艺调演比赛，荣获市级舞蹈类二、三等奖，区级优秀作品奖，参加拉萨市委统战部主办的“四讲四爱”主题文艺演出，参加在才纳四季吉祥村举办的大型文艺演出活动。

2017年8月16日，江苏省新闻出版广电局党组书记、局长焦建俊（右一）一行在曲水县才纳乡四季吉祥村调研指导工作

【广播电视服务】 县文旅新广局建立完善《单位考勤制度》《安全播出制度》《机房工作制度》等，加强基础设施建设和保障能力建设，使工作制度覆盖所有工作环节，实现以制度管人，以制度约束人的良性工作机制。扎实做好安全播出各项工作，全面确保曲水县广播电视安全播出。在重点防范时期，全体指挥成员一律不得外出，24小时开机保证联络通畅，接到紧急电话后以最快的速度赶到指定地点。在重点防范时期的重点时段中心机房实行24小时双岗值班，无关人员一律禁止进入机房。指挥部成员对全县有线网络和设备进行巡查，重点做好城郊接合部的安全巡查。2017年8月28日，曲水县广播电视台成立，并举行6个县电视台的开播仪式，曲水县广播电视机构从曲水县广播电视转播台转变成曲水县广播电视台，有了质的转变，从转播到可以开办自己的节目，从未来发展方面是一个飞跃。2017年，建设曲水县县城有线电视数字化改造，已完成第一期，安装户数217户。建设县城数字影院，总投入144.8万元，影院场地总面积430平方米，座席238座，12月初，完成中期验

2017年7月28日，县文旅新广局召开文化工作部署会

收并试映。深入开展电影“五下乡”活动，放映电影30场次；爱国主义影片进寺庙、进部队、进学校、进农牧区350场次。2017年放映电影场次1500场次，观众达35200人次。

【文化市场监管】 2017年联合公安、工商、消防、文化执法大队在全县开展“扫黄打非”“秋风”“护苗”“固边”“净网”“清源”等专项行动10余次，出动车辆10次。共对全县网吧、娱乐场所、音像销售店、打字复印店等进行检查，对学校周边、县城、乡镇等重点地段、节庆期间等重点时段进行集中整治，责令整改经营单位4家，停业整顿1家，有效地净化曲水县文化市场。2017年，曲水县扫黄打非工作列为全国基层示范点。

【提升旅游服务水平】 2017年全县旅游总人次达29.9万人次，旅游收入1677.5万元，对曲水县旅游景点聂当大佛、卓玛拉康、秀色才纳树立宣传牌。制定《曲水县旅游安全生产责任书》，落实《旅游安全生产责任制》，强化旅游安全监管，确保人民群众生命、财产安全，促进曲水县旅游平安建设。

（格桑卓玛）

【负责人名录】

局　长

索朗卓嘎（女，藏族）

副局长

尼玛扎西（藏族）

曲水县农牧（科技）局

【概况】 年内，在县委、县政府的正确领导下，全县农牧业工作坚持贯彻落实新发展理念，以推进农业供给侧结构性改革为主线，以调整农业结构、发展现代农业为方向，有序开展农牧业各项工作，不断促进全县农牧业增效、农牧民增收、农牧区增绿。2017年，全县农牧民人均可支配收入达12731元，同比增长14.60%。

【种植业生产】 2017年全县总耕地面积为9.87万亩，总播种面积为11.52万亩。粮食作物总种植面积为5.03万亩，其中春青稞种植面积为2.5万亩，单产为225公斤；冬青稞种植面积为0.57万亩，单产为300公斤；小麦种植面积为1.96万亩，单产为350公斤。2017年度全县粮食总产达1545.45万公斤，比2016年粮食总产量下降39%，但全县粮食安全得以保障。油菜作物种植面积为1.32万亩，产量为137.3万公斤（单产104公斤）。蔬菜种植面积为1.65万亩，产量为6.1万吨。

【畜牧业生产】 2017年全县存栏牲畜（含家禽）12.52万头（只、匹），其中，牛59876头，羊19458只，生猪9144头，马属1123匹，家禽35600羽。成畜死亡998头，死亡率1.1%；新生仔畜21555头，成活仔畜20757头，成活率96.6%。出栏牲畜32426头，出栏率36.1%。牛羊猪肉类产量为0.39万吨，禽蛋产量为140.9吨，奶类产量为1.35万吨，山羊绒产量为1.10吨。

【农牧科技工作】 2017年，全县共有科技特派员57名（自治区级46名，拉萨市级11名），经县、乡、村三级成层层考核，评选优秀特技特派员6名，合格51名。

良种繁育工作。2017年全县安排种子田8150亩，其中原种田500亩（“冬青18号”500亩）；一级种子田2450亩（“山冬7号”200亩、“藏青2000”1000亩、“藏青320”200亩、“喜拉22”50亩、“冬青18号”1000亩）；二级种子田5200亩（“山冬7号”1000亩、“藏青2000”2000亩、“藏青320”1000亩、“喜拉22”200亩、“冬青18号”1000亩）。安排标准化及高产创建示范田5万亩（春青稞2.5万亩、冬小麦2万亩、油菜0.5万亩）。示范推广冬青18号5700亩，示范试种青稞新品种二棱青稞C1和二棱青稞C2各100亩，“苏拉8237”10亩，3个青稞新品系400亩。主要粮油作物病虫害专业化统防统治达35%以上，主要粮油作物病虫害绿色防控示范面积达0.85万亩以上。

【农牧项目工作】 2017年，县农牧局共实施农牧科技项目12个，总投资6770.98万元，分别是2016年优质青稞生产基地项目、人工种草与天然草场改良建设项目、秸秆综合利用项目、重大动物疫情应急物资储备库及冷链库设施项目、草原监理站建设项目、区域生态循环农业示范建设项目、DLY生猪在拉萨的生长性能研究项目、树莓新品种引进示范种植及新产品开发项目、玛咖标准化高效栽培技术研究与示范、食用菌优质高效种植基础建设及西藏野生双孢菇栽培示范、经济作物新品种栽培技术研究项目、藏鸡养殖项目等。同时，申报2018年农牧业项目7个，总投资11620万元。

2017年8月11日，自治区推广中心工作组在曲水县验收种子田

【农业机械化工作】 2017年，全县农业机械总动力151848.83马力，共有农业机械16699台（套）。2017年，使用农机购置补贴资金357.8万元，购置农机具1165台套。2017年，机耕、机播、机收面积分别为6.5万亩、6万亩、6万亩。

【农牧行政执法工作】 2017年，全县依法出具动物检疫合格证17张（作废1张），肉类检疫合格证85张（作废5张），开展检疫检查30次，疫情调查80次，参与联合农贸市场检查20次。开展渔政巡查54次，处理非法捕捞3起，处罚非法捕捞人员4人，没收非法渔具。

【有机农业示范县工作】 2017年是曲水县整体推进有机农牧业产业示范县的第一年，全县除冬播作物以外（因冬播作物中冬小麦底肥施用化肥，返青和拔节期均未施肥），共推进绿色有机种植面积7.87万亩，其中，青稞面积2.03万亩、油菜0.55万亩、马铃薯1万亩、饲草面积3.43万亩、藏中药材面积0.86万亩。

农业投入品方面。由县财政出资1020万元，购买商品有机肥6000吨，按照每亩160公斤的标准施用。群众积造13.98万方农家肥，按照每亩1000公斤的标准施用。

病虫害防治方面。按照有机生产的要求，准备少量生物农药（苦参碱、芸苔素、鱼藤酮等），在区市两级农牧部门的帮助指导下进行病虫害防治。对于重口密度较大、生物农药防治无效的350亩重灾区，经县政府研究决定，进行化学防治，并将之划定为非有机种植区域。

监管执法方面。曲水县专门成立有机产业管理领导小组，由主要领导亲自挂帅，县农技推广站承担流动执法监管任务；各乡镇也均成立有机办，由乡镇主要领导作为第一责任人，对辖区内农作物有机生产进行监管。同时,编制《西藏自治区拉萨市曲水县绿色有机农业产业发展规划(2016—2020年)》《曲水县绿色有机农业发展奖励补助办法》《关于加强有机产品生产管理的方案》等指导性文件,对农产品有机生产工作实施全程动态监管。此外,还积极将群众手中的存量化肥全部上交,兑换成有机肥。

宣传与培训方面。通过入户宣讲、发放自制宣传册、悬挂横幅标语、制作宣传展板、科普大篷车展示等方式,对绿色有机农业的积极作用进行广泛的宣传,并聘请北京五洲恒通认证公司组织专业培训6次,农牧民参训达20000余人次。

政策扶持方面。曲水县研究制定《曲水县绿色有机农业发展奖励补助办法》,采取肥料补贴、高价收购农产品等方式,确保农牧民群众减产不减收。截至年底,全县玫瑰花、土豆、青稞、雪菊、肉牛、鲤鱼等7个农产品已取得有机认证证书,玉米、葡萄、车厘子、油菜、牛蒡等5个农产品正在申请有机认证转换证书。

【动物疫病防控工作】 重大动物疫病防控工作。2017年曲水县以牲畜口蹄疫、鸡高致病性禽流感、猪高致病性蓝耳病、鸡新城疫、猪瘟等重大动物疫病为重点疫病,以养殖场(户)、交通沿线、与周边县(区)毗邻区为重点区域,用常规动物疫病疫苗对易感畜禽进行全覆盖免疫接种,累计免疫接种143796头(只),其中,春季免疫接种75085头(只),口蹄疫免疫接种牛三价苗38123头、羊双价苗13270只,猪瘟、猪O型苗1966头,高致病性禽流感免疫接种鸡21726只,免疫密度均达100%;秋季累计免疫接种畜禽68711头只,其中牛三价疫苗41459头、羊二价疫苗13571只、猪瘟、猪O型口蹄疫疫苗注射2089头,高致病禽流感免疫接种11592只,免疫率均达到100%。

包虫病防治工作。曲水县于2017年7月下旬为各乡(镇)发放羔羊免疫疫苗5050头份的药瓶、稀释液77瓶,羔羊耳标5100个、耳标钳34把,犬只投药登记本7850本、犬类包虫病驱虫药品930瓶(吡喹酮)、防护用具38套,并组织乡村兽医人员开展免疫接种培训。截至年底,曲水县犬类驱虫共计3397只,家犬免疫接种12只。

畜禽免疫效价采样工作。全年共采集牛血清80份、羊血清80份、猪血清80份、鸡血清90份,并进行血清分离等检测,为全县重大动物疫病防控工作夯实基础。

动物"九种病"监测工作。县农牧局以禽流感、猪瘟、布鲁氏菌、小反刍兽疫等人畜共患传染病为重点开展"九种病"监测工作,采集血清样品95份(牛血清25份、羊血清25份、猪血清20份、鸡血清25份)、鸡棉拭子25份、OP液75份(牛25份、羊25份、鸡25份)。

【草原生态保护工作】 草原生态保护补助奖励工作。2017年,实现草畜平衡户数为4278户,未完成减畜户数为2936户。全县共4278户、147.24万亩享受2017年度草畜平衡奖励,享受补助奖励资金为220.86万元。

天然草原监测工作。2017年曲水县对达嘎乡、曲水镇的2个牧区的4个草地类型进行地面样地监测。共完成高寒草甸和温性

2017年11月24日,拉萨市农牧局局长崔永刚在曲水县检查农牧项目进展情况

草原类型的10个样地、30个样方的地面样地监测，拍摄样地景观照、俯视照、工作照、植物照等120余张。

基本草原划定工作。全县草原总面积185.2万亩，可利用草原面积179.99万亩。2017年曲水县将171.59万亩草场划入基本草原，占草原总面积的92.7%，其中包括重要牧场171.32万亩，50亩以上连片人工种草1996.54亩，割草地面积为729.1亩。

2017年12月15日，曲水县农牧局局长次旦央金在结对帮扶户家中调研

【“万户百场十中心”工程】按照《拉萨市奶牛养殖“万户百场十中心”工程方案》的要求，曲水县以家庭养殖、养殖小区、大型养殖中心为重点，积极评选培育奶牛养殖户、新建/改扩建奶牛养殖小区及中心。截至年底，评选和培育奶牛养殖示范户659户，其中，聂当乡50户，才纳乡160户、南木乡52户、曲水镇166户、达嘎乡200户、茶巴拉乡31户。建设奶牛养殖小区6个，分别为南木乡次珍奶牛养殖场、才纳乡白堆村奶牛养殖小区、才纳乡四季吉祥村奶牛养殖小区（尚未投产）、茶巴朗村玉珠黄改奶牛养殖场、达嘎乡三有村奶牛养殖小区、达嘎乡其奴村奶牛养殖小区。争取高标准奶牛养殖中心项目1个。种植饲草3.3万亩，其中，青饲玉米1.3万亩。从国外引进优质奶牛500头，其中，娟姗青年母牛400头，荷斯坦青年母牛100头。此外，为提升本地奶牛品质，还加大黄牛改良力度。2017年，全县共设立19个配种点（茶巴拉乡3个、达嘎乡4个、曲水镇5个、才纳乡3个、南木乡2个、聂当乡2个）。2017年，黄牛完成改良配种3671头，新生改良犊牛2849头，成活犊牛2707头，成活率达95%。

【农畜产品质量监管工作】强化专题注重宣传力度。2017年，曲水县开展农产品质量安全专题宣传活动2次，发放自制宣传资料800余份。强化蔬菜农残检测力度。全年随机从蔬菜种植基地、农贸市场、菜店等抽检黄改、西红柿、茄子、西兰花等蔬菜144次，农残检测合格率为97%，其中不合格样品5个，做销毁处理。强化私屠滥宰专项整治力度。2017年8月，成立曲水县私屠滥宰等环境为题专项整治工作领导小组，由县委副书记、县长格桑邓珠为组长，县农牧、食药、工商、公安、卫生等多个部门开展联合整治活动，取缔聂当乡私屠滥宰专业户（窝点）13家，清除畜禽屠宰环节肉品质量安全事故风险隐患。完善农产品质量追溯体系。监督县域内蔬菜生产基地（企业），对其进入市场的所有农产品基本信息录入拉萨市农产品质量安全及追溯信息平台，公开农产品生产过程中种苗采购、种苗播种、田间管理（水肥用量、除草除虫、植保措施等）、采摘收获、农残抽样检测结果等信息，基本实现农产品生产全程可追溯。严格执行市场准入制度。全年开展市场准入监督执法20次，重点对县城内农贸市场、各乡镇蔬菜粮油店等的证照是否齐全、是否亮证经营、有无过期变质产品、在售农畜产品有无准入（准出）证明、有无假冒伪劣食品调味品等进行监督检查，以确保消费者购买到放心、安全的农产品。积极推行产地准出制度。为保障曲水县农畜产品顺利进入拉萨及周边地区农贸市场，曲水县重点对肉类产品进行检疫监督，全县依法开具肉类检疫合格证85

张(作废4张),数量15.68吨。

【农牧业防抗灾工作】 储备防抗灾物资。县农牧局本着“有灾抗灾、无灾防灾、常备无患”的原则,30吨种子、45吨粮食、128.4吨饲料、170件兽药、40吨化肥、5吨农药,确保灾害发生时能在第一时间调剂救灾物资投入救灾工作。及时收集气象信息。利用拉萨市气象信息平台、气象服务网站等,加强对灾害性天气的信息的预报、收集,并及时向各乡(镇)通报天气情况,随时应对可能出现的各种灾害。部署人工影响天气工作。组织高炮作业人员,召开高炮作业培训和维修动员大会,并针对2017年降水较多的情况专门制定工作计划,与各乡(镇)和作业人员签订责任书,明确各乡镇、作业人员职责。全县共设人工影响天气作业炮点5个、炮手10名、专职信息联络员1名。

【农牧业实用技能培训】 2017年县农牧局继续加大农业技术推广力度,充分发挥基层农技推广人员的优势,深入实施科技入户工程、选派科技特派员制度,采取田间地头手把手地实践培训、理论讲解、参观学习等多种方式,开展各种类型的农牧业实用技术和劳动技能培训,提高农牧民的知识水平和就业技能。全年共培训农牧民4000余人。此外,曲水县还积极扶持和鼓励农牧民专业合作社发展适度规模经营,截至年底,全县共有农牧民专业合作社160家,其中,涉农合作社83家,注册资金总额为10980万元,入社农牧民9775人,2017年合作社总产值为5459万元,其中4家合作社被评为市级示范社。

(全彦池)

【负责人名录】

局　长

次旦央金(女,藏族)

副局长

扎西央宗(女,藏族)

曲水县农业扶贫开发办公室

【概况】 年内,在县委、县政府的坚强领导下,在拉萨市脱贫攻坚指挥部有力部署下,县扶贫农发办以精准扶贫精准脱贫为核心,坚决贯彻落实党委政府的各项决策部署,高效落实各项工作任务,扶贫产业项目及农发项目稳步推进。贫困发生率大幅下降,脱贫摘帽工作成效显著,年底完成脱贫任务,实现全县脱贫摘帽。按照《拉萨市贫困退出机制实施方案》要求,由县长格桑邓珠亲自坐镇指挥,召开多次脱贫工作部署会,由县脱贫攻坚指挥部具体安排,县直各有关单位领导干部共同参加,高标准、高质量、高效率的完成了各贫困村的县级验收。截至年底,曲水县已严格按照程序要求完成县、乡、村三级的审议评定和公示公告,已做好迎接上级单位脱贫摘帽验收的准备。

【党建统筹工作】 县委、县政府始终把脱贫攻坚工作放在首要位置,作为第一政治任务、第一民生要务来抓。紧紧围绕“两年脱贫,三年巩固”目标,强化贯彻落实,层层签订“军令状”,靠实了县委、县政府主体责任,压实了县直各单位、乡镇、村委会、驻村工作队的具体责任。成立了以县委书记任组长的扶贫开发领导小组,下设脱贫攻坚指挥部,县委副书记、

2017年9月13日,县委书记彭飞跃(前右三)在才纳搬迁点检查指导工作

政府县长格桑邓珠任总指挥长。形成了"主要领导亲自抓、分管领导具体抓""上下联动、部门协同"的"大扶贫"格局。

为常态化掌握扶贫工作动态，有力推动脱贫攻坚步伐，以格桑邓珠县长为指挥长的脱贫攻坚指挥部不定期经常性召开工作会议安排部署工作、研究解决问题。在重要工作上，县级领导亲自参加部署并着力开展工作，"六脱"推进小组由分管副县长担任组长。在贫困户收入核算时，县直各部门领导全部参加并成立县乡联合考核组，顺利完成贫困户收入核算工作。开展各项扶贫工作中，党建统领扶贫工作大局，充分发挥党的优势凝聚出了曲水县扶贫工作最强合力。

2017年1月15日，县委书记彭飞跃（右排右四）在才纳乡安置点检查指导工作

【产业先行】 在产业发展上，曲水县坚持结合实际、分类指导的原则。将产业扶贫摆在突出位置，以创建全国有机农业示范县为契机，以实现净土健康产业提质增效带动增收为重点，以健康曲水为引领，大力实施健康产业提档升级工程，不断探索扶贫新模式。2017年，拉萨河畔"三有村"通过"基地＋合作社＋农户"模式，创办培育藏鸡、奶牛养殖、种植、民族手工艺制作合作社。才纳"四季吉祥"村，采取"企业＋基地＋农户"模式，依托才纳净土健康产业园区，加快推进相关产业项目建设。仅才纳净土健康产业园融资近7.8亿，用于万亩乡土苗木良种繁育基地、奶牛养殖基地、中藏药材种植基地、百亩连栋温室、有机肥厂等重点项目的开工建设。

【守好民生底线】 以教脱贫护未来。县委、政府始终把教育摆在优先发展的战略地位，制定了《曲水县精准扶贫精准脱贫"以教脱贫"资助方案》，通过政府出资、群团组织资助、社会力量帮扶等多种形式，为建档立卡贫困户学生报销学杂费、住宿费、交通费、生活费等，有效阻断了贫困代际传递。截至年底，已资助学生881人，资助金额338.21万元。此外，曲水县为建档立卡贫困大学生提供5000元自主创业资金，鼓励贫困家庭学生创新创业。

以助脱贫保民生。统筹"城乡合作医疗报销、民政医疗救助、大病统筹基金报销"三级救助，制定出台《农牧民群众大病医疗救助办法》《贫困户医疗救助办法》，对建档立卡贫困户实行全额报销兜底，彻底解决贫困户因病致贫的问题。2016年，曲水县结合实际制定了《曲水县关于对建档立卡贫困户"以助脱贫"实施方案》，严格落实"三个一批"行动计划，开展贫困人口救治工作。自2016年，每年投入300万元"以助脱贫"专项资金，实现全县建档立卡贫困人口均可免费就医。此外，还成立了由村医、乡医、村妇女主任组成的全区首个村民健康协会。2017年，投入资金200万元，建立曲水县群众健康电子档案，使群众用手机app就可查询本人健康信息。并于年底讨论成立试点大病救助专项资金池，用于解决贫困群众在医疗报销前支付费用的问题。

以保脱贫兜底线。根据曲水县发展实际和贫困户生活现状，在县脱贫攻坚指挥部第十次工作例会上，曲水县已讨论决定将低保标准提高至：A类低保为4265元/人/年，B类、C类同为3915元/人/年。

曲水县达嘎乡拉萨河畔三有村奶牛基地

【理论与实践创新】 县委、县政府组织撰写的《整合优势资源促发展、构建扶贫攻坚大格局——关于全面深入推进曲水县精准扶贫工作的调研报告》《曲水县精准脱贫模式的探索与实践》和相关经验做法等，在《地方领导干部施政学习论文集》《中国扶贫杂志》等刊物上发表。县政府投资 2000 万元建立扶贫基金，用于激励扶贫产业，被扶持产业每年将企业部分盈利纳入扶贫基金，以“滚雪球”的形式做大做强扶贫基金。

【创新开展“三扶”工作】 曲水县在全力构建完善“志智双扶”工作体系的基础上，创新工作方法，提出“志智制三扶”新思路，在才纳乡四季吉祥村率先示范实施“志智制三扶”策略。把扶志作为贫困群众精神建设的重中之重，通过政策宣讲、选树典型、结对帮扶等方式，使贫困群众逐步抛弃“等靠要”的消极思想，树立起“通过自己双手创造今生美好生活”的信念。组织开展各类政策宣讲活动 50 余次，发放宣传资料 2 万余份，宣传效果良好。把扶智作为提高贫困群众致富能力建设的重要内容，根据贫困群众需求开展了 12 期培训，培训建档立卡贫困群众 173 人，34 人实现就业，月收入 2000 元以上。把扶制作为扶贫由“输血”变“造血”的重要渠道，把扶贫与扶制结合起来，结合当地实际设立村规民约，通过村规民约使贫困群众逐步改变原有落后生活方式和生活习惯，从而营造积极向上、比学赶超的氛围。按照村规民约，8 月初四季村组织开展了为期一周的搬迁群众“集训”和“拓展训练”活动，提高了群众的积极性。通过思想上、精神上、制度上的帮扶，曲水县广大贫困群众树立了战胜困难、摆脱困境的信心和斗志，如今自力更生和自愿脱贫已渐渐成为贫困群众的主流思想。

【搬迁户原有生产资料处置工作】 为解决“一方水土难养一方人”的困局，曲水县率先开展了易地搬迁扶贫，建成“三有村”和四季吉祥村 2 个典型的搬迁新村。同时如何处置大量搬迁群众原有生产资料也成为新的难题，曲水县先行先试开展了易地扶贫搬迁户原有土地、房屋集中租赁试点工作。以“三有村”为例，曲水县达嘎乡腾跃生态有限公司按照每年 800 元 / 亩的标准，统一租赁“三有村”72 户搬迁户的 480.06 亩土地，解决了搬迁户的后顾之忧，也实现了搬迁户、村集体、公司共赢。2017 年曲水县根据自身实际，针对易地搬迁贫困户原有生产资料（房屋、耕地、草场、牲畜等）、户籍、享受扶贫政策、子女就学等一系列问题，探索出了自己的处理方案，并形成汇报材料上报拉萨市脱贫攻坚指挥部。

（刘　亮）

【负责人名录】

县政协副主席、扶贫办主任

班　旦（藏族）

副主任

土　旦（藏族）

曲水县林业绿化局

【概况】 年内，县林业绿化局深入贯彻落实习近平总书记关于“加强民族团结、建设美丽西藏”重要指示精神和“把造林绿化事业一代接着一代干下去”的号召，在上级业务部门和县委、县政府的正确指导与领导下，认真组织开展各项林业工作，完成春季造林12716.2亩。

【林业绿化】 2017年，完成春季造林12716.2亩，其中，重点区域造林和防护林工程4276.2亩、周边造林3900亩（封育900亩）、经济林种植220亩、义务植树120亩、西藏自治区林木良种繁育中心建设项目大田育苗4200亩。免费为需要绿化的寺庙与驻军部队提供绿化苗木7508株，其中，雄色寺3500株、热堆寺1500株、萨玛扎寺1000株、琼果央孜寺300株、驻军部队1200株，以及为寺庙绿化提供柏树、雪松共8株。为激励农牧民群众重视植树造林，走生态致富路，2017年，县林业绿化局赠送1088户农牧民当年挂果经济林苗木6528株，其中，苹果3264株，水蜜桃3264株。为美化“三有村”搬迁点居住环境，促进扶贫户增收，为“三有村”免费提供经济林苗木736株。

【扶贫工作】 为确保“以补脱贫”各岗位规范化管理，4月，县林业绿化局制定护林员、野保员、沙化员、湿地管护员四大岗位管理办法并于5月3日下发到各乡镇。2017年，上级下达岗位资金的50%，即437.7万元，县林业绿化局已将437.7万元（2918人）的资金拨付至各乡镇，截至年底，已兑现完毕。2017年上半年，县林业绿化局在接到县精准扶贫办公室通知后，要求各乡镇对该资金进行申请，后将资金转至各乡镇，县林业绿化局于10月31日将下半年岗位资金转至各乡镇，各乡镇于11月3日前将资金兑现完毕。

【病虫害防治】 2017年，全县病虫害发生面积为1562亩，其中，南木乡500亩、聂当乡340亩、才纳乡150亩，达嘎乡210亩，曲水镇362亩，主要病虫害为杨树腐烂病、春尺蠖及青杨天牛。防治措施主要为春尺蠖以喷洒灭幼脲和苦参碱药物进行防治，杨树腐烂病以石硫合剂或四霉素配生石灰进行涂白，青杨天牛染病树木进行修枝及统一焚烧处理；在318国道及乡村道路两旁用洒水车进行防治，对乡村林卡及农户的房前屋后用背负式或推车式、担架式喷雾器进行防治。为病虫害防治工作出动劳力达1030人次，防治率达到90%，截至年底，县林业绿化局已经兑现林业病虫害防治资金96190元。

【森林防火工作】 根据《西藏自治区森林防火实施办法》规定，县林业绿化局于年初向各乡镇人民政府下达《森林防火通知》，并将区、市林业部门相关森林防火文件及时转发给各乡镇，使森林防火工作做到家喻户晓、人人皆知，截至年底，无森林火患发生。

【中央森林生态效益补偿基金兑现情况】 曲水县中央森林生态效益补偿基金管护项目面积为59.4817万亩，管护资金为308万元（个人及国有林地每亩4.85元、集体林地每亩10元）。设有6个林班、555个小班，73个责任区，管护人员共计252人（专职护林员91人）。2017年，县林业绿化局对护林员工作开展情况进行调研2次，上半年护林员工资已向各乡镇兑现。

【野生动物肇事补偿兑现情况】 2017年5月，县林业绿化局向各乡镇兑现2016年野生动物肇事补

2017年3月19日，全县植树造林活动一角

偿县里承担的10%（2.4014万元），2017年10月，兑现拉萨市承担的30%（7.2042万元），截至年底，正在积极争取自治区承担的60%资金（14.4084万元）。2015年，野生动物肇事补偿资金自治区承担的60%（19.884万元）已于2017年6月底全部兑现到各乡镇。

【林业工程项目】 2017年，曲水县计划实施林业工程项目8个，已经完成7个项目。防沙治沙项目2个，总面积21830.7亩，分别为西藏生态安全屏障保护与建设工程防沙治沙和财政专项防沙治沙工程，项目建设涉及曲水县南木乡江村、曲水镇茶巴朗村、茶巴拉乡色麦村、才纳乡白堆村。资金来源于生态安全屏障国家投资和自治区财政专项投资，共计投入资金447万元；拉萨市周边造林项目，总面积3900亩（封育900亩），总投资159万元；重点区域造林项目，总面积4276.2亩（庭院经济林181.2亩），总投资2700.7946万元；森林抚育项目，总面积5300亩，总投资53万元；经济林种植项目，总面积150亩，总投资195万元；生态效益补偿项目，总面积59.4817万亩，管护资金为308万元（个人每亩4.85元、集体每亩10元）；曲水县野生动物救助站建设项目，计划总投资390万元，建设规模为新建笼舍用房1310.82平方米、业务用房204.6平方米、旱厕19.81平方米，消毒通道67.65平方米及总体工程和相关配套设备购置。截至年底，该项目已经完成前置手续办理，近期开工建设。

（刘鹏飞）

【负责人名录】

局　长

拉巴次仁（藏族）

主任科员

罗布群培（藏族）

2017年12月27日，县林业绿化局工作人员开展森林防火知识宣传活动

曲水县水利局

【概况】 年内，曲水县水利局在县委、县政府的高度重视和指导下，在区水利厅、拉萨市水利局的大力指导和帮助下，强化目标管理，狠抓精细落实，完成全年各项目标任务，支撑和保障全县经济社会的转型跨越发展。全年涉及项目建设总投资达17594.18万元，对曲水县农业发展、防汛抗旱、水域治理、水资源管理、水土保持等起到关键作用。

【精准扶贫工作】 2017年，曲水县干部职工与达嘎乡色甫村建档立卡贫困户结对帮扶共计16户，定期不定期看望贫困户，并了解相关家庭情况，送去慰问品和慰问金，共计2万余元。县水利局为该联系点协调解决水渠新建项目总投资达600万元。为全县建档立卡贫困户解决150个以补脱贫岗位。

【防汛抗旱】 县水利局对防汛抗旱非常重视，2017年，在汛期旱情来临之前就已经做好相应准备工作，加大对水利上薄弱环节的隐患排除和水利在建项目的安全监管力度，并实行24小时值班制度，使全年防旱抗旱工作顺利完成。2017年，曲水县县级财政落实防汛抗旱经费300万元（含山洪防灾减灾后期维护费），县水利局严格按照《中华人民共和国防洪法》规定要求，采取国家、集体和群众相结合的方法补充防汛抗旱物资

2017年7月26日，县水利局工作人员在茶巴拉永德子灌区开展工程质量安全检查

有编织袋6万条、铅丝笼277圈，彩条布100卷、块石5000立方米、铁锹10把、雨衣50件、雨靴50双、手电筒50把、照明灯10个、水泵头5个、粗管5个并分发到各乡镇，极大地加强汛期全县防汛能力。

【严格水资源管理】 县水利局摸底调查掌握曲水县水资源情况，执行最严格水资源管理制度，建设科学的水资源管理体系，确保完成曲水县水资源管理“三条红线”考核目标任务。充分发挥乡镇水协会作用，加大水法规宣传力度，宣传引导群众一切按水利法律法规办事，提高全民遵纪守法的自觉性，培养爱护河流意识。拉萨河流域及城区水域治理。共组织党员志愿者服务队60余人综合治理2次，保障城区河道环境和生活环境得到有效的整治。开展3次水源地是否设有排污口及污染饮用水检查，进一步提升水源地和饮用水的安全性。2017年9月26日，曲水县对全县5乡1镇19个行政村70个供水点饮用水安全进行专项检测采样，进行水质质量检测，确保水源的安全性。

【“河长制”工作】 县水利局安排部署成立曲水县河长制领导小组、制定工作实施方案和相关制度，加强曲水县水域河道的管理。每个河段立公示牌，设立县级河长制公示牌2处、乡镇各乡镇河段设18处，善曲水县境内主要河道2条，拉萨河曲水段长42公里、雅江曲水段44公里，其他大型沟系7条（热堆沟、南木沟、茶巴朗沟、色麦沟、茶巴拉沟、色甫沟、曲甫沟），水库共有3座（南木水库、其奴水库、茶巴拉水库）。

【水利建设项目】 2017年，全县水利项目共14个，涉及资金达17594.18万元，截至11月，完成投资14731.693万元。

2017年完工项目。曲水县2016年小型农田水利“重点县”建设项目，总投资为2522.19万元，该工程涉及曲水县五乡一镇，建设内容有水渠工程8处，新建渠道33.785千米；水塘工程3处，总需水量为6.24万立方米；围网3处，共1.119千米；进水口1处；提灌工程1处。工程共新建渠系及水塘建筑物740座，灌溉面积3.45万亩。拉萨市曲水县俊巴村和格热村水土保持综合治理工程，总投资为677万元，治理面积1300公顷；俊巴村治理面积40公顷，耕地改造30公顷（进行客土改良7公顷、田间配套渠系4.5公里、机耕道路80米），耕地防护林带10公顷；格热村治理面积4.31公顷；曲水县聂当乡护岸工程，总投资为2400万元；曲水县茶巴朗护岸工程，总投资为2200万元；曲水县俊巴防洪堤工程，总投资为1600万元。

（杨礼志）

【负责人名录】

局　长

翟发亮

副局长

巴　桑（藏族）

曲水县教育（体育）局

【概况】 2017年，全县共有中学1所，小学7所，在校生4635人（中学在校生823人，小学在校生2574人，在园幼儿1238人），适龄少年入学率达102.24%，适龄儿童入学率达99.96%，义务教育巩固率达99.49%。现有幼儿园17所，

2017年6月20日，县委副书记、县长格桑邓珠（右一）指导中考工作

其中，县中心幼儿园1所，乡附属幼儿园5所，村级幼儿园11所，农牧区学前一年儿童入园率达95.08%，农牧区学前二年儿童入园率达94.42%，农牧区学前三年儿童入园率达82.53%，城镇学前三年儿童入园率达100%。

【办学条件】 2017年，自开始建设累计完成投资582万元。严格按照规划批复使用好各类教育基本建设资金，严格执行项目建设程序，确保教育基建项目质量。2017年度共实施4个，新建项目4个（热堆村幼儿园、其奴村幼儿园、曲甫村幼儿园维修、才纳乡小学整体附属），国家投资380万元，地方性财政资金100万元，县级自筹资金102万元，自开始建设累计完成投资582万元，使曲水县各学校办学条件得到进一步完善。

【师资队伍】 2017年，全县专任教师486人。高级职称教师40人，中级职称教师158人，初级职称教师288人。研究生学历4人，本科学历333人，专科学历147人，高中阶段2人，教师学历合格率达100%。选送145名教师参加国家、区、市级培训，组织284名中小学教师参加远程项目培训。

【教学质量】 全县参加中考人数360人，其中，汉族生1人，藏族生359人，参考率达100%，初中升学率达100%，小学整班移交，小学升学率达100%。完善《曲水县小学教学质量考核暂行办法》，对全县小学每学年进行一次质量监测，县中学自行组织教学质量监测，2017年，在全市小学质量检测中取得较好的成绩。

【基层党建】 2017年，深入推进"两学一做"教育常态化制度化工作，通过"四讲四爱"主题教育活动的开展，取得很好的效果，全年安排100万元用于"四讲四爱"专项支出。2017年9月，组织全年各学校党支部书记、校长进行党建述职、工作述职、党风廉政建设述职评议工作，切实履行党政同责、一岗双责的责任。

【"五个100%"教育工作】 成立曲水县"五个100%"教育目标工作领导小组，制定实施方案，召开"五个100%"教育目标工作推进会，督导检查全县"五个100%"教育目标工作。完善《曲水县教学常规管理制度》，规范"教学五环节"，强化教学常规。积极选送双语教师参加国家、区市级培训，提高双语教师业务水平，购进双语读物，开设双语阅读课、书法课，加强双语教学。分析理科教学现状，确定整体目标，开设理科兴趣小组活动，组织理科教师开展公开课、赛课、磨课等活动，邀请专家进行课堂指导，加强理科教学工作。制定理化生实验等相关制度方案，配备理化生实验人员，规范实验室管理，强化理化生实验操作，确保演示实验与操作实验的安全、规范。

【德育工作】 贯彻落实《中共中央国务院关于进一步加强和改进未成年人思想道德建设的若干意见》精神，坚持"以德育创新为动力，以行为养成教育为核心，以加强班主任队伍建设为重点，以强化班级管理为突破口，以丰富多彩的活动为抓手"，将德育目标具体化、德育活动主题化、德育评价情景化，充分发挥学校教育主渠道、主阵地、主课堂的作用，把德育教育渗透到日常教学工作中，全面加强和改进未成年人思想道德建设。先后开展“文明餐桌”“向国旗敬礼、做有道德的人”网上签名寄语，“清明节网上祭英烈”“敞开心扉，快乐成长”为主题的心理健康教育，学雷锋、“做一有道德的人”“日行一善”道德实践，“洒扫应对”主题教育，“道德讲堂”建设，“我的中国梦”等一系列主题教育活动。

2017年11月21日，曲水县举办中学生田径运动会

【体育工作】 加强学校体育工作，加大体育师资的培养培训，规范“两操一课”，积极开展中小学阳光体育活动，确保学生每天锻炼不少于1小时，增强学生体质，制定《曲水县校园足球联赛实施方案》，全面开展校园足球比赛。全面加强群众体育工作，按照拉萨市体育局的有关要求，由体育室负责，完成全县全民健身活动的抽查工作，制定《曲水县职工运动会实施方案》《曲水县农牧民运动会实施方案》，2017年，曲水县被国家体育总局定为全国校园足球试点县。

（胡志斌）

【负责人名录】

局　长

张建雄

局党委副书记

旺　庆（藏族）

城市建设·环保

曲水县住房和城乡建设局

【概况】 年内,曲水县住房和城乡建设局在县委、县政府的正确领导下,在上级各有关部门的关心及大力支持下,积极履行部门职责,狠抓全县建设项目安全生产监管工作,精心组织重点项目设施建设,全力做好各项工作。2017年,县住建局有行政编制7名,实有12名工作人员。

【续建项目】 2017年,曲水县续建项目共5个,总投资12708.76万元。分别为曲水县小康安居试点工程建设项目、河心岛桥项目、村级活动场所建设项目(3个村委会搬迁项目)、村级活动场所建设项目(17个村级周转房建设项目)、县城供水改造项目。截至年底,除小康安居项目未完工之外,其余项目均已完工并交付使用。

【新开工项目】 2017年,曲水县新开工项目共10个,总投资7140.15万元。才纳乡村容村貌整治项目。总投资1800万元,对才纳村村容村貌进行整治,增添民俗旅游文化元素,体现特色城镇模版。项目于6月开工建设,截至年底,已完工,等待竣工验收。才纳乡四季吉祥村4个公厕项目总投资124万元,在才纳乡四季吉祥村新修建四个旅游公厕以及附属配套设施,截至年底,已竣工并交付使用。曲水县临时停车场建设项目。项目总投资49.74万元,平整场地14000平方米、围墙450米、值班室16平方米。于2017年5月初开工建设,5月底通过竣工验收并交付使用。泰州广场绿化工程。项目总投资229.89438万元,栽植5米高雪松32株,栽植7米高雪松10株,栽植绿篱0.6米高侧柏30平方米,0.6米高贴梗海棠25平方米,0.6米高丛生红叶李25平方米,种植草皮20000平方米,以及后期的日常维护、施肥、管理

2017年10月23日,县住建局工作人员在达嘎乡其奴村慰问结对帮扶户

等于5月开工实施,截至年底,已全部完成。县乡供暖项目。总投资5000万元,项目涉及县疾控中心、县达嘎乡卫生院、县廉租房、公租房、周转房、县幼儿园等,总供暖面积52870.5平方米。截至年底,已完成年度投资规模700万元。曲水县才纳乡公共服务设施建设项目。项目总投资308.67万元,新建综合服务中心建筑面积1201.14平方米,截至年底,已完工。才纳四季吉祥村民俗装修工程项目。项目总投资948.7万元,装修A、B、C三种户型房中总共16户,截至年底,已完工。才纳乡精准扶贫配套设施工程。项目总投资145.14万元,对Y122乡道至才纳乡搬迁点道路改建,增加2*1.5米宽人行道,改建桥面板,并才纳桥:往桥梁两侧各挑出1米,在原桥上加一块25厘米厚桥面板,总长度约379米,以及路灯等附属工程。截至年底,已完工。曲水县三期棚户区改造项目。项目总投资1336万元,项目涉及183户,包括道路硬化、绿化、亮化、给排水、14户危房改造等以及其他附属配套设施建设。截至年底,已完成总工程量的30%。2017年周转房建设项目。项目总投资1498万元,新建周转房54套,新建建筑面积3780平方米以及附属设施建设。截至年底,已完成总工程量的30%。

2017年7月31日,曲水县举行城市管理执法业务培训第一期开班仪式

【租赁住房补贴发放工作】 开展租赁住房补贴工作是党中央、国务院和自治区党委、政府关注民生、执政为民的重要体现,是迅速改善城镇低收入家庭住房困难的有效措施。从接到拉萨市住建局相关文件开始,县住建局就安排专人专门负责此项工作。于9月19日,由县住建局,牵头组织县纪检委、民政局、人社局、财政局5个单位,对2017年租赁住房补贴申报人员的基本情况进行严格审查。共9户18人符合申请条件,为体现此项工作的公开、公平、公正,从9月20—26日,对审核结果进行为期7天公示,于12月6日,发放租赁住房补贴资金共计55080元。

【公有房屋调查统计工作】 接到上级相关文件之后,县住建局及时召开专项会议,进行安排部署,安排1名副局长牵头,2名工作人员专项负责,按时保质保量完成任务。此次统计共计新建房屋33栋栋、388套(间)、建筑面积22437.05平方米,改扩建房屋无,拆除房屋无。按时顺利完成2016年度全县公有房屋统计工作。

【城乡管理人员业务培训】 为提高曲水县城乡管理人员业务水平,8月1—7日,县住建局联合县"四业办"举办曲水县第一期城乡管理执法人员业务培训班,邀请拉萨市城市管理委员会相关专家,采取理论结合实践的方式,对曲水县城管大队、各乡镇等共20名工作人员进行为期一周的城乡管理执法培训。此次培训圆满结束,全体学员受益匪浅。

【安全生产和建筑行业监管】 认真贯彻执行《中华人民共和国安全生产法》《建设工程安全生产管理条例》,与各施工单位签订了《安全生产责任书》,落实安全生产责任人,进一步加强建筑工程领域从业人员的安全生产意识,提高作业人员安全生产职业素质。采用定时不定时抽查的方式,联合多部门进行联合执法、重点项目安排局内专人驻点等各种形式,预防建筑安全事故发生。全

2017年6月28日，县住建局开展综治宣传活动

年县住建局共受理施工许可证33件，独立开展安全生产检查130余次，联合其他单位进行安全生产检查6次，召开局内安全生产专项工作会12次，召开全县各施工企业、监理企业负责人安全生产专项大会2次，组织全县各在建工程现场五大员，共计40余人参观学习才纳百亩连栋温室优秀管理经验1次，发放停工整改通知书11份，排除安全隐患30余次，夏季汛期安排专人在全县40余个施工现场巡回检查1月，全年未出现任何重大安全事故。

【学习教育活动】 深入开展“两学一做”“四讲四爱”活动，强化党员干部廉政学习教育，坚持党建与业务工作两手抓，两手都要硬。2017年，组织集中学习24次，召开党员大会3次，召开支委会6次，召开党小组会7次，书记讲党课2次，召开民主生活会2次，发展预备党员2名，发展积极分子1名。深入群众、做好结对帮扶工作，县住建局对口帮扶贫困户共计18户，年初开始，划分责任到人，形成一对一联系，全年每户对口帮扶户均走访次数不少于6次。

（何　娟）

【负责人名录】

局　长

全　仓

副局长

李　伟

蒋茂林

主任科员

索　朗（女，藏族）

曲水县环境保护局

【概况】 年内，曲水县环保局认真贯彻落实中央关于环境保护各项决策部署，大力实施“环境立区”战略，始终坚守环境保护红线、底线、高压线，围绕全区“三化四区”的战略目标，以中央环保督察为契机，以生态创建为抓手，以污染防治为着力点，抓好创建自治区级生态县（区）、迎接中央环保督察、污染防治、环境影响评价、环境监察等各项环保工作，改善环境质量，保障环境安全，环境保护工作呈现出强劲的发展态势。曲水县环境保护局是曲水县人民政府主管全县环境保护工作的直属机构，下设有行政办公室、监察支队。2017年，全系统共有干部职工3人，其中局长1名，科员1名，工人1名。

【辖区环境质量明显改善】 根据拉萨市环境监测站2017年对曲水县大气、水质的监测结果，县城建成区空气质量达到二级以上，县域内主要水体水质全部达到《地表水环境质量标准》Ⅲ类以上，饮用水达到《地下水环境质量标准》Ⅱ类以上，环境质量状况总体较2016年持平，部分季度较2016年同期有所改善。

【落实水污染防治行动计划】 全面落实“水十条”要求，制定《曲水县关于对拉萨河曲水段、雅鲁藏布江曲水段及全县骨干河流全面推行“河长制”的实施方案》，成立以县委书记任组长，县长任常务副组长的工作领导小组，主要河流均由县级领导任河长，全面负责河道流域生态保护相关工作。配套完善《曲水县河长制工作督办制度（试行）》《曲水县河长制巡查机制和治水反馈机制》《曲水县河长制责任追究制度（试行）》。加强全县水污染企业监管力度，清查涉水企业排污许可落实情况，全面推进重点监督企业排污许可制落实。加快推进曲水聂当工业污水处理厂建设，督促工业园区重点涉水企业全部建设污水治理设施，工业污水达标排放水平不断提高。加强对饮用水水源地的联合执法，委托水质监测机构和卫生检疫部门定期监测和公开饮用水水源地、供水厂水质信息，积极开展农村饮用水源地保护项目和农村饮水安全巩固提升工程，全面排查饮用水保护区内排污口信息，保障城镇饮用水总体安全。加强对国控断面、区控断面、县控断面监测工作力度，及时掌握水环境质量状况。全面整治拉萨河流域非法采砂场，取缔非法采砂场12家。

【大气污染防治行动计划】 全面完成黄标车及老旧车辆淘汰工作。建立由县环保局、公安局等部门组成的黄标车淘汰工作领导小组，全面完成辖区内131辆黄标车及老旧车辆淘汰工作。其中拖往报废中心强制切割34辆，前往拉萨市车管所办理无实物注销97辆。不断加大扬尘污染防治工作。出台《曲水县建筑施工工地扬尘专项整治工作方案》，定期对辖区建设类项目施工现场进行检查，确保县城内工地施工方严格按照方案要求落实防尘措施，截至年底，已开展巡查40余次，现场提出整改12次，下达限期整改5次，停工通知7处。加快推进燃煤锅炉淘汰工作。曲水县辖区内共有10蒸吨及以下燃煤锅炉30台，截至年底，已完成淘汰24台，余下6台正在淘汰之中。加快推进油气回收装置安装工作，督促全县7家加油（气）站开展相关工作，截至年底，已安装完成6家。加快落后产能淘汰工作。依法完成金哈达信通水泥厂和航鑫金属制品有限公司2家企业取缔淘汰工作，彻底清理影响曲水县大气环境的2个“顽疾”。持续开展露天焚烧专项整治。向乡镇下达《关于禁止露天焚烧垃圾的通知》，在全县范围内禁止露天焚烧垃圾、秸秆及各类可产生烟尘和恶臭气体的物质，并将此项工作纳入乡镇工作年底考核之中，坚决杜绝露天焚烧行为。

2017年7月19日，自治区环境保护厅党组成员、副厅长巢哲雄（前排右三）在曲水县南木乡小学内参加曲水县“绿色储蓄银行”活动启动仪式

【严格环境准入】 在企业引进的前期，由环保、发改和工信等部门层层把关，坚决杜绝高污染、高排放、低效能以及不符合园区规划要求的项目。对所有新建及续建项目严格实行环境影响评价制度，全部交由县发改部门把关，对未完善环评手续的项目一律不得下达相关批复，不得开工建设，全面杜绝“未批先建”行为。在环评审批过程中，严格按照《建设项目环境影响评价分类管理名录》要求，明确项目环评等级，2017年，曲水县环评网上备案登记共99个，未出现越级审批、擅自降低环评等级等违规行为。加大建设项目事前宣传和事中检查力度，确保项目在建设过程中，严格按照建设项目环境影响报告书、报告表和登记表所提出环境保护措施的要求和规定执行，严格落实“三同时”制度，建设项目中的污染防治设施，与主体工程同时设计、同时施工、同时投产使用。

【环境保护宣传教育活动】 坚持把环保教育贯穿工作始终。聘请专业人员将新《中华人民共和国环境保护法》《环保科普宣传册》《致全县群众的一封信》等资料

2017年4月1日，县委书记彭飞跃在县会务中心三楼主持召开曲水县农村环境综合整治工作会议

翻译为藏文版，以“6·5”世界环境日为点，将环境保护宣传工作拓展至整个六月，开展大规模的环保主题宣传工作，特别是近年来组织开展环保知识“六进”活动（进机关、进农村、进寺庙、进学校、进部队、进企业），通过发放藏汉“双语”的宣传册和印有环保知识的小礼品，在全县干部群众中营造浓厚的环境保护氛围；创新载体，将环境保护引入农牧民家庭。在中小学校创新开展“绿色环保储蓄银行”活动，以学生环保教育为抓手，通过小手拉大手，带动家庭参与，取得良好效果。举办在校大学生暑期环保培训班，组织30余名大学生入户对农牧民群众进行一对一的宣传，并撰写宣传日记，带动全社会广泛地参与保护环境的行动，充分调动全民关注环保、参与环保、宣传环保的积极性。

【环境监督执法】 主动加强监管。针对重点行业依法开展环境安全专项大整治、大排查，对发现的环境违法行为一律按照相关法律法规从严、从重处理，让污染企业承担足够的环境成本，倒逼污染企业、项目主动履行环境保护主体责任。2017年，累计检查企业228家次，下达限期整改通知书27份，停产整改书46份，行政处罚19家，罚款共计109.3594万元，查封企业5家，拆除企业3家、小作坊14家。另一方面积极回应群众关切，针对群众举报的环境保护问题，确保立即赶赴现场，立即处理问题，使群众关注环境问题得到有效解决，2017年，共接到群众举报14起，全部得到有效处置，切实增强群众获得感。

【建设生态文明环境】 着力构建曲水县生态安全屏障。积极推进植树造林，重点加强“两江四河”、318国道沿线绿化、防护林体系建设，增加森林面积，提高森林覆盖率。特别是防沙治沙工作，曲水县已经形成可在全区推广、复制的经验，被自治区林业部门树立为先进典型。截至年底，全县森林覆盖率已达29.59%。不断加大自治区级生态乡村创建力度。经县委常委会审议通过，组建曲水县生态文明建设领导小组，全面负责推进生态文明体制改革和生态文明城市建设工作。在具体工作中，以农村环境综合整治为载体，以“乡镇为龙头、村组为关键、户为基础”，实行农村环境综合整治县级领导分包制度，开展“全民清洁山水林田，共享健康绿色曲水”等系列活动，引导全县干部群众参与到农村环境整治工作中来。截至年底，曲水县6个乡镇和17个行政村已经实现自治区级乡镇和生态村的全覆盖，自治区级生态县有关规划材料编制工作已完成，并通过自治区环保厅审核。加大农村环境整治力度。2017年，曲水县以迎接中央环保督察、迎接创城检查等工作为契机，将农村环境整治作为关系百姓冷暖、关乎发展大局的民生工程来抓。4月1日，县委书记彭飞跃亲自主持召开全县农村环境综合整治工作部署会并作重要讲话，会议印发《曲水县农村环境综合整治工作方案》，成立以县委书记彭飞跃任组长、县长格桑邓珠任任指挥长，县人大常委会主任平措任常务副指挥长，其他县级领导任副指挥长，相关部门和乡镇主要负责人为成员的工作领导小组，并实行农村环境综合整治县级领导分包制度，确保整治工作踏石留印，抓铁有痕。4月17日，县委书记彭飞跃主持召开九届县委第14次常委会议，会议听取农村环境综合整治专项工作汇报，并再次对农村环境综合整治工作进行专题部署。4月18日上午，全县农村环境综合整治工作启动仪式在德吉村举行，县委书记彭飞跃出席并讲话，将曲水县农村环境整治工作进一步引向深入、全面铺开。此后，由县人大常委会主任平措、县委常委侯静华等领导带队，多次对全县农村环境综合整治工作进行督导检查。根据督查结果，6月22日，由县人大常委会主任平措主持召开曲水县农村环境综合整治工作推进会，会议下发《曲水县环境综合整治工作考核奖惩实施方案》，将农村环境卫生“三化”、生态环境保护情况等纳入考核指标，对于生态环境监管滞后、整治措施不力的党政领导干部，按照《党政领导干部生态环境损害责任追究办法》追究责任，并实行“一票否决”制度，取消该考核对象年度目标责任考核评优资格。自曲水县4月召开全县农村环境综合整治工作部署会以来，全县各乡镇、村累计开展环境整治90余次，参与群众基本覆盖所有民户，清理转运各类垃圾400余车次，平整主要干道两侧坑洼、土堆40余处，清理占道经营18处，私搭乱建21处，由县人大、环保、创城、督查室等部门开展联合检查4次，全县环境卫生有明显改善。

2017年3月24日，县环保局局长拉姆次仁在县政府大院举行曲水县乡镇环保办设备发放仪式

（黄宇杰　王　静）

【负责人名录】

局　长

拉姆次仁（女，藏族）

邮政·通信

中国邮政集团公司西藏自治区曲水县分公司

【概况】 年内，在县委、县政府领导的关心、支持下，中国邮政集团公司西藏曲水县分公司认真贯彻落实党的十九大精神，按照区、市两级分公司的安排部署，深化转型，加快创新，努力推动各项工作的不断发展。2017年，曲水县分公司累计完成收入134.17万元。全年投递各类包裹3.98万件，各类报刊200.67万份。中国邮政集团公司西藏曲水县分公司隶属于中国邮政拉萨市分公司，主要为全县的党、政、军、民提供集邮、函件、报刊、金融、包裹快递等各类邮政业务及代理的各项便民服务。2017年，曲水县分公司共有网点6个（县域和乡邮网点），覆盖全县5乡1镇，其中自营2个（曲水县和聂当乡）；有8名正式员工；邮路4条，其中县城投递1条，乡邮投递3条；投递车辆3台。

【金融业务】 服务“三农”一直是邮政储蓄秉持的服务方向。2017年，曲水县分公司通过开展“客户节”、外拓走访活动，加强对老客户的回访，全力拓展增量客户；组织开展送金融服务下乡活动，在三有村宣讲金融知识，得到老百姓的认可。了解当地政府金融服务需求，对扶贫款代发事宜形成初步合作意向。积极开展“幸福返乡路、邮政伴你行”赠送火车票活动，得到外来务工人员的高度赞扬，邮政金融的知名度和认知度得到进一步提高。曲水县分公司不断总结经验，夯实基础、抓好管理，克服一切困难，合规经营，重点抓好风险管控，为今后推出更多有利于农牧区发展的业务奠定基础，努力把邮政储蓄业务真正办成政府欢迎、广大人民群众喜爱的“民心工程”。

【服务质量】 曲水县邮政分公司承担全县5个乡1个镇、19个行政村，3.6万农牧民群众的用邮和普遍服务义务，一直秉承“人民邮政为人民”的服务理念，加强与当地政府部门沟通联系，切实履行好普遍服务义务，以优质的服务赢得当地政府、企业及基层群众的一致好评。2017年，按照区、市两级公司和邮政管理局各个检查组的检查要求，不断改进工作，提升服务质量，尤其是投递服务质量和窗口服务，全力保障十九大、金砖领导人厦门会晤等重要时期邮政服务工作。按照“五个100%”的工作要求，全力确保邮件收寄安全生产。加大对乡镇网点的检查指导力度，提高乡镇网点运营质量。着力提高对工单工作回复成功率，认真学习上级下发的工单回复模板，及时、规范、妥善地处理和解决工单，工单质量在逐步向好。加强邮政服务礼仪规范的学习，通过集中学习、晨会演练等，掌握服务礼仪，提升窗口服务形象。全年，曲水县分公司共投递各类乡邮包裹2.64万件，报纸143.06万份。

【管理工作】 年内，曲水县邮政分公司先后出台一系列管理办法以及考核制度，确保经营发展、队伍建设、改善服务、企业管理等各项工作。2017年，曲水县邮政分公司实行周三全员学习制度，建立学习考核制度，确实提高全员的学习意识和积极性，有效提高全员综合素质。同时积极做好专项检查活动，定期不定期对各项业务和服务进行检查，对检查出来的情况每月进行通报考核，明确整改时限，强化执行力，有效提高服务质量。

（赵　超）

【负责人名录】

局　长

赵　超

中国电信集团公司曲水县电信局

【概况】 年内，曲水县电信局全面落实科学发展观，坚定履行维稳保通政治责任，持续深化体制创新，强力实施公司各项主要任务工作，努力推进全业务有效益规模发展，面向农牧区和农牧民，提升基本公共服务水平，切实解决人民最关心最直接最现实的利益问题，让各族群众共享改革发展成果。2017年，曲水电信局下设曲水电信自有营业厅、曲水天翼手机专营店、全网通手机销售点，翼超市、乡级分别设有电信营业厅等8个营业网点和11个代理点，方便电信用户办理各类业务。曲水电信局核定人员13人，局长1名、副局长1名、综合业务员1名、装维人员1名、乡镇支局长4名，维系经理5名。

曲水电信局全家福

【服务工作】 曲水电信局以各类营业场所、10000号和网上营业厅等服务窗口为重点，落实服务标准，优化服务流程，改善服务短版，努力争创农牧民群众满意窗口，实现“三争创、三提升、一满意”目标。2016年曲水电信局全业务服务标准达标率达到99%，越级投诉、群体性投诉、重大投诉、媒体曝光等保持零纪录。全年全面启动和开展“为民服务创先争优”主题活动，为农牧民提供最优惠、最实惠、最便利的服务。

【应急通信】 2017年，为确保及时高效应对突发事件的指挥能力和应急处置能力，满足在突发情况的通信保障和通信恢复的需要；为第一时限接应与服从曲水县委、县政府的统一领导指挥，确保曲水县党政军领导机关及事件发生现场指挥的通信畅通，曲水电信局根据区公司统一安排成立曲水电信局应急通信战备办公室。

【网络建设】 2017年，曲水县电信局大力推进通信网络覆盖延伸，实现全县、全乡光纤网络规模发展。全面实现全县乡镇及19个行政村“村村通电话”“村村通宽带”，使曲水县信息化应用水平达到全区前列。全年共计投资1800余万元，完成4G网络、光宽带入户、全县监控网络的建设，在网CDMA基站数量达到74个，实现1X、EVDO、4G网络在曲水县全面覆盖任务。

（姬　浩）

【负责人名录】

局　长

尼玛平措（藏族，5月免）

姬　　浩（5月任）

中国移动通信集团西藏有限公司曲水县移动分公司

【概况】 2017年,中国移动曲水县分公司深入学习贯彻党的十九大和区市党委九届三次全会精神,切实以习近平新时代中国特色社会主义思想为指引,围绕区市、区党委、政府中心工作,着力深化党的建设、积极推动现网转型升级,加快互联网、云计算、物联网等新一代信息通信技术布局。持续推进"提速降费"举措,不断提升客户精细化服务能力和网络运营能力,从资费优化、网络提速等多个角度持续推出惠民惠农业务,致力于让曲水县各族人民共享信息发展成果,为曲水县经济社会发展和长治久安提供有力的通信和信息化支撑。拉萨移动曲水县分公司位于曲水县沿河路28号,辖区市场范围覆盖曲水县1个镇5个乡。2017年,公司共有员工10名,下设4家合作厅、3家委托加盟店、渠道代理点14家、集团单位143家。

2017年5月17日,中国移动曲水县分公司在达嘎乡"三有村"开展精准营销下乡活动

【网络建设情况】 年内,曲水县移动公司为响应政府"提速降费"号召,加快光网进小区、各单位、中小型企业等项目,所进驻小区均为光纤到户,并将最低带宽提升为20兆,进一步提升客户感知。为提升网络质量,从而提升客户满意度,曲水县移动在市公司的大力支持下,新建基站56个,实现所有乡、镇、村网络100%的覆盖。

【下乡活动】 为了不断丰富广大群众精神文化生活,满足群众追求健康美好生活的需要,曲水县移动公司积极响应政府的号召,5月17日,在达嘎乡"三有村"为广大农牧民群众带去优惠的产品及优质的服务。曲水分公司全体员工为农牧民客户带去"预提卡、宽带、存费送手机、存费送费、积分兑换实物"等个性化优惠活动。

【精准扶贫】 为提升团队凝聚力、增强员工使命感及社会责任感。曲水县公司按照政府及拉萨移动党委统一部署,分别于2017年3月、5月、9月、11月、12月组织精准扶贫结对帮扶的干部职工一同前往曲水县聂当乡德吉村,对精准扶贫的5户帮扶贫困户进行慰问,积极与被帮扶对象进行交流沟通,为贫困户及时传达各级就业信息和扶贫政策,鼓励贫困户自力更生、勤劳致富、自主就业,积极推动贫困户实现就业脱贫,切实改变贫困户生活现状。截至12月,曲水县移动公司对贫困户帮扶金额10000元。

【部队慰问】 在"八一"中国人民解放军成立日到来之际,县移动公司慰问组前往曲水县辖区内部队进行慰问,并为部队官兵送去水果、饮料等节日慰问品。

(蒋义辉)

【负责人名录】

总经理

余　凤(女)

中国农业银行曲水县支行

【概况】 年内,中国农业银行曲水县支行在自治区党委、自治区政府的关心支持下、区分行党委和分行营业部党委的正确领导和全体员工共同努力下,各项业务取得长足的发展。

【业务工作】 2017年,农行曲水县支行各项存款余额为141964万元,较年初增加6158万元,完成全年计划23085万元的26.67%,其中,对公存款余额为89940万元,较年初减少7364万元,完成全年任务16500万元的–44.63%;储蓄存款余额为52023万元,较年初增加13522万元,完成全年计划6585万元的205.34%;各项贷款余额为68555万元,较年初增加10930万元,完成全年计划14150万元的77.25%,其中对公贷款余额为9841万元,较年初下降1445万元,完成全年计划4050万元的–35.69%,个人贷款余额为58714万元,较年初增加12376万元,完成全年计划10100万元的122.53%。截至年底,涉农贷款余额为46006万元,较年初增加5047万元,完成全年计划7550万元的66.85%;中间业务收入113.5万元,较上年同期相比减少33.96万元,完成全年计划182万元62.36%,其中公司条线中间业务收入40.55万元,个金条线中间业务收入45.34万元,信用卡与电子银行条线中间业务收入27.61万元。农牧户贷款金银铜钻四卡覆盖率已达90%以上。

【党建工作】 2017年,农行曲水县支行始终把加强基层党建工作及党风廉政建设作为一项长期任务来抓,严格细化责任,明确目标任务,分层明确集体责任、具体责任和支部书记的“第一责任”,合理确定支行党建工作目标,层层

2017年8月19日,农行区分行营业部“延安精神”宣讲团在农行曲水县支行开展宣讲活动

签订目标责任书。于年初制定党建工作要点并召开党员大会对党建工作进行安排部署，根据具体工作落实责任到人，提高每位党员对党建工作重要性的认识，做到把党建和业务工作同部署、同安排、同考核。同时加强入党积极分子队伍建设，积极开展“两学一做”常态化制度化学习教育，采取集中学习、党员自学、支部书记讲党课、党员大讨论等方式进行。2017年，农行曲水县支行共组织党员参加“两学一做”常态化制度化教育集中学习38次，支部书记讲党课2次，分管总经理讲党课2次，观看专题纪录片《打铁还需自身硬》及党的十九大会议开幕式。参加党风廉政建设教育4次，廉政警示教育1次。在开展“两学一做”专题教育的同时，农行县支行还积极引导全体员工坚定理想信念，强化服务，提高班子成员责任意识和大局意识。

2017年1月20日，农行曲水县支行召开党员领导干部民主生活会

【金融安全知识宣传】 为增强曲水县居民及农牧民金融消费者权益保护意识及假币识别、电信诈骗能力，增强群众对于金融消费安全的正确认识，农行曲水县支行分别开展一系列消费者权益保护、反洗钱、预防电信诈骗等金融消费者权益保护宣传活动。

【开展金融扶贫】 截至年底，农行曲水县支行向建档立卡户累计发放精准扶贫贷款个人贷款53036万元，存量余额为5931万元；累计发放产业扶贫贷款14102万元，存量余额为5237万元。在促进曲水农牧产业发展的同时，带动农牧民致富，同时加大“两权”抵押贷款在全县范围的推广。

【开展扶贫慰问活动】 2017年，农行曲水县支行组织员工为曲水县贫困户捐款4万余元，于节日期间进行扶贫户慰问并现场发放扶贫物资，并根据每户实际情况为其提出脱贫建议，同时表示愿意为其有劳动能力者联系用人单位，积极帮助4户特困户、27户监测户逐渐走出贫困。截至年底，农行曲水县支行所对口的31户贫困户均已脱贫。

【安全消防演练】 2017年，农行曲水县支行联合曲水县消防大队及曲水县公安局开展消防演练及防暴演练，提高全行员工“隐患险于明火，防范胜于救灾，责任重于泰山”的安全防范意识及防暴应急处置能力。

（白贵花）

【负责人名录】

行　长

徐　　海（8月免）

副行长

代兵站

次旦卓嘎（女，藏族，7月免）

边巴次仁（藏族，7月任，8—12月主持工作）

乡（镇）概况

曲水镇

【概况】 曲水镇位于曲水县县城境内，中部拉萨河下游，雅鲁藏布江中游北岸，东与南木乡相连，南隔拉萨河与贡嘎县吉娜乡相望，西与达嘎乡毗邻，北与堆龙德庆县接壤，总面积45905.7公顷。2017年曲水镇下辖曲水、曲甫、茶巴朗3个行政村，共28个村民小组，1766户，总人口7000余人，农牧民人均收入1.2761万元。

【农牧林业工作】 农业发展稳步推进。2017年曲水镇建立原种田500亩，建立一级种子田2450亩，建立二级种子田1900亩。实施高产创建示范田11775亩，其中，冬小麦5500亩，春播作物6275亩；开展测土配方施肥11775亩，冬小麦5200亩，春青稞9000亩，油菜770亩。推广新品种10842亩，其中，“藏青2000”3000亩，“喜拉22”1000亩，“山冬7号”3823亩，“冬青18”3019亩。

净土健康产业加速发展。牢牢把握农业富民发展方向，大力发展净土健康生物产业，不断拓宽农牧民增收渠道，逐步树立曲水镇“一乡一特，一村一品”的特色农业经济品牌。2017年，曲水镇97户种植玛咖110亩，其中，曲甫村45户种植50亩，茶巴朗村52户种植60亩，增加种植户收入。

有机农业示范推广工作有效推进。曲水镇高度重视有机农业示范县创建工作，严格按照“三禁”工作要求，采取有效措施，保障有机农业工作顺利开展。2017年，先后召开各类动员大会6次，组织参加有机农业相关培训4次，向群众发放有机农业推广宣传资料3560余册，发放3991袋生物有机肥，积造农家肥36400余方，回收二氨、尿素、化肥等各类肥料165吨。3个行政村结合各自实际设置奖惩办法，根据农户在积

2017年3月27日，自治区党委书记吴英杰（右三）在曲水镇茶巴朗村调研农牧业工作

2017年3月12日，曲水镇开展助力创城植树添绿活动

造农家肥的表现优异程度，累计发放奖金7万余元，提高群众有机农业推广工作积极性。

重大动物疫病防疫工作。严格按照“政府保密度、技术员保质量”的要求和“六不漏”原则，扎实做好春秋两季重大动物疫病防疫工作，免疫率均达100%。春防应免牲畜15424头(只、匹、羽)，实免牲畜15424头(只、匹、羽)，免疫率100%，秋防应免牲畜17932头(只、匹、羽)，实免牲畜17932头(只、匹、羽)，免疫率100%。

黄牛改良。2017年，在上级业务部门的大力支持下，曲水镇精心组织实施，技术人员认真负责，广大农牧民群众积极参与，全镇黄牛改良工作取得较好的成绩。2017年新生犊牛418头，受配率77.3%。

犬驱虫工作。为了进一步提高曲水镇包虫病防治能力，切实控制包虫病的流行和发生，保障群众身体健康安全。2017年6月上旬开始，各村兽医人员协助镇农牧综合服务中心技术人员，对全镇838条犬和477只羊进行了包虫病驱虫，驱虫率达100%，切实降低包虫病的发病率。

草场奖励机制顺利通过验收。林业种植面积不断扩大。扩大林业绿化面积1680亩。

鼓励支持第三产业发展。大力发展曲水镇俊巴渔村特色产业建设项目，打造特色旅游、特色手工制作、特色文化产业园区，形成产业链条，发挥规模效益。支持农业主产区黑青稞精深加工，开发黑青稞销售电商平台，拓展销售渠道及商品价值链接，打造农村三产融合发展新格局。成立茶巴朗村农机合作社，购置玉米青贮铡草机9Z-6A型2台，玉米打包机1台，玉米固定式打包机(电力)3台，移动式打包机1台，玉米0965自走式饲料收获机1台，翻地机904型2台，旋耕机DF1404型2台，青稞播种机904型(24行)6台，青稞播种机东方红牌804型(17行)2台，去地膜机904型1台，不断推动农业现代化进程。

农田水利基础设施建设。新建修建水渠6600米、机井5个、蓄水池若干，确保农林牧业持续健康发展；修建网围栏6000米，防护草场。

【社会民生工作】 脱贫攻坚。2017年，全镇搬迁98户397人。搬迁到达嘎乡“三有村”安置点56户236人，才纳四季村搬迁点16户80人，拉萨柳梧新区搬迁点26户81人。就地脱贫105户373人，向建档立卡户提供就业岗位53人次。及时排查调整2016年以补岗位及新增人员中双岗、定向补助人员、公职人员、学生存在情况。兑现2016年以补岗位剩余工资29.7万元，兑现精准扶贫转移就业岗位补贴资金61.63万元。完成对全镇36户99人社会兜底贫困对象的资料核查工作。曲水村棚户区改造房26套，第一批开工建设9套，拆迁改造7套、原址改造2套，重新入户精准识别83户307人生活现状，强化精准扶贫、脱贫动态管理，实时实效保障农牧民群众生活。

脱贫成效。在认真核查、谨慎考评辖区内建档立卡贫困户所有收支的基础上，针对形成的数据资料，县精准扶贫“六脱”组，曲水镇党委、政府，对全镇111户(曲甫村74户、茶巴朗村35户、曲水村2户)建档立卡贫困户是否脱贫退出同时进行民主评议(曲水村于2016年全村脱贫）。经县“六脱”组、曲水镇党委政府评议决定，17人全部同意111户建档立卡贫困户脱贫退出。对茶巴朗村4户，曲甫村5户人均年收入不足5000元但高于4265元脱贫标准的家庭，县太阳光伏企业将对每户支助1000元，以期提高全县脱贫工作质量，推动全面步入小康社会步伐。

社保工作。2017年，曲水镇核实低保36户99人（A类26人，B类14人，C类59人），兑现低保资金133384元；集中“五保户”36人，分散“五保户”4人，兑现资金5370元；寿星老人85人，新增13人；临时救助4人，兑现资金8000元。兑现2016年残疾补贴：困难残疾232人153780元，重度残疾34人44880元，燃油补贴20人5200元。

医疗合作。全镇合作医疗筹资人数6799人（2016年统计口径），其中，曲甫村2089人、曲水村2251人、茶巴朗村2419人、“五保户”40人，筹集资金203970元，筹资率达100%。医疗救助39人，兑现资金48586.44元，保证民众困难得到及时救助。

医疗救助。对贫困人口组织实施医疗救助，兑现建档立卡户中46人医疗救助资金1.5512万元。分别兑现2016年及2017年第一季度低保金46.641875万元、13.3384万元。兑现2016年定向补助31.4650万元。农牧民合作医疗住院报销费83.71万元。

全民参保计划和社保卡数据采集工作。曲水镇3个行政村采集人数共计5688人，完成采集任务的89%。

教育资助工作。扶助建档立卡户在校学生38名，其中，高中生31名、中职生7人。兑现2016年建档立卡户大学生、高中生及中职生资助金16.3985万元；兑现非建档立卡户及建档立卡户贫困大学生资助金73.77万元。发放政策宣传册及明白卡100余份，切实把大学生资助政策宣传到位。对镇2016年建档立卡无票据的5名学生进行12000元资金补助。截至年底，曲水镇共登记符合资助条件学生134人（建档立卡贫困户学生54人，非建档立卡贫困户学生80人）。

【环境卫生】 2017年，曲水镇清理沿街住户乱堆乱放、乱搭乱建行为，拆除违规搭建建筑，坚决杜绝妨碍通行和生产生活的杂物出现。搬迁平整沿线沿路乱堆的木材、砂石、饲草等并进行绿化恢复。开展大规模环境卫生综合整治20余次，重点清理318国道沿线、村庄垃圾死角，共清理垃圾160余吨。成立保洁员队伍，聘用保洁员12名，以村为单位每天对318国道沿线、乡村道路、沟渠及路旁绿化带进行清扫，打扫覆盖率达到95%。拆除采石场1家，河滩砖厂2家，沙场1家，关停取缔1家。

扎实推进包虫病防治工作。召开包虫病防治宣传动员大会。加强包虫病相关知识宣传，发放藏文版宣传单2000余份，藏文版宣传光盘40余份。组织各行政村进行流浪狗登记，发放犬包虫病预防药物。茶巴郎村共有狗313只，实际投药313剂；曲水村313只，实际投药313剂；曲甫村241只，实际投药241剂。共抓捕流浪狗1051只。从7月10日起，在拉萨五洲医院的大力支持下，开展群众和干部免费体检，未发现一例包虫病患者。

2017年1月19日，曲水镇组织开展党的惠民政策宣讲活动

【创建文明镇村】“三结合”推进创城工作。曲水镇创建文明城市办公室结合创城工作实际，坚持“创建依靠人民群众，创建为了人民群众”原则，把环境整治工作、精准扶贫工作和创建文明城市工作相结合，认真开展文明镇村创建活动。动员全民参与环境整治，充分利用电子显示屏滚动播放节日宣传标语，悬挂张贴节日横幅、灯笼、对联、中国结等，宣传文明创城理念，倡导绿色低碳消费、健康文明生活方式，开展惠民政策宣讲活动。鼓励引导老百姓积极主动寻找致富道路，坚持以发展促创建，以创建促发展，真正做到发展与创建两手抓、两促进。

优化社区环境卫生。以迎接创城中央测评为契机，依托各类活动载体，组织开展“美化环境 共建家园”的志愿服务活动，以组织宣讲、发放宣传单的方式，提高辖区群众认识和参与热情。认真开展环境整治工作，组织干部职工集中打扫县泰州广场、干部职工生活区 9 次；结合镇环保、妇联等部门组织辖区各村委会开展环境卫生大清理活动 11 次，对 318 国道沿线，各村组房前屋后及沟内垃圾、白色塑料袋等进行全面深入的清理工作 7 次。

完善基础设施建设。新建牛舍 37 个，集中圈养曲水村牲畜。新建停车场，集中放置 318 国道沿线乱停放车辆。硬化村镇道路。全镇道路硬化率达到 90% 以上，方便出行又美化环境。修复防护隔离栏，保护饮用水源地。

【公共文化服务】开展文化服务。利用镇级图书阅览室、多功能活动厅、文化培训室、共享资源室、篮球场、台球桌，村级文化室、农家书屋、村级共享工程服务点等基本设施，开展阅读活动、健身活动、广播影视活动等，加强科学普及，提升全民文化素养；完善基础设施建设。结合各村实际需要，为曲甫村、曲水村各配置一体机 1 台，平板电脑 2 台，配置专职或兼职人员管理。及时修缮茶巴朗村 4、7 组破旧的文化活动室。完善网络服务，召开新一轮农网改造工作会议，积极配合农网改造工作的开展，实现通电群覆盖，提升农村供电服务质量。

2017年1月25日，曲水镇召开节前工作部署会议

【排查调整社会矛盾隐患】2017 年曲水镇共排查调处各类矛盾纠纷 5 起，调处率 100%，成功率 100%。对辖区内刑释解教人员及社区矫正人员的摸底排查 4 次；新增刑满释放人员 1 名，对其进行帮教及矫正工作，做到逐人衔接、逐人立卷、定期帮教、合理安置。

【持续推进民族团结】曲水镇坚持以自治区民族团结条例为指导，以深化马克思主义“五观”“四个认同”“三个离不开”教育为着力点，大力营造“加强民族团结、反对民族分裂、维护社会稳定”的浓厚舆论氛围，结合“平安曲水、和谐曲水”创建活动，积极开展民族团结月宣传教育活动，加强对青少年的民族团结教育，不断提高全镇各族人民群众的民族认同感、向心力和凝聚力。2017 年曲水镇评出民族团结模范集体 10 个（每个奖励 1000 元）、模范个人 9 人（每人奖励 500 元）、模范家庭 9 户（每户奖励 800 元），共计 21700 元。

【紧抓安全生产】2017 年年初，曲水镇同各村、学校和辖区施工企业签订《安全目标责任书》，明

2017年8月19日，曲水镇开展留守儿童送温暖活动

确任务、落实责任。加强对辖区铁路、食品安全和消防安全等专项整治。积极制定应对和处置突发性事件的应急预案。制定《党的十九大召开前后维稳工作应急预案》《党的十九大召开期间维稳工作应急预案》《反自焚工作应急预案》，确保党的十九大胜利召开。

【部署抗旱防汛工作】 组织召开2017年防汛前期安全隐患排查会议，安排部署各村防汛工作任务，清理清查防汛物资库存，排查一切可能隐患。成立防汛抗旱工作领导小组，统一指挥、统一调度，以防为主、防汛结合，确保广大人民群众的生命财产安全度汛。发放2016年牧区防抗灾物资青贮玉米，每户4包，共计115户、460包。及时为三个行政村100户发放救灾储备物资（大米、面粉、食用油、被子）共计429袋（桶、床）。

【专项整治旅游市场】 围绕曲水县经济建设快速发展、精准脱贫工作大局，坚持“疏堵结合、标本兼治、综合治理、依法监管”的原则，充分利用宣传教育、联合执法、综合政治等手段，加大对各类非法营运行为的打击力度，同时，加快县级班车改革步伐，规范道路运输经营秩序，让广大群众坐上安全车、放心车。

【自身建设】 持续深入开展“四讲四爱”主题教育实践活动，积极推进“两学一做”学习教育活动制度化常态化。镇宣讲组不定期入村入组组织宣讲活动。自活动开展以来，曲水镇共组织宣讲活动77场次，第一阶段27次，第二阶段16次，第三阶段19次，第四阶段10次，回头看5次，着力培养农牧民群众的爱国情怀、家国情怀，提升文明素养和综合素养。持续开展“两学一做”学习活动，制订2017年“两学一做”深入学习计划和方案，在2016年学习的基础上结合“四讲四爱”主题教育实践活动深入开展，提升干部职工的政治素养和理论素养。

积极筹备村居“两委”班子成员换届工作。曲水镇2017年有村居“两委”班子成员共计23人。曲甫村2017年有班子成员7人，中共党员7人；茶巴朗村现有班子7人，中共党员7人；2017年曲水村共有班子成员9人，中共党员9人。从2016年12月底，曲水镇党委政府成立换届工作领导小组，从三个不同层次的角度摸底、走访、调查、了解现有班子成员运行情况，三个层次摸底、走访共面谈452人次，发放藏文问卷调查表1414份，掌握第一手村级班子运行材料。结合摸底情况及各行政村第一书记、党支部书记、村主任、驻村工作队队长意见，提出调整建议：曲甫村换届7人，留任7人，新进班子0人；茶巴朗村换届7人，留任5人，新进班子2人；曲水村换届9人，留任8人，新进班子1人。成立2017年曲水镇村党组织、村民自治委员会换届工作风气监督工作小组、违反换届纪律问题联合核查组、现场督导组。制定曲水镇2017年各村党组织、村民自治委员会换届宣传、报道工作方案。确定曲水镇各村组织换届流程时间点分配及具体工作分解计划。

党建工作落实情况。5—12月，镇党委集中检查下属各支部在党员教育管理、党支部日常工作、党建制度落实等各个环节中存在的不足。要求各党支部在找出问题的基础上实事求是地做出

2017年4月20日，曲水镇对辖区国道沿线和县城街道沿线住户乱搭乱建、乱堆乱放情况进行督导检查

相应的整顿、优化。积极申请将曲水、曲甫、茶巴朗村党支部各党小组合并设置为党支部。

召开曲水镇第十三届人民代表大会第二次会议。2017年4月25日至26日顺利召开曲水镇第十三届人民代表大会第二次会议，共征求代表意见建议26件，并对这26件建议和意见分门别类进行梳理，并及时召开意见建议交办会。加强与县人大办的沟通联系，及时反映曲水镇人大工作动态，编辑《人大工作信息》8期。制订全新人大全年工作计划，完善"八簿一册"台账。

强化纪检监督职责。积极落实纪检主体责任，层层传导压力。开展大约谈工作。及时传达文件精神，制定约谈方案，细化约谈分工。根据约谈工作方案，梳理问题清单。约谈工作结束后，镇纪委及时对各组约谈情况进行梳理，共梳理问题29个，并制定整改措施，明确整改时限；对1名同志不严格执行工作纪律进行约谈并提出纪委建议。对1起村公务用车上班时间停放餐馆门前提出处理意见上报县纪委，对15名同志不严格执行工作纪律进行集体约谈，并作出相应处理，处理结果上报县纪委。利用固定宣传栏每月及时更换党风廉政建设内容，及时向全镇广大党员、农牧民群众宣传党中央、自治区、拉萨市和县委关于党风廉政建设和反腐败工作具体要求和工作目标。在曲水镇、318国道沿线设置广告牌，以倡导廉政新风，兴建和谐社会，为民、务实、清廉、文明、遵纪、守法，加强廉政建设、优化发展环境为标语的广告宣传牌。委派2名纪检干部到区、市纪委相关部门跟班学习3个月，切实提高自身综合能力。

（和素莲）

【负责人名录】

党委书记
李宝平
党委副书记、镇长
吉　宗（女，藏族）
党委副书记、人大主席
德吉群宗（女，藏族）
维稳办主任
罗桑塔吉（藏族）
党委副书记
普布扎西（藏族）
党委委员、纪检书记
陈　军
党委委员、统战委员
罗　布（藏族）
党委委员、副镇长
唐　鹏
次旺欧珠（藏族）
索朗次旦（藏族）
党委委员、组织委员
拉姆次仁（女，藏族）
副镇长
李　鑫（女）
后勤中心主任
唐　旭
文化中心主任
夏国淑（女）

才纳乡

【概况】 才纳乡位于曲水县东部，拉萨河南岸，东与柳梧经济开发区相接，西与曲水县曲水镇茶巴朗村相邻，距拉萨市24公里，离曲水县城30公里。拉日铁路和机场高速公路贯穿全境。全乡行政区域面积为17022.17公顷，下辖才纳、白堆、协荣、四季吉祥4个行政村，共26个村民小组，1332户居民，总人口5205人。低保户数为58户，162人；五保户18人；

特困残疾人119名；寿星老人43名。全乡耕地总面积10758.9亩，其中，协荣村3332.95亩、才纳村3948.53亩、白堆村3477.42亩。乡内有1所中心小学，3所幼儿园，1所卫生院、2所卫生室，1所派出所，1座电视收转站，1处兽房站，2座寺庙（雄色寺、萨玛扎寺），1座拉康。

2017年，全乡农村经济收入达到20417万元，同比增长0.1%，其中，第一产业收入8373.98万元，同比增长-5.2%；第二产业收入5715.03万元，同比增长4%；第三产业收入6328万元，同比增长4.8%。农村居民人均可支配收入达到11376元。

2017年1月5日，拉萨市委副书记、常务副市长胡洪（前左四）在才纳乡调研易地搬迁工作

【农业种植业】 2017年全乡粮食播种面积为12576亩，其中，园区各类经济作物共1750亩；粮食作物9848亩。即冬播作物6148亩，均为冬麦，其中白堆3—8组连片共1500亩，产量153.7万公斤；春播作物6428亩约产量，即黑青稞1700亩（各村均为连片地）、藏青2000共4228亩（各村均为连片地），产量112.49万公斤；饲草类5910亩，即玉米1300亩（白堆村连片1015亩）、紫花苜蓿3021亩；经济类1007亩，即土豆400亩、油菜470亩、蔬菜137亩。粮经饲比例为1290:104:607。同时，始终加快推进有机农业示范县创建工作，认真落实好辖区内农田零化肥、零农药目标要求，宣传引导农牧民增强有机农产品的认识，加强督查，购买发放有机肥料395吨，收回化肥约165吨，受理举报使用化肥3起，私自购买化肥3起。

【畜牧业】 2017年3月春防工作累计共免疫黄牛4018头、牦牛942头、绵羊698只、山羊678只、猪536头、鸡6753羽。在防疫期间，执行主要负责人员和参与实施人员，由乡农牧综合服务中心派1名干部监管并负责汇总、村委会专门派1人检测免疫情况及保管免疫登记卡。

【农民专业合作社】 2017年，才纳乡罗亚农机合作社机具资产达500余万元，共有各类机具44台（套），其中，大型拖拉机7台、麦类联合收割机11台、大型犁地机10台、大型喷药机1台、玉米打捆机5台、粉碎机8台、玉米播种机2台、玉米收割机1台、手扶拖拉机1台、深松机1台。每年组织农机跨区作业面积达6000余亩，2016年纯收入达60余万元，为群众分红40万元。

【推进重点项目】 四季吉祥村生态奶牛养殖基地建设项目，该项目初步设计已完成评审和前期修改，环评工作正积极与自治区环保厅对接与上会评审；拉萨市第一中等职业技术学校建设项目，才纳乡积极配合相关单位做好预计防汛工作，配合施工单位做好务工人员和机械的调配，确保项目顺利推进。

【农村集体资产股份制改革试点】 根据县委、县政府的相关文件要求，始终做到探索与实践相结合，及时吸收上级部门对才纳乡农村集体资产改革工作的监督检查中的指导意见建议并作改进，形成改革相关办法，从村、组两级农村集体资产清产核资工作、对国家公务人员和死亡进行清查，及时进行成员身份界定工作、召开成员大会，选举村组两级农村集体经济组织理事会、监事会成员工作有序推进。截至年底，才纳村组两级农村集体经济股份合作社已登记挂牌，村级理事会成员5人，监事会成员3人，成员权利证已部分发放。农村集体资产股份制改革试点快速有序推进，为全县制定相关改革办法提供参考经验，积极稳妥推进农村集体资产股份制改革试点工作，维护集体和农牧民权益。

【脱贫攻坚工作】 实事求是开展脱贫测算。脱贫退出验收组按照"三不愁、三有、三保障、五享有"的标准，对全乡建档立卡贫困户进行脱贫考核，对并填写脱贫退出考核验收表。同时合理设定入户信息采集表，细化工资性收入、生产经营性收入、财产性收入、转移性收入和生产经营性费用支出，使验收组、贫困户双方在"算明细账"上一目了然。严格执行脱贫验收程序。以村民小组为单位，组织党员、群众代表开展贫困户脱贫民主评议，完善评议记录，并将评议结果在村务公开栏进行公示，公示无异议后将结果报乡扶贫办，经乡审核有关要求并公示无异议后退出。

以精准扶贫为抓手，积极开展扶贫工作。根据市、县脱贫攻坚指挥部的相关文件精神，才纳乡严格按照年初制定的脱贫攻坚计划，抓好异地搬迁、转移就业、政策宣传等工作，每月定期召开一次脱贫攻坚专题会议。专项督导一次精准脱贫工作，开展贫困户及边缘贫困户的再识别工作，落实好各项惠民政策，取得初步成效，达到预期目标。截至年底，建档立卡贫困户152户563人，其中，白堆村71户274人，才纳村48户174人，协荣村33户115人。

严格按照区市县决策部署。2017年7月根据市指挥部的文件要求，对现有贫困户进行入户调研，通过入户详细进行收支测算，对贫困户收入进行动态掌握。才纳乡新识别贫困户3户12人，清退21户90人，人口自然增加（新生和迁入）17人，人口自然减少（迁出和死亡）11人。

在以迁脱贫方面。截至年底，才纳乡有96户388人已于2016年12月集中搬迁至四季吉祥村，12户37人于2017年年底搬迁至柳梧新区。在以业脱贫方面。抓好"智力扶贫"，促务工，推进劳务输出"转穷路"。截至年底，才纳乡以业脱贫人数已达300人。其中，在净土健康产业长期就业50人，四季吉祥村劳务输出合作社有社员150人，转移就业人次达到5632人。剩余在才纳乡辖区内万亩苗木繁育基地，农机合作社等务工（做零工），同时才纳乡还提供乡镇街道保洁、司机等就业岗位，贫困户人均月收入已达到2500元，较好地解决群众就业难的问题。在以教脱贫方面。"治贫先治愚，扶贫先扶智"。2017年已资助建档立卡贫困学生56人，兑现资金286270元，其中，高中生9人，资助路费300元，共计2700元；中职生11人，资助路费418元，共计4600元；大专及以上36人，报销学费、路费、住宿费等人均4305元，共计154970元，其中，23人人均获得市教育局生活资助金5391元，共计124000元。2017年才纳乡十五年免费教育生123名（其中高中生、中职生22名），大学生33名，截至年底，2017年大学生学费、路费、住宿费以及生活费发放名单已统计完

2017年1月13日，县人大常委会副主任、才纳乡党委书记达瓦参加四季吉祥村第一次村民大会

成；在以补脱贫方面。2017年共有684个生态补偿岗位，其中建档立卡贫困户共有300个岗位，边缘贫困户384个岗位，每个岗位3000元，共兑现资金2052000元。在以保脱贫方面。全面清退“政策保”，2017年将全乡符合条件的所有56户156名低保群众，4户4人“五保”群众全部纳入到低保线与脱贫线的“两线合一”保障，确保有限的指标和有效的资金切实合理地用在贫困群众身上。2017年低保A类享受补助4265元/年，低保B类和C类享受补助3915元/年。分散“五保户”5910元/年。在以助脱贫方面。截至年底，才纳乡贫困户已实现平时大小病百分百报销，对大病人员实施医疗救助全面兜底政策，已有10名群众向民政局申请医疗救助，兑现34000元。在党建促脱贫方面。才纳乡积极发挥全体党员先锋模范带头作用，通过他们加大扶贫宣传力度，使群众的脱贫及就业思想观念发生根本性转变，同时积极发挥党员致富带头人作用，带动贫困户积极创业，实现就业和脱贫。截至年底，党员致富带头人已帮助贫困户就业约20人，人均月收入已达到2600元。在土地流转助脱贫方面。随着才纳净土园区A区的不断发展壮大，才纳村、白堆村群众的土地得到有效的流转，除3户贫困户土地被国家征用9.4亩，共补偿56.4万元，部分农田每年1400元的租金租用外，凭借才纳村农村资产改革的良好契机，村集体土地流转获得才纳村群众每人1万元土地流转分红，其中，建档立卡贫困户48户173人，共计173万元的分红。

2017年10月23日，县人大常委会副主任、才纳乡党委书记达瓦在四季吉祥村宣讲党的十九大精神

【教育资助工作】 2017年才纳乡享受学生资助人有141人，共资助77.842万元，其中，建档立卡有62人，享受40.642万元；非建档立卡79人，享受36.8万元。

【惠民政策落实】 低保方面。2017年度低保共兑现641775.75元。受灾救助方面。医疗救助情况。2017年临时救助5人，落实16000元，大病救助3人，共落实15000元。医疗救助38人，245963.6元。残疾人资金兑现方面。2017年重度残疾37人，共落实73260元；三四级困难残疾53人，共落实34980元；寿星老人资金兑现情况。2017年拉萨市民政对才纳乡寿星老人一年一次性补助47人，共落实22650元。县民政对寿星老人每人每月500元标准，共计落实264000元。高龄老人15人，落实9000元，失能老人12人7200元。

【卫生工作】 大力宣传计划生育相关政策和孕前保健、预防性病、出生缺陷干预、母子保健、防治肺结核等卫生知识；完成才纳乡2017年农牧民合作医疗筹资以及数据核对录入工作，经统计，2017年参加医疗筹资家庭共计1272户、5287人，筹资率100%。宣传包虫病相关知识，并根据卫生局要求统计辖区内家犬、流浪狗的数量。全力推进全民体检工作，2017年才纳乡体检共4854人次，体检率人数达92%。2017年体检显示才纳乡包虫病携带者6人，及时通知患者及其家人相关体检结果，并将患者交由乡卫生院送至上级医疗单位进行进一步的检查和救治。

【就业工作】 2017年才纳乡通过

2017年11月24日，乡党委副书记、乡长陈晓玲指导并监督四季吉祥村组织选举工作

组织群众参加人力资源交流洽谈会、转移就业培训、职业介绍等方式，全面促进剩余劳动力实现转移就业。2017年新就业人员350人，其中，建档立卡就业人员265人，非建档立卡就业人员83人，高校毕业生就人员2人。

【美丽乡村建设】 加强组织建设，强化责任制度。形成“一把手”亲自抓，分管领导具体抓，明确人员和职责，细化目标任务，做到各司其职，齐抓共管，相互配合，通力合作的工作局面，全力推进环保工作。

加大宣传力度，强化环保意识。为扩大环保影响，强化广大群众、企业的环境意识，才纳乡结合“6·5”世界环境日、“四讲四爱”主题教育实践活动，望果节、物交会、重大会议等契机开展形式多样的宣传活动。设立环境卫生曝光台，加大对违法排污行为的曝光力度，通过给群众写信的方式，全面广泛深入的宣传环境保护的重要性，增强村民的环境意识和环保观念。

完善制度建设，推进环保网格化管理。将网格化监管与双联户工作紧密结合起来，按照“属地管理、分级负责、无缝对接、全面覆盖、责任到人”的原则，明确村、组以及联户代表的职责，实行年终双联户评优一票否决制度，做到环境监管不留死角、不留盲区、不留隐患，有效地推动环保工作的开展。

加大环保经费投入，确保取得实效。为使才纳乡环保工作取得实效，才纳乡长期聘用23位保洁人员，发放保洁服，配备垃圾清扫设施，每天对干道进行清扫。实行“到户收集 统一转运 集中处理”的垃圾转运制度，为每户配备垃圾桶，聘请专门的垃圾清运车驾驶员，每天一个村轮流到户收集垃圾并及时转运到聂当垃圾填埋场。

加大环境整治，迎接中央环保督察组。严格按照县委、县政府有关迎接中央环保督查组的各项工作要求，针对“两垛三堆四乱”（柴火垛、草垛，土堆、石堆、粪堆，乱围、乱搭、乱建、乱停），通过定点、集中堆放的方式，将所有生产生活资料，统一放到一起，杜绝房前屋后乱堆现象。在县直部门的帮助支持下，关停9家私人砂石厂、采沙场及堆料场，并拆除所有设备，对余料进行防尘措施。

【村组织换届选举】 加强宣传工作，营造良好换届环境。为确保换届工作风清气正，严肃换届纪律，县委组织部下发换届纪律知晓卡，才纳乡通过组织专职宣传工作人员深入各村开展换届宣传工作、乡政府、各村大门LED上24小时播放换届标语、组织干部观看严肃换届纪律警示教育片等方式做到换届工作和换届纪律家喻户晓。为遏制换届中可能出现的“跑官要官”“买官卖官”“拉票贿选”等违规违纪现象，才纳乡狠抓严肃纪律、强化监督和严肃查处违法违纪行为等环节，确保形成风清气正的换届环境。

明确换届纪律“红线”。为有效防止换届中出现各种违纪违法行为和不正之风，才纳乡纪委根据上级部门要求，明确“五个责任主体、九个严禁、干部选拔任用十不准”的纪律要求，明确了换届工作的纪律“红线”。对乡村领导干部进行警示教育，提前给干部打好“预防针”。各村组织学习“一片一册”警示教育，填写《严肃换届纪律承诺书》，开展严肃换届纪律知识测试等方式广泛宣传村组织换届工作的有关政策规定和纪律要求，真正使换届工作家喻户晓，有效制止跑风漏气、请客送礼、拉帮结伙、跑官要官、拉票贿选等不正之风。经统筹考虑，合理安排，在县相关部门的具体指导和全乡上下干部的共同努力下才纳乡已顺利完成村组织换届工作。

【“两学一做”学习教育活动】 为深入推动“两学一做”学习教育活动，上半年，在区、市学习方案和要求未下达前，才纳乡在县委、县政府的统一部署下，积极认真开展“两学一做”学习教育活动。截至年底，已组织全乡党员干部开展19次集中学习，主要围绕“两学一做”的背景、学习要求、目的、内容等进行深入的学习。同时，才纳乡党委要求，每一名党员干部不只要学理论知识，还要将理论与实际相结合。在学习过程中要有自己的感想、感受，而不是一味地抄笔记，要始终带着问题去学习，总结自己的经验、感想，多与其他干部交流，共同提升进步。

（李　豪）

【负责人名录】

县人大副主任、乡党委书记
达　瓦（藏族）

党委副书记、乡长
陈晓玲（女）

党委副书记、人大主席
昂旺邓珠（藏族）

党委副书记、综治办主任
旦　达（藏族）

党委副书记、党务办主任
旦增群培（藏族）

党委副书记、四季吉祥村第一书记
索朗央吉（女，藏族）

党委委员、组织委员
多吉旺堆（藏族）

党委委员、纪委书记
汪　敏（女）

副乡长、扶贫办主任
嘎玛次仁（藏族）

副乡长、经济综合办公室主任
达　珍（女，藏族）

党政人大办公室主任、财务所所长
卓玛曲宗（女，藏族）

社会事业办公室主任
仁青卓玛（女，藏族）

农牧服务中心主任
孙永平（藏族）

才纳村第一书记
拉珍（女，藏族）

协荣村第一书记
格桑达瓦（藏族）

白堆村第一书记
德吉央宗（女，藏族）

2017年7月14日，县水利局工作组在才纳乡查看洪涝灾害情况

茶巴拉乡

【概况】 茶巴拉乡位于县境西部，距县委、县政府所在地24公里，南隔雅鲁藏布江，与山南地区浪卡子县卡热乡相望，东与达嘎乡为邻，西与尼木县交界，北与当雄县接壤。区划面积231.34平方公里，占全县区划总面积的14.25%，2017年，茶巴拉乡下辖柏林、茶巴拉、色麦3个行政村，23个村民小组，1002户，4451人。辖区内有乡小学1所，村级幼儿园3所，卫生院、派出所、兽医站各1所。

【贯彻落实重要会议精神情况】 茶巴拉乡党委、政府认真学习贯彻落实党的十九大和十九届三中全会精神及区、市、县一系列会议精神，乡里组织宣讲十九大精神6

次，乡机关干部及村组织班子成员共计217人次参加学习，各村组织宣讲十九大精神共计20次，农牧民群众共计1437人次参加学习，十九大精神真正地走进全乡干部和农牧民群众的心里。乡党委、政府积极顺应形势的发展趋势和要求，对全乡经济社会发展工作进一步分解责任，详细安排部署全年工作计划，明确时限指标，以精准扶贫、精准脱贫工作和村组织换届选举工作为重点，提出努力抓好粮食和畜牧业生产工作，积极推进产业结构调整，推动林业、旅游业持续发展，深入实施“四业工程”，加快农村剩余劳动力就业转移和劳务输出，有力推动农牧民群众增收致富，全乡农作物总产量和牲畜出栏量保持稳定，产业结构调整效益凸显。

【农牧业生产】 2017年，全乡总人口1002户，4451人，总耕地面积9208.62亩，草场总面积达到28.26万亩，粮食播种面积7313.21亩，经济作物播种面积1270.54亩，芫根复种植面积1288亩，土豆种植面积871亩，蔬菜播种面积1353亩。粮食总产量达到24.04万公斤，油菜产量达到22.9385万公斤，蔬菜产量达到720.60395万公斤，其中，土豆产量达到410.5334万公斤，芫根产量达到184.905万公斤，实现粮食安全稳定持续增长的目标。在确保粮食安全生产任务完成的同时，乡农牧办大力向农牧民群众推广农业生产新技术，发放各类技术资料595册，开展农牧民农业生产培训13次，培训农牧民984人次。同时积极推进产业结构调整坚持土豆种植业和“两桃”经济林为主的两大特色产业的发展思路。

畜牧业也是茶巴拉乡经济的重要产业之一。为促进牲畜业的发展，增加农民收入，乡政府主导大力发展藏鸡、藏猪、绵羊养殖工作，并着力抓好畜禽疾病的防疫工作。截至年底，茶巴拉乡牲畜总头数19381头，牦牛、黄牛、犏牛总存栏数为10032头，出栏1322头；绵（山）羊总存栏数为8415只，出栏3826只；猪存栏数为834头，出栏1645头；马、驴、骡存栏总数为100匹，出栏6匹；蛋鸡规模12933只，藏鸡蛋产量19930公斤，利用净土健康产业的良好发展模式，极大地增加茶巴拉乡农牧民的经济收入。

全年农村专业合作社达到15个，农村固定资产投资2524.89万元，农村经济总收入16745.3296万元，其中，第一产业6757.6338万元，第二产业5135.2748万元，第三产业4852.4210万元，农牧民人均纯收入12303元，较2016年同期的11240元相比提高9.46%。

2017年7月16日，自治区党委副书记、人大常委会主任洛桑江村（右三），自治区党委常委、拉萨市委书记白玛旺堆（右二）在茶巴拉乡柏林村调研并与党员致富带头人谢军成一家合影留念

【维稳工作】 2017年，共举办综治宣讲活动56次，排查和受理各类矛盾纠纷39起，其中，乡级调处15起，调解成功13起，调处成功率86.67%，没有出现重大安全生产事故和重大群体性事件。建立健全应急处置机制。建立警民巡防队伍，在重要节假日、敏感时段等特殊时期，开展大规模、高密度的全乡巡防工作，确保社会安全稳定。建立校车由警车开道制度，同时强化维稳宣教，按照“全民动员，科学普及”的思路，分层次、多题材、广角度地开展维稳宣教，全乡人民群众法治意识不断提高，配合度和创安维稳能力得

到显著增强。还通过向外来务工人员、低保对象等提供法律援救来化解他们的不稳定因素，保障弱势群体的合法权益，促进社会和谐。持续深入开展“联担联保”“联户平安”工作。截至年底，茶巴拉乡先后召开“双联户”专题会议、座谈会、培训会和工作督查会12次，认真安排“双联户”指导员进村入户调研，入户率达100%，摸清基本情况与发展现状，制定帮扶工作重点和方法。同时充分发挥联户代表的作用，各联户代表积极参与，调解家庭、邻里等矛盾纠纷，对表现突出的户主和联户代表，逐级推荐表彰颁发奖牌、荣誉证书及表彰资金。“双联户”工作得到群众的认可，增进群众的法治观念，调动人民群众参与建设和谐邻里、平安茶巴拉的积极性、主动性。

2017年9月19日，县委书记彭飞跃（左一）一行前往茶巴拉乡色麦村调研精准扶贫工作开展情况

【开展“两学一做”学习教育】 乡党委在年初召开学习教育动员部署大会，对干部学习进行全面深入的部署，成立以乡党委书记为组长的学习教育领导小组，并制定学习教育实施方案。成立学习教育办公室，下设信息组专门负责宣传和文案工作。截至年底，茶巴拉乡已制作专题宣传栏8个，发放各类宣传资料370余份，发放《中国共产党章程》等相关党章党规500余份，宣传工作取得实效。学习教育开展以来共报送简报481期，专报20期，各类材料及表格30余份，做到活动信息和动态的及时整理上报。乡党群办制定学习教育学习计划、学习安排表，并定做统一样式的学习笔记本。乡党委组织乡机关全体干部职工集中学习39次，参加人员780人次，乡干部职工还利用休息时间进行自学。每个干部人均撰写学习笔记40篇、心得体会和观后感6篇。

【村组织换届选举】 根据县委办、政府办下发的《关于印发〈曲水县村组织换届选举工作实施方案〉的通知》的安排部署，茶巴拉乡村组织换届选举工作于3月初正式启动。工作开展以来，茶巴拉乡始终坚持加强党的领导，尊重群众意愿和依法办事的原则，以选好配强村组织班子为第一要务，以确保选举工作稳定为第一责任，严格按照县委统一要求，做到法定程序不变通，规定步骤不减少，确保换届选举工作的顺利进行，截至12月初，全乡3个村组织都完成换届选举任务。茶巴拉乡换届选举总的特点概括为一好两高三个满意，“一好”即秩序好，没有出现选举秩序混乱情况，更没有出现违法选举情况；“两高”即当选率高和选民参选率高，村组织当选率最高高达100%，该届登记在册的党员375名、选民共2260名，共339名党员和2174名选民参与选举，参选率分别高达90.4%（基层党委选举）和96%（村委会、村务监督委员会选举）；“三个满意”即组织满意、干部满意和群众满意。这次村组织换届选举，法律性强、政策性强，新要求、新标准多，时间紧，任务重。做好这项工作，党的领导是关键，发扬民主是基础，依法办事是保证。

为加强对换届选举工作的领导，成立以乡党委书记亲任组长、乡长为副组长、其他副职和相关人员为成员的村组织换届选举工作领导小组。同时还成立3个检查指导组，乡党委、人大、政府主要领导分别带领参加过2014年村组织换届和2016年乡领导班子换届的3名人员全面指导各村换届工作，并实行每一环节开始前，都对检查指导组工作人员进行一次专项培训的做法，做到细中有精，精中求慎，慎中求稳，为换届选举奠定坚实的业务基础和组织保证。在组织选举中，坚持发扬民主和依法办事有机结合，做到法定程序不变通、规定步骤不减少。具体工作中做到严把“七关”，即严把村民选举委员会推选关，严把村级干部经济责任审计关，严把选民登记关，严把候选人提名关，严把委托投票关，严格按照由选民本人或家人向村民选举委员会提出申请并取得同意的规定办理委托投票，同时做好登记造册工作，严把正式选举关，严把配套组织健全关。茶巴拉乡村组织换届选举工作总的可以概括为“全过程加强党的领导，全过程充分发扬民主，选举结果真正达到让群众满意、让组织满意”。在选举中，由于充分相信群众、依靠群众、尊重群众的意愿，不仅保证选举成功，而且也保证各村的稳定，一批能够带领群众发展农村经济、带领农民致富的优秀人才进“两委”班子，为今后的工作打下坚实的基础。

2017年12月1日，茶巴拉乡色麦村召开组织换届选举大会

【基础设施重大项目建设】 2017年，乡党委、政府继续加大基础设施重大项目的实施，全乡共新建水库1座，并对色麦村2、3、4组共5公里的乡村公路进行硬化，新建成了24套村级干部周转房，位于茶巴拉乡色麦村的光伏电站已建成并网发电。率先开工建设的柏林村49户群众小康安居工程试点项目已完成主体建设。同时还投资245万精心打造柏林村占地100亩和茶巴拉村占地150亩的2个经济林。

【改善生活条件和公共服务】 茶巴拉乡坚持统筹社会事业发展要求，着眼茶巴拉乡社会事业发展实际，抓住当前社会主义新农村建设契机，加强领导，明确责任，在上级统一部署和领导下扎实推进科教文卫事业长足发展。2017年，继续巩固义务教育制度的落实，进一步加强校车管理，实行由警车为校车开道制度，保障全乡中小学生安全往返，全乡小学适龄儿童入学率达到100%，毕业率达到100%。继续积极开展农村合作医疗，有效解决农牧民看病难，看病贵的问题，2017年全乡参加合作医疗4347人，筹资130410元。加强新型农村社会养老保险政策的宣传学习活动，充分发挥村组党员干部等带头作用，截至年底，参保人数达到3174人，涉及资金244100元，参保率达到100%。

茶巴拉乡认真积极地落实农村合作医疗政府财政补助政策，突出加大对弱势群体的关爱。进一步加大对医疗救助资金的支持力度，扩大救助范围，完善乡卫生院一站式服务窗口，简化报付手续，提高救助水平，保证便民利民。同时也认真做好残疾人统计工作，特别是特困家庭中的残疾人工作，全面落实相关政策。

2017年全乡农村低保户83户238人，落实资金957320元，“五保户”3户、落实资金16986元。对贫困家庭大学生“两免一补”均能按照各级相关规定严格督促落实，全乡2017年共计有区内外各高校录取学生37名，全部享受到各级各类优待及减免政策。

茶巴拉乡统筹人才配置，积极发挥年轻干部和大学生村官的作用。截至年底，共下派13名干部充实到各村，有富有经验的各村第一书记、年富力强的基层事业人员、新分配公务员、朝气蓬勃的大学生村官，坚持把“解决群众的实际问题”作为工作的着力点和落脚点，实施互相学习、互动考核。

【生态文明建设】 年内秉承“美丽家园，幸福拉萨”等精神，着力开展辖区内拉日铁路沿线生态恢复及植树绿化工作。茶巴拉乡2017年林地面积达3342.52亩，新造林面积313.00亩，义务植树、群众自发植树达27682.00多株，极大地改善全乡的生态环境。

【特色产业建设】 2017年，茶巴拉乡藏鸡蛋产量19930公斤、创收达20.8万余元，玛咖21050公斤，创收126.30万元，桃子产量达17.47万公斤，创收达71万元。同时以“桃花村”为主的旅游业发展也较为迅速，全年到“桃花村”及周边旅游的人数迅速增至6896人次，由此而带动特产销售、商品批发零售、住宿餐饮、交通等，收入达28.3750万元，极大地改变“桃花村”及其周边群众的生活条件。

【精准扶贫、精准脱贫工作】 2017年，茶巴拉乡建档立卡贫困户有220户777人，其中，扶贫户128户481人，扶贫低保户83户288人，“五保户”8户10人。根据贫困属性和脱贫措施的不同，对其分类为以业脱贫351人，以迁脱贫134户518人（迁往拉萨40户104人、迁往达嘎54户220人、迁往才纳40户194人），以教脱贫64户64人，以补脱贫664人，以保脱贫91户240人，以助脱贫82人，其中，草场监督员115人，环境监督员22人，公路养护员4人，护林员189人，水保员24人，沙化管理员14人，野保员11人，群防群策人员2人。2017年的220户777人建档立卡贫困户，经县乡村三级自验，全乡建档立卡贫困户家庭人均可支配收入达到脱贫标准，贫困发生率控制在0.09%以内，群众满意度达98%，同步实现“三不愁、三有、三保障”。

（刘盛俊）

色麦村“桃花村”旅游景点的桃树上挂满了“希望”

【负责人名录】

县政协副主席、乡党委书记
赵建军

党委副书记、乡长
洛桑群培（藏族）

党委副书记、人大主席
旦　曲（藏族）

党委副书记
拉巴卓玛（女，藏族）

党委委员、色麦村第一书记
扎　西（藏族，主任科员）

党委委员、人武部长、副乡长
旦增索朗（藏族）

党委委员、副乡长
巴桑卓玛（女，藏族）

党委委员、纪委书记
蒋华林

党委组织委员
殷臣辉

副乡长
达娃卓玛（女，藏族）

达嘎乡

【概况】 年内，达嘎乡在县委、县政府的正确领导下，紧紧围绕统筹抓好经济建设、社会建设、文化建设、生态文明建设，进一步增强综合实力,提升竞争能力,改善人民生活的奋斗目标,坚持用“提效能,转作风,促发展”统领经济社会发展全局,以村“两委”换届为契机,切实加强基层组织建设;以扩大招商引资、强力推进项目建设为突破口,进一步加快发展步伐。以零化肥使用、精准脱贫为载体,全面推进社会主义新农村建设,开拓创新,强力突破,努力完成好上级下达的各项任务目标,使乡域经济和社会各项事业取得较快发展。达嘎乡位于曲水县城以西8公里,地处雅鲁藏布江和拉萨河的交汇处,南隔拉萨河与贡嘎县羌塘镇相望,西与茶巴拉乡毗邻,北与堆龙德庆县接壤,318国道贯穿全乡,是通往山南、日喀则两地区的交通要道。2017年,达嘎乡下辖5个行政村,共2077户,总人口8347人,农村劳动力资源人数5974人,参加农村低保人数331人,参加农村养老保险人数4419人,参加农村医疗保险人数8302人,敬老院集中供养34人。

【经济发展】 2017年,全乡经济总收入27340.4483万元,同比增长0.98%,其中,第一产业达11235.2万元,同比下降21%;第二产业达8429.85万元,同比增长17.7%;第三产业达7855.35万元,同比增长35.3%。社会固定资产投资886.15万元,同比增长35.6%;社会销售品零售总额760.53万元,同比增长35.6%;农牧民人均纯收入12664元,同比增长13.4%。

【农业工作】 全面落实县、乡关于创建有机农业示范县相关会议精神,确保创建有机农业示范县各项工作有序开展。并严格按照要求做好化肥、农药的回收、统计工作,确保化肥、农药的零使用,并成立以乡党委书记为组长的有机工作领导小组,截至年底,达嘎乡组织召开推进绿色有机农业发展工作会议共8次,累计发放有机肥360吨。继续发展马铃薯种植产业,2017年达嘎乡引进“艾玛岗”土豆良种9300亩,为加紧投入,结合市场走势,推广优质品种,青薯10号土豆种子200亩试种。年初,西藏农机优盟农业科技开发有限公司合作签订有机土豆300万公斤。为全面控制包虫病传染源,从6月23起达嘎乡农牧工作人员与乡村兽防员一并深入各村组,全面开展家犬投药工作,实行月月投药,投药率达100%。

2017年1月24日,副县长杜乾余(右四)在达嘎乡“三有村”慰问贫困户

【牧业工作】 积极开展秋季牲畜疫情防疫工作,完成免疫牦牛4122头、免疫黄牛3537头、免疫绵羊1669头、免疫山羊873头、免疫猪635头、免疫鸡951只,免疫率超过98%。积极开展草原生态保护补助奖励机制工作,做好基础数据统计和各项数据核算。2017年,完成腾跃公司饲草种植2200亩(青饲玉米1000亩、紫花苜蓿1200亩)。

【林业工作】 根据上级林业部门的相关要求,为进一步落实完善2017年植树造林目标任务和工作要求,乡政府积极组织各村开展植树造林活动,总植树2200余株。其中,经济林600株,庭院经济2849株,义务植树1200余株,补植补造6000余株,乡村道路绿化1000株。

【环境整治工作】 为落实中央第六环保督导组要求,贯彻落实区、

2017年8月2日，达嘎乡精准扶贫驾校学员与县领导合影留念

市、县相关会议精神，进一步坚守生态安全线，加强达嘎乡生态文明建设，按照乡党委、政府提出的“四沟”“一巷”“两道”（四沟：山沟、水沟、河沟、路沟；一巷：房前屋后巷子；“两道”乡村道路、318国道）环境工作要求，对暴露性垃圾、乱堆乱放杂物、杂草等进行集中清除，2016年，达嘎乡共组织大规模的环境整治活动5次，全乡党员干部、农牧民群众近2500余人参加。对大桥商铺多、人流量大的情况，组织全乡干部及村组干部开展桥头整治活动5次，参加活动人数200余人。组织全乡干部、学校师生、派出所、卫生院等人员进行桥头绿化带移栽植树，参加人数近200余人，移栽植树150棵，折合资金3万多元。2017年，乡政府在有限的资金范围内向上级部门争取，已完成对乡政府大院进行环境绿化改造；成立“3+1”督查模式（3是乡联合督查组、村级检查组、组级检查组，1是指乡大代表团），乡联合督导组检查全乡环境，村级督查组检查各组环境、组级检查组检查各联户单位、联户户长检查联户单位内的房前屋后住宅卫生。开展乱搭乱建整治工作。为进一步规范商业秩序、环境综合整治工作落到实处，9月14日，召开商铺整治动员会，对达嘎乡大桥及318国道沿线占道经营、乱搭乱建商铺进行排查，发现52家商铺乱搭乱建，针对这一问题，达嘎乡及时组织相关人员开展整改工作。

【水利工作】 自河长制实施以来，达嘎乡按照上级要求，及时组织学习河长制有关文件，并根据本乡实际制定下发《达嘎乡“河长制”实施方案》《达嘎乡“河长制”管理制度》《达嘎乡“河长制”工作及考核方案》，并于各村签订《“河长制”目标责任书》。成立达嘎乡“河长制”工作领导小组，明确乡党委副书记为总河长、各村第一书记为村河长的组织机构，各组设立巡查员。乡河长办组织工作人员每月不定期巡查，针对存在问题的村组进行下发期限整改书，并对整改情况再次进行检查督导。2017年，完成色甫村水渠改建57公里，完成色达六组水塘墙体维修20米。

【项目工作】 2017年，达嘎乡认真做好项目前期调研工作，聘请专业人员进行预算评估，积极向上级争取项目和资金，不断建设和充实项目储备库。2016年，达嘎乡总共实施31个项目，其中，续建项目2个、新建项目29个，已完成前期手续为开工的项目5个、已开工项目11个、已完成未验收项目11个，已完工验收项目4个。

【民生工作】 2017年，完成达嘎村1—8组，其奴村4—8组内沿线道路硬化20公里；完成达嘎完小道路平整300米；完成“三有村”养殖场道路硬化1.5公里，以提高农牧民生活水平，为老百姓交通出行提供便利，改善村容村貌。

【民政工作】 2017年，全乡共有“五保户”38人，其中分散“五保户”3人、集中供养35人，并发放2017年第一、二、三、四季度“五保”资金每人5910元。2017年达嘎乡共有低保户109户355人，其中A类74人、B类45人、C类236人。及时统计并上报农牧民群众中需医疗救助的贫困家庭，共统计上报17人，解决3名需临时救助人员5000元，兑现资金共计79065.2元，为贫困患者解决80%的医疗费用。做好2017年参加新型农村社会养老保险人员缴费工作。

【劳动就业】 以技能培训为依托，提升农牧民综合素质。结合本乡实际及农牧民群众需求，共组织开展驾驶培训2次，培训农牧民群众50余人。种养殖培训10次，培训农牧民群众86余人。组织农牧民群众参加县招聘会2次，应聘42人。组织高校毕业生和建档立卡贫困户参加市、县招聘会2次，应聘高校毕业生2人、建档立卡贫困8人，残疾人自主就业8人。做好劳务输出、就业转移工作。按照区市县关于“四业工程”工作的安排部署，组织各村做好劳务输出、就业转移工作，真正达到以业育人、以业安人、以业管人、以业富人的目的。截至年底，全乡劳务输出577人次，就业转移132人。

【教育工作】 完成适龄儿童少年上学、进城务工人员随迁子女上学、残疾儿童少年上学等相关情况的统计和汇总，及时建立全乡义务教育均衡发展的各项制度及保障机制、全乡义务教育均衡发展的质量监管措施。2017年，小学适龄儿童入学率达100%，初中入学率98%。

【卫生工作】 制定并与卫生院、5个行政村签订《达嘎乡卫生工作目标责任书》，全面促进卫生工作科学合理有效地开展，进一步控制好人口出生率、降低孕产妇死亡率，确保全乡计划生育工作和经济工作协调同步开展。加大卫生计生宣传力度。依托各类宣传活动，加强医疗费用报销补偿范围、孕产妇转院车辆油料费报销规定、独生子女优惠政策、计生保健知识以及预防艾滋病、乳腺炎、子宫内膜炎等疾病方面的宣传。开展年度合作医疗筹资工作。8327人参与筹资，每人按照30元标准，合作医疗共计筹资24.795万元，筹资率达100%。截至年底，共计核销47万1396.1元，大病统筹共273万0837.9元。做好新婚夫妇婚前检查宣传工作。对新登记结婚夫妇进行婚前检查宣传，宣传国家“一孩双女”的政策，宣传孕前检查的益处，宣传《中华人民共和国婚姻法》《中华人民共和国妇女权益保护法》等。坚持做好包虫病筛查、管控工作，通过健康教育宣传、病人筛查管理、改善卫生条件等三方面，抓好全乡包虫病防治工作，2017年全乡共参加体检筛查人数5316人，确诊5人。

2017年11月8日，达嘎乡召开学习贯彻落实党的十九大精神精神宣讲大会

【文化广电工作】 开展“3·8”“3·28”“5·1”等庆祝活动，带动全乡文化产业，提高农牧民群众的精神文化水平。通过新旧西藏对比，宣传现在农牧民群众的美好生活；通过农村播音喇叭广播的形式向老百姓进行宣传，让群众了解到更多新举措释放出的惠民政策。

【综治维稳】 2017年，达嘎乡未发生一起消防安全事故，有效杜绝安全隐患的发生，保障人民群众生命财产安全。大力加强矛盾纠纷排查调处工作，2017年，共调解各类纠纷10件，调解成功10件（婚姻纠纷4起），调解成功率达100%，无群众个人或集体性越级上访事件。9月14日，在其奴村举办“民族团结之花在达嘎绽放”民族团结活动，包括县级领导、全县各乡镇党委书记、各村第一书记在内的300余人参加此次活动。尊重乡风民俗，开展好一年一度的望果节活动等，活动的开展对于达嘎乡日后的民族团结工作奠定坚实基础。2017年，在各村、学校等单位机构建立联户制，5—10人为1组，全乡共有联户组225个，农牧民联户组215个，“双联户”稳步推进。

2017年2月13日，曲水县举行4500米以上农牧民群众易地搬迁欢送仪式

【“两学一做”专题教育活动】2017年，认真组织全乡党员开展学党章党规、学系列讲话、做合格党员学习教育的相关工作，有力有序推进，确保尽好责、抓到位、见实效。截至年底，达嘎乡共组织集中学习20余次，集中研讨6次，开展喜迎党的十九大召开以及学习党的十九大精神等活动，全乡干部共撰写读书笔记500余篇，心得体会100余篇，讨论心得70余篇。

【基层党组织建设】 集中排查党组织关系，对失联、口袋、流动等党员逐一排查梳理并实行登记，全面完善党员档案资料。组织各村党支部、第一书记召开会议，详细讲解发展党员标准和党员发展工作程序，组织人员再次对入党积极分子的入党材料进行完善、规范。全面掌握全乡党组织建设情况。乡党委及时对达嘎乡下辖的机关事业单位、行政村及社会组织33个党支部党组织设置情况、班子成员配备情况、书记履职尽责情况、后备干部队伍建设情况、组织制度建设情况、活动场所建设使用情况、党员队伍建设情况、入党积极分子培养情况、党代会代表和党员违纪违法未给予相应处理进行排查，并对存在的问题进行梳理分析，建立基础台账。乡党委书记积极为农牧民党员讲党课。截至年底，共为各村“两委”班子成员、各村民小组组长、双联户代表讲党课4次。坚持实行民主集中。召开党政联席会议11次，班子成员共同商讨重大事宜，为富强民主做出贡献。

【“四讲四爱”主题教育实践活动】教育实践活动全程贯穿喜迎党的十九大这一主线，以“讲党恩爱核心、讲团结爱祖国、讲贡献爱家园、讲文明爱生活”为主题，主要内容为宣讲教育、实践活动、建章立制。达嘎乡开展一系列“四讲四爱”主题教育实践活动。5月5日，开展“四讲四爱”主题教育暨新旧西藏对比宣传教育活动。6月8日，向农牧民发放“四讲四爱”宣传册；6月13日，组织30多名农牧民群众，举办主题为“感党恩 献大礼 四讲四爱 喜迎党的十九大”藏文书法比赛；6月23日，组织开展“四讲四爱”主题教育实践活动第一阶段知识竞赛活动；6月29日，开展“四讲四爱”主题教育实践活动之“国旗下的承诺”暨庆中国共产党成立96周年“七一”总结表彰大会；8月10日，隆重举办首届农牧民运动会暨“讲文明爱生活”宣讲会。

【换届工作】 成立选举工作委员会并设立办公室，先后2次对现任班子的群众满意度进行民主测评工作，做好换届期间矛盾纠纷和问题隐患化解、党员群众思想动态掌握。根据上级要求，将现有的4个村党支部调整设置为基层党委，将31个党小组设置为党支部，党支部成员按要求配备到位。制定换届选举工作宣传方案。

【纪律作风监督工作】 在三月敏感月及“萨嘎达瓦”等敏感节点，组织乡纪检人员不定期到各支部检查维稳值班情况，共进行督导检查15次。结合专题教育活动，不定期检查乡机关、村组干部的上下班、工作作风及值班情况，并登记在册，严格乡机关干部考勤制度，并于月底进行汇总、统计、通报。

2017年8月10日，达嘎乡举办首届农牧民运动会

【精准扶贫攻坚工作】 制定举措，解决后顾之忧。对于搬迁户的原有耕地，由达嘎腾跃公司以高于市场价、不分土地贫瘠与否，统一按照800元/亩每年的价格对搬迁户原有耕地进行流转，2017年已对搬迁至“三有村”的55户进行土地流转金首次兑现，共计373912元整。

原有房屋的处置。经乡党委、政府研究、下村走访调研，对于原有房屋的处置有3种解决方案：由搬迁户自行出售给本村组内部分户后无房的村民；由政府按照人均8000元的标准将房屋进行购买，作为村集体经济用房或者绿化场地；从搬迁开始2年后，房屋还未处置的，实行第二种方案。

开展“我的经验、扶你的志、一起奔小康”主题帮扶活动。树立一批依靠双手勤劳致富的先进典型和带领帮助群众脱贫致富的先进典型，使贫困群众以“他们”为榜样，学习他们的致富方法，走他们的致富路子，摆脱“等、靠、要”思想，从思想上、根本上脱贫致富，引导贫困群众把主要精力投入到发展生产、勤劳致富上来；由达嘎乡致富带头人出资16.25万开办“我的经验、扶你的志，一起奔小康”贫困户驾驶技能培训班，为达嘎乡25名建档立卡贫困户解决无技能问题。

产业带动扶贫。搬迁点产业扶持项目主要以藏鸡、奶牛养殖，汉藏药材、饲草作物种植和商铺经营为主，扶持项目以搬迁户为主要劳动力，项目盈利全部用于扶贫户分红。商品房盈利84778元，平均每户分红4462元。2017年其他产业盈利351500元，平均每人分得500元。土豆合作社吸纳一般贫困户27户，扶贫低保户16户，对入社户按照入社资金的30%进行分红，另外，土豆合作社带动五户贫困户脱贫，以对其种植的土豆优先收购、节日慰问等形式带动脱贫。

（拉　珍）

【负责人名录】

党委书记
　　米玛次仁（藏族）
党委副书记、乡长
　　毛　　鑫
党委副书记、人大主席
　　达娃次仁（藏族）
党委副书记
　　巴　　确（女，藏族）
党委委员、副乡长
　　次仁扎西（藏族）
党委委员、纪委书记
　　向秋曲珍（女，藏族）
党委委员、组织委员
　　普布卓玛（女，藏族）
党委委员、人武部部长
　　普布顿珠（藏族）
党委委员、宣传委员
　　胡　雯　娜（女）
副乡长
　　张　芳　芳（女，藏族）
　　薛　　婷（女）

农牧服务中心主任
　　普布卓玛（女，藏族）
文化服务中心负责人
　　多吉次仁（藏族）
色甫村第一书记
　　王云飞（满族）
其奴村第一书记
　　衡怡红（女）
色达村第一书记、副主任科员
　　旦增晋米（藏族，2月任）
副主任科员
　　雷春笙
副主任科员
　　拉　珍（女，藏族）
副主任科员
　　李昕哲（11月任）
副主任科员
　　李红蒙（10月任）

南木乡

【概况】 南木乡位于曲水县东北部，拉萨河下游北岸，与才纳乡隔拉萨河相望，西邻曲水镇，东临聂当乡，距离贡嘎机场15公里，与县政府相距20公里，距离拉萨市30公里，318国道横穿全乡而过，交通便利。南木乡下辖江村、南木村两个行政村，共有12个村民小组，乡政府位于江村。2017年，南木乡共811户3192人，劳动力2160人，总耕地面积6561.83亩，粮食产量132.55万公斤，年末牲畜总头数为0.58万头（只、匹）。全年实现经济总收入20264.41万元，同比增长30.49%。第一产业实现收入8343.86万元，占总收入41.17%；第二产业实现收入6781.49万元，占总收入33.47%；第三产业实现收入5139.06万元，占总收入25.36%。全乡完成社会固定资产投资3795万元，农牧民人均纯收入12793元。

【党建工作】 提高思想认识，促进学习教育常态化。2017年，南木乡围绕“两学一做”教育实践活动和“四讲四爱”主题教育实践活动，共组织开展老党员讲党课、扳起指头算一算、唱红歌文艺会演、党章党规知识竞赛等15次。开展理论学习宣讲活动共289场次，受众17929人次，撰写“两学一做”笔记400余篇，心得体会200余篇。根据县“四讲四爱”活动办开展“每晚一讲”活动要求，南木乡村“两委”班子、驻村工作队召集农牧民群众开展“每晚一讲”宣讲共289场次，受众17929人次。党的第十九次全国代表大会于10月24日结束，南木乡立即召开学习宣传贯彻党的十九大精神的动员部署暨培训会，乡政府组织开展学习十九大精神会议12次，南木村、江村共组织学习11次，印发20余套十九大精神学习汇编资料。

学习宣传贯彻党的十九大精神情况。南木乡在十九大期间，在政府大门、街边、路边悬挂国旗、标语，召集党员干部群众收看开闭幕仪式。11月7日，召开学习宣传贯彻党的十九大精神动员部署暨培训会，随后，各村也召开专题会议，对学习宣传贯彻十九大工作进行布置，同时制定《南木乡十九大精神学习方案》，明确学习内容和学习时间节点。及时制作《十九大学习材料汇编》20余本。机关党支部根据十九大精神学习方案，并结合“两学一做”学习教育，将十九大精神、新党章的宣传学习纳入到日常工作中来，坚持每周学习1次。11月15日，邀请自治区党校教授胡洁到南木乡宣讲十九大精神，受众110余

2017年2月8日，拉萨市副市长贡扎曲旺在南木乡江曲康复中心检查指导康复中心工作

人。根据十九大精神，结合南木乡实际，为壮大南木村经济，进一步发展，组织召开成立南木村集体经济公司前期准备工作会议3次，具体讨论南木村集体资源核定、集体公司结构组成、公司制度、股份分配等工作。

发挥党员的模范带头作用，选派党建指导员指导党建工作。乡党委围绕“一帮多、多帮一”认亲结对原则，要求南木乡党员干部与困难群众结成“对子”，进行帮扶监测和宣传引导，为开展精准脱贫工作打下坚实的基础。2017年，两个村都新建了村委会，配套有卫生间、食堂、浴室、戏台等。同时，为下沉干部和驻村工作队队员新建周转房16套共900平方米。基层委员会争取资金建设党支部党员活动室12个，完善党员活动室软件设施。同时选派第一书记2名、基层党委书记1名、下沉干部3名，并下派4名干部充实到驻村工作队当中，通过有效互动、联动提升，在推动精准扶贫、促进产业发展、服务基层群众、维护社会稳定等方面都发挥战斗堡垒作用。2017年10月，乡党委经过认真考虑，从乡机关藏族党员干部中，选派15名干部分别任全乡15个基层党支部党建指导员，全年共到对口党支部进行指导达70余次，对各个支部的标准化活动阵地建设、党支部成员工作职责、党支部日常活动、党员发展工作、党费收缴工作、党员干部学习教育等进行指导，截至年底已经详细掌握全乡党员结构和党员流向，党支部活动场所逐渐完成标准化，党支部成员和党建指导员的理论水平显著提高。

村党支部升格为基层党委，党小组设置为党支部。2017年8月，根据中共曲水县组织部的要求，南木乡党委积极落实关于将南木乡南木村、江村党支部升格为基层党委工作，期间共召开会议10余次，同时在升格为基层党委后，于12月全区基层村组织换届工作中，选举产生新一届基层党委书记等成员。在乡党委的领导下，两个村将原有党小组设置为党支部，并在11月选举出党支部的班子成员。

2017年11月22日，县委书记彭飞跃（左三）在南木乡调研工程项目建设情况

【纪检监察】 严明党的政治纪律，落实管党治党政治责任。2017年，乡政府坚持开展常态化警示教育，乡党委书记与党委班子成员谈话12人次，班子成员之间谈话15次，乡纪委根据实际工作，制定全乡日常工作督查清单共计60余条，严格督促各项工作落到实处。同时加强“三资”管理工作和对精准扶贫工作的监督执纪力度，每月对村级“三资”进行清查和监督，认真贯彻落实各项惠民资金，规范办理程序，简化办理手续；加大审查力度，确保换届工作顺利完成。2017年，南木乡成立村组织换届选举工作领导小组，为各村选派换届工作指导员2名，对换届选举方策、法律法规、换届纪律、重要意义等进行宣传教育，排查各类影响换届选举工作的隐患，并对现任班子进行离任审查。此次选举选民2116人，提名参选代表37人，得票率均超过80%，全部当选。顺利完成村“两委”班子换届。

【传统农业向有机农业转变】 2017年，南木乡明确任务落实，积极促进各村签订有机农业目标责任，农家肥积造量每亩可达750余公斤，下发有机肥18768袋，其中，生物有机肥9384袋，黄腐酸生物

2017年2月22日，乡党委书记旺扎，乡党委副书记、乡长成小龙在村委会集中开展节前慰问退伍军人家庭活动

有机肥 9384 袋，每亩有机肥达 2.8 袋。为杜绝农户使用化肥，南木乡还对农户家中储存化肥农药进行收集，收集化肥 77666.5 公斤。

【畜牧业可持续发展】 2017 年，南木乡完成黄改母牛参配 198 头，新生犊牛 155 头。南木乡 2017 年参与草原生态保护补助奖励机制的户数为 704 户，草场总面积为 22.7837 万亩，兑现草补资金 266379.17 元。2017 年，南木乡共 7280 头畜禽进行重大动物疫病强制免疫工作，其中，牛口蹄疫强制免疫 4195 头，羊口蹄疫强制免疫 809 只，猪口蹄疫强制免疫 154 头，鸡禽流感强制免疫 2122 只，免疫率达 99%。涉农保险工作。2017 年南木乡共有 570 户参与涉农政策性保险，参保率达 75%。4874 头（只、匹）牲畜参加涉农政策性养殖业保险，参保率达 70%。3353.7502 亩农作物参加涉农政策性种植业保险，参保率达 52%。同时兑现 2016 年养殖业出险资金 936200 元。

【林业生产工作】 2017 年南木乡农牧综合服务中心工作人员组织全乡党员干部和农牧民群众积极开展植树造林工作，共植树 970 亩。南木乡为 469 户农户发放 2814 棵庭院经济苗木。2017 年，南木乡采取药物防治的方法，对全乡林地进行防治，治理面积达 1883 余亩。同时按照青杨天牛防治要求对 833 亩林地的病害枝条修剪和集中焚烧。

【农田水利基础设施建设】 做好“河长制”工作。2016 年是开展“河长制”工作的第一年，南木乡严格落实区、市、县“河长制”工作的相关要求，对拉萨河、南木普曲、南木水库以及 7 个水塘实施“河长制”管理，坚持 2 级联动，乡级河长为乡长，村级河长为村委会第一书记，并在每一个河、湖安排 1 名管护人员，每天进行巡查及清扫。建立健全各项管理考核奖惩等 6 项制度。做好防汛抗灾工作。2017 年南木乡成立南木乡防汛抗旱领导小组，制定《防汛抗灾应急预案》，全年共清淤河道、水渠约 12000 米，维修加固水坝 50 米。做好农村安全饮水工程管理。2017 年，南木乡争取国家投资资金 23.47 万元，用于农村安全用水的建设管理。修建南木村 6 组达布水源地，解决南木村 6 组 45 人的饮水问题。维修水源 800 米。

【净土健康产业】 2017 年，南木乡共有高效节能温室 514 栋，占地面积 800 余亩，年产蔬菜达 205.66 万公斤。2017 年，南木乡高品质奶牛存栏达 79 头，规模化奶牛养殖基地 1 个。全乡有藏鸡规模养殖基地 4 个，共存栏藏鸡 1032 只。2017 年，南木乡共种植饲草 1150 亩，其中，箭舌豌豆 36 亩，苜蓿草 962 亩，青饲玉米 152 亩。

【农村集体资产股份权改革】 2017 年，南木乡积极开展农村产权制度改革，在坚持家庭承包制度的基础上，本着保护农民合法利益、尊重农民意愿的前提下，以不断壮大集体经济实力，不断增加农民的财产性收入为目标，通过资产清查、成员界定等，成立南木乡第一个农村集体资产经济合作社—曲水县骐灵农业综合开发农牧民专业合作社。合作社运行以村集体经济作为主要基金来源，共有社员 60 名（扶贫户覆盖率达到 100%），前期涉及农户 231 人，截至年底，兑现劳务费12万元。同时南木村完成成员界定等工作。

2017年2月14日，曲水县在江村举办三下乡活动

【脱贫攻坚工作】 南木乡根据县精准扶贫精准脱贫指挥部下达的攻坚脱贫工作目标任务，在南木乡脱贫攻坚领导小组的指导下，聚焦目标任务，大力实施“六项措施”。2017年全乡建档立卡130户468人（“五保户”33户33人），截至年底，有4户16人未脱贫（3户11人为新识别），贫困发生率为0.50%，达到在3%以下的标准。

以业脱贫方面。2017年，南木乡依托次珍奶牛合作社、骐灵农业综合开发农牧民专业合作社、南木村吉林卡产业项目、“鑫赛”蔬菜种植农民专业合作社28栋温室新建项目，惠及建档立卡贫困户60户，174人，经济增收约24.6万元。实现从“输血”到“造血”的目标，巩固扶贫成果。同时通过“春风行动”、才纳园区、柳梧招聘、培训等带动就业172人。以迁脱贫方面。2017年共搬迁38户。以补脱贫方面。2017年生态补偿岗位388人，较2016年新增31人。岗位资金按照每人每年3000元标准，总计兑现生态岗位资金969000元（不含2016年65个双岗）。定向补助人员176人，按照每人789元/年的补助标准，总计发放定向补助资金138864元。以助脱贫方面。2017年报销31人次的医疗费用，其中，门诊票据报销12人次，大病统筹住院报销16人次，以助脱贫住院兜底报销3人次，三项报销共计207068.45元。以保脱贫方面。南木乡五保户33户33人，低保户41户157人，2017年兑现以保脱贫低保资金630570.25元。以教脱贫方面。2017年，报销教育资金97人次，共计兑现教育资金337660元。南木乡仍在继续收集中职生、高中生及大学生相关票据，同时进行宣传教育，在保证其享受到优惠政策的同时能知党恩感党恩。

【完善民生保障体系】 2017年南木乡低保户48户，175人，A类11人，B类20人，C类144人。全年累计发放低保资金696329.5元。

2017年南木乡共统计寿星老人32人，共发放健康补贴106200元；享受低保、老年人两项补贴的人员共计28人，共发放补贴33600元。兑现临时救助资金26000元。发放麻风康复患者门诊票据报销和去世人员安葬费共12721.9元。发放南木村3组重点优抚对象2015年优抚金11207.5元。2017年，民政大病医疗救助资金兑现救助金282020.5元。发放重度残疾人、困难残疾人、特困残疾人补贴、残疾人机动车燃油补贴共300220元。2017年，南木乡“一孩双女”共51人，按照一年每人960元标准发放2016年的资助金。2017年南木乡特别扶助对象9人，特扶伤残3240元/年，死亡4080元/年。

2017年，南木乡城镇居民养老保险共19户，31人，征缴到龄人员养老保险金8人，同时进行2次城乡居民养老保险征缴工作，全年共征缴184500元。

2017年，南木乡组织召集18户缺粮户进行粮食发放活动，活动共发放大米18袋，面粉18袋，食用油18桶。

2017年，各级单位以集中和入户慰问的方式走访慰问南木乡低保户、“五保户”、优抚对象、结对帮扶对象、退伍军人家庭、残疾人、麻风患者、贫困母亲等弱势群体103户，113人，慰问资金46300元。

1—6 月，南木乡开展为期 12 天的合作医疗筹资工作，共 3137 人，筹资 94110 元，筹资率接近 100%。同时向农牧民群众宣传包虫病预防知识，发放藏汉双语版的《曲水县南木乡健康知识读本》1000 多册，此外还对沿街 27 户商铺进行定时、不定时的检查。

【教育资助工作】 2017 年，全乡共发放 2016 年建档立卡学生资助资金 250760 元，发放非建档立卡 36 名学生资助金 844760 元。兑现 3 个 2017 年家庭经济困难大学新生入学资助 2000 元。2017 年，乡政府投资 86500 元用于小学基础设施标准化建设。

【项目推进工作】 2017 年，南木乡固定资产投资目标为 3500 万元，已完成 3795 万元，完成年度目标的 108.43%。

【精神文明建设】 以“3·28” 西藏百万农奴解放纪念日、“五四” 青年节、“七一” 中国共产党成立、“雪顿” 和“中秋” 等节日为契机，组织全乡青年群众开展丰富多彩的文体活动 8 次，参与人 1500 余人次，同时与小学共同开展南木乡 “心连心打造许愿树，手拉手共筑少儿梦” 特色活动 1 次。

【生态文明建设】 2017 年共召开环保会议 5 次，制作横幅 6 条，广告牌 10 个，展板 3 个，环保袋 8 大袋，进行环境整治工作 40 余次，参与群众 3000 余人次。举办曲水县 “绿色储蓄银行” 活动启动仪式、庆雪顿全民低碳徒步行等大型环保活动 2 次。利用 “六一” 儿童节、“七一” 中国共产党成立等节日活动进行宣讲和发放禁白、保护水资源、新环保法、环保扑克牌（藏文版）宣传册及其他环保宣传册 1000 余份，对环境卫生理念进行宣传教育，受教育群众达 1500 余人。两村组织精准扶贫户对村庄内的环境卫生进行定期的打扫和维护。通过环境整治工作，南木乡 318 国道沿线大石块、大土堆和常见垃圾已清理完成。

【妇联特色工作】 2017 年，南木乡结合 “四讲四爱” 主题实践活动在全乡干部职工和农牧民妇女家庭开展 “寻找最美丈夫” 和 “文明家庭” 系列活动，紧紧抓住 “三八” 妇女节重大节日的有利契机，组织两村妇女同志分别开展丰富的节日活动 2 次，参与人达 980 人。此外，组织 30 名妇女参加缝纫创业培训，30 名妇女参加藏汉双语学习 “巾帼夜校” 第二期培训班，其中建档立卡贫困户有 21 名妇女。同时认真做好农村妇女 “两癌” 免费检查数据的宣传、采集工作。

【援藏工作】 2017 年，援藏兄弟市泰州市人民政府，在充分了解到南木乡的现状后，通过援藏途径，为南木乡两个村分别解决 10 万元的两个工程项目。项目一南木乡江村购买大型饲料粉碎机、打包机等设备。项目二南木乡南木村村庄太阳能路灯安装项目，安装太阳能路灯 22 盏。

（王　星）

【负责人名录】

乡党委书记
旺　扎（藏族）

乡党委副书记、人大主席
尼玛仓姆（女，藏族）

乡党委副书记、乡长
成小龙

乡党委委员、江村第一书记
巴桑次仁（藏族）

2017年6月1日，南木乡联合乡小学开展 “大手牵小手 小手拉大手” 环保进校园活动

乡党委委员、纪检书记
哈 丽 玛（女，藏族）
乡党委委员、组织委员
达　　珍（女，藏族）
乡党委委员、副乡长、人武部部长
李 旭 升
乡党委委员、副乡长、农牧综合服务中心负责人
次　　珍（女，藏族）
副乡长、精准扶贫办主任
巴桑拉姆（女，藏族）
乡社会经济与发展办公室主任
德吉卓嘎（女，藏族）
南木村第一书记
索朗达杰（藏族）
乡农牧综合服务中心主任
白 冬 梅（女）
副乡长
黄 宇 杰
副主任科员
米玛次吉（女，藏族）
贡觉次仁（藏族）

聂当乡

【概况】 聂当乡地处曲水县东北部，318国道沿线，距县城37公里，距拉萨市区20公里。东邻堆龙德庆区，西靠南木乡。全乡土地面积15888.84公顷，辖2个行政村16个村民小组，登记户籍1530户4792人。辖区有小学1所，幼儿园2所，寺庙3座，合作社27家。2017年，全乡经济收入18563万元，农牧民群众人均可支配收入达到12802元，同比增长15.35%。

【基层党建】 党的十九大是在全面建成小康社会决胜阶段、中国特色社会主义进入新时代的关键时期召开的一次十分重要的大会。乡党委高度重视，及时召开十九大报告和习近平新时代中国特色社会主义思想专题学习会，要求党员干部当好表率，把党的十九大精神学懂学深学透。同时，加大学习宣传力度，集中开展宣讲活动，充分利用“书记讲党课”方式，加强对聂当乡各单位进行精神宣讲。并邀请自治区党校教授胡洁、拉萨市委党校教授格桑次仁到聂当乡进行十九大精神宣传。

党的建设有序推进。年内，乡党委落实为民办实事项目15件，走访慰问群众108户，累计投入资金30.35万元。通过结对帮扶，党员干部对老党员、困难户进行慰问，帮助村民改善基础设施等，累计投入资金29万余元。从乡机关选派6名优秀干部下沉到村“两委”班子开展工作，提高村级党组织工作能力和服务水平。新发展入党对象19名，共培养入党积极分子42名，转为正式党员16名，着力加强党员教育，大力提升党员队伍素质。

紧扣“四讲四爱”主题，突出“讲党恩爱核心”这个重点，重点宣讲好习近平总书记系列重要讲话精神，开展好爱国主义、民族团结、新旧西藏对比、反分裂斗争、“四观”“两论”教育。通过集中宣讲教育，引导党员干部牢固树立“四个意识”，教育引导各族干部群众自觉维护祖国统一和民族团结，教育引导广大农牧民群众崇尚科学文明，破除陈规陋习，淡化宗教消极影响，反对封建迷信，自觉遵纪守法。

党风廉政成效显著。制定《聂当乡党风廉政建设和反腐败工作计划》、聂当乡2017年党委领导班子成员党风廉政建设责任目标分解表，以乡党委书记为组长的党风廉政建设和反腐败工作领导小

2017年12月22日，县委副书记、县长格桑邓珠（左三），县人大常委会主任平措一行在聂当乡调研土地规划并指导工作

组、“三公”经费专项检查领导小组，全年保持高压监督状态。严格履行请、销假制度，并与奖惩挂钩。工程项目等支出，做到谁经手谁签字，谁分管谁负责，并将预决算明细清单、合同等与发票一同整理备查。规范财务制度，严格实行收支两条线，控制一般性开支，真正起到节流的效果。加强领导干部廉洁自律责任，严格执行对村级党员干部廉洁自律监督，完善廉政建设制度、述廉述职制度、重大事项报告制度。

2017年12月15日，乡党委副书记扎西为村民宣讲精准扶贫惠民政策

【团员工作】 围绕乡党委的中心工作，遵循“服从大局，服务社会、教育青年”的原则，大力加强团的思想建设和组织建设，全面拓展团的各项工作，开创共青团各项事业的新局面。有计划、分层次地组织青年团员深入开展政策理论学习。召开团干部会议集中学习，为广大青年团员做好表率作用。开展青年创业大赛活动，推出索朗家具合作社和诺旺达家具合作社2个聂当乡的名片。2017年，新发展团员20余名，并在积极发展新团员的基础上，做好推荐优秀团员入党工作，全乡“推优入党”人数8人。

【推动民生发展、改善群众生活】 脱贫攻坚取得胜利。2017年，全乡共脱贫80户270人，截至年底，剩余9户21人未脱贫，聂当乡两村已全部经过县、市审核整体退出贫困村。按照“六脱”规划，以迁80户252人，其中，才纳搬迁户27户124人、柳梧搬迁户53户128人；以保92户234人，其中，低保户58户200人、“五保户”34人；以业104户266人，向贫困户提供分红的产业4家；以补岗位共280个，其中，建档立卡248个、边缘贫困户32个；以教脱贫190人，以助脱贫62人。

民生工作成果显著。2017年，高校新生70余名，建档立卡户学生12名，高校毕业生28名，建档立卡户学生3名。普通话水平测试150人，其中，在校学生45名、普通群众105名。学生资助工作有序进行，所有符合条件的学生全部享受资助政策。全乡现有低保户60户202人，其中，建档立卡户37户114人，2017年，共发放低保金40万余元。为农村低保边缘困难家庭49人按最低标准每人2000元，发放一次性救助资金共157680元。大病救助18人。为年满80周岁的36位老人按拉萨市统一标准发放补助共9500元，寿星老人资金共发放49500元。为5名分散“五保”老人共发放生活补助13424元，对114名持证残疾人开展帮扶活动2次，8月份，帮扶雨季房屋受灾群众共计11户。

【经济建设】 农、林、牧业发展良好。聂当乡总耕地9719.24亩，2017年种植粮食作物4095.54亩，经济作物4976.44亩，粮、经、饲比例为42.1:51.2:6.7。土地流转共计6611.56亩，占耕地总面积的68%。组织两村村委会回收各类化肥共635.1袋，约30.9吨，回收各类农药98箱230袋。全年共积造农家肥529.22吨，从山南购买农家肥1297.86吨，每亩耕地上所施农家肥达1000公斤以上。2017年，牲畜存栏共计3868头（只、匹）。春季防疫共免疫禽畜4702头（只、匹），免疫率达到100%，秋季防疫共免疫6417头（只、匹）。2017年，草场未超载1003户2859人，承包草场面积与草畜平衡面积同为108576.85亩。

超载户为454户1701人，承包草场面积41997.89亩，享受补助奖励机制资金为162865.28元。

合作社经济健康发展。2017年，聂当乡共有农牧民合作社27家、苗木种植类7家、蔬菜种植类4家、养殖类4家、家具制造2家、手工制品制作类2家、藏面粉加工2家、农机类1家、工程类1家、农产品加工、销售类1家、粮油加工及销售类1家、制砖类1家。成员共计651人。其中，注册资金100万元以上有5家。2017年，向贫困户提供分红4家。

【建设服务型政府】 坚决落实上级政策要求，不断提升政府服务能力，以提高服务质量为目标，坚持把机关效能工作列入党委、政府的重要议事日程，成立效能建设领导小组，不断地提高政府机关干部职工的整体素质。积极拓宽“快捷、便民、服务”新渠道，乡政务服务中心共设户籍服务、民政服务、卫生服务、教育服务、社保服务、四业服务、住建服务、国土资源规划服务八个窗口，全面落实一站式服务及限时办结制，整合乡派出所等部门，实现资源共享，达到群众办事“一站式办理”，与县职能部门“无缝式共享”的目的，服务水平得到有效提升。在2个村设立便民服务代办点，方便群众咨询，接受群众委托代办等服务。2017年，乡政务服务中心受理群众服务事项1856件，办结1850件，办结率为99.7%，开展民情恳谈26次，收集民情民意30多条。政务、村务“三公开”工作不断规范，切实保障群众的知情权、表达权、参与权和监督权。其他有关部门共处理劳资纠纷4起，涉及金额24380元。全民参保暨保障卡数据采集工作，共采集人员3830余人，全部完成合作医疗筹资工作，筹资率达到100%。用16天时间全面完成包虫病体检工作，体检人数为2306人。

2017年4月25日，聂当乡召开第十三届人民代表大会第二次会议第一次全体会议

农村集体资产股份权能改革试点工作。聂当乡热堆村农村集体资产股份权能改革工作是全面贯彻落实党的十八大和十八届三中、四中、五中、六中全会和十九大精神，积极探索农村集体所有制的有效实现形式，不断壮大农村集体经济实力，以赋予农牧民更多财产权利为重点，对农村集体经济资产清产核资、农村集体经济组织成员身份开展界定工作，着力推进农村集体经济组织股份合作制改革。热堆村从2016年8月开始着手准备关于农村集体资产股份权能改革工作的相关方案，经过宣传会、讨论推进会、与县乡领导讨论研究、确定并公示成员界定名单以及相关领导的巡查指导等工作环节，最终确定对纳入农村集体资产股份权能改革的成员实行每人1000元的分红，确保热堆村经济稳步发展。

【生态文明建设】 实施绿化美化工程。组织人员义务投劳，在公路两侧、拉萨市垃圾填埋场周边、学校等种植景观树3650棵、180亩。2017年，聂当乡共设置6个网格，网格化管理模式效果显著，确立“生态保护—经济发展—社会和谐”发展模式，并按照集中连片的原则将乡域划分为7个卫生片区，每个片区的卫生环保工作由1名乡干部联合驻村干部组织片区内村支书、联户代表、企业负责人组成的工作小组负责、协调。共组织开展环保志愿服务活动5次，悬挂横幅16条，整理房前屋

2017年6月30日，聂当乡党委召开“讲党恩爱核心”庆建党96周年“七一”总结表彰大会

后卫生1500户，发放环保宣传册600余册，LED显示屏滚动字幕宣传60余次，召开主题宣讲会10场，涉及人数4600人。全乡配备23名环境保护监督员，建有20处垃圾收集池及2个公共厕所，成立保洁队伍，配备日常保洁人员15名、压缩式垃圾转运车1台和3台垃圾清运拖拉机、7台电动垃圾收集车，做到生活垃圾日产日清，垃圾日清运量0.8吨，杜绝“白色污染”。督促企业中的“排污大户”节能减排，实施清洁化生产，合理运营。

【综治维稳工作】 加强综治维稳工作，保证全乡安全稳定。制定工作方案，层层签订责任书，以争取人心为关键，认真开展宣传教育活动。提高安排部署，进一步加强情报信息工作和值班制度，狠抓民事纠纷调处，贯彻落实安置帮教工作，抓好重点部位的整治工作，抽调乡政府得力人手入住寺庙、村委会，组成工作队，全天候开展工作。通过努力，全乡实现无群体性上访、无纠纷械斗、无重大事故灾害、无民转刑案、无非正常死亡“五无”，为“和谐聂当”的构建提供强有力的保障。

（邹俊栢）

【负责人名录】

县委常委、统战部部长、乡党委书记
　　巴　珠（藏族）
党委副书记
　　扎　西（藏族）
党委副书记、乡长
　　赵有艳（女）
党委副书记、人大主席
　　扎　东（藏族）
党委副书记
　　尼玛次仁（藏族）
党委委员、纪委书记
　　拉姆次仁（女，藏族）
党委委员、纪委副书记、组织委员
　　巴桑卓玛（女，藏族）
党委委员、副乡长、人武部部长
　　次　旺（藏族）
党委委员、副乡长
　　周秀丽（女）
财务所所长
　　格桑美多（女，藏族）
副主任科员
　　张君泽
　　王　景（女）

曲水县才纳国家现代农业示范区管理委员会

【概况】 曲水县才纳乡国家现代农业示范区管理委员会位于曲水县才纳乡才纳村境内，是西藏唯一一个全国农村改革试验区，也是西藏唯一一个整乡推进的国家级现代农业示范区。自2013年9月在拉萨市委召开关于曲水县净土健康产业专题会议以来，管委会积极响应市委、市政府对于净土健康产业工作的一系列决策和部署，大力发展净土健康产业园区。2017年，在县委、县政府的正确领导下，在县各部门的支持帮助下，管委会紧紧围绕着力打造一流观光型现代农业科技园区和示范基地形成产、学、研一体化产业园区。这一中心工作和重点工作，加快推进传统农业向现代农业转型发展，在区、市、县党委、政府的坚强领导下，紧紧围绕抓净土健康产业就是抓民生、抓稳定、抓生态、抓长期建藏的发展理念，不断探索三次产业融合新模式，加快推进传统农业向现代农业转型发展，以“一二三四一”新的理念、新的方法和新的措施，依托“水、土壤、空气、人文环境”四不

2017年9月11日，自治区党委常委、拉萨市委书记白玛旺堆（左）在曲水县才纳国家现代农业示范区调研，图为白玛旺堆在温室大棚查看西瓜长势情况

污染的特色资源优势，强势推进曲水净土健康产业，呈现出良好的发展态势，并走在全市新路子的前面。示范区由曲水县净土健康产业一期A园区，一期B园区及二期园区组成，共占地面积近20000亩。

【园区定位】 根据区位及环境优势，曲水县才纳国家现代农业示范区定位为现代农业、科技农业、观光农业、有机农业、生态旅游、科普教育与体验经济为一体的休闲农业和净土健康产业园区，同时与雄色千年古寺、高原田园风光、才纳乡小城镇民俗旅游观光区相结合，形成产、加、销、购、娱为一体的休闲旅游体验观光带，以推进高原有机农牧业生产为基础，以创新有机示范为抓手，重点发展高原特色农牧业，特色农畜产品加工业、中藏医药产业、健康休闲旅游业、民族文化产业及饮品产业。

【企业运行情况】 2017年，曲水县才纳国家现代农业示范区共有实体企业8家。以推动净土健康产业品牌化发展为己任，提升产业整体文化，从而实现净土健康产业品牌富民、富县、富藏的伟大目标。示范区充分地利用曲水县的水资源、土地资源、大气资源、人文环境“四不污染”，不断挖掘曲水县具有民族化、区域化、人文特色的特色产品，利用曲水县青稞、藏药材等传统优势作物和新种植的特色作物，大力开发具有自主知识产权的食品、药品、饮品、饰品“四品”。鼓励引导曲水县企业申请“三品一标”。先后共打造20余个品牌。截至年底，园区联合曲水县各企业和有关部门成功地打造出贵州茅台玛咖酒、玛咖饮品、玛咖粉、卓玛的故事玫瑰系列化妆品、甲色梅朵系列鲜花饼、面包等食品、葡萄酒、藏边大黄酒、辅酶Q10牙膏、黑青稞啤酒等四十余种享誉区内外的产品。2017年11月3日，曲水县获得葡萄、牛蒡、车厘子、油菜、玉米5种经济作物的有机转换认证。

【产业成果】 2017年，着力打造中藏医药产业，全县现推广种植黄芪、党参、当归、藏木香、玛咖等20余种汉藏药材，种植面积达11562.24亩。高原类球根花卉种球繁育基地，引进试种培育种植郁金香、百合、唐菖蒲、玫瑰、葡萄、枸杞等种植面积达5160余亩，“秀色才纳”成为国家AAA级旅游景区，游客突破10万人次，实现产值1.32亿元。奶牛养殖合作社发展到6家，养殖大户701家，投资2.8亿元的奶牛养殖基地在建中，订购第一批500头高产奶牛已到达曲水，由于基地建设中现安放在达嘎奶牛场，项目运营期间存栏奶牛将达3361头。同步建设有机肥厂，计划种植饲草3.12万亩，循环经济体系得以形成。藏鸡产业藏黑鸡、藏麻鸡等特有良种繁育步伐加快，良种藏鸡养殖小区已经达到8个，2017年养殖数量达到6.5万羽，其中，集中养殖藏鸡数为14330羽，截至年底，已经有“达嘎珠布扩仓藏鸡蛋”和“茶巴拉乡藏鸡蛋”“达嘎三有鸡蛋”推向市场。食用菌产业通过聂当食用菌基地辐射带动才纳园区、聂当乡泽西生物有限公司、聂当个体户等2017年白肉灵芝已产32.5万棒、双孢菇已产154万棒、鲜菇60万棒，实现总产值1488万元。2017年，野生动物保护方面，建设拉萨净土健康产业野生动物保护园，在原先已有20余种动物的基础上引进保护斑马、羊驼、孔雀等动物，并开工建设猛兽区、儿童乐园、停车场等设备设施。全县净土健康产业签约资金达到7亿余元。

【人才培养】 2017年，曲水县通过聘请专家、人才引进、外出交流学习、开展培训班、不断加强对净土健康产业各方面人才培养。截至年底，曲水县净土健康产业相关合作社有132家，直接培训农牧民群众达到2285人，为净土健康产业的可持续发展提供人才和智力支持。在发展净土健康产业过程中，农牧民群众掌握一定技术技能，带动贫困户在“以业脱贫”上做文章，有效实现精准脱贫。净土健康产业为农牧民群众提供就业岗位1900余个，农牧民人均增收8000元以上。

【特色产业】 曲水玫瑰。曲水县从2013年开始种植，玫瑰色泽鲜艳，由于光照强，早晚温差大，几乎没有病虫害，种植技术比较成熟。在县政府的牵头与推广之下，按照有机方式种植，其中，作为曲水县长期种植的特红玫瑰比较出名。

曲水县在海拔平均海拔在3600米以上5895米以下的曲水镇、才纳乡、聂当乡、南木乡、达嘎乡、茶巴拉乡均适合种植玫瑰，其中5个乡1个镇各有200亩，分别是达嘎乡、才纳乡、南木乡、聂当乡、茶巴拉乡和曲水镇。曲水玫瑰已开发出玫瑰鲜花饼、玫瑰精油、玫瑰纯露、玫瑰化妆品系列产业，带动玫瑰系列产业达1个亿元。

曲水万寿菊。万寿菊于20世纪70年代就已经在曲水县有小规模的种植，后来由于市场经济发展，由于阳光充足，昼夜温差大，病虫害少，曲水万寿菊品种和色泽较好，外地来订货的客商较多，也逐渐打开曲水县万寿菊的种植发展之路，至2013年，已经形成具有本地特色的万寿菊种植基地和种植技术。万寿菊在5月中旬6月初播种，当万寿菊苗茎粗0.3厘米、株高15—20厘米、出现3—4对真叶时即可移栽。万寿菊应在温度低、湿度大时采收。万寿菊采收过早、往往采收后花朵不易正常开放。一般是在开花前1—2天采收。

曲水雪菊。曲水县平均海拔在3600米以上，日夜温差较大，日照时间长，辐射强，曲水雪菊自然生长的良好保障，2013年，以才纳乡为主要产地之一就已种植上千亩，并逐步带动附近乡镇的曲水雪菊种植。实行“公司＋基地＋种植户”，截至2013年年底，曲水县雪菊的种植高品质雪菊超过1200亩，曲水县管委会种植面积超过800亩，曲水净土产业投资开发有限公司种植面积超过5000亩，占本地雪菊种植面积的85%，亩产量为100—130公斤/亩。雪菊汤色清透绛红，冲泡出来口感好有淡淡清香，品后留有甘甜。

曲水大黄。在曲水县长期的种植培育中，形成曲水县特有的种植技术，包括病虫害防治、田间管理、收获、储藏、运输技求。其中以本地藏边大黄最为突出，种植面积也最为广泛。实行“公司基地＋种植户”模式，对大黄采挖、包装、运输、销售实行统一管理。星夜温差大的环境利于根茎的膨大和有效成分的积累，由于曲水县昼夜温差大，亩产量较低，能达到600公斤亩鲜品，晒干后不到200公斤/亩。

2017年6月2日，自治区银监局副局长钟俊（左二）在曲水县调研净土健康产业

2017年5月17日，曲水县才纳国家现代农业示范区工作人员为农牧民发放玛咖苗子

曲水牛蒡。曲水县牛蒡个人种植历史已经超过10年，于2014年形成大规模化种植。牛蒡主要功能为药用和茶饮，也有良好的保健功效，县里不断总结出牛芽种植技术，通过技术人员向种植人员培训病虫害防治、田间管理等，按有机产品的标准种植。牛蒡根含有人体必需的各种氨基酸，且含量较高，尤其是具有特殊药理作用的氢基酸含量高，如具有健脑作用的天门冬氨酸占总氨基酸的25%—28%，精氨酸占18%—20%，且含有钙、镁、铁、锰、锌等人体必需微量元素。

曲水郁金香。曲水县从2012年开始种植，2013年，成功在才纳乡大面积推广，2014年，成功举办首届郁金香节。才纳园区被评为AA风景区，已成为曲水县和拉萨百姓赏花游玩的好去处，曲水种植条件优越，郁金香品质优良。独特的高原气候条件选育出独有本地特色的曲水郁金香品种。曲水县大规模的种植郁金香已达5年之久，经常有兄弟县到曲水学习种植技术，郁金香已经成为曲水县的一张名片，年外销量达到种植产量的90%。

曲水油用牡丹。油用牡丹在西藏主要是在曲水县大面积栽种，曲水县所种植油用牡丹品质优、油用牡丹不饱和脂肪酸含量高，达嘎乡、才纳乡、南木乡、聂当乡茶巴拉乡和曲水镇均有种植。以“农户＋基地合作社”模式，政府指导种植由专门公司负责回收。亩产油用牡丹籽190公斤，带动涉农老百姓人均增收2000元。2015年，曲水县请内地油用牡丹种植技术人员对油用牡丹种植户进行种植技术培训，编制曲水油用牡丹种植规程，在全县内推广油用牡丹种植。

曲水黑枸杞。曲水黑枸杞的生长适应性很强，能忍耐38.5摄氏度高温，在曲水县的长期栽种过程中也逐步形成具有本地特色的黑枸杞品种和种植方法，并将黑枸杞发展成为曲水县大面积栽种的经济作物之一。2013年，培训老百姓黑枸杞种植技术500余人，2014年，培训人数超过600余人，2015年，培训人数超过650余人，2016年，培训人数超过700余人，2017年，培训人数超过750余人，曲水县黑枸杞产量可达300公斤/亩，带动涉农老百姓人均增收3000元。

黑青稞。曲水县是黑青稞种植原产地之一，有多年种植历史，面积较大，种植技术成熟，种植的青稞除供给当地藏族老百姓食用之外，还供给拉萨地区藏族老百姓食用，产品供不应求。按照有机方式种植，曲水县积极培育龙头企业种植曲水黑青稞，已经取得国家有机产品证书。只种植一季，其他季节休耕。产量极低，平均亩产225公斤。平均每年可为曲水县群众增收207万元，种植户户均增收6680元。曲水县种植黑青稞分布在达嘎乡、才纳乡、南木乡、聂当乡、茶巴拉乡和曲水镇，曲水县正在积极研发黑青稞系列副产品，促进群众增收致富奔小康。

（次　央）

【负责人名录】

管委会主任

洛桑旦巴（藏族）

曲水县工业园区管委会

【概况】 曲水县工业园区总体规划面积为12.4平方公里，由聂当工业集中区和曲水县城工业集中区组成，呈“一区两园”结构。按照“二产抓重点”的发展战略，曲水县委、县政府立足自身实际，提出“工业强县”的发展战略。为增强自身造血功能，2005年，建立聂当工业集中区，该集中区主要入驻新型建筑建材、民族手工业、再生资源利用类企业。2006年，自筹资金成立县城工业集中区，该集中区主要入驻藏医药、农产品生产加工、生物科技等净土健康产业类企业。2007年，在区、市两级政府和党委的大力支持和帮助下对两个工业集中区做了统一规划。2013年底，曲水工业园区正式成立。

【园区定位】 2017年，根据现有产业优势工业园区产业定位为新型建筑建材、民族手工业、净土健康产业、电子科技、藏医药、再生资源循环利用为主导的产业集群。

【园区企业】 截至年底，曲水县园区注册实体企业共55家。聂当工业集中区实体企业共41家。集中区主要以新型建筑建材、民族手工业、再生资源利用类企业为主。县城工业集中区实体企业14家该集中区主要以藏医药、农产品生产加工、生物科技等净土健康产业类企业为主。

【园区经济】 2017年，曲水县工业园区完成工业增加值5.12亿元，同比增长–18%，完成年目标任务（5.35亿元）的96%。工业销售产值完成9.71亿元，同比增长–36%，完成年目标任务（17.63亿元亿元）的55%。工业税收完成1.15亿元，同比增长1.5%，完成年目标任务（1.235亿元）的93%。招商引资到位资金3.2亿元，同比增长–33%，完成年任务（5.78亿元）的55%。

【工业性投入】 2017年，曲水工业园区固定资产投资完成3.5亿元，同比增长–51%，完成年目标任务（8.81亿）的40%。

【品牌建设】 2017年，曲水县加大对品牌建设和科技创新的扶持力度，西藏求本生物科技有限公司拥有五项国家发明专利技术，“夏天无真空冷冻干燥工艺、夏天无粉的制备工艺（专利号CN201110099459.8）”“紫珠叶真空冷冻干燥工艺、紫珠叶粉的制备工艺(专利号CN201110205591.2)”“一种中药余甘子的加工工艺（专利号CN201110231719.2)”“一种益母草的加工工艺(专利号CN201310136454.7)” 黄蜀葵花的加工方法（专利号CN201310561294.0)。

【全面推进建筑建材产业园】 截至年底，县工业园区管委会正与拉萨市城投沟通，将引入建筑建材产业园，该项目总投资30亿元，8个项目，分两期实施，一期计划投资15亿元。建筑建材产业园的引进将带动园区经济增长及当地农牧民就业。

（尼玛央金）

【负责人名录】

主　任

李常建

受县(区)级以上表彰的先进集体名录

表3

获奖单位	获奖名称	表彰时间	授予单位
曲水县林业绿化局	全国防沙治沙先进集体	2017年	人力资源社会保障部、全国绿化委员会、国家林业局
达嘎乡卫生院	全国优秀家庭医生团队	2017年	国家卫生和计划生育委员会
曲水县教育(体育)局	中华人民共和国第十三届运动会2013-2016年度群众体育先进单位	2017年	国家体育总局
曲水县文广局	全国扫黄打非工作进基层示范点	2017年	国家扫黄打非办
曲水县民政局	"双拥"模范县	2017年	中共西藏自治区委员会、西藏自治区人民政府、西藏军区
江村	先进村(居)	2017年	中共西藏自治区委员会、西藏自治区人民政府
曲水县纪律检查委员会(监察局)	2017年在"强基础、惠民生"工作中荣获区党委优秀组织奖	2017年	中共西藏自治区委员会
曲水县雅松民间艺术团	感党恩、爱核心喜迎党的十九大全区民间文艺会演获得优秀作品奖	2017年	西藏自治区党委宣传部、西藏自治区文化厅、西藏自治区新闻出版广电局
茶巴拉村委会	2016年度全区五四红旗团支部	2017年	共青团西藏自治区委员会
聂当乡	全区乡镇(街道)工会规范化建设"'八有'达标单位"	2017年	西藏自治区总工会
武警曲水中队	先进基层单位	2017年	武警西藏总队
曲水县公安局曲水镇派出所	全区优秀公安基层单位	2017年	西藏自治区公安厅
曲水县人社局	2016年度全区人力资源和社会保障系统先进集体	2017年	西藏自治区人力资源和社会保障厅
曲水县教育(体育)局	全国校园足球特色县	2017年	全国校园足球工作领导小组、西藏自治区教育厅、西藏自治区体育局、拉萨市教育局、拉萨市体育局

续表3

获奖单位	获奖名称	表彰时间	授予单位
中国农业银行曲水县支行	“七一”诗词朗诵比赛第二名	2017年	中国农业银行西藏自治区分行营业部委员会
曲水县政府办	拉萨市2017年度民族团结进步模范集体	2017年	拉萨市委、市政府
曲水县委政法委	2017年度“先进双联户”创建活动先进县	2017年	拉萨市委、市政府
曲水县公安局交警大队	拉萨市深化全国文明城市创建先进单位	2017年	拉萨市委、市政府
曲水县人民法院	拉萨市先进集体驻村队	2017年	拉萨市委、市政府
县财政局	2017年强基础惠民生活动优秀组织单位奖	2017年	拉萨市委、市政府
曲水县农牧局	拉萨市2015—2017年科技工作先进集体	2017年	拉萨市委、市政府
曲水镇	拉萨市民族团结进步创建活动示范单位	2017年	拉萨市委、市政府
色麦村委会	拉萨市创建全国民族团结进步示范市活动先进集体	2017年	拉萨市委、市政府
江村	2017年度“先进双联户”创建活动先进村	2017年	拉萨市委、市政府
柏林村委会	2017年度民族团结进步模范集体	2017年	拉萨市委、市政府
曲水县政府办	2017年度全市安全生产先进单位	2018年	拉萨市人民政府
曲水县人力资源和社会保障局	拉萨市二〇一六年度优秀基层劳动就业社会保障公共服务平台	2017年	拉萨市人民政府
曲水县人力资源和社会保障局	拉萨市二〇一六年度基层劳动就业社会保障公共服务平台建设工作先进集体	2017年	拉萨市人民政府
曲水县安监局	2017年度拉萨市安全生产先进单位	2018年	拉萨市人民政府
曲水县农牧局	拉萨市2016年度深化农村改革先进县	2017年	拉萨市人民政府
曲水县教育(体育)局	拉萨市2016年度小学教育教学质量二等奖	2017年	拉萨市人民政府
曲水县教育(体育)局	第四届拉萨篮球联赛体育道德风尚奖	2017年	拉萨市人民政府
聂当乡	拉萨市2016年度“优秀基层劳动就业社会保障公共服务平台”	2017年	拉萨市人民政府
曲水县雅松民间艺术团	深入开展“四讲四爱”主题教育实践活动，喜迎党的十九大第三届拉萨市民间艺术团文艺会演获得歌曲类二等奖	2017年	拉萨市人民政府、拉萨市委宣传部
曲水县雅松民间艺术团	深入开展“四讲四爱”主题教育实践活动，喜迎党的十九大第三届拉萨市民间艺术团文艺会演获得歌曲类三等奖	2017年	拉萨市人民政府、拉萨市委宣传部
曲水县人大常委会办公室	拉萨市人大系统“庆七一、学党章、喜迎十九大”暨“两学一做”知识竞赛三等奖	2017年	中共拉萨市人大常委会党组

续表3

获奖单位	获奖名称	表彰时间	授予单位
曲水县人社局	2016 年度目标考核一等奖	2017 年	拉萨市人民政府、拉萨市人力资源和社会保障局
曲水县人社局	2016 年度拉萨市人社系统县区信息考核第一名	2017 年	拉萨市人力资源和社会保障局（拉萨市公务员局）
曲水县人社局	2017 年度全市质量工作先进单位	2017 年	拉萨市"质量强市"办公室
曲水县司法局	2011—2015 年法治宣传教育先进集体	2017 年	拉萨市委宣传部、拉萨市司法局、拉萨市普法办
曲水县人民检察院	2016 年度基层检察院考核中被评为综治维稳先进单位	2017 年	拉萨市人民检察院
曲水县人民法院	全市法院信息工作先进集体	2017 年	拉萨市中级人民法院
曲水县人民检察院	2016 年度全市工会结对帮扶村（居）工会工作先进集体	2017 年	拉萨市总工会
曲水县纪律检查委员会（监察局）	2016 年度全市工会结对帮扶村（居）工会工作先进集体	2017 年	拉萨市总工会
曲水县卫计委	2017 年度拉萨市卫生应急技能竞赛团体二等奖	2017 年	拉萨市卫计委、拉萨市总工会
曲水县人民法院	妇女儿童维权岗先进集体	2017 年	拉萨市人民政府妇女儿童工作委员会
曲水县人民法院	拉萨市巾帼文明岗	2017 年	拉萨市人力资源和社会保障局、拉萨市妇女联合会
曲水县人民检察院	拉萨市三八红旗集体	2017 年	拉萨市人力资源和社会保障局、拉萨市妇女联合会
曲水县人社局	2016 年度拉萨市人社系统优秀调研课题	2017 年	拉萨市人力资源和社会保障局（拉萨市公务员局）
曲水县工商局	拉萨市工商系统 2017 年度目标考核第二名	2018 年	拉萨市工商行政管理局
曲水县工业和信息化局	"梦创拉萨"拉萨市示范众创空间	2018 年	拉萨市"两创示范"建设领导小组
曲水县政府办	2017 年度社会治安综合治理工作先进集体	2018 年	曲水县委、县政府
曲水县纪律检查委员会（监察局）	2017 年曲水县民族团结进步模范集体	2017 年	曲水县委、县政府
曲水县委组织部	2017 年度机关单位目标管理综合考评一等奖	2017 年	曲水县委、县政府
曲水县委政法委	2017 年度曲水县目标绩效争先进位考核机关单位类一等奖	2018 年	曲水县委、县政府
曲水县委政法委	2017 年曲水县民族团结进步模范集体	2017 年	曲水县委、县政府
曲水县妇联	2017 年度曲水县目标绩效争先进位考核机关单位类三等奖	2018 年	曲水县委、县政府
曲水县人民检察院	曲水县创先争优强基础惠民生活动先进驻村工作队	2017 年	曲水县委、县政府
曲水县发改委	曲水县目标绩效争先进位一等奖	2018 年	曲水县委、县政府
曲水县工业和信息化局	2017 年度曲水县目标绩效争先进位考核机关单位类三等奖	2018 年	曲水县委、县政府

续表3

获奖单位	获奖名称	表彰时间	授予单位
曲水县国税局	经济突出贡献奖	2018 年	曲水县委、县政府
曲水县工商局	经济发展工作先进单位	2018 年	曲水县委、县政府
曲水县民政局	优秀组织单位	2017 年	曲水县委、县政府
曲水县人社局	2016 年度曲水县目标绩效争先进位考核机关单位类一等奖	2017 年	曲水县委、县政府
曲水县人社局	2016 年度信访工作先进集体	2017 年	曲水县委、县政府
曲水县扶贫农发办	先进机关单位二等奖	2018 年	曲水县委、县政府
县林业绿化局	2017 年度曲水县目标绩效争先进位考核机关单位类二等奖	2018 年	曲水县委、县政府
曲水县水利局	2016 年度曲水县目标绩效争先进位考核项目管理先进单位	2017 年	曲水县委、县政府
曲水县教育（体育）局	2016 年度曲水县目标绩效争先进位考核机关单位类三等奖	2017 年	曲水县委、县政府
曲水县教育（体育）局	2016 年度曲水县卫生计生工作先进集体	2017 年	曲水县委、县政府
曲水县教育（体育）局	2016 年度社会治安综合治理工作先进集体	2017 年	曲水县委、县政府
曲水县教育（体育）局	2017 年度曲水县目标绩效争先进位考核机关单位类三等奖	2018 年	曲水县委、县政府
曲水县环境保护局	2017 年度曲水县目标绩效争先进位考核机关单位类二等奖	2018 年	曲水县委、县政府
中国农业银行曲水县支行	经济发展先进单位	2017 年	曲水县委、县政府
曲水镇茶巴朗村	良种推广先进集体	2017 年	曲水县委、县政府
曲水镇茶巴朗村	先进村委会	2017 年	曲水县委、县政府
曲水镇曲甫村	2017 年度曲水县绩效争先考核村“两委”类三等奖	2018 年	曲水县委、县政府
达嘎乡其奴村	2017 年度曲水县目标绩效争先进位考核村“两委”类三等奖	2017 年	曲水县委、县政府
达嘎乡三有村	2017 年度曲水县目标绩效争先进位考核村“两委”类二等奖	2017 年	曲水县委、县政府
南木乡	庆国庆、喜迎党的十九大文艺比赛组织奖	2017 年	曲水县委、县政府
南木村	2017 年度曲水县目标绩效争先进位考核村“两委”类三等奖	2018 年	曲水县委、县政府
南木村	2017 年度曲水县目标绩效争先进位考核乡村综合整治工作先进奖	2018 年	曲水县委、县政府
江村	2017 年曲水县民族团结进步模范集体	2017 年	曲水县委、县政府
江村	曲水县“先进双联户”创建评选活动先进村委会	2017 年	曲水县委、县政府

续表3

获奖单位	获奖名称	表彰时间	授予单位
江村	2017年度曲水县目标绩效争先进位考核村“两委”类一等奖	2018年	曲水县委、县政府
南木乡	2017年度全县“四讲四爱”主题教育实践活动工作先进集体	2017年	曲水县委、县政府
聂当乡	2016年度社会治安综合治理工作先进乡(镇)	2017年	曲水县委、县政府
聂当乡	2016年度曲水县目标绩效争先进位考核乡(镇)类二等奖	2017年	曲水县委、县政府
聂当乡	2016年度信访工作先进集体	2017年	曲水县委、县政府
聂当乡	2016年度曲水县卫生计生工作先进集体	2017年	曲水县委、县政府
聂当乡德吉村	2016年度曲水县班子目标绩效争先进位考核村“两委”类三等奖	2017年	曲水县委、县政府
聂当乡德吉村	拉萨市2017年度民族团结进步模范集体	2017年	曲水县委、县政府
聂当乡热堆村	2017年度曲水县目标绩效争先进位考核乡村综合整治工作先进奖	2018年	曲水县委、县政府
聂当乡热堆村	曲水县“先进双联户”创建评选活动先进村委会	2017年	曲水县委、县政府
才纳乡	2017年度社会综合治理工作先进乡镇	2018年	曲水县委、县政府
才纳乡	2017年度“先进双联户”创建活动先进乡	2017年	曲水县委、县政府
才纳乡	曲水县“先进双联户”创建活动先进乡	2017年	曲水县委、县政府
才纳乡	2017年度曲水县目标绩效争先进位考核乡镇二等奖	2018年	曲水县委、县政府
才纳乡	庆国庆、喜迎十九大文艺比赛二等奖	2017年	曲水县委、县政府
才纳乡白堆村	农业机械化先进集体	2017年	曲水县委、县政府
才纳乡四季吉祥村	先进行政村	2018年	曲水县委、县政府
才纳乡四季吉祥村	2017年度曲水县目标绩效争先进位村“两委”类二等奖	2018年	曲水县委、县政府
才纳乡	五四红旗团支部	2017年	中共曲水县委员会
曲水镇茶巴朗村	先进基层党组织	2017年	中共曲水县委员会
曲水县人社局党支部	曲水县先进基层党组织	2017年	中共曲水县委员会
达嘎乡达嘎村	2017年度县级先进党支部	2017年	中共曲水县委员会
聂当乡热堆村	先进基层党组织	2017年	中共曲水县委员会
曲水县财政局	2017年全县争先进位奖三等奖	2017年	曲水县人民政府

续表3

获奖单位	获奖名称	表彰时间	授予单位
曲水县住房和城乡建设局	2017年度曲水县目标绩效争先进位考核先进机关单位三等奖	2017年	曲水县人民政府
达嘎乡综治办	2017年度曲水县先进双联户创建评选活动先进乡镇	2017年	曲水县人民政府
达嘎乡农牧综合办	2017年草补工作先进集体	2017年	曲水县人民政府
达嘎乡其奴村	2017年度曲水县目标绩效争先进位考核村“两委”类三等奖	2017年	曲水县人民政府
达嘎乡色甫村	2017年度曲水县先进双联户创建评选活动先进集体	2017年	曲水县人民政府
聂当乡	曲水县2016年度教育事业发展先进乡	2017年	曲水县人民政府
达嘎乡达嘎村	2017年度曲水县目标绩效争先进位考核村“两委”类三等奖	2017年	曲水县人民政府

说明：由于各单位资料提供不全，可能有遗漏

受县（区）级以上表彰的先进个人名录

表 4

姓名	性别	民族	工作单位	获奖名称	表彰时间	授予单位
次仁昌布拉	女	藏	曲水县人民法院	全国优秀典型案例奖	2017 年	最高人民法院
旦增根堆	男	藏	茶巴拉乡人民政府	扶贫先进个人	2017 年	中国扶贫开发协会
罗　珠	男	藏	曲水县文广局	“文化寻根争做传人”第五届中华小导游展播及评选活动被评为优秀指导老师	2017 年	中国未成年人网
杨　阳	男	藏	曲水县人民法院	自治区驻村工作队优秀驻村个人	2017 年	中共西藏自治区委员会、西藏自治区人民政府
谢军成	男	汉	柏林村	2017 年西藏自治区民族团结先进模范个人	2017 年	中共西藏自治区委员会、西藏自治区人民政府
陈德元	男	汉	曲水县纪律检查委员会（监察局）	2017 年度第六批驻村工作队自治区级驻村先进个人	2017 年	中共西藏自治区委员会
央　金	女	藏	达嘎乡达嘎村	2017 年度村、乡、县、拉萨市、自治区级先进双联户代表	2017 年	西藏自治区人民政府、拉萨市人民政府、曲水县人民政府
张　钰	女	汉	曲水县人民政府办公室	西藏自治区地方志工作先进个人	2017 年	自治区党史（地方志）办公室
陈　莉（立案庭）	女	汉	曲水县人民法院	全区办案标兵	2017 年	自治区高级人民法院
旦　增（办公室）	男	藏	曲水县人民法院	首届全国司法警察技能大比武自治区高院颁发	2017 年	自治区高级人民法院
卢　曦	女	汉	曲水县人社局	2016 年度西藏自治区优秀网评员	2017 年	西藏自治区网信办
米玛坚才	男	藏	曲水县信访局	信访工作先进个人	2018 年	拉萨市委、市政府
格桑康卓	女	藏	曲水县人民检察院	拉萨市创先争优强基础惠民生活动驻村工作队先进个人	2017 年	拉萨市委、市政府
杨　阳	男	藏	曲水县人民法院	拉萨市驻村优秀组织单位	2017 年	拉萨市委、市政府
次　珍	女	藏	曲水县统计局	拉萨市第六批驻村工作队先进队员	2018 年	拉萨市委、市政府
王　林	男	汉	曲水县人社局	拉萨市 2017 年度民族团结进步模范个人	2017 年	拉萨市委、市政府
刘　洋	男	汉	曲水县农牧局	拉萨市 2015—2017 年科技工作先进个人	2017 年	拉萨市委、市政府
达娃卓玛、谢军成夫妇	男	汉	柏林村	2017 年民族团结进步模范家庭	2017 年	拉萨市委、市政府
德吉卓嘎	女	藏	聂当乡人民政府	2016 年度深化全国文明城市创建工作先进个人	2017 年	拉萨市委、市政府
邹晓玲	女	汉	曲水县安监局	2017 年度拉萨市安全生产先进个人	2018 年	拉萨市人民政府
卓　嘎	女	藏	曲水县工业和信息化局	拉萨市招商引资先进个人	2017 年	拉萨市人民政府
拉　珍	女	藏	曲水县人社局	拉萨市二〇一六年度基层劳动就业社会保障公共服务平台先进工作者	2017 年	拉萨市人民政府

续表4

姓名	性别	民族	工作单位	获奖名称	表彰时间	授予单位
仓姆啦	女	藏	曲水县人社局	拉萨市2016年度人社系统先进个人	2017年	拉萨市人民政府
尼玛	男	藏	茶巴拉村委会	第四届拉萨市篮球联赛优秀球员	2017年	拉萨市人民政府
丁奎品	男	汉	曲水县委组织部	2016年度拉萨市党建手机报先进个人奖	2017年	拉萨市委组织部
旦增	男	藏	达嘎乡其奴村	拉萨市“四讲四爱”优秀宣讲员	2017年	拉萨市委宣传部
旦增卓嘎	女	藏	曲水司法局	2011—2015全市法治宣传教育先进个人	2017年	拉萨市委宣传部、拉萨市司法局、拉萨市普法办
魏文庆	男	汉	曲水县纪律检查委员会（监察局）	拉萨市优秀志愿者	2017年	拉萨团市委
米玛	女	藏	色麦村委会	拉萨市最美格桑花	2017年	拉萨市妇联
达嘎	女	藏	茶巴拉村委会	拉萨市妇女信访代理员先进个人	2017年	拉萨市政府妇女儿童工作委员会
洛桑玉珍	女	藏	曲水司法局	拉萨市实施妇女儿童工作先进个人	2017年	拉萨市政府妇女儿童工作委员会
旦巴旺久	男	藏	曲水县人社局	五一劳动奖章	2017年	拉萨市总工会
普布卓玛	女	藏	达嘎乡农牧办	2017年度拉萨市劳模称号	2017年	拉萨市总工会
刘鹏飞	男	汉	县林业绿化局	拉萨市第六批优秀驻村工作队队员	2018年	拉萨市强基办
王传新	男	汉	三等功	武警曲水中队	2017年	武警拉萨支队
陈文鹏	男	汉	聂当检查站	三等功	2017年	拉萨市公安局
尼玛	男	藏	聂当检查站	十九大维稳安保工作个人嘉奖	2017年	拉萨市公安局
其美玉珍	女	藏	曲水县人民检察院	全市检察机关先进个人	2017年	拉萨市人民检察院
其美玉珍	女	藏	曲水县人民检察院	全市检察机关“四讲四爱”主题教育实践活动演讲比赛获得三等奖	2017年	拉萨市人民检察院
普布桑珠（执行局）	男	藏	曲水县人民法院	执行三等功	2017年	拉萨市中级人民法院
加央强巴（办公室）	男	藏	曲水县人民法院	全区法院信息工作先进个人奖	2017年	拉萨市中级人民法院
杨阳	男	藏	曲水县人民法院	司法警察“三做一亮”主题演讲比赛优秀奖	2017年	拉萨市中级人民法院
次珠巴丹	男	藏	曲水县统计局	拉萨市先进统计工作者	2017年	拉萨市统计局
解波	男	汉	曲水县工业和信息化局	2016年度农村信息化建设先进个人	2017年	拉萨市工信局
旦增平措	男	藏	曲水县工商局	优秀公务员	2018年	拉萨市工商局
旦增龙扬	男	藏	曲水县工商局	优秀党员	2018年	拉萨市工商局

续表4

姓名	性别	民族	工作单位	获奖名称	表彰时间	授予单位
巴桑卓玛	女	藏	曲水县工商局	优秀工人	2018年	拉萨市工商局
尼玛旺堆	男	藏	曲水县人民检察院	2016年度社会治安综合治理工作中被评为先进个人	2017年	曲水县委、县政府
洛桑玉珍	女	藏	曲水司法局	2016年度社会治安综合治理工作先进个人	2017年	曲水县委、县政府
达娃白玛	女	藏	曲水司法局	曲水县强基惠民活动第六批驻村工作先进工作队员	2017年	曲水县委、县政府
姜德刚	男	汉	曲水县工商局	创建文明城市先进个人	2017年	曲水县委、县政府
刘波	男	汉	曲水县人社局	2016年度社会治安综合治理工作先进个人	2017年	曲水县委、县政府
索南吉	女	藏	县林业绿化局	2017年度优秀个人	2017年	曲水县委、县政府
次仁莎吉	女	藏	县林业绿化局	2017年度优秀个人	2017年	曲水县委、县政府
赫占铭	男	藏	曲水县南木乡人民政府	曲水县劳动模范	2017年	曲水县委、县政府
全仓	男	汉	曲水县住房和城乡建设局	2017年度社会治安综合治理工作先进个人	2017年	曲水县委、县政府
赵莹	女	汉	曲水县纪律检查委员会(监察局)	优秀党员	2017年	中共曲水县委员会
赵晓峰	男	汉	曲水县纪律检查委员会(监察局)	优秀公务员	2017年	中共曲水县委员会
沈煜	男	汉	曲水县纪律检查委员会(监察局)	优秀公务员	2017年	中共曲水县委员会
其美玉珍	女	藏	曲水县人民检察院	优秀党务工作者	2017年	中共曲水县委员会
拉姆次仁	女	藏	曲水县环境保护局	优秀党务工作者	2017年	中共曲水县委员会
旦增根堆	男	藏	茶巴拉乡人民政府	优秀党务工作者	2017年	中共曲水县委员会
刘尧兵	男	汉	茶巴拉乡人民政府	全县优秀共产党员	2017年	中共曲水县委员会
次仁	男	藏	达嘎乡达嘎村	2017年度县级“四讲四爱”先进个人	2017年	中共曲水县委员会
央金卓嘎	女	藏	茶巴拉村委会	2017年度优秀工作者	2017年	曲水县人民政府
魏巍	男	汉	茶巴拉村委会	2017年度优秀工作者	2017年	曲水县人民政府
旦增	男	藏	色达村5组	2017年优秀科技特派员	2017年	曲水县人民政府
普布卓玛	女	藏	达嘎乡农牧办	2017年曲水县农牧工作先进个人	2017年	曲水县人民政府

说明：由于各单位资料提供不全，可能有遗漏

2017年曲水县国民经济和社会发展统计公报

2017年，在县委、县政府的正确领导下，曲水县全面落实市委、市政府各项工作部署，坚持稳中求进工作总基调，坚定不移贯彻落实新发展理念，统筹推进稳增长、促改革、调结构、惠民生、防风险各项工作，经济发展稳中向好，产业结构不断优化，民生保障持续增强，社会事业全面进步，人民生活日益改善，为全面建成小康社会奠定了坚实基础。

一、综合

2017年，全县完成地区生产总值14.3亿元，同比增长10.9%（可比价）。按产业分，第一产业1.8亿元，同比增长4.2%（可比价）；第二产业10.55亿元，同比增长11.7%（可比价）；第三产业1.95亿元，同比增长12.5%（可比价）。全社会固定资产投资完成额46.17亿元，同比增长22.9%。社会消费品零售总额3.09亿元，同比增长12.2%。农林牧渔增加值1.8亿元，同比增长4.2%（可比价）；农牧民人均可支配收入12612元，同比增长13.52%。全口径财政收入4.29亿元，同比增长108.2%，其中公共财政预算收入3.26亿元，政府性基金收入1.00亿元，国有资本经营收入323万元；财政八项支出6.546亿元，同比增长19.3%。规模以上工业增加值9912万元，同比增长-26.9%（可比价）。各项税收8.11亿元，同比增加69.6%。

二、农业

2017年全县农林牧渔增加值1.8亿元，同比增长4.2%（可比价），其中农业增加值11547万元，林业369万元，牧业5934万元，渔业150万元。

种植业中，全县农作物播种面积11.40万亩，其中粮食播种面积5.03万亩，经济作物播种面积1.33万亩，蔬菜播种面积1.65万亩。全年粮食产量3090.92万斤，其中青稞1716.96万斤，小麦1373.95万斤。油菜产量274.69万斤，蔬菜产量12218.65万斤，中药材产量15.32万斤。

林业中，全县林地面积4.43万亩，当年造林8026.45亩，其中才纳乡万亩林木繁育中心造林5111亩，果园面积333.6亩，水果产量66.4万斤。

畜牧业中，全年牲畜总存栏92173头/匹/只，其中大牲畜存栏58550头/匹，猪存栏12059头，羊存栏21815只。年末家禽数53478只。全年牲畜出栏39608头/匹/只，出栏率43.22%，当年肉产738.5万斤，其中猪肉126.85万斤，牛肉567万斤，羊肉44.65万斤。禽肉产量12.24万斤。

渔业以淡水养殖为主，另有少量打捞，全年渔业产量99.5万斤，同比增长-16.7%。

农用机械方面，全年主要农用机械8182台，农用机械总动力150293.71千瓦。

三、工业

2017年全县规模以上工业8家，规模以上工业增加值9912.3万元，同比增长-26.9%（可比价）。规模以上工业总产值35385.67万元，其中建筑水泥业6334.4万元，工艺制造业12840万元，造纸业10413.2万元，产品加工业5518.07万元，金属制造业280万元。工艺制造业和造纸业产值占规模以上工业总产值的65.71%，是曲水县当前工业的重要产业。

四、固定资产投资

2017年全县固定资产投资完成额46.17亿元，同比增长22.9%。全年开复工项目109个。其中续建项目40个，新建项目69个。国家投资29.60亿元，民间投资16.57亿元。5000万以上项目有12个，本年完成投资额38.00亿元，占2017年预计总投资完成额的82.47%。其中西藏拉萨市生活垃圾焚烧发电厂项目、西藏白玛甘泉水业股份有限公司冰川山泉乳粉家庭专用水生产基地、拉萨一职搬迁项目、曲水县农业产业化示范基地建设项目、西藏自治区林木良种繁育中心建设项目等项目总投资34.13亿元，对全县固定资产投资拉动作用明显。

五、人口就业

2017年全县户籍人口36776人，其中城镇人口3789人，农村人口32987人。常住人口36521人，其中城镇人口3534人，农村人口32987人。农村常住人口中0—15岁7102人，16-59岁22669人，60岁以上3216人；女性人口16625人，男女比例0.98:1（以女性为1）；全年出生人口336人，出生率10.2‰，死亡人口182人，死亡率5.5‰，自然增长率4.7‰。乡村劳动力资源数23643人，农村从业人员数19593人，其中第一产业从业人员10834人，第二产业从业人员2820人，第三产业从业人员5939人。

六、人民生活

2017年，通过精准扶贫以业脱贫、以补脱贫、以助脱贫、以迁脱贫等精准扶贫工作的持续开展工作的开，全县17个村退出贫困村，1145户4015名贫困人口脱贫，贫困发生率将至0.32%。2017年农村用电量达391.5万度，农牧民通讯设备有用量达24750部。全年社会消费品零售总额达到3.09亿元，同比增长12.2%。按消费区域统计，城镇消费品零售额2.32亿元，乡村消费品零售额0.77亿元；按行业类型统计，批发零售1.79亿元，住宿餐饮1.3亿元。农牧民人均可支配收入12612元，同比增长13.52%，其中工资性收入5019.58元，家庭经营收入6558.24元，财产性收入127.38元，转移性收入906.8元。

七、财政金融

2017年全县总财力12.3亿元，其中一般公共预算收入3.26亿元，返还性收入1.86亿元，转移性收入7.18亿元。总支出11.91亿，其中一般公共预算支出1.95亿元，农林水事务支出3.81亿元，教育、科技、文化、医疗、安全、社会保障支出4.12亿元，其他支出2.03亿元。全年各项存余额14.41亿元，其中城乡居民存款余额5.42亿元；各项贷款余额6.85亿元，其中农业贷款4.07亿元。

八、教育文化

2017年全县共有学校25所，其中中学1所，小学7所，幼儿园17所。教师职工453人，在校学生4635人。县级以上有线电视转播发射台1座，电视总和人口覆盖率99.97%。电影事业从业人员26人，专业艺术表演团体人员从业人员20人。文化站6个，从业人员12人。

九、民政卫生

2017年全县城镇居民基本医疗保险人数842人，城市居民最低生活保障人数325人，农村居民最低生活保障人数1203人，农村五保供养人数180人，失业保险人数1017人，养老保险人数21065人。全县共有医疗卫生机构17个，其中医院、卫生院7个，诊所、卫生室15个，疾病预防控制中心（防疫站）1个。卫生机构床位数42张，卫生技术人员数130人。

十、旅游交通

2017年，全县旅游人口达31万人次，旅游收入1980万元。全县公路里程总计388.67公里，其中养护里程180.68公里。邮路总长度60公里，农村投递路线180公里。年末运营公共汽车16辆，运营线路网长度178公里，客运总量19万人次。

索 引

说 明

一、本索引采用主题分析法编制。索引范围包括篇目、类目、部(门)目、条目等。
二、本索引按主题词首字汉语拼音音序(同音按音调)排列,若首字拼音相同则按第二字音序排列,以此类推。
三、索引款目后的数字表示内容所在的页码,数字后的拉丁字母(a、b、c)表示栏别(从左至右)。
四、篇目、类目、部(门)目用黑体字。

A

B

C

D

E

F

G

H

J

K

L

M

N

P

Q

R

S

T

W

X

Y

Z